쉽게 배우는 자료구조 with 자바

지은이 **문병로** moon@snu.ac.kr

서울대학교 컴퓨터공학부 교수로 재직 중입니다. 서울대학교 계산통계학과, KAIST 전산학과, 펜실베이니아 주립대학교에서 각각 학사·석사·박사 학위를 취득했습니다. 석사 학위를 취득한 후에는 LG전자 중앙연구소 연구원, 박사 학위를 취득한 후에는 UCLA VLSI CAD Lab 박사후 연구원, LG반도체 책임연구원을 거쳤습니다. 이론 연구의 필드 적용에 관심이 많아 2000년 초부터 연구실 벤처를 창업해서 알고리즘과 최적화 이론의 필드 접목을 시도해왔으며, 현재 문제 해결 분야와 유전 알고리즘 등의 공간 탐색 이론 및 응용을 연구하는 '최적화 및 금융공학 연구실'을 운영하고 있습니다. 2009년부터는 최적화 알고리즘을 이용한 주식 투자를 전문으로 하는 (주)옵투스자산운용의 대표이사를 겸직하고 있습니다.

주 관심사는 난제의 속성과 이러한 문제들이 이루는 공간의 특성, 알고리즘의 설계/분석, 알고리즘의 기업적 응용, 유전 알고리즘과 생태계, 경제, 사회, 개인의 사고 체계 등에서 공통으로 관찰되는 진화적·창발적 프로세스에 관한 연구 등입니다.

전공 저서로 본서 《쉽게 배우는 자료구조 with 자바》를 비롯해 《쉽게 배우는 자료구조 with 파이썬》, 《쉽게 배우는 알고리즘》, 《쉽게 배우는 유전 알고리즘》이 있고, 역서로 《Introduction to Algorithms》가 있습니다. 교양 부문 저서로는 계량적 주식 투자에 관한 《문병로 교수의 메트릭 스튜디오》가 있습니다. 국제 저널과 학술 대회에 150여 편의 논문을 발표했습니다.

쉽게 배우는 자료구조 with 자바

초판발행 2022년 1월 16일
2쇄발행 2024년 1월 20일

지은이 문병로 / **펴낸이** 전태호
펴낸곳 한빛아카데미(주) / **주소** 서울시 서대문구 연희로2길 62 한빛아카데미(주) 2층
전화 02-336-7112 / **팩스** 02-336-7199
등록 2013년 1월 14일 제2017-000063호 / **ISBN** 979-11-5664-576-4 93000

총괄 박현진 / **책임편집** 유경희 / **기획·편집** 유경희 / **교정** 박정수 / **진행** 유경희
디자인 박정화 / **전산편집** 김미경 / **삽화** 윤병철 / **제작** 박성우, 김정우
영업 김태진, 김성삼, 이정훈, 임현기, 이성훈, 김주성 / **마케팅** 길진철, 김호철, 심지연

이 책에 대한 의견이나 오탈자 및 잘못된 내용에 대한 수정 정보는 아래 이메일로 알려주십시오.
잘못된 책은 구입하신 서점에서 교환해 드립니다. 책값은 뒤표지에 표시되어 있습니다.
홈페이지 **www.hanbit.co.kr** / **이메일** **question@hanbit.co.kr**

Published by HANBIT Academy, Inc. Printed in Korea

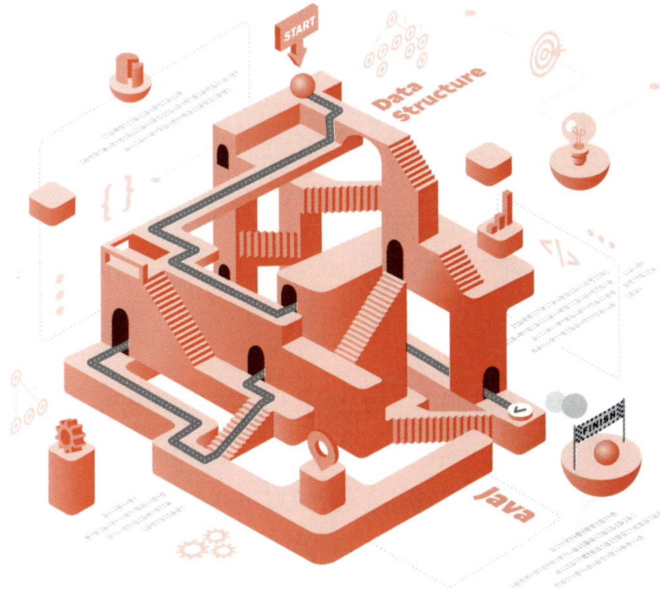

쉽게 배우는 자료구조 with 자바

문병로 지음

한빛아카데미
Hanbit Academy, Inc.

질감과 사용법, 생각하는 방법

책을 한 권 출간하고 나면 다시는 책 쓰는 바보짓은 안 하리라 마음먹곤 한다. 그런 마음은 3년쯤 지나면 흐릿해진다. 그러고 보니 필자는 2006년, 2013년, 2017년, 2021년에 책을 쓰느라 무척 많은 시간을 투자했다.

2006년에 《쉽게 배우는 알고리즘》 초판을 출간했다. 다행스럽게도 독자들에게 잘 받아들여져 대표적인 알고리즘 전공서가 되었다. 알고리즘 책을 출간한 이후 알고리즘의 직전 단계인 자료구조 전공서에 관심은 있었으나 집필은 엄두를 내지 못했다. 그러다가 2020년 2학기에 필자의 안식 학기가 시작되어 방학 중에 시험 삼아 한번 써본다는 것이 약 3개월 동안 밤샘 작업으로 이어졌고 그 결과 초안 원고가 완성되었다. 처음에는 《쉽게 배우는 자료구조 with 자바》만 계획했었다. 초고 집필을 마치고 나니 요즘 대세 언어인 파이썬 편도 필요하겠다는 생각이 들었다. 얼핏 두 권에 겹치는 내용이 많아 여분의 노력이 그리 많이 들지 않을 것 같다는 착각을 한 덕분에 출판사에 두 권 동시 출간을 약속해버렸다. 그 후로 2022년 연초 출간을 위한 '죽음의' 행군을 계속해왔다. 《쉽게 배우는 자료구조 with 파이썬》 집필을 비롯해 끝없는 수정 라운딩으로 1년 이상 지리한 교정 작업이 이어졌다.

컴퓨터 공학은 인기가 높은 전공 과목인 데다 서비스 학문으로 급격히 전환되고 있다. 전통적인 서비스 학문의 왕인 수학보다도 더 넓은 수요층이 형성된 것 같다.

자료구조는 문제 해결을 위한 컴퓨터 프로그래밍의 도구 과목이다. 건축물로 치면 건축 재료와 모듈들에 대한 질감을 느끼고, 그 사용법에 관해 생각하는 방법을 공부하는 학문이다. 필자의 자료구조 강좌에는 대체로 120명 정도의 학생이 수강 신청을 해왔는데, 최근 몇 년간 급속히 늘어 2021년 1학기에는 거의 2배인 230여 명이 신청했다. 수강생들의 소속을 보니 공대와 자연대의 거의 모든 전공을 비롯해 인문·사회·예능 계열 전공까지 거의 전교를 망라한다. 이제 자료구조가 컴퓨터 프로그래밍을 통한 문제 해결 과정의 핵심 도구 과목이라는 사실에 대한 이해가 넓어진 것 같다.

필자는 그동안 자료구조 강의를 위해 영어 교재를 써왔으나 충분히 만족스러운 교재를 찾지 못했다. 할 수 없이 그중 하나를 택하기도 하고, 아예 교재 없이 강의 노트만으로 강의를 운영하기도 했다. 그러다 보니 알고리즘 책을 집필했을 때처럼, 쉽지 않은 내용을 가능하면 쉽게 소개해보면 좋겠다는 생각을 하게 되었다. 알고리즘 분야에서 《쉽게 배우는 알고리즘》이 한 역할을 할 수 있는 자료구조 책을 쓰고 싶었다.

이 책을 쓰면서 한동안 손을 놓았던 프로그래밍을 다시 시작했다. 처음에는 자바와 파이썬의 오픈 소스 코드를 사용할까 고려했지만 책에 넣을 정도로 만족스럽지 않았다. 기본서에 소개하기에는 지나치게 복잡하거나 단순했고, 혹은 너무 거대한 체계 속에서 만들어져 있어 독자들에게 적당하지 않다고 판단했다. 할 수 없이 모든 소스를 직접 만들었다. 마쳐놓고 두 언어의 소스 코드를 보니 여러가지 시험해 본 것들까지 합치면 구현한 함수나 메서드가 족히 1,000개는 훌쩍 넘는 것 같다.

책 한 권을 세상에 내놓으면 가장 큰 혜택을 받는 사람은 바로 저자다. 강의나 강연을 준비할 때처럼 생각을 철저하게 정돈하지 않으면 좋은 책이 되기 힘들다. 책을 쓰면서 그동안 디테일에 대한 체계가 철저하지 않은 부분이 있음을 알게 되었고, 덕분에 자료구조 강의가 더 알차졌다. 정렬이 한 예다.

정렬은 자료구조와 알고리즘에서 필수로 다루는 주제다. 정렬 그 자체로도 요긴하지만 그보다는 정렬 과정에 깃든 생각하는 방법에 대한 훈련이 더 큰 의미를 갖는다. 정렬 알고리즘은 크게 3개의 그룹으로 나눌 수 있는데, 원시적인 정렬 알고리즘, 고급 정렬 알고리즘, 특수한 조건을 만족할 때 사용할 수 있는 빠른 정렬 알고리즘이 있다. 이들의 속도는 이론적 시간 복잡도로 평가된다. 부끄러운 이야기지만 20여 년 동안 자료구조 강의를 하면서 정렬 알고리즘들의 이론적인 복잡도만 분석했지 상대적인 소요 시간을 측정·비교해본 적이 한 번도 없었다. 책에 소개한 10개의 정렬 알고리즘들 중 특수한 조건 때문에 비교할 수 없는 2개를 빼고 8개는 시간을 재서 표로 만들어보았다. 대체로 가장 빠르다고 여기는 퀵 정렬이 역시나 제일 빨랐는데, 그 뒤를 따르는 병합 정렬과 힙 정렬에 비해 얼마나 빠른지 처음 확인했다. 이론적으로 보면 더 빨라야 하는 버킷 정렬이 실제로는 퀵 정렬보다 느린 것을 확인했고, 버킷 정렬에 몇 가지 아이디어를 더하니 퀵 정렬보다 빨라진다는 점도 확인했다. 다만, 이런 과정을 기본서에 모두 싣기는 부담스러워 일부는 연습문제로 제시했다. 셸 정렬은 좋은 알고리즘이지만, 알고리즘이 직관적이지 않아 입문자들에게는 조금 버겁다. 필자도 이 책에서 셸 정렬을 설명하다가 독자들이 잘 따라올지 염려되어 이런저런 방법을 강구하다 보니 같은 의미의 변형 알고리즘을 고안하게 되었다. 이런 과정을 통해 저자도 같이 성장한다.

이 책의 특징 몇 가지를 소개하면 다음과 같다.

4장에서는 자바 프로그램의 기초를 소개했다. 이 책을 공부하기 위해 꼭 알아야 할 수준에서 자바 언어를 소개하겠다는 목적으로 쓴 장인데 써놓고 보니 필요한 것보다 조금 더 나간 것 같다.

알고리즘이 아주 쉽지 않으면 예를 들고 그 과정을 가능하면 풀어서 설명하려고 애썼다. 대표적인 곳은 8장 힙, 9장 정렬의 일부, 13장 그래프 알고리즘들이다. 어쩌면 지나치다 싶을 정도로 예를 들고 그 과정을 단계별로 따라가며 설명했다. 만일 지나치다 싶은 경우를 만난다면 필자의 의욕이 앞선 탓이라 이해해주시길 바란다. 어떤 장은 15회 정도의 수정 라운드를 돌릴 정도로 정성을 기울였지만 수정할 때마다 대폭 바뀌기도 해서 혹 불완전한 부분이 남아 있을까봐 불안한 마음도 있다. 출판사의 원성을 들으며 본문과 코드를 수없이 고쳤지만 아직도 남은 오류나 개선점이 분명히 있을 것이다. 만약 그런 부분을 발견한다면 독자들께서 피드백해주시면 감사하겠다.

이 책을 통해 독자들이 가능하면 쉽게 자료구조의 핵심을 이해하길 바란다. 또한 컴퓨터 과학의 핵심적 사고 체계에 익숙해지는 계기가 되었으면 좋겠다.

저자 **문병로**

이 책의 사용 설명서

| 강의 보조 자료 |

한빛아카데미 홈페이지에서 '교수회원'으로 가입하신 분은 인증 후 교수용 강의 보조 자료를 제공받을 수 있습니다. 한빛아카데미 홈페이지 상단의 〈교수전용공간〉 메뉴를 클릭하세요. **http://www.hanbit.co.kr/academy**

| 학습 보조 자료 |

학습에 필요한 자료는 아래 주소에서 내려받을 수 있습니다.
http://www.hanbit.co.kr/src/4576

| 연습문제 해답 안내 |

본 도서는 대학 강의용 교재로 개발되었으므로 연습문제 해답은 제공하지 않습니다.

| 본문 구성 |

❶ **공부를 위한 준비(1~4장)** 이 책을 본격적으로 공부하기 전에 알아야 할 내용들을 담았습니다. 자료구조와 알고리즘의 개념, 사고법의 중요 메커니즘인 재귀, 알고리즘의 성능 파악 방법과 성능 표현 방법을 소개합니다. 4장에서는 이 책에 나오는 코드와 친해질 수 있도록 자바 언어의 기초 내용을 정리했습니다.

❷ **선형 자료구조(5~7장)** 일차원적 자료구조인 리스트, 스택, 큐에 대해 공부합니다. 단순하지만 아주 많이 사용되는 유용한 자료구조입니다.

❸ **색인(10~12장)** 저장한 데이터를 효율적으로 찾기 위한 색인 기능을 지원하는 자료구조를 다룹니다. 이진 검색 트리로 시작해서 균형 잡힌 이진 검색 트리인 AVL 트리와 레드-블랙 트리, 용량이 큰 색인을 위한 B-트리까지 공부합니다. 또한 이런 색인들과 성격이 조금 다른, 내용에 의해 자리가 정해지는 해시 테이블을 공부합니다.

❹ **우선순위 큐: 힙(8장)** 우선순위가 있는 데이터를 처리하기 위한 효과적인 자료구조인 힙을 공부합니다. 힙도 생각하는 방법을 훈련하기 좋은 도구이고, 정렬에도 사용되는 유용한 자료구조입니다.

❺ **생각의 훈련(9장, 13장)** 정렬은 그 자체로도 중요하지만 체계적인 사고법을 훈련할 수 있는 좋은 도구입니다. 9장에서는 10가지 정렬 알고리즘을 소개하면서 정렬 알고리즘의 상대적 속도로 재어본 결과도 함께 제시합니다. 13장에서는 데이터 간 관계를 반영하는 그래프를 사용하여 최소 신장 트리 찾기, 최단 경로 찾기 등의 알고리즘을 공부합니다.

| 구성 요소 |

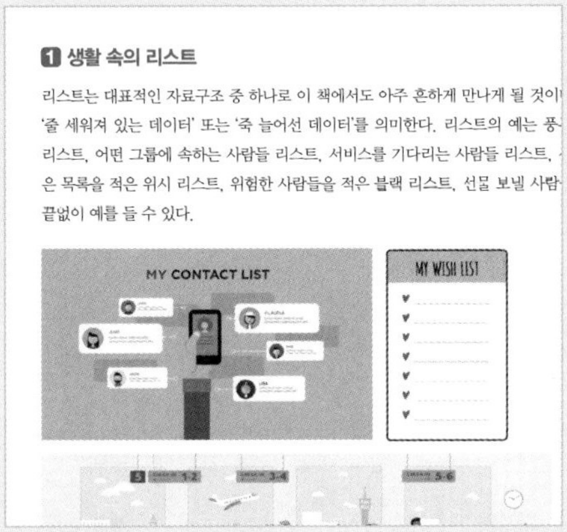

개념 소개

자료구조의 개념을 단계별로 쉽게 설명했습니다. 특히 실생활에서 사용되는 내용을 자료구조/알고리즘과 연결해서 최대한 쉽게 이해할 수 있도록 구성했습니다.

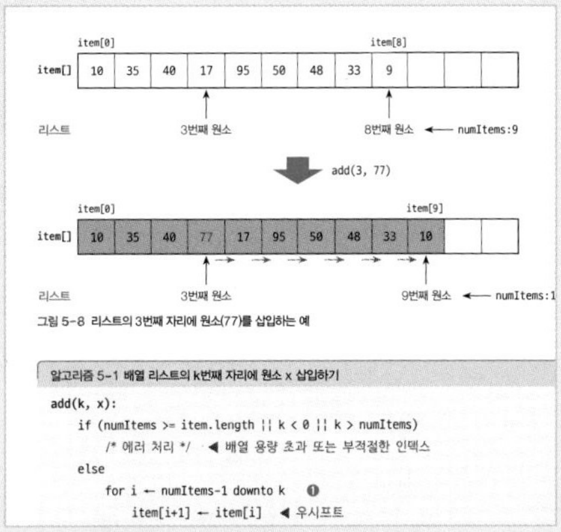

추상 데이터 타입, 알고리즘, 코드

자료구조가 지원하는 작업을 추상 데이터 타입으로 나열하고, 알고리즘으로 정리한 뒤 코드로 구현합니다. 핵심 작업 중심으로 구현된 자료구조 코드는 이 자료구조를 실제로 사용해볼 수 있는 데모 코드를 포함하고 있습니다.

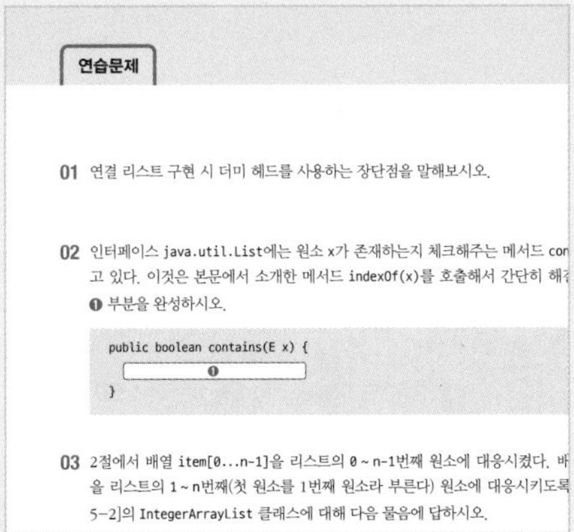

연습문제

해당 장에서 배운 내용을 문제 형식으로 점검해봅니다. 본문에서 구현한 내용에 기능을 추가하거나 코드의 빈 부분을 채워넣거나 직접 작성하는 문제를 통해 자신의 실력을 테스트해볼 수 있습니다.

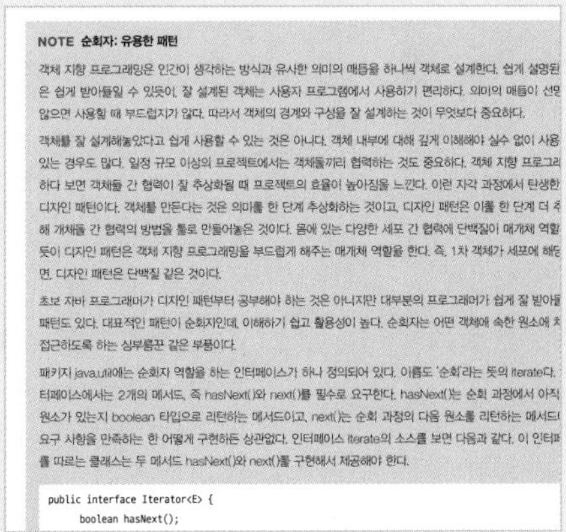

NOTE

본문과 관련해서 참고하면 좋을 내용이나 다른 관점으로 생각해볼 수 있는 내용을 담았습니다.

차례

Chapter 04 자바 기초

Chapter 05 리스트

차례

Chapter 06 스택

Chapter 07 큐

Chapter 08 우선순위 큐: 힙

Chapter 09 정렬

차례

Chapter 11 균형 검색 트리

Chapter 12 해시 테이블

Chapter 13 그래프

Chapter

01

자료구조 소개

학습목표

- 자료구조의 필요성을 직관적으로 이해하고, 알고리즘과의 관계에 대한 느낌을 갖도록 한다.
- 추상 데이터 타입에 대해 직관적으로 이해한다.

01 자료구조란

1 자료구조는 데이터를 저장, 조직, 관리하는 방법

책을 아무렇게나 섞어서 쌓아둘 수도 있지만 종류별로 분류해둔다면 필요할 때 쉽게 찾을 수 있다. 이때 책(자료)을 효율적으로 관리하는 방법이 자료구조에 해당한다.

그림 1-1 자료구조 적용 전(왼쪽)과 자료구조 적용 후(오른쪽)

자료구조는 자료(데이터)에 효율적으로 접근하고 수정할 수 있도록 저장 · 조직 · 관리하는 방법에 관한 이론이다. 자료구조의 예는 일상에서 쉽게 찾아볼 수 있다.

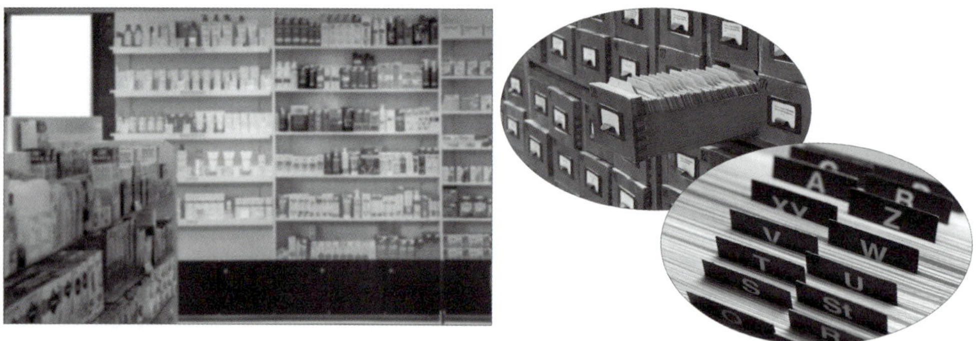

그림 1-2 자료구조의 일상 예

2 자료구조는 문제 해결에 사용할 부품

문제 해결 작업을 수행하기 위해 입력을 받아 원하는 출력을 만들어내는 과정을 기술한 것을 알고리즘이라 하는데 자료구조는 이 과정에서 부품 같은 역할을 한다. 건축물을 만들려면 건축 재료와 구조물에 대한 이해가 필요하다. 철근, 시멘트, 콘크리트, 강화유리, 벽돌 같은 재료의 질감과 내구성을 잘 알고 있어야 필요한 곳에 알맞은 재료를 사용하고 조합할 수 있다. 샷시, 철골, 거푸집, 배수 구조, 전기/인터넷 연결 구조 등에 대한 구성 지식도 필요하다. 마찬가지로, 자료구조를 몰라도 프로그램을 작성할 수 있지만 이는 재료의 속성이나 구조물의 구성 방법을 모르고 건축물을 만드는 것과 같다. 이 경우, 자동차를 만들 때 헤드라이트 모듈이 있다는 것을 몰라 자동차 어딘가에 선으로 연결하여 조잡하게 전등을 부착하는 것과 같은 일이 벌어질 수 있다. 빌딩을 지을 때도 철골이라는 재료가 있다는 것을 모르면 벽돌로 쌓거나 콘크리트를 부어 만들 수밖에 없을 것이다. 심지어 벽돌이나 콘크리트라는 재료가 있다는 것도 모른다면 더 유치한 건물이 될 것이다.

그림 1-3 다양한 형태의 건축물과 건축 재료

그림 1-4 부품(자료구조) 선택의 중요성

자료구조는 프로그램으로 구현되고 사용되므로 자료구조를 학습하려면 프로그래밍 능력이 기본으로 필요하다. 자료구조를 구현·사용·결합하는 과정에서 수학적 사고도 크게 도움된다. 사고가 체계적일수록 자료구조를 사용한 결과물은 간명하고 관리하기 쉬워진다. 자료구조와 밀접한 관련이 있는 수학은 수열, 수학적 귀납법 등을 포함하는 이산 수학이다. [그림 1-5]는 알고리즘, 자료구조, 프로그래밍, 이산 수학의 관계를 나타낸다.

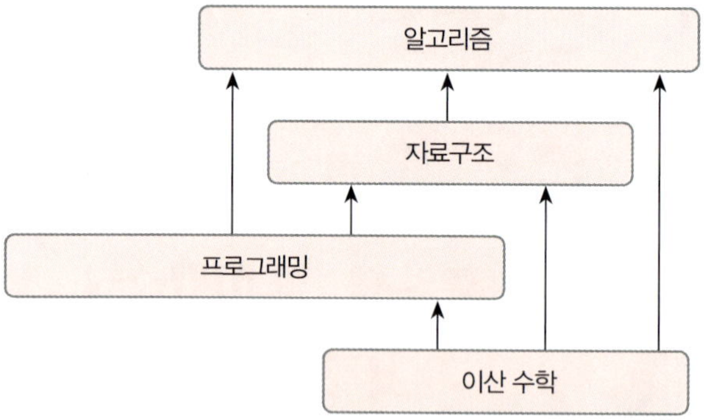

그림 1-5 알고리즘, 자료구조, 프로그래밍, 이산 수학의 관계

자료구조는 운영체제, 컴퓨터 네트워크, 인공지능, 시스템 프로그래밍, 컴파일러 등 컴퓨터 과학의 거의 모든 주제를 구현하기 위한 사고의 빌딩 블록을 제공한다.

3 자료구조는 생각하는 방법을 훈련하는 도구

자료구조는 그 자체를 공부하는 것도 중요하지만 자료구조를 다루는 과정에 포함된 '생각하는 방법'도 매우 중요하다. 자료구조를 구현하는 과정, 자료구조들을 이용해서 문제를 해결하는 과정, 문제를 해결하는 과정에서 논리의 골격이 구성되는 방법 또는 스타일 등이 이에 해당한다. 생각하는 방법을 고민하지 않는다면 자료구조 공부는 단순하고 지적 자극이 없는 건축 재료에 대한 익히기가 될 뿐이고, 필자도 이 책을 쓰고 싶은 자극을 전혀 받지 못했을 것이다. 독자에게 전달하고 싶은 지적 자극이 부족한 상황에서 집필한다면 그것만큼 고통스러운 작업도 없다. 자료구조에서 시작되는 이 생각하는 방법은 자연스럽게 알고리즘으로 연결된다.

문제 해결을 위한 생각의 과정에서 의미 단위를 잡는 일은 매우 중요하다. '의미의 매듭을 만든다'고도 표현할 수 있다. 큰 프로젝트를 여러 모듈로 분해하면 각 모듈이 의미의 매듭이 된다. 또 각 모듈은 더 작은 모듈로 나뉠 수 있다. 즉, 의미의 매듭은 여러 크기로 산재할 수 있다. 프로그래밍에서 어떤 작업을 함수로 만드는 것도 모듈화의 일종이다. 함수로 분리하면 강한 의미 단위가 된다는 뜻이다.

의미의 매듭을 만드는 과정에서 여러 가지 생각의 구조가 개입될 수 있는데 가장 중요한 구조 중 하나가 재귀다. 재귀는 어떤 문제가 자신과 성격이 똑같지만 크기만 더 작은 문제를 포함하고 있는 구조를 말하는데, 컴퓨터 과학 전반에 걸쳐 가장 중요한 사고 체계 중 하나다. 재귀는 큰 의미 매듭이 같은 모양의 더 작은 의미 매듭을 1개 이상 포함하고 있는 것이라 할 수 있다. 20세기 수학의 최고 업적 중 하나라는 괴델 정리나 컴퓨터 과학 계산의 한계를 보이는 정지 문제를 증명하는 과정에 사용되는 논리적 구조도 재귀다. 이 책에서도 재귀는 여러 주제에서 다른 얼굴로 등장하는데, 특히 2장의 중심 주제로 다루어진다. [그림 1-6]은 재귀적 구조의 시에르핀스키 삼각형Sierpinski Triangle 예로, 같은 구조가 계층적으로 반복되는 것을 볼 수 있다.

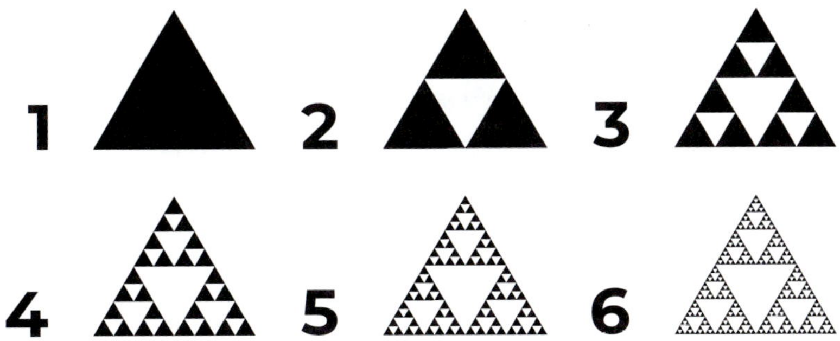

그림 1-6 재귀적 구조의 시에르핀스키 삼각형

4 자료구조의 종류와 자바의 컬렉션 패키지

자료구조는 [그림 1-7]과 같이 종류가 다양하지만 상황과 목적에 맞게 적절한 자료구조를 선택함으로써 효율적인 데이터 관리가 가능하다.

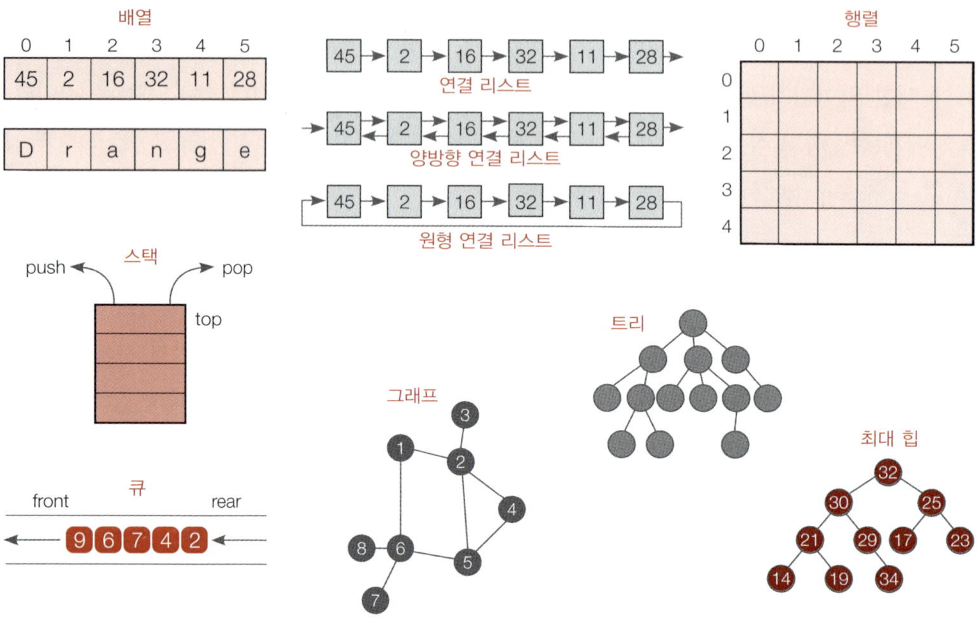

그림 1-7 자료구조의 종류

앞선 연구자들이 기본적이고 유용한 형태로 만들어둔 다양한 자료구조가 존재한다. 자바의 경우 클래스 종류별 패키지로 분류되어 있는데 그중 자료구조 관련 클래스를 모아둔 패키지가 [그림 1-8]과 같은 컬렉션 패키지다(이 책의 소스가 이 패키지의 구조를 따르지는 않는다). 이 패키지에서 다양한 자료구조를 손쉽게 가져다 쓸 수 있어 같은 시간 동안 옛날보다 훨씬 큰 작업을 수행할 수 있다. 하지만 자동차 바퀴를 끼우듯 한 번에 척 들어맞게 가져다 쓸 수 있는 것은 아니다. 이렇게 미리 만들어둔 것은 범용으로 사용할 수 있도록 지나치게 많은 기능을 제공하거나, 핵심에 집중하기 위해 최소한의 기능만 넣어놓은 경우도 있다. 따라서 효율적인 코딩을 위해 직접 만드는 것이 더 바람직한 경우도 있다. 자료구조를 직접 만들거나 만들어진 것을 목적에 맞게 잘 활용하려면 자료구조 내부의 작동 원리를 이해하고 있어야 한다.

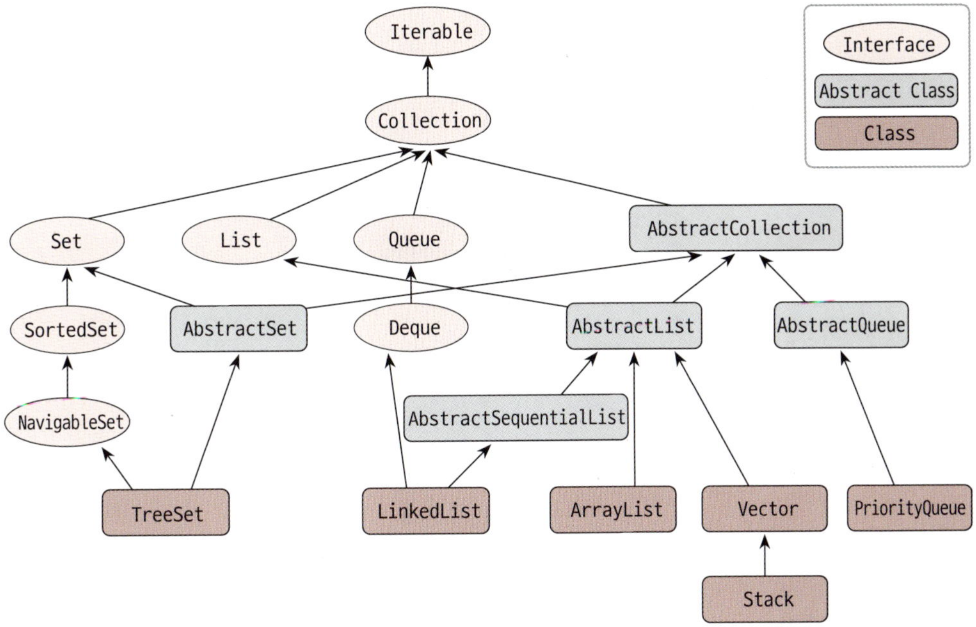

그림 1-8 자료구조 관련 클래스를 모아둔 자바의 컬렉션 패키지

5 이 책에서 다루는 자료구조

이 책은 자료구조의 이용 방법은 물론 자료구조의 내부를 더 깊이 이해할 수 있도록 구성하였다. 쉽게 가져다 쓸 수 있는 자료구조라 해도 적어도 한 번은 깊게 이해하고 넘어가야 할 필요가 있다. 이런 과정 없이 실력 있는 프로그래머가 되기는 힘들다.

이 책에서 소개할 대표적인 자료구조는 리스트, 스택, 큐, 검색 트리, 힙, 해시 테이블, 그래프 표현 등이다. 이 중 리스트, 스택, 큐는 데이터가 한 줄로 배치된 구조로 선형 자료구조라 한다. 검색 트리, 해시 테이블 등은 데이터를 효율적으로 찾기 위한 구조, 즉 색인을 위한 자료구조다. 힙은 우선순위를 다루는 데 유용한 구조이며, 그래프는 개체나 대상들의 관계를 표현하는 대표적인 표현 수단이다.

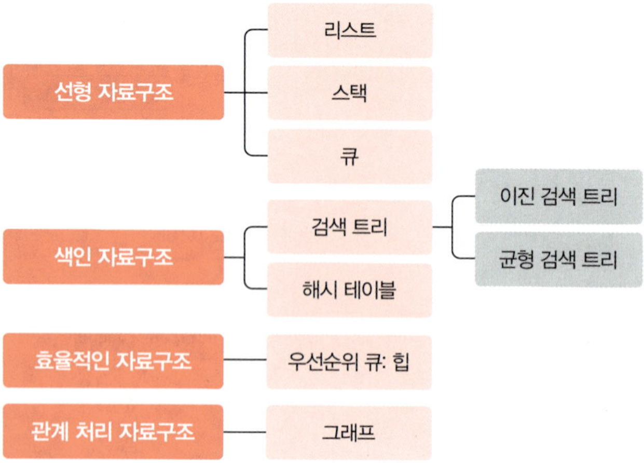

그림 1-9 이 책에서 다루는 자료구조

02 자료구조와 알고리즘

1 자료구조와 알고리즘의 관계

앞서 언급했듯이, 문제 해결 작업을 수행하기 위해 입력을 받아 원하는 출력을 만들어내는 과정을 기술한 것을 알고리즘이라 한다. Algorithm은 영어 발음상 알고리듬으로 부르는 게 적절하지만, 우리나라에서는 오래 전부터 알고리즘으로 통용되어 왔으므로 이 책에서도 알고리즘이라는 용어를 쓰겠다.

자료구조는 알고리즘과 밀접한 관련이 있다. 알고리즘 과목의 직전 단계이기도 하고, 그 자체로 여러 알고리즘을 포함한다. 이 책에도 많은 알고리즘이 소개된다.

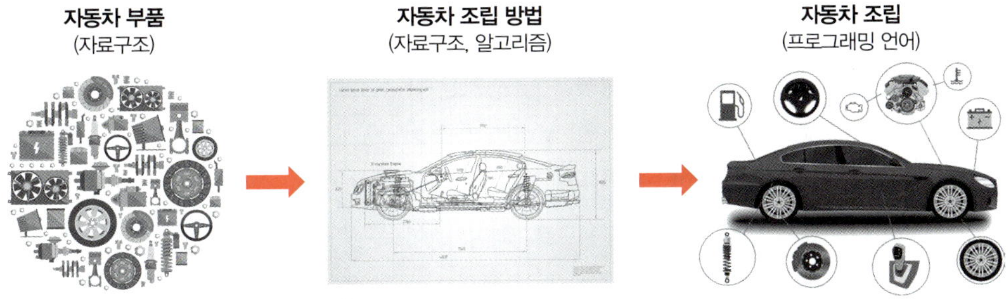

그림 1-10 자료구조와 알고리즘의 관계

2 알고리즘 표기법

알고리즘을 만들 때는 명시된 입력으로부터 원하는 출력을 만들어내는 과정을 애매하지 않게 기술해야 한다. 이 목적이 효과적으로 달성된다면 표기법은 부차적인 문제다. 알고리즘을 표기하는 방법은 하나로 정해져 있지 않으며 다음과 같이 다양한 방법으로 표현할 수 있다.

■ **자연어를 이용한 서술적 표현**

알고리즘을 사람이 쓰는 자연어(언어)로 표현하는 방법이다. 자연어는 서술적일 뿐만 아니라 쓰는 사람에 따라 일관성이나 명확성을 유지하기 어렵다. 따라서 누구라도 쉽게 이해하고 쓸 수 있어야 하는 알고리즘을 표현하는 데는 한계가 있다.

■ **순서도를 이용한 도식화**

알고리즘을 순서도Flow Chart를 작성하는 규칙에 따라 도식화하는 방법이다. 순서도를 이용하면 명령의 흐름을 쉽게 파악할 수 있지만 복잡한 알고리즘을 표현하는 데는 한계가 있다.

■ **프로그래밍 언어를 이용한 구체화**

알고리즘을 프로그래밍 언어를 사용해 표현하는 방법이다. 이 방법을 사용하면 알고리즘 자체가 구체화되므로 추가로 구체화할 필요가 없다. 하지만 특정한 프로그래밍 언어로 작성하기 때문에 해당 언어를 모르면 이해하기 어렵다. 다른 프로그래밍 언어로 프로그램을 개발하는 경우에는 다른 프로그래밍 언어로 변환해야 하므로 범용성이 떨어진다.

■ **가상코드를 이용한 추상화**

알고리즘을 프로그래밍 언어로 표현했을 때 생기는 단점을 보완한 방법이다. 특정 프로그래밍 언어는 아니지만 프로그래밍 언어의 형태를 갖춘 가상코드Pseudo-Code로 알고리즘을 표현한다. 가상코드는 프로그래밍 언어가 아니므로 직접 실행할 수는 없지만 일반적인 프로그래밍 언어와 형태가 유사해 원하는 특정 프로그래밍 언어로 구체화하기가 쉽다.

3 이 책에서 사용하는 알고리즘 표기법

이 책에서 채택한 알고리즘 표기법을 하노이 탑 알고리즘을 예로 알아보자. 알고리즘 내용은 일단 접어두고 표현만 살펴본다.

[그림 1-11]은 프로그래밍 언어의 문법을 상당 부분 차용한, 가장 흔한 스타일의 알고리즘 표기법이다. 문장 3개를 중괄호({})로 묶고 각 문장이 끝날 때마다 세미콜론(;)을 써준 예다. 하지만 이와 같은 스타일이 항상 가독성에 도움이 되는 것은 아니다.

이 책에서는 중괄호 대신 들여쓰기로만 묶음을 구분하고, 문장 끝에 세미콜론도 쓰지 않는

[그림 1-12]와 같은 형태로 알고리즘을 표현한다. 문장, 제어문을 구분하는 대부분의 표기를 생략하지만 함수 시작을 나타내는 표기로 콜론(:)을 쓴다. (a)와 같이 `if` 뒤의 `then`도 생략한다. `else`가 필요하면 (b)와 같이 `then` 없이 `if-else`로 쓴다. `while`과 같은 제어문도 `while` 루프에 속하는 문장은 (c)와 같이 `while` 아래에 들여쓴다. `i++`와 같은 간명한 표기나 `A[]` 같은 배열 표기는 그대로 따른다. 주석은 ◀로 시작한다.

```
move(n, a, b, c) {
    if (n > 0) then {
        move(n-1, a, c, b);
        a에 있는 원반을 b로 옮긴다;
        move(n-1, c, b, a);
    }
}
```

그림 1-11 일반적인 알고리즘 표기 예: 하노이 탑 알고리즘

(a)

```
move(n, a, b, c):
    if (n > 0)
        move(n-1, a, c, b)
        a에 있는 원반을 b로 옮긴다
        move(n-1, c, b, a)
```

(b)

```
move(n, a, b, c):
    if (n > 0)
        move(n-1, a, c, b)
        a에 있는 원반을 b로 옮긴다
        move(n-1, c, b, a)
    else
        에러 처리
```

(c)

```
sample(A[], n):
    i ← 0
    while i <= n
        sum ← sum + A[i]
        i++        ◀ i를 1 증가시킨다
    return sum
```

그림 1-12 이 책에서 사용하는 알고리즘 표현

03 자료구조의 추상 데이터 타입

1 추상

'추상적이다'라고 하면 흔히 '애매하다'나 '난해하다'는 의미로 사용하지만, 사고의 수준이 높다는 뜻으로 '추상의 레벨이 높다'고 표현하기도 한다. 미술에서 추상화는 "사물의 사실적 재현이 아니라 순수하게 점, 선, 면, 색채의 순수한 조형적 요소로 구성한 그림"이다. 대표적인 예가 피카소의 그림이다. 음악에서 추상 음악은 "특정한 이미지나 상징적 의미를 표출하려 하지 않고 오직 음과 음의 관계와 조합을 통해 순수한 예술성을 추구하는 음악"으로 정의된다. 미술과 음악에서 추상의 개념이 비슷하다는 것을 알 수 있는데, 앞으로 자료구조에서 취급하는 추상과 자명하게 연결되는 건 아니지만 통하는 면이 있다.

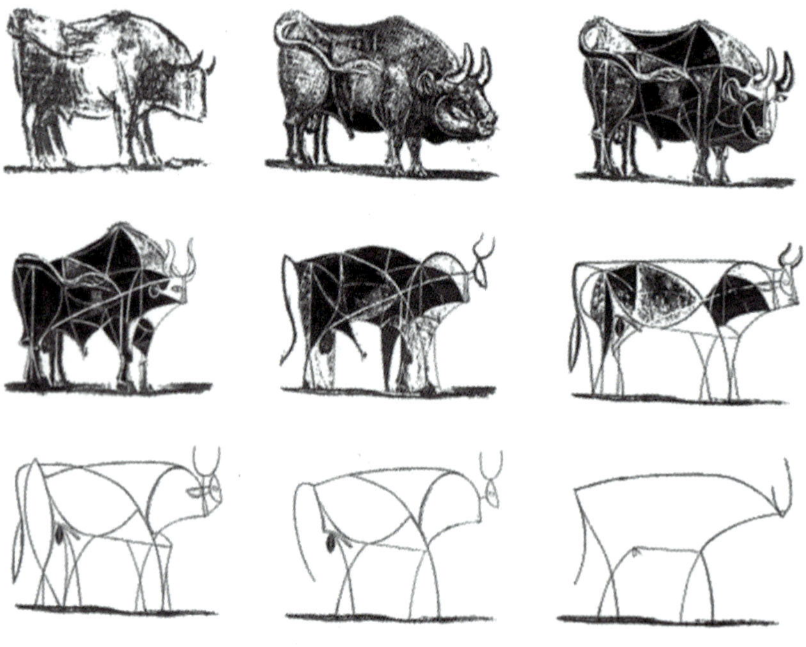

그림 1-13 추상적 묘사

논문의 '초록'은 영어로 'Abstract'다. 영어 단어 Abstract의 대표 의미는 '추상적인'이고 부가적인 의미로 '초록'도 있다. 초록은 논문을 추상화해서 표현한 것이다. 세세한 부분을 표현하지 않고 관점의 레벨을 높여 논문의 전체적인 이미지를 표현한 것이다. 이는 우리가 자료구조에서 사용하는 추상의 의미와 닮았다.

Genetic Algorithm and Graph Partitioning

T. N. Bui, B. Moon · Published 1996 · Computer Science · IEEE Trans. Computers

Hybrid genetic algorithms (GAs) for the graph partitioning problem are described. The algorithms include a fast local improvement heuristic. One of the novel features of these algorithms is the schema preprocessing phase that improves GAs' space searching capability, which in turn improves the performance of GAs. Experimental tests on graph problems with published solutions showed that the new genetic algorithms performed comparable to or better than the multistart Kernighan-Lin algorithm and the simulated annealing algorithm. Analyses of some special classes of graphs are also provided showing the usefulness of schema preprocessing and supporting the experimental results. Collapse

그림 1-14 논문 초록

필자가 생각하는 추상의 정의는 '관점이 계층화되어 상승한 것'이다. 미술이나 음악에서 점, 선, 음 같은 가장 하부 단위의 관점이 계층화하면서 작품이 만들어지듯이 하위의 개념들을 결합하여 상위의 고급 개념을 만들어나가는 지적 발전의 단계다. 계층화의 단계가 높으면 추상의 레벨이 높은 것이다.

인간의 사고가 진화해온 과정 자체가 추상의 역사다. 원시적이고 낮은 관점이 계층화를 거치면서 차원이 점점 높아져 왔다. 프로젝트나 문제 해결 과정에서는 새로운 의미 단위를 분리하고 계층화하는 작업이 반복된다. 객체 지향 언어의 클래스가 대표적인 예다.

의미의 단위를 흔히 모듈Module이라 한다. 통상적으로 모듈은 먼저 추상적인 레벨에서 설계되고, 후에 구체화된다. 모듈을 추상화Abstraction한다는 것은 세부 사항을 생략하고 가장 중요한 기능만 드러내는 것을 말한다. 추상화는 '위에서-아래로' 이루어질 수도 있고, '아래에서-위로' 이루어질 수도 있다. 큰 그림을 먼저 그리고 점차 작은 모듈로 나누어가는 과정은 '위에서-아래로' 방식이다. 반면 최하부 단위들을 준비하고 거기서부터 선택과 조합, 새로움을 가미하여 상위 레벨의 그림을 만들어내는 과정은 '아래에서-위로' 방식이다. 일상에서 접하는 추상은 이 두 방식이 혼재한다.

추상이라는 다소 애매한 용어에 친숙해지길 바라는 마음으로 이리저리 좀 길게 설명해보았다. 이제 이 절의 주제인 추상 데이터 타입을 살펴보자.

2 추상 데이터 타입: ADT

자바는 8가지의 기초 데이터 타입을 제공한다. byte, short, int, long은 정수 타입으로 각각 1, 2, 4, 8바이트를 사용하고, float, double은 실수 타입으로 각각 4, 8바이트를 쓴다. boolean은 true(참) 또는 false(거짓)를 표현하는 논리 타입이고, char는 문자 타입으로 2바이트를 사용한다.

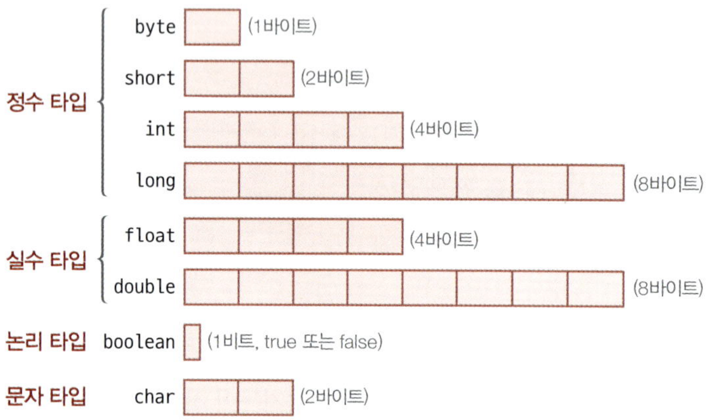

그림 1-15 자바의 8가지 기초 데이터 타입

이런 기초 데이터 타입이 아닌 데이터 타입에는 대부분 추상적 성격이 있다. 어떤 성질을 공유하는 객체들의 집합은 하나의 데이터 타입을 이루기 좋은 후보다.

추상 데이터 타입(ADT[Abstract Data Type])은 세부 사항에서 벗어나 추상적으로 정의한 데이터 타입이다. 즉, 어떤 데이터 타입이 어떤 작업으로 이루어지는지만 표현한 것이다. 예를 들어 원소가 순서를 갖고 저장되는 자료구조인 리스트는 [그림 1-16]의 (a)와 같이 표현할 수 있다. 또는 리스트가 지원하는 작업을 (b)와 같이 좀 더 구체적으로 나열해 표현할 수도 있다.

(a)

```
원소를 첫 번째, 두 번째, ..., i번째 원소로 가리킬 수 있는 자료구조
```

(b)

```
i번째 자리에 새 원소 넣기
원소 x 찾기
i번째 자리의 원소 삭제하기
```

그림 1-16 리스트의 ADT 표현 예

자료구조에서는 이런 식으로 어떤 대상이 지원하는 '작업을 나열해 표현'하는 것을 "추상적으로 표현한다"라고 하며, 대상을 그렇게 표현한 것을 추상 데이터 타입이라 한다. 이때 대상이 포함하는 데이터 속성에 제한이 있으면 데이터의 속성을 같이 서술해도 좋다. [그림 1-16]의 (a)에서 3개의 작업을 지원하는 임의의 객체는 추상 데이터 타입ADT '리스트'에 속한다. 달리 표현하면, ADT 리스트라는 데이터 타입에 속하는 객체는 이 3개의 작업을 지원한다.

자바에서 8가지 기초 데이터 타입을 제외한 나머지는 추상 데이터 타입이고 추상 데이터 타입은 대략 하나의 클래스에 대응된다. 클래스는 자신의 규칙을 따르는 객체를 만들기 위한 틀이다. 클래스는 (암묵적으로) 그런 객체들의 집합을 의미하기도 해서 하나의 데이터 타입이라 부르기도 한다. 하나의 ADT 아래에 여러 ADT가 포함될 수도 있다. 자바에서 클래스의 상위 개념인 인터페이스interface 기능이 ADT에 가장 잘 대응되는 개념이다(4장 참고).

ADT는 어떤 데이터 타입이 어떤 작업으로 이루어지는지를 세부 사항 없이 표현한다. 이때 [그림 1-17]의 (a)처럼 핵심 작업만으로 표현할 수도 있고, (b)처럼 다른 작업을 더해 표현할 수도 있다. (a)처럼 최소한으로 표현해놓으면 대개 구현할 때 필요한 작업을 더한다. ADT 리스트는 '적어도 이 작업들은 포함해야 한다'는 뜻이다.

(a)

```
ADT '리스트'
    작업:
        i번째 자리에 새 원소 넣기
        원소 x 찾기
        i번째 자리의 원소 삭제하기
```

(b)

```
ADT '리스트'
    작업:
        i번째 자리에 새 원소 넣기
        원소 x 찾기
        i번째 자리의 원소 삭제하기
        비어 있는지 확인하기
        깨끗이 청소하기
```

그림 1-17 ADT 리스트

새 원소를 리스트의 첫자리에 넣거나 끝에 붙이는 것은 "i번째 자리에 새 원소 넣기"로 통합할 수 있다. 그래도 첫자리나 끝자리에 새 원소를 넣는 작업이 아주 흔하면 따로 표현할 수도 있다. 이처럼 특정 대상에 대한 ADT는 유동적이다. 이런 면에서 ADT는 제공하는 사람의 주관적 관점이 반영된다. 이 책에서 ADT는 지나치게 많은 작업을 포함하지 않도록 했다.

ADT는 프로그래밍 작업을 효율적이고 고급스럽게 할 수 있도록 돕기 위한 것이지 혼란을 주기 위한 것이 아니다. ADT로 표현하는 것이 프로그래밍에 장애가 되어서는 안 된다. ADT로 시작함으로써 자료구조 내부의 세세한 사항에 신경을 쓰지 않고 시작할 수 있다. 즉, 자료구조와 접점을 이루는 함수들의 세부 사항에 집착하지 않고 자료구조가 하는 일만 생각하며 작업할 수 있다. 이로 인해 협업도 원활해진다. 어떤 클래스 또는 클래스의 집단이 ADT나 ADT에 준할 만큼 잘 표현되어 있으면, 사용자는 그 내부의 세부 구현은 신경 쓰지 않고 '이용'할 수 있다. 즉, ADT는 내부에서 작업을 '어떻게' 하는지 신경 쓰지 않게 하며 '무엇을' 하는지만 신경 쓰게 해준다. 특히 여러 명이 진행하는 프로젝트에서 이 같은 개념의 추상화를 통한 인터페이스가 매우 유용하다.

3 추상 데이터 타입과 자바 인터페이스

이 책에서는 자바 언어로 자료구조를 직접 구현하기도 한다. 그 전에 여기서 배우는 추상 데이터 타입이 자바 언어의 어떤 부분과 가장 연관이 깊은지 잠깐 살펴보자. 자바 언어의 기초 사항은 4장에서 다루므로 자바에 익숙하지 않은 독자는 우선 이런 게 있구나 정도로만 이해하고 넘어가자.

자바에서 ADT에 가장 가까운 기능은 인터페이스interface다. 예를 들어 [그림 1-18]의 (a)와 같은 ADT '리스트'를 (b)와 같이 인터페이스 기능을 이용해 정의할 수 있다. 그러면 `ListInterface`란 이름의 인터페이스를 따르는 모든 클래스는 여기 나열된 3개의 작업을 제공하고, 각 작업의 리턴 타입과 파라미터의 수와 타입도 이 정의를 따라야 한다. 따라서 (c)와 같이 `implements`를 사용해 이 인터페이스를 따르는 클래스를 정의하면 클래스 `LinkedList`는 `ListInterface` 인터페이스를 따라 위 3개의 메서드를 지원하고, 리턴 타입과 각 함수의 파라미터 수와 타입도 따라야 한다. 그러면 (d)와 같이 사용자 프로그램에서는 이 인터페이스만 보고 ❶ `LinkedList` 객체를 하나 할당받은 다음 ❷ `ListInterface`에서 명시된 파라미터 수와 타입에 맞게 함수를 사용하면 된다. 그러면 사용자 프로그램 입장에서는 리스트의 내부가 어떻게 구현되어 있는지 알 필요 없이 "첫 번째 자리에 원소 x를 삽입하라", "3번째 원소를 삭제하라"와 같은 추상적 수준에서 리스트를 취급할 수 있다. 결국 추상 데이터 타입이 해당 타입의 객체를 '추상적인 수준에서' 사용할 수 있게 해주는 것이다.

(a) ADT 설계

```
ADT '리스트'
    작업:
        i번째 자리에 새 원소 넣기
        원소 x 찾기
        i번째 자리의 원소 삭제하기
```

(b) 인터페이스 설계

```
public interface ListInterface {
    public void add(int i, Object x);
    public int indexOf(Object x);
    public void remove(int i);
}
```

(c) 클래스 설계

```
public class LinkedList implements ListInterface {
    ...
}
```

(d) 사용자 프로그램

```
❶ LinkedList a = new LinkedList();
  ...
❷ a.add(1, x);
  a.remove(3);
```

그림 1-18 ADT에서 사용자 프로그램까지

규모가 큰 프로젝트라면 많은 ADT로 구성될 텐데, 기존 자료구조를 가져다 쓰기도 하고 새로 만들기도 한다. [그림 1-19]는 이 경우에 해당하는 ADT에 관한 업무 분담 구조의 예다. 팀장이 ADT를 설계하거나 결정하면 팀원이 그에 부응하는 자료구조를 구현하거나 오픈 소스를 가져다 쓴다. ADT의 규약만 분명하면 구현 프로그래머과 사용 프로그래머도 이 데이터 타입에 관해 추가로 소통할 필요가 없다. 4장에서 소개할 자바의 인터페이스 기능은 ADT 규약을 분명하게 명시하는 데 유용하다.

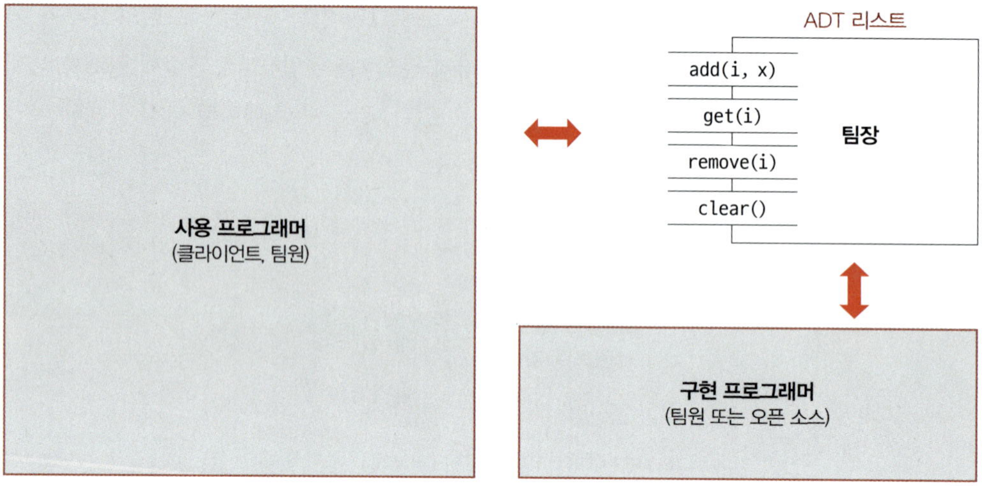

그림 1-19 ADT 관련 업무 분담 구조의 예

Chapter

02

재귀(자기호출)와 귀납적 사고

학습목표

- 재귀의 뜻을 이해한다.
- 재귀가 사용되는 문제의 예들을 통해 기본적인 수준에서 재귀의 원리를 이해한다.
- 재귀와 수학적 귀납법 간의 밀접한 관계를 이해한다.

01 자료구조와 재귀

재귀는 '내 안의 나를 찾는 것'이다. 즉, 성격은 같고 크기만 작은 나를 찾아 큰 나와 작은 나가 연결된 관계를 드러내는 것이다. 단순한 예로 시작해보자.

그림 2-1 내 안에 나와 똑같지만 크기만 작은 것이 포함된 예

1부터 n까지 곱하는 n!(n 팩토리얼)은 n! = 1 × 2 × 3 × ⋯ × (n-1) × n이다. 여기서 맨 끝에 있는 n만 제외하면 1 × 2 × 3 × ⋯ × (n-1)인데 이것은 (n-1)!이다. n!은 여기에 n만 더 곱하면 된다. 즉, n! = n × (n-1)!이다. 크기가 n인 팩토리얼은 크기가 n-1인 팩토리얼을 포함하고 있다. 이처럼 어떤 문제나 함수 등이 자신과 성격이 똑같지만 크기가 더 작은 문제를 하나 이상 포함하고 있을 때 재귀적 구조를 갖고 있다고 말한다.

대부분의 프로그래밍 언어는 함수 내부에서 자신을 호출하는 자기호출 기능을 제공한다. 영어로는 recursion이라고 하고 우리말로는 보통 재귀라고 하는데, 재귀라는 용어가 직관적으로 와닿지 않아 이 책에서는 보다 직관적인 용어인 '자기호출'과 섞어서 쓸 것이다. 이런 의미에서, 자료구조와 알고리즘은 관계 중심의 사고방식을 훈련하는 도구이기도 하다.

재귀는 학부에서 알고리즘을 다룰 때 명시적으로 40% 정도, 명시적으로 드러나지 않지만 재귀적 성격을 갖고 있는 것까지 합하면 80% 정도나 차지하는 주제다. 자료구조에서도 상당히 높은 비율을 차지한다. 재귀를 모르고는 자료구조와 알고리즘을 공부할 수 없다.

재귀는 컴퓨터 과학 이론의 근간을 이루는 중요 개념으로, 어렵거나 특별한 주제가 아니다. 컴퓨터 과학을 공부하다 보면 재귀는 끊임없이 다양한 얼굴로 출현한다. 따라서 이 주제에 대해 숨 쉬듯이 자연스럽게 받아들여야 한다.

얼핏 재귀를 대학에서 처음 접한다고 생각할 수 있지만 이와 관련된 훈련은 고등학생 때부터 이미 해왔다. 수열의 점화식이 재귀적 표현의 예다. 수학적 귀납법도 이 틀에 속한다.

이 책에서 재귀의 개념을 사용하는 대표적인 장은 9장의 정렬이다. 명시적으로 재귀가 사용되는 정렬도 있고, 명시적으로 나타나지 않지만 재귀적 성격을 띤 정렬도 있다. 9장에서 이러한 정렬을 소재로 재귀적·귀납적으로 생각하는 방법을 배운다. 9장을 공부하는 데 그 이전 장에 대한 사전 지식은 필요 없으므로 관심 있는 사람은 9장을 먼저 보아도 좋다. 8장과 10~13장에서도 재귀가 사용된다.

02 재귀 구조 예

1 수열

이 절에서는 재귀적 구조를 갖고 있는 알고리즘의 예를 몇 가지 소개한다. 다음은 초항이 1이고, 공차가 3인 등차수열의 점화식이다.

$$a_n = a_{n-1} + 3,\ a_1 = 1$$

수열의 n번째 원소는 자신과 성격이 똑같지만 순서가 하나 작은(n-1번째) 원소에 3을 더한 것이다. 첫 번째 원소는 1이다. 이것을 재귀 알고리즘으로 구현하면 [알고리즘 2-1]과 같다.

알고리즘 2-1 등차수열

```
seq(n):
    if (n = 1)
        return 1
    else
        return seq(n-1) + 3
```

알고리즘 seq(n)은 seq(n−1)을 호출하고, seq(n−1)은 seq(n−2)를 호출하고, seq(n−2)는 seq(n−3)을 호출하고, ..., seq(2)는 seq(1)을 호출하고, seq(1)은 1을 리턴하고 끝난다. seq(1)이 끝나면 역순으로 진행된다. seq(2)는 seq(1)의 리턴 값을 받아 3을 더해 리턴하고, seq(3)은 seq(2)의 리턴 값을 받아 3을 더해 리턴하고, seq(4)는 seq(3)의 리턴 값을 받아 3을 더해 리턴하고, ..., seq(n)은 seq(n−1)의 리턴 값을 받아 3을 더해 리턴하면서 전체가 끝난다.

등차수열은 결과를 바로 계산할 수 있는 식이 있어 굳이 이렇게 구할 필요가 없지만 그 속에 재귀적 구조가 있음을 말하려는 것이다. 재귀 알고리즘은 반복해서 호출하다가 언젠가 끝나야 하는데 이를 위한 경계 조건을 항상 갖고 있어야 한다. [알고리즘 2-1]에서는 if(n = 1)이 경계 조건이다. 수열의 초항에 해당한다.

다른 예를 보자. 피보나치 수열은 다음과 같다. 즉, 첫 두 항은 1이고, 나머지 항은 각각 직전 두 항을 더한 값이다. 이것을 재귀 알고리즘으로 구현하면 [알고리즘 2-2]와 같다.

$$f_n = f_{n-1} + f_{n-2},\ f_1 = f_2 = 1$$

알고리즘 2-2 피보나치 수열 (재귀 버전)

```
fib(n):
    if (n = 1 or n = 2)
        return 1
    else
        return fib(n-1) + fib(n-2)
```

이는 재귀 알고리즘으로 구현한 치명적인 예다. 시간이 너무 많이 걸리기 때문이다. 100번째 피보나치 수를 계산하기 위해 [알고리즘 2-2]의 `fib(100)`을 수행하면 평생 기다려도 결과를 볼 수 없다. 필자의 PC로 수행해보면 `fib(50)`은 36초면 된다. `fib(66)`은 하루 정도 걸리고, 추산해본 결과 `fib(100)`이 끝나려면 3만5천 년 정도 걸린다. `fib(136)`부터는 1조 년을 넘어선다. 지수함수적으로 증가한다는 느낌은 이런 것이다.

이렇게 엄청난 시간이 걸리는 이유는 한 번 계산해놓은 결과를 계속 호출하여 지수함수적인 중복을 일으키기 때문이다. 이 문제를 [알고리즘 2-3]과 같이 계산하면 `fib_fast(100)`은 천만 분의 1초도 걸리지 않는다.

알고리즘 2-3 피보나치 수열 (비재귀 버전)

```
fib_fast(n):
    f[1] ← f[2] ← 1  ◀ "f[2] ← 1"과 "f[1] ← 1"을 한꺼번에 적어놓은 것
    for i ← 3 to n
        f[i] ← f[i-1] + f[i-2]
        return f[n]
```

재귀는 문제를 해결하는 유용한 도구이지만 잘못 쓰면 치명적이다. 자료구조와 알고리즘에서는 주로 재귀가 유용할 경우에 사용한다.

❷ 하노이 탑

하노이 탑은 아마도 가장 유명한 재귀성을 가진 문제 중 하나일 것이다. a, b, c 3개의 기둥이 있고, 기둥 a에 넓이가 서로 다른 n개의 원반이 있다. 이 n개의 원반을 기둥 b로 옮겨야 하는데 아래 규칙을 만족시키면서 옮겨야 한다. 기둥 c는 중간에 원반(들)을 임시로 옮겨두는 보조 기둥으로 사용한다. [그림 2-2]는 원반이 4개인 하노이 탑 문제의 예다.

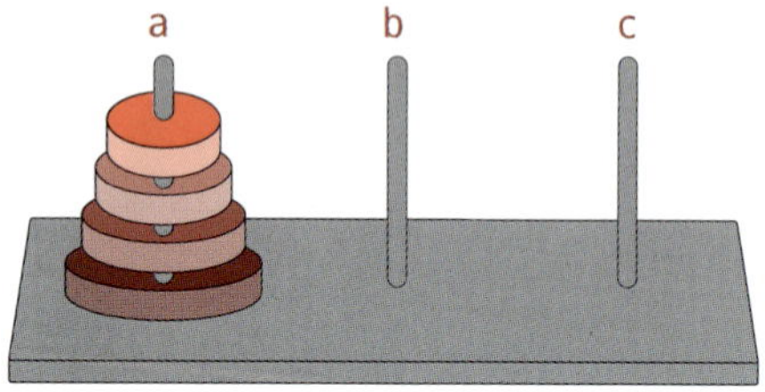

- 원반은 한 번에 하나씩 옮길 수 있다.
- 큰 원반이 작은 원반 아래에 놓여 있어야 한다.

그림 2-2 원반이 4개인 하노이 탑 문제

[그림 2-2]와 같은 하노이 탑 문제를 푸는 알고리즘은 [알고리즘 2-4]와 같다.

알고리즘 2-4 하노이 탑

```
◀ 기둥 a에 있는 n개의 원반을 기둥 c를 보조 기둥으로 사용해 기둥 b로 옮긴다.
move(n, a, b, c):
    ❶ if (n > 0)
        ❷ move(n-1, a, c, b)
        ❸ a에 있는 원반을 b로 옮긴다
        ❹ move(n-1, c, b, a)
```

[알고리즘 2-4]에서 기둥 a에 있는 n개의 원반을 기둥 b로 옮기는 작업을 차례로 살펴보자.

i) 맨 아래 원반을 제외한 나머지 n−1개의 원반을 기둥 c로 옮긴다.(❷)

ii) a에 남은 원반 1개를 b로 옮긴다.(❸)

iii) c로 옮겨둔 n−1개의 원반을 b로 옮긴다.(❹)

크기 n인 하노이 탑 문제가 크기 n−1인 하노이 탑 문제 2개(❷와 ❹)를 포함하고 있다. 그 둘 사이에 크기 1인 하노이 탑 문제가 하나(❸) 끼어 있다. ❶은 경계 조건이다. 크기 n인 문제로 시작해서 점점 작은 문제를 호출해가다가 언젠가는 끝나야 한다. ❶은 크기가 0이 되면 끝내라는 뜻이다. 크기 0인 문제는 실제로 존재하지 않는 문제인데, 위와 같은 경계 조건이라면 크기 0일 때는 아무 일도 하지 않고 move(0, …)이 호출되자마자 바로 끝난다.

하나만 더 살펴보자. [알고리즘 2-2]의 마지막 직전 단계는 move(1, ...)이 호출되어 다음과 같이 수행된다.

```
move(1, x, y, z):
    ❶ if (1 > 0)
        ❷ move(0, x, z, y)
          x에 있는 원반을 y로 옮긴다
        ❹ move(0, z, y, x)
```

❷와 ❹에서 move(0, ...)이 호출되면 이들은 들어가자마자 ❶의 if (0 > 0)에 걸려 그냥 빠져나온다. 맨 마지막 단계에서는 모두 이 과정을 거쳐서 자기호출의 반복을 종료하게 되는데 move(n, a, b, c)를 수행하는 과정에서 move(0, ...)이 총 2^n번이나 호출된다. 어마어마하게 많은 횟수다.

3 선택 정렬

배열 A[0...n−1]에 n개의 원소가 주어지고 이를 크기순으로 정렬하려고 한다. 여러 정렬 알고리즘 중 가장 기초적인 알고리즘인 선택 정렬의 예를 살펴보자.

[알고리즘 2-5]의 선택 정렬 알고리즘에서는 먼저 전체를 한 번 훑어 가장 큰 원소를 찾는다(❷). 이 원소를 제일 오른쪽 원소와 맞바꾼다(❸). 그러면 맨 오른쪽에 제일 큰 원소가 자리하게 되고 이 원소는 더 이상 자리를 바꿀 필요가 없다. 즉, 제일 큰 원소에 관한 한 정렬이 끝난 것이다. 이제 맨 오른쪽 원소를 관심 대상에서 제외한다. 그러면 A[0...n−2]에 n−1개짜리 정렬 문제가 남는다. 즉, 가장 큰 원소를 찾아 맨 오른쪽 원소와 맞바꾸는 수고를 하고 나면 자신과 성격이 똑같지만 크기가 하나만큼 작은 정렬 문제를 만나게 된다. 재귀적 구조다.

알고리즘에서 ❶의 for 루프가 한 바퀴 돌 때마다 문제의 크기가 하나씩 작아진다. n개짜리 문제로 시작해서 총 n−1바퀴를 돌고 나면 1개짜리 문제가 남는다. 즉, A[0]만 남는다. 1개짜리 문제는 원소가 하나뿐이라 정렬할 것이 없다.

알고리즘 2-5 선택 정렬

```
selectionSort(A[], n):    ◀ 배열 A[0...n-1]을 정렬한다
   ❶ for last ← n-1 downto 1
        ❷ A[0...last] 중 가장 큰 수 A[k]를 찾는다
        ❸ A[k] ↔ A[last]   ◀ A[k]와 A[last]의 값을 교환한다
```

[알고리즘 2-5]는 재귀 알고리즘은 아니지만 앞에서 설명했듯이 논리 구조상 재귀성이 포함되어 있다. 이를 명시적으로 재귀를 포함하는 알고리즘으로 바꾼 것이 [알고리즘 2-6]이다.

알고리즘 2-6 선택 정렬(재귀 버전)

```
selectionSort(A[], n):    ◀ 배열 A[0...n-1]을 정렬한다
   ❶ if (n > 1)
        ❷ A[0...n-1] 중 가장 큰 수 A[k]를 찾는다
        ❸ A[k] ↔ A[n-1]              ◀ A[k]와 A[n-1]의 값을 교환한다
        ❹ selectionSort(A, n-1)     ◀ 배열 A[0...n-2]를 정렬한다
```

[알고리즘 2-6]의 재귀 버전 선택 정렬 알고리즘에서는 ❷, ❸에서 가장 큰 원소를 찾아 맨 오른쪽 원소와 맞바꾸는 작업을 한다. 그리고 ❹에서 자기보다 하나 작은 선택 정렬 문제를 호출한다. 크기 n인 선택 정렬 문제가 크기 n−1인 선택 정렬 문제를 호출한다. 즉, 배열 A[0...n−1]을 대상으로 한 정렬 문제가 배열 A[0...n−2]를 대상으로 하는 정렬 문제를 호출한다. 이렇게 자기호출을 반복하다가 언젠가는 끝내야 한다. ❶은 경계 조건이다. ❶은 문제의 크기가 1보다 클 때만 자기호출을 하라는 뜻이다. 즉, 문제의 크기가 1이 되면 자기호출의 반복을 멈춘다.

독자들 중에는 [알고리즘 2-5]를 더 편하게 받아들이는 사람도 있고, [알고리즘 2-6]을 더 편하게 받아들이는 사람도 있을 것이다. 필자의 강의 경험으로 볼 때 처음에는 대체로 [알고리즘 2-5]와 같은 스타일을 더 편하게 여긴다. 시간이 지나면서 [알고리즘 2-6]과 같은 스타일을 더 편하게 여기는 것이 바람직한데, 이는 귀납적 사고가 틀이 잡혀가고 있다는 의미다.

4 중위, 전위, 후위 표현법

우리에게 익숙한 A + B와 같이 연산자(+)가 피연산자(A와 B) 사이에 놓이는 수식 모양을 중위 표현법Infix Expression이라고 한다. 우리는 우연히 이런 형태의 수식에 친숙해졌을 뿐이며, 다르게 표현할 수도 있다. + A B처럼 연산자를 앞에 둔 모양을 전위 표현법Prefix Expression이라 하고, A B +처럼 연산자를 뒤에 둔 모양을 후위 표현법Postfix Expression이라 한다. 즉, 연산자의 위치가 다르다.

좀 더 긴 식을 살펴보자. A + B * C – D는 *, / 연산자가 +, – 연산자보다 우선순위가 높아 A + (B * C) – D의 의미를 갖고 있다. 괄호가 없어도 우선순위에 의해 해석된다. 반면 (A + B) * (C – D)는 괄호가 없으면 표현이 불가능하다. 우리에게 익숙한 중위 표현법은 이런 번거로움을 안고 있다. 반면 전위 표현법이나 후위 표현법에서는 우선순위를 설정할 필요가 없어 괄호도 필요 없다.

예로 든 두 식을 전위 표현법과 후위 표현법으로 각각 표현하면 [그림 2-3]과 같다. 전위 표현법에서는 연산자가 나타나면 바로 뒤의 피연산자 2개가 따라오고, 후위 표현법에서는 연산자 바로 앞에 피연산자 2개가 놓인다. 그러므로 이들은 연산자의 우선순위가 필요하지 않다.

중위 표현법		전위 표현법	후위 표현법
A + B * C – D	→	– + A * B C D	A B C * + D –
(A + B) * (C – D)	→	* + A B – C D	A B + C D – *

그림 2-3 중위, 전위, 후위 표현법 예

중위, 전위, 후위 표현법을 컴퓨터 과학의 형식 언어에서 사용하는 문법으로 표현하면 [그림 2-4]와 같다. 예를 들어 후위 표현법에서 <postfix>는 <변수> 하나일 수도 있고, <연산자> 앞에 후위 표현 2개가 앞서 있을 수도 있다는 뜻이다. <postfix> 안에 <postfix>가 2개 포함되어 있다. 즉, <postfix> 안에 성격은 똑같지만 자신보다 크기가 작은 표현이 2개 포함되어 있으므로 재귀적이다. ([그림 2-4]에서 ¦는 or또는를 의미한다. 예를 들면, "<연산자> = + ¦ - ¦ * ¦ /"는 "<연산자>는 + 또는 - 또는 * 또는 /"라는 뜻이다. 그리고 "<변수> = A ¦ B ¦...¦ Z"는 "<변수>는 영문 대문자 중 하나"라는 뜻이다.)

6장에서 스택을 배울 때, 후위 표현법으로 주어진 문자열을 스택을 이용해서 계산하는 자바 코드를 만들어보게 될 것이다.

(a) 중위 표현법

```
<infix> = <변수> ¦ <infix><연산자><infix>
<연산자> = + ¦ - ¦ * ¦ /
<변수> = A ¦ B ¦ ... ¦ Z
```

(b) 전위 표현법

```
<prefix> = <변수> ¦ <연산자><prefix><prefix>
<연산자> = + ¦ - ¦ * ¦ /
<변수> = A ¦ B ¦ ... ¦ Z
```

(c) 후위 표현법

```
<postfix> = <변수> ¦ <postfix><postfix><연산자>
<연산자> = + ¦ - ¦ * ¦ /
<변수> = A ¦ B ¦ ... ¦ Z
```

그림 2-4 재귀가 포함된 중위, 전위, 후위 표현법의 형식 언어

5 깊이 우선 탐색

[그림 2-5]는 모든 노드를 방문하는 방법을 찾는 그래프 알고리즘에서 유명한 기초 문제다. 왼쪽 그림의 0번 노드에서 방문할 수 있는 모든 노드와 해당 노드에 이르는 경로를 별색으로 표시한 것이 오른쪽 그림이다. (각 노드에 이르는 유일한 경로는 아니다.)

모든 노드를 방문하는 다양한 방법 중 깊이 우선 탐색Depth-First Search을 소개한다. 워낙 유명해서 DFS라는 약칭으로 불린다. DFS도 재귀를 상징하는 대표적인 예다.

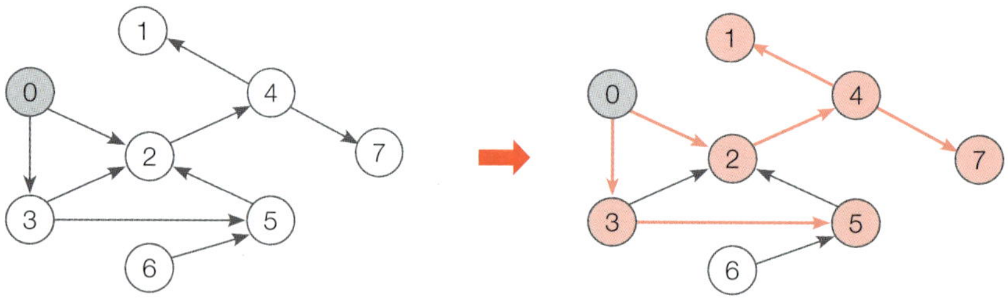

그림 2-5 깊이 우선 탐색의 예

[알고리즘 2-7]의 `DFS` 알고리즘에서 `DFS()`가 `DFS()`를 호출하고 있다. 재귀 알고리즘이다. 이 알고리즘이 갖고 있는 재귀적 구조를 살펴보자. 먼저 노드 `x`가 방문되었다고 표시한다(❶). 그런 다음 `x`에서 화살표로 연결된 노드 중 아직 방문이 안 된 노드가 있으면 그들 중 하나를 임의로 택하여 `DFS()`를 수행한다(❷). ❷의 `if` 문에 의해 이미 방문된 노드는 절대로 다시 `DFS()`를 수행하지 않는다. 즉, 방문된 노드는 `DFS()`의 대상에서 제외된다.

알고리즘 2-7 DFS 알고리즘

```
◀ 노드 x에서 이를 수 있는 모든 노드 찾기
◀ 모든 노드 v에 대해 v.visited는 false로 초기화됨
DFS(x):
    ❶ x.visited ← true
      x에서 화살표로 연결된 모든 노드 y 각각에 대하여
         ❷ if (y.visited = false) DFS(y)
```

[그림 2-5]에서 0번 노드로부터 DFS(0)를 시작하면 0번 노드가 방문되었다고 표시한 다음 0번에 연결된 노드 중(2번과 3번) 아직 방문되지 않은 것(2번, 3번이 다 해당됨) 중에서 하나를 골라(2번을 골랐다고 하자) DFS(2)를 호출한다. 이는 모든 노드를 포함하는 DFS 문제가 0번 노드를 제외한 DFS 문제를 호출한 것이다. 즉, 크기(노드 수)가 8인 DFS 문제가 자신보다 크기가 하나 작은 DFS 문제를 호출한 것이다. 달리 표현하면, 시작 노드가 방문되었다고 표시하는 수고를 하고 나면 자신과 성격은 똑같지만 크기가 하나 작은 문제를 만나게 된다.

[그림 2-6]은 0번 노드를 시작으로 DFS(0)가 수행되는 과정을 나타낸다.

(a) 주어진 그래프다.

(b) 0번 노드를 시작으로 DFS(0)이 호출되고, DFS(0)은 DFS(2)를 호출한다. DFS(2)는 DFS(4)를 호출하고, DFS(4)는 DFS(1)을 호출한다. 이 시점까지 끝나지 않고 살아 있는 함수의 호출 체인은 DFS(0) → DFS(2) → DFS(4) → DFS(1)이다. DFS(1)로 들어가니 1번 노드에서는 연결된 노드가 없다. ❷의 DFS(y)를 수행할 수 있는 노드 y가 없다. DFS(1)이 종료된다.

(c) DFS(1)을 호출한 4번 노드로 돌아간다(DFS(4)가 DFS(1)을 호출했었다). 4번 노드에서 연결된 노드 중 방문되지 않은 노드(7번 노드)가 있다. DFS(7)을 호출한다. 7번 노드로 가보니 더 이상 연결된 노드가 없다. DFS(7)이 종료된다.

(d) 7번에서 막혀, 왔던 길로 후퇴한다. 4번으로 돌아가니 4번에서 연결된 노드 중 더 이상 방문되지 않은 노드가 없다. DFS(4)가 종료되고 이를 호출한 2번 노드로 간다. 이 시점에 살아 있는 함수의 체인은 DFS(0) → DFS(2)이다. 2번 노드로 돌아가 보니 2번에서 연결된 노드 중에 아직 방문되지 않은 노드는 없다. DFS(2)가 종료되고 이를 호출한 0번 노드로 간다.

(e) 0번 노드에 와보니 연결된 노드 중 아직 방문되지 않은 노드(3번)가 있다. `DFS(3)`을 호출한다. `DFS(3)`은 `DFS(5)`를 호출한다. 5번 노드에 와보니 연결된 노드가 있긴 한데(2번) 이미 방문된 것이다. 그러니 ❷의 `DFS(y)`를 수행할 수 있는 노드 y가 없다. `DFS(5)`가 종료된다.

(f) 후퇴한다. 3번 노드에서 더 갈 곳이 없다. `DFS(3)`이 끝나고 0번 노드로 돌아간다. 0번 노드에서 더 이상 갈 곳이 없으므로 `DFS(0)`가 끝나면서 알고리즘이 종료된다.

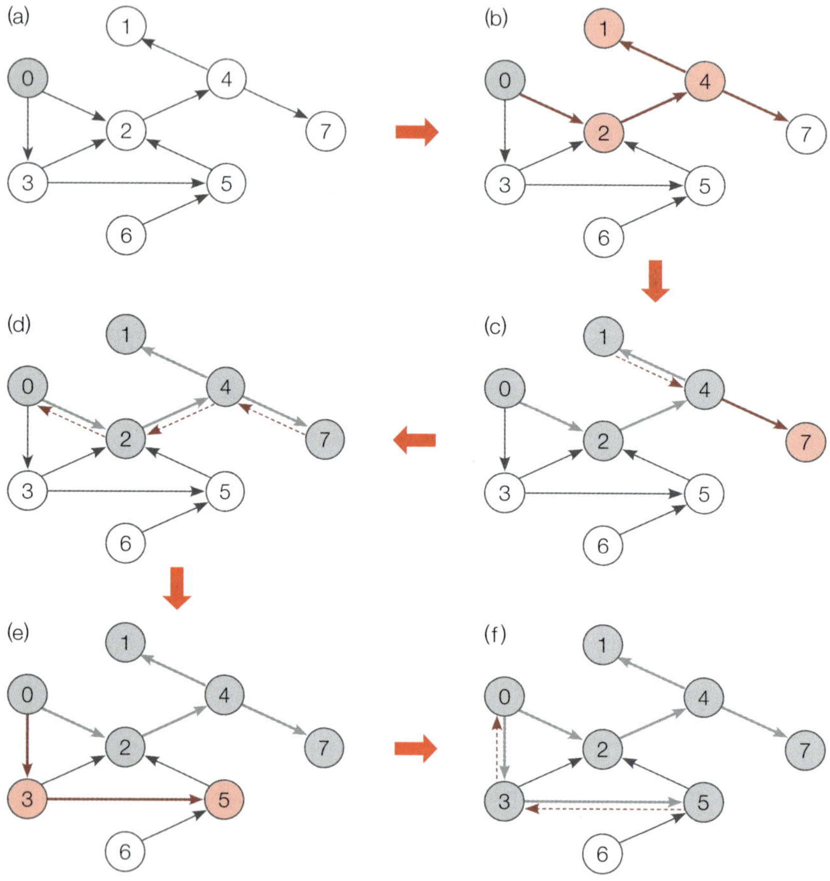

그림 2-6 DFS()의 수행 예

DFS는 개성이 강하고 중요한 알고리즘으로, 이와 같은 방식으로 탐색하는 것을 총칭하여 백트래킹Backtracking이라 부르기도 한다. DFS는 13장에서 다시 다루게 될 텐데, 아주 짧은 알고리즘이지만 깊이 이해하는 사람은 의외로 많지 않다.

03 재귀와 수학적 귀납법

재귀는 수학적 귀납법과 밀접한 관련이 있다. 고등학교에서 배우는 수열과 수학적 귀납법은 컴퓨터 수학에서 가장 중요한 기초 개념이다. 필자는 고등학교 때 수학적 귀납법으로 증명하는 것을 매우 싫어했다. 고등학생에게 생소하기도 했거니와 도대체 이걸 무엇에 쓰는지, 무엇에 유용한지 모르고 공부했던 것이 흥미가 떨어진 큰 이유였던 것 같다. 만일 그때 수학적 귀납법이 컴퓨터 알고리즘의 작동과 밀접하게 관련된 중요한 주제라는 것을 듣고 배웠다면 훨씬 재미있게 공부했을 것이다. 물론 당시는 선생님들이 컴퓨터 알고리즘이란 용어를 들어보지도 못한 시절이었으니 수학적 귀납법이란 주제가 포함되어 있던 것만으로도 감사해야 할 일이다.

재귀 알고리즘은 수학적 귀납법과 관련이 깊다. 수학적 귀납법은 자신보다 작은 문제에 대한 결론이 옳다고 가정하고 자신과 이 작은 문제의 관계를 통해 자신에 대한 결론도 옳음을 보이는 것이다. 재귀 알고리즘이 자신보다 작은 문제를 자기호출하는 것은 수학적 귀납법에서 자신보다 작은 문제에 대해 결론이 옳다고 가정하는 것과 같다. 즉, 자신보다 작은 문제에 대해서는 이 알고리즘이 제대로 작동한다고 가정하는 것이다. 자기호출을 제외한 나머지 부분은 대부분 닮음꼴 문제 간의 관계를 반영하기 위한 것이다.

모든 재귀 알고리즘은 명시적 또는 암묵적으로 다음 세 가지 구성 요소를 반드시 갖추어야 한다.

❶ **경계 조건**Base Condition**(또는 종료 조건)**: 재귀 호출이 반복되다 궁극적으로 끝나는 조건

❷ **재귀 호출**

❸ **관계**: 닮음꼴 작은 문제(들)와 본 문제 간의 관계를 나타내는 부분

그림 2-7 재귀 알고리즘의 필수 구성 요소

하노이 탑 알고리즘에서 ❶의 경계 조건은 `if(n > 0)` 부분이다. 문제의 크기가 0이 되면 더 이상 재귀 호출이 일어나지 않고 바로 종료된다. [알고리즘 2-7]의 `DFS()`에는 종료 조건이 명시

적으로 나와 있지 않다. ❷의 DFS(y)를 더 수행할 것이 남아 있지 않으면 자연스럽게 끝난다. 어떻게든 끝날 수 있으면 된다. 하노이 탑 문제에서 종료 조건이 없으면 문제 크기가 0을 지나 −1, −2, ...으로 진행되면서 컴퓨터가 처리할 수 없는 음수까지 가므로 에러를 내고 끝난다.

❷의 재귀 호출은 설명할 필요가 없겠다. ❸의 관계는 본 문제와 닮음꼴 문제 간의 관계를 통해 전체가 제대로 작동할 수 있게 하는 부분이다. 예를 들어, 하노이 탑 문제에서 본 문제보다 크기가 하나 작은 문제 둘 사이에 원반 하나를 옮기는 작업이 끼어 있는 것이 관계 부분이다. DFS에서는 노드가 방문되었다고 표시하고 진행할 수 있는 노드를 찾는 작업이 관계 부분이다.

경계 조건은 수학적 귀납법의 베이스 케이스와 대응되고, 재귀 호출은 귀납적 가정과 대응되고, 관계는 자신보다 작은 문제에 대해 귀납적 가정을 하고 나면 자신이 맞다는 것을 보이는 과정과 대응된다.

하노이 탑 알고리즘이 n개의 원반을 옮기는 데 필요한 이동(원반 하나를 옮기는 것)의 총 횟수를 T(n)이라 하면 $T(n) = 2^n - 1$이다. 이것은 수학적 귀납법으로 간단히 증명할 수 있다.

i) 우선 0개를 옮기는 데는 이동 횟수가 0번이다. $T(0) = 2^0 - 1 = 0$이므로 만족한다.
ii) k개의 원반을 옮기는 데 필요한 이동 횟수 $T(k) = 2^k - 1$이라 가정하자.
iii) k+1개의 원반을 옮기는 데 필요한 이동 횟수 $T(k+1) = 2^{k+1} - 1$이 됨을 보이면 증명이 끝난다.

k + 1개의 원반을 옮기는 알고리즘은 앞에 나온 알고리즘의 n이 k + 1이 되는 것이므로 다음과 같이 작동한다.

```
move(k+1, a, b, c):
    move(k, a, c, b)
    a에 있는 원반을 b로 옮긴다
    move(k, c, b, a)
```

원반 k개를 옮기는 작업 두 번, 원반 1개를 옮기는 작업 한 번으로 구성되므로 다음이 성립한다.

$$T(k+1) = 2T(k) + 1 = 2(2^k - 1) + 1 = 2^{k+1} - 1$$

01 다음 수열의 n번째 항을 구하는 재귀 알고리즘을 작성하시오.

$a_n = 5a_{n-1} + 3, a_1 = 0$

02 본문에서 소개한 다음 알고리즘에서 양의 정수 n에 대해 함수 seq()는 총 몇 회 호출되는가? 이때 최초의 호출 seq(n)도 포함하여 센다.

```
seq(n):
    if (n = 1) return 1
    else return seq(n-1) + 3
```

03 다음 피보나치 수열을 구하는 재귀 알고리즘에서 5번째 피보나치 수를 구하는 fib(5)를 수행하면 함수 fib()는 총 몇 회 호출되는가? 이때 최초의 호출 fib(5)도 포함하여 센다. (이 문제는 fib()가 매우 불필요한 중복 호출이 심하다는 것을 느껴보게 하려고 출제하였다.)

```
fib(n):
    if (n = 1 or n = 2) return 1
    else return fib(n-1) + fib(n-2)
```

04 다음 하노이 탑 재귀 알고리즘에 대해 5개의 원반을 옮기고자 move(5, a, b, c)를 수행하면 함수 move()는 총 몇 회 호출되는가? 이때 최초의 호출 move(5, a, b, c)도 포함하여 센다. 원반을 옮기는 횟수와 move()가 호출되는 횟수는 같지 않다. (**03**번 문제처럼 피해 갈 수 있는데도 재귀를 통해 중복 호출을 하는 예도 있다. 이번 문제는 피해 갈 수 없지만 호출이 지수함수적으로 증가하는 하노이 탑 문제의 호출 횟수를 느껴보게 하려고 출제하였다.)

```
move(n, a, b, c):
    if (n > 0)
        move(n-1, a, c, b)
      ❶ a에 있는 원반을 b로 옮긴다
        move(n-1, c, b, a)
```

05 04번 문제에서 함수 move()의 호출 함수 대신 ❶의 원반을 옮기는 행위의 총 횟수를 세어보시오. 이 횟수와 move()의 호출 횟수는 어떤 관계가 있는지 생각해보시오.

06 04번 문제에서 다음처럼 경계 조건이 빠진 채 알고리즘이 수행되면 어떻게 되는가?

```
move(n, a, b, c):
    move(n-1, a, c, b)
    a에 있는 원반을 b로 옮긴다
    move(n-1, c, b, a)
```

07 [알고리즘 2-6]의 선택 정렬 알고리즘에서 임의의 양의 정수 n에 대해 selectionSort(A, n)을 수행하면 함수 selectionSort()는 총 몇 회 수행되는가? 이때 최초의 호출 selectionSort(A, n)도 포함하여 센다.

```
selectionSort(A[], n):      ◀ 배열 A[0...n-1]을 정렬한다
    if (n > 1)
        A[0...n-1] 중 가장 큰 수 A[k]를 찾는다
        A[k] ↔ A[n-1]       ◀ A[k]와 A[n-1]의 값을 교환한다
        selectionSort(A, n-1)
```

08 다음의 재귀적 표현에서 <T>는 무엇을 표현한 것인가?

```
<T> = <숫자> ¦ <T><숫자>
<숫자> = 0 ¦ 1 ¦ ... ¦ 9
```

Chapter

03

알고리즘의 성능

학습목표

- 알고리즘 수행 시간의 의미를 단순한 예로 시작해서 이해하도록 한다.
- 알고리즘 복잡도를 표현하는 방법을 이해한다.
- 몇 가지 다른 관점으로 알고리즘 복잡도에 대해 직관적으로 이해한다.

01 알고리즘 수행 시간이란

알고리즘의 효율성은 '자원을 얼마나 효율적으로 사용하는가'로 판단한다. 여기서 자원은 시간, 저장 공간, 네트워크 대역 등이 될 수 있는데 이 중 대표적인 자원은 시간이다. 자료구조나 알고리즘에서 효율성을 말할 때 99% 이상은 시간에 관한 것이다. 이 책에서도 알고리즘의 성능, 즉 복잡도는 대부분 수행 시간과 관련되어 있다.

알고리즘의 수행 시간은 입력의 크기에 대해 시간이 얼마나 걸리는지로 표현한다. 입력의 크기는 대부분 분명하다. 정렬의 경우, 정렬하고자 하는 원소의 수가 입력의 크기다. 도시 간 최단 거리를 구한다면 도시의 총 수와 도시 간 간선(도로)의 총 수가 입력의 크기다. 도로의 분기점을 고려하면 분기점의 총 수가 기준으로 적당하다. 팩토리얼을 구하는 경우에는 팩토리얼을 구하고자 하는 자연수의 크기가 입력의 크기가 된다. 따로 배우지 않아도 알고리즘의 시간 복잡도를 알 수 있는 예를 들어보자.

입력의 크기가 n일 때 수행 시간을 간단히 알 수 있는 알고리즘의 예를 몇 개 살펴보자.

■ **알고리즘 예 1**

```
sample1(A[], n):
    k ← ⌊n/2⌋
    return A[k]
```

⌊n/2⌋을 계산해서 k에 할당하는 것과 A[k] 값을 리턴하는 알고리즘이다. 입력 배열의 크기 n에 상관없이 일정한 시간(상수 시간)이 소요된다.

■ 알고리즘 예 2

```
sample2(A[], n):
    sum ← 0
    for i ← 0 to n-1
        sum ← sum + A[i]
    return sum
```

배열 A[0...n−1]의 모든 원소를 더하는 알고리즘이다. for 루프를 제외한 나머지 부분은 상수 시간이 소요되므로 for 루프가 시간을 지배한다. for 루프는 n번 반복되고 각 루프에서는 단순한 덧셈만 하므로 상수 시간이 소요되어 for 루프 관련 수행 시간은 n에 비례한다. 따라서 알고리즘의 수행 시간은 n에 비례한다.

■ 알고리즘 예 3

```
sample3(A[], n):
    sum ← 0
    for i ← 0 to n-1
        for j ← 0 to n-1
            sum ← sum + A[i] * A[j]
    return sum
```

배열 A[0...n-1]의 모든 원소 쌍의 곱을 합산하는 알고리즘이다. for 루프가 중첩되어 총 $n \times n = n^2$번 반복되고 각 루프에서는 덧셈 한 번과 곱셈 한 번, 즉 상수 시간 작업이 수행된다. 그러므로 알고리즘의 총 수행 시간은 n^2에 비례한다.

■ 알고리즘 예 4

```
sample4(A[], n):
    sum ← 0
    for i ← 0 to n-1
        for j ← 0 to n-1
            ❶ k ← A[0...n-1]에서 임의로 ⌊n/2⌋개를 뽑은 것들 중 최댓값
            ❷ sum ← sum + k
    return sum
```

알고리즘 예 3과 비슷한 구조로 for 루프를 n^2번 반복하면서 매번 배열에서 반을 임의로 뽑아 그 중 최댓값을 계속 더하는 알고리즘이다. 이 책의 알고리즘에서는 들여쓰기로 덩어리를 구분하므로 ❶과 ❷는 for j ← ...의 루프에 속한다.

크기가 n인 배열에서 ⌊n/2⌋개를 뽑으면서 이들 중 최댓값을 구하는 것은 n/2에 비례하는 시간이 든다. 이것은 n에 비례하는 시간이다. 즉, ❶을 수행하는 데 n에 비례하는 시간이 든다. 여기서 ⌊n/2⌋ 시간이 든다고 하는 대신 n에 비례하는 시간이 든다고 한 것을 기억하기 바란다. 알고리즘의 복잡도를 계산할 때 n에 비례하는 시간이 든다는 사실이 중요하지, n의 반(n/2)이란 사실은 별로 중요하지 않다. 이에 대해서는 다음 절에서 소개하는 점근적 표현을 배울 때 구체적으로 설명한다. 전체적으로 for 루프의 반복 횟수와 ❶의 수행 시간이 시간을 좌우하므로 총 수행 시간은 $n^2 \times n = n^3$에 비례한다.

■ 알고리즘 예 5

```
sample5(A[], n):
    sum ← 0
    for i ← 0 to n-2
        for j ← i+1 to n-1
            ❶ sum ← sum + A[i] * A[j]
    return sum
```

배열 A[0...n-1]에서 i < j인 모든 원소 쌍의 곱을 합산하는 알고리즘으로 중첩된 구조지만 반복 횟수가 매번 변한다. 2개의 for 루프가 중첩된 구조다. for 루프의 가장 안쪽에 있는 ❶은 상수 시간이 드는 간단한 작업이다. 따라서 for 루프의 총 반복 횟수가 수행 시간을 좌우

한다(❶의 총 수행 횟수와 일치한다). 바깥의 for 루프에서 i = 0일 때는 안쪽의 for 루프가 n−1회 반복되고, i = 1일 때는 n−2회 반복되고, ..., 마지막으로 i = n − 2일 때는 1회 반복된다. 결국 for 루프의 총 반복 횟수는 $(n-1)+(n-2)+\ldots+2+1=\frac{n(n-1)}{2}$ 이 되어 n^2에 비례하므로 알고리즘의 총 수행 시간은 n^2에 비례한다.

지금까지는 알고리즘 자체에서 어떻게든 분석이 끝나는 예였지만, 자기호출이 일어나는 경우에는 조금 달라진다. 다음은 자기호출 알고리즘으로, 앞의 예들처럼 단순 산술로는 분석되지 않는다. 우선 ❶에서 재귀적으로 계속 호출되는 상황을 고려하지 않으면 알고리즘은 단순한 상수 시간이 소요된다. 이 알고리즘에서 함수 factorial()을 호출할 때 호출을 제외한 주변은 상수 시간이 소요되므로 함수 factorial()이 총 몇 번 호출되는지(얼마나 깊이 반복되는지)가 시간을 좌우한다. factorial(n)이 factorial(n−1)을 호출하고, factorial(n−1)이 factorial(n−2)를 호출하고, ..., factorial(2)가 factorial(1)을 호출한다. factorial(1)은 ❶에 이르지 못하고 첫 행에서 끝나버린다. factorial()의 총 호출 횟수는 n이다. 그러므로 알고리즘의 총 수행 시간은 n에 비례한다. 팩토리얼은 가장 유명하면서도 단순한 자기호출의 예다.

```
factorial(n):
    if (n=1) return 1
  ❶ return n*factorial(n-1)
```

자기호출 구조가 좀 복잡해지면 알고리즘의 수행 시간 분석도 복잡해진다. 나중에 이보다 더 복잡한 경우를 분석하는 예도 제시할 것이다.

이처럼 알고리즘의 시간 복잡도를 분석할 때는 수행 시간을 지배하는 부분이 어디인지 파악하는 것이 우선이다. 앞의 예에서 for 루프의 회전 횟수, 특정 라인의 수행 횟수, 함수의 호출 횟수 등이 이에 해당한다. 9장의 정렬에서는 주로 두 수를 비교하는 횟수가 기준이 된다.

다양한 입력에 대해 알고리즘의 수행 시간이 얼마나 소요될 것인가? 이것은 아주 중요한 질문이다. 예를 들어, 입력의 크기 n에 대해 항상 n^2에 비례하는 시간이 든다면 $\Theta(n^2)$의 시간이 든다고 표현한다. 기껏해야 n^2에 비례하는 시간이 든다면 $O(n^2)$이라고 표현한다. 적어도 n^2에 비례하는 시간이 든다면 $\Omega(n^2)$이라고 표현한다. 다음 절에서 이 세 가지 표기법들에 대해 소개한다.

02 알고리즘 복잡도

알고리즘의 복잡도를 나타낼 때는 점근적 표기를 쓴다. 점근적 복잡도Asymptotic Complexity란 입력의 크기가 충분히 클 때의 복잡도다. 입력의 크기가 작으면 복잡한 알고리즘이든 효율적인 알고리즘이든 실제 수행 시간은 별 차이가 없다. 고등학교에서 배우는 $\lim_{n\to\infty}$도 점근적 개념의 한 예다. $\lim_{n\to\infty}\frac{2n^2+3n}{n} = 2n+3$이 되지만 점근적 복잡도에서는 그냥 n이라 표현한다. 점근적 복잡도 분석에서는 최고차항의 차수만 중요하고 나머지는 다 무시한다. n이 충분히 크면 그 앞에 상수를 곱하든 곱하지 않든 그 차이는 차수의 차이에 비하면 미미하기 때문이다. 최고차항이 아닌 항들도 영향이 미미하기는 마찬가지다. 그래서 각 차수의 대표는 계수가 없는 최고차항이 된다. 즉, n, $n\log n$, n^2, 2^n 등이다.

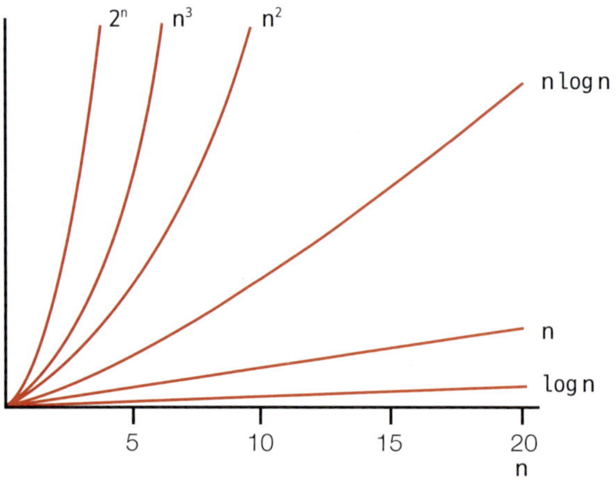

n	$0.1n^2$	$0.1n^2+n+100$
10	10	120
20	40	160
50	250	400
100	1,000	1,200
1,000	100,000	101,100

최고차항이 2차인 경우 n이 커지면
궁극적으로 2차 항이 지배한다.

그림 3-1 여러 함수의 증가율과 점근적 개념

점근적 복잡도는 크게 5가지가 통용되나 여기서는 [그림 3-2]와 같이 대표적인 다음 세 가지만 소개한다. 알고리즘 분석이 깊이 들어가지 않을 때는 이 정도로 충분하다.

- O(빅오)-표기: 점근적 상한
- Ω (오메가)-표기: 점근적 하한
- Θ (세타)-표기: 점근적 동일

그림 3-2 대표적인 점근적 표기법

앞서 언급한 대로 입력의 크기는 대부분 쉽게 알 수 있다. 예를 들어, 원소들을 크기순으로 정렬한다면 정렬하는 원소의 수가 입력의 크기가 된다. 고객의 관계 네트워크로 의미 있는 알고리즘을 만든다면 대개 고객의 수와 관계의 수가 입력의 크기가 된다. 흑백사진을 입력으로 받아 처리한다면 입력의 크기는 사진의 픽셀 수가 될 것이다.

1 O-표기

$O(n^2)$은 최고차항의 차수가 n^2을 넘지 않는 모든 함수의 집합을 뜻한다. 어떤 알고리즘에서 입력의 크기가 n이라 하자. 이 알고리즘이 충분히 큰 입력에 대해 어떤 경우든 n^2에 비례하는 시간을 초과하지 않는다면 이 알고리즘의 수행 시간은 $O(n^2)$이라고 말한다. 여기서 n^2은 2차 함수를 총칭하는 표현으로 n^2, $3n^2 + 2n$, $7n^2 - 100n$, $3n^2 - 7n\log n$ 등의 2차 함수가 다 포함된다. $O(n^2)$은 '기껏해야' 2차 함수란 의미로 앞에서 말한 n^2, $3n^2 + 2n$ 같은 것뿐만 아니라 $n\log n + 5n$, $3n$ 등 2차 미만의 함수도 포함된다. $n\log n + 5n$은 $O(n^2)$에도 속하고 $O(n\log n)$에도 속한다. 이 경우 $O(n^2)$으로 표현해도 틀리지 않았지만 그러면 정보 손실이 생긴다. 극단적으로 $O(n^{100})$이라 표현해도 맞지만 이는 정보 가치가 전혀 없는 표현이 된다. 이처럼 점근적으로 복잡도를 표현할 때는 파악하고 있는 한도 내에서 정보 손실이 덜한 쪽으로 표현해야 한다. 이것은 분석 능력과도 상관이 있다. 어떤 알고리즘을 분석할 때 한 사람은 $O(n^2)$까지밖에 파악하지 못하는데 다른 사람은 $O(n\log n)$까지 파악할 수 있다면 그것은 분석 능력의 차이다. 엄밀하지 않은 만큼 정보 손실이 일어난다.

2 Ω-표기

Ω(n^2)은 O(n^2)과 정반대다. O(n^2)은 최고차항의 차수가 n^2보다 작지 않은 모든 함수의 집합을 뜻한다. 여기에는 $5n^2-7n-8$, $7n^3-100n$, $2n-5n$, $10n^{100}$ 등의 함수가 포함된다. $7n^3-100n$은 Ω(n^2)에도 속하고 Ω(n^3)에도 속한다. 이런 경우 Ω(n^2)으로 표현해도 틀리지 않지만 정보 손실이 생긴다. 극단적으로 Ω(1)(상수 시간 이상이라는 뜻)이라 표현해도 맞는데, 모든 알고리즘은 Ω(1)에 속하므로 이는 아무 정보 가치가 없는 표현이다. O-표기에서처럼 가능하면 정보 손실이 덜한 쪽으로 표현해야 한다.

3 Θ-표기

Θ(n^2)은 최고차항의 차수가 정확히 n^2인 모든 함수의 집합을 뜻한다. 여기에는 $5n^2-7n-8$, $7n^3-100n$, $n^2 + 100n\log n + 2n - 5$ 등의 함수가 포함된다. Θ(n^2)은 O(n^2)과 Ω(n^2)의 교집합이다. 즉, $\Theta(n^2) = O(n^2) \cap \Omega(n^2)$이다. 알고리즘 관련 서적들을 보면 편의상 O-표기만 소개하고 Θ-표기를 써야 정확한 상황에서 O-표기를 쓰는 경우가 많은데, Θ-표기 정도는 사용하는 것이 좋겠다. Θ-표기에는 상한과 하한이 다 포함되어 있으므로 상한인 O-표기를 사용해도 틀리지 않지만, 그러면 Θ-표기가 갖는 의미의 반을 잃어버리는 것이다.

앞에서 예를 든 알고리즘 예 4를 다시 가져와서 살펴보자. 이 알고리즘의 점근적 수행 시간은 O(n^3)이기도 하고, Ω(n^3)이기도 하다. 상한과 하한이 겹치므로 Θ(n^3)이기도 하다. 셋 다 맞는 표현이지만, 이렇게 Θ()로 표현할 수 있는 경우에는 Θ()를 쓰는 것이 가장 좋다. 그렇지만 상황에 따라 상한과 하한이 겹치지 않거나 하나를 파악하기가 힘들다면 O()나 Ω()-표기를 쓸 수밖에 없다. Θ(n^3)은 항상 n^3에 비례하는 시간이 든다는 뜻이다.

```
sample4(A[], n):
    sum ← 0
    for i ← 0 to n-1
        for j ← 0 to n-1
            k ← A[0...n-1]에서 임의로 ⌊n/2⌋개를 뽑은 것들 중 최댓값
            sum ← sum + k
    return sum
```

4 점근적 표기법의 수학적 정의

보통은 거의 예외 없이 점근적 표기를 수학적으로 정의한다. 그런데 이 정의로 인해 직관적인 이해를 놓쳐서는 안 된다. 필자가 2006년에 알고리즘 책을 쓰면서 처음으로 1 ~ 3의 직관적 설명을 고안했다. 이 책 전반에 걸쳐, 점근적 표기를 이해할 때는 여기서 설명한 직관적 정의로 충분하다. 참고로 수학적 정의를 소개하면 O-표기는 다음과 같다.

$$O(g(n)) = \{f(n) \mid \exists c > 0,\ n_0 \geq 1 \text{ s.t. } \forall n \geq n_0,\ f(n) \leq cg(n)\}$$

좀 더 직관적인 표현으로 바꾸면 다음과 같다.

$$O(g(n)) = \{f(n) \mid \text{충분히 큰 모든 } n\text{에 대해 } f(n) \leq cg(n)\text{인 양의 상수 } c\text{가 존재한다}\}$$

결국 '최고차항의 차수가 g(n)보다 크지 않은 모든 함수'를 뜻한다. 이 수학적 정의는 알고리즘의 복잡도를 증명할 때 요긴하게 사용된다. 이 책에서 복잡도에 관한 내용은 수학적인 정의를 사용하지 않고 직관적인 정의를 사용하기로 한다.

5 집합 표기를 대신하는 '='

어떤 알고리즘의 수행 시간은 흔히 T(n)으로 표기한다. 이 알고리즘이 기껏해야 n^2에 비례하는 시간이 든다면 $T(n) \in O(n^2)$이다. 즉, T(n)은 $O(n^2)$에 속한다. 원칙적으로는 이렇게 집합의 포함 기호 ∈을 사용해야 하지만, 번거롭기 때문에 일반적으로 $T(n) = O(n^2)$라 표기한다. 앞으로 수행 시간의 표기에 나오는 =은 기호 ∈ 대신 사용하는 것이므로 집합의 원소라는 뜻이다. 그래서 $O(n^2) = T(n)$과 같은 표기는 적절하지 않고 반드시 $T(n) = O(n^2)$이라고 표기해야 한다. 지금까지 주로 n^2, n^3을 예로 들어 설명했는데 이 n^2 자리에 상황에 따라 다른 차수를 넣으면 된다. 예를 들면, $O(n^4)$, $O(n\log n)$, $O(n)$, $O(1)$, $\Omega(2n)$, $O(n!)$ 등 다양한 표현이 가능하다.

6 시각적 정리

앞에서 점근적 표기를 직관적으로 정의했지만 여기서 한 단계 더 직관적으로 설명해보자. 다음은 또다른 직관적 설명이다. [그림 3-3]은 O(), Ω(), Θ()가 커버하는 집합을 직관적으로 그린 것이다. 차수는 n^2을 예로 들었다. 그림의 $\Theta(n^2)$ 선은 최고차항이 n^2인 모든 함수를 뜻한다. 그리고 $O(n^2)$은 이를 포함하여 그 아래, $\Omega(n^2)$은 이를 포함하여 그 위를 뜻한다.

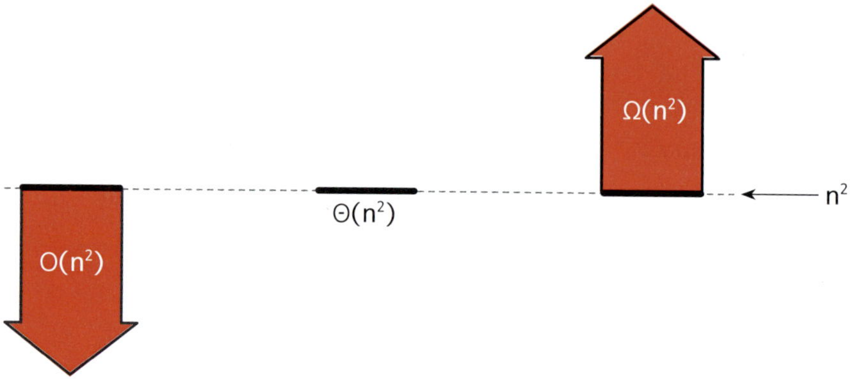

그림 3-3 점근적 표현의 시각적 설명

01 다음 주장의 참/거짓을 말하시오.

① $n^2 = O(n^2)$

② $n = \Omega(n^2)$

③ $n^2 = O(n^3)$

④ $2n^2 - 100n = \Omega(n^2)$

⑤ $3n^2 + \log n = O(n^2)$

⑥ $n^2 = O(n^{100})$

⑦ $7 \log n = O(n^2)$

⑧ $5n^2 + 7n - 3 = \Theta(n^2)$

⑨ $5n^2 + 7n - 3 = \Omega(n \log n)$

⑩ $7n - 3 = \Theta(n^2)$

02 입력의 크기가 n일 때 다음 알고리즘의 수행 시간은 n에 관한 어떤 차수에 비례하는가?

```
sample(A[], n):
    sum ← 0
    for i ← 0 to n-1
        sum ← sum + A[i]
    return sum
```

03 입력의 크기가 n일 때 다음 알고리즘의 수행 시간을 O-, Ω-, Θ-표기법으로 각각 나타내시오.

```
sample(A[], n):
    sum ← 0
    for i ← 0 to n-1
        for j ← 0 to n-1
            sum ← sum + A[i] * A[j]
    return sum
```

04 입력의 크기가 n일 때 다음 알고리즘의 수행 시간을 Θ-표기법으로 나타내시오.

```
matrixMult(A[][], B[][], M[][], n):
    for i ← 1 to n
        for j ← 1 to n
            M[i, j] ← 0
            for k ← 1 to n
                M[i, j] ← M[i, j] + A[i, k] * B[k, j]
```

05 입력의 크기가 n일 때 다음 알고리즘의 점근적 수행 시간을 O-, Ω-표기법으로 각각 나타내시오. 단, random(1, 100)은 1부터 100까지의 정수 중 하나를 임의로 리턴한다. (함수 sample()이 하는 일은 의미 없는 일이니 개의치 말고 복잡도만 신경 쓴다.)

```
sample(A[], n):
    for i ← 1 to n
        if (random(1, 100) ≤ 50)
            sum ← 0
            for i ← 1 to n
                sum ← sum + A[i]
```

06 입력의 크기가 n일 때 다음 알고리즘의 점근적 수행 시간을 O-, Ω-표기법으로 각각 나타내시오. 단, random(1, 100)은 1부터 100까지의 정수 중 하나를 임의로 리턴한다. (함수 sample()이 하는 일은 의미 없는 일이니 개의치 말고 복잡도만 신경 쓴다.)

```
sample(A[], n):
    if (n = 1) return 1
    else if (random(1, 100) ≤ 50)
        sum ← 0
        for i ← 1 to n
            sum ← sum + A[i]
    sample(A, n - 1)
```

07 입력 크기가 n일 때 다음 알고리즘의 점근적 수행 시간은 얼마인가? (체계적인 방법을 배우면 쉽게 답할 수 있으나 본문에서 배운 것만으로는 어려울 수 있으니 함수의 로직을 생각하면서 상상력을 발휘한다.)

```
sample(A[], n):
    if (n = 1) return 1
    sum ← 0
    for i ← 1 to n
        sum ← sum + A[i]
    tmp ← sum + sample(A, n - 1)
    return tmp
```

Chapter

04

자바 기초

학습목표

- 이 책에서 사용되는 자바 코드를 이해하기 위한 준비로서 자바의 기초를 익힌다.
- 클래스와 객체의 관계를 이해한다.
- 자바의 기초 문법을 이해한다.
- 추상 데이터 타입과 밀접한 자바의 기능인 인터페이스 구조를 이해한다.
- 범용성 있는 코드를 지원하는 제네릭 기능을 이해한다.
- 자바 프로그램의 수행 구조를 이해한다.
- 자바 개발 환경을 이해한다.

01 클래스

자바에서 가장 중요한 용어를 하나만 든다면 단연 클래스다. 클래스는 객체 지향 언어의 '객체'를 만드는 수단이고 대표적 객체 지향 언어인 자바는 모든 것이 클래스를 중심으로 구성된다. 클래스는 어떤 대상을 추상화하는 의미 단위이기도 하다. 프로그램은 하나 이상의 클래스를 모아놓은 것이다.

[그림 4-1]은 클래스의 전형적인 구조와 예를 보여준다. 클래스는 필드Field, 생성자Constructor, 메서드Method로 구성된다. 클래스 안에서 정의된 함수를 메서드라 한다. 오른쪽은 Heap이라는 이름의 클래스다.

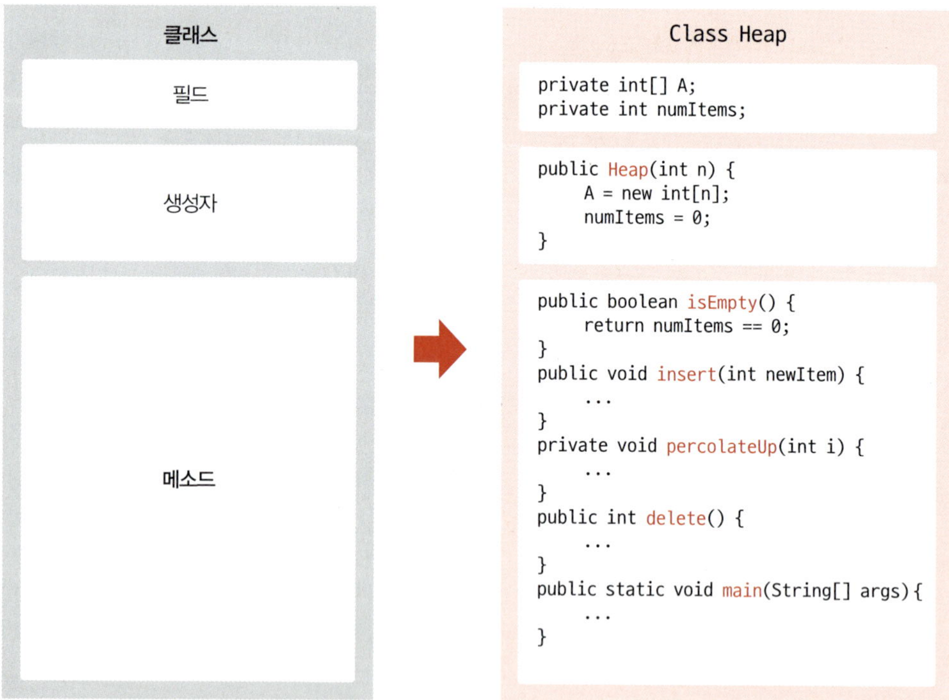

그림 4-1 클래스의 전형적인 구조

클래스 Heap은 필드 A, numItems와 Heap(), isEmpty(), insert(), percolateUp(), delete(), main()이란 이름의 메서드를 포함한다. 메서드 중에는 클래스 이름과 동일한 메서드가 있는데(여기서는 Heap()) 이를 생성자라 한다. 생성자의 역할은 해당 클래스의 객체가 하나 만들어질 때 자동으로 수행되어 객체를 초기화하는 것이다. 메서드 중 main()은 프로그램의 수행을 시작하는 메서드다.

필드, 생성자, 메서드는 어떤 순서여도 상관없지만 대개 이 순서로 묶여 나열된다. 필드는 사용하는 메서드 가까이에 흩어져서 선언되기도 한다.

프로그램의 수행이 시작되는 main() 메서드는 반드시 어떤 클래스 안에서 정의되어야 한다. 예를 들어, 다음과 같이 자바 프로그램을 수행하는 명령을 내리면 Heap.java라는 이름의 파일을 찾아 그곳에 있는 main()에서 프로그램의 수행을 시작한다.

```
>> java Heap
```

클래스의 필드나 메서드를 선언할 때는 public, private 같은 접근 지정자로 공개 범위를 정해주어야 한다. public으로 선언하면 클래스 바깥에서도 접근할 수 있고, private으로 선언하면 해당 클래스 안에서만 접근할 수 있다.

[그림 4-2]에서 클래스의 구조를 살펴보자. 클래스 이름은 Sample이고, 클래스 파일 이름도 일치해야 하므로 Sample.java라는 파일에 저장되어 있어야 한다.

```
public class Sample {
    private int[] A;
    private int numItems;
    public Sample(int n) {
        A = new int[n];
        numItems = 0;
    }
    public void insert(int newItem) { ... }

    public int delete() { ... }

    private void percolate(int i) { ... }
} // End Sample (자바에서 주석은 //... 또는 /* ... */ 형태로 사용함)
```

그림 4-2 클래스 예

Sample(), insert(), delete(), percolate()는 메서드다. 이처럼 메서드 main()이 없을 수도 있는데, 이런 클래스는 다른 클래스에서 사용하기 위해 존재한다. main()이 있는 클래스는 스스로 수행을 시작할 수도 있고, 다른 클래스에서 사용할 수도 있다. 일정 규모 이상의 프로젝트는 대개 시작 전용 클래스를 만들어 그곳에서 main()을 수행한다.

이 예에서 메서드 insert(), delete()는 public으로 선언되어 외부(사용자)에서 접근 가능하고, 메서드 percolate()는 private으로 선언되어 클래스 Sample 안에서만 접근 가능하다. 그러므로 이 메서드는 이 클래스 내부의 다른 메서드인 insert(), delete() 또는 Sample()에서 사용할 목적으로 만들어진 것이다. 변수 A와 numItems도 private으로 선언되어 클래스 Sample 안에서만 접근 가능하다. private으로 선언된 메서드나 변수는 public으로 선언해도 원칙적으로 문제가 없으나, 객체 지향 프로그램의 핵심 철학 중 하나가 불필요한 외부 노출은 지양하는 것이므로 꼭 필요한 만큼만 클래스 바깥으로 공개하는 것이 좋다.

다음과 같이 키워드 new를 사용하면 클래스 Sample의 새 객체가 하나 생성되고 q1, q2는 각각 생성된 객체를 가리키게(레퍼런스하게) 된다.

```
Sample q1 = new Sample();
Sample q2 = new Sample();
```

이처럼 클래스 Sample의 객체가 하나 생성될 때 [그림 4-2]의 메서드 Sample()이 수행되어 크기 n인 배열 A[0...n-1]을 만들고 변수 numItems에 0의 값을 준다. 여기서 q1, q2는 각각 서로 다른 Sample 타입 객체의 레퍼런스(포인터) 변수인데 생성된 객체를 식별하는 id를 갖게 된다. 하나의 클래스로부터 2개의 객체를 생성한 예다. 마치 붕어빵 틀(클래스)에서 붕어빵(객체) 2개를 찍어낸 것과 비슷하다.

예를 들어 다음과 같이 새 배열이 생성되면 변수 x는 크기 100인 정수 배열을 식별하는 값을 갖는다. 자바에서는 배열도 클래스다. 크기 100인 아래 배열이 배열 클래스의 객체이므로 변수 x가 이 배열 객체를 식별하는 값을 갖게 되는 것이다.

```
int[] x = new int[100];
```

02 자바 기초 문법

1 변수의 타입과 상수

자바에서 기본으로 제공하는 8개의 기초 타입primitive type 변수는 `byte`, `short`, `int`, `long`, `float`, `double`, `char`, `boolean`이다.

- **byte, short, int, long**

  정수를 표현하며 각각 길이가 1, 2, 4, 8바이트(8, 16, 32, 64비트)다. 16비트로 표현하는 `short` 타입은 서로 다른 정수를 64K(65536)개 표현할 수 있고, 32비트로 표현하는 `int` 타입은 정수를 4G(약 43억)개 표현할 수 있다.

- **float, double**

  실수를 유효숫자와 지수로 표현한다. `float` 타입은 총 32비트로 구성되는데 23비트는 유효숫자에, 8비트는 지수부에 사용된다. 유효숫자 23비트는 1~2의 수(정확히는 1.999999...)를 표현하고, 지수 8비트(e라 하자)는 −125 ~ +127의 정수를 나타내 유효숫자에 2^e을 곱하도록 한다. `float` 타입이 표현할 수 있는 최대 크기는 십진수로 대략 $8.5*10^{37} \approx (2*2^{127})$ 정도 되어 우리가 다루는 웬만한 수는 다 표현한다.

  `double` 타입은 유효숫자가 52비트인데, 유효숫자가 1~2 사이의 수를 표현하는 것은 `float`와 같다. 지수부는 11비트로 −1022 ~ +1023의 정수를 나타내어 대략 $2*10^{307} \approx (2*2^{1023})$ 정도 되므로 어마어마하게 크다. `double` 타입이 `float` 타입보다 나타낼 수 있는 숫자가 훨씬 크지만 `float` 타입만으로도 충분히 큰 수를 나타낼 수 있다. 따라서 `double` 타입은 `float` 타입에 비해 소수점 이하의 유효숫자를 훨씬 정교하게 표현할 수 있다는 점에 더 큰 의미가 있다.

float와 double은 대부분의 수를 '근사적으로' 표현하기 때문에 계산 결과도 근삿값이다. 예를 들어, float 타입은 실수 0.1을 정확하게 표현하지 못한다. 그래서 두 수가 같은지 비교하려면 같다고 간주할 오차 범위를 미리 정해야 한다. 근사치로 표현할 수밖에 없는 문제는 자바뿐 아니라 다른 언어들에서도 마찬가지다. 실수를 유효숫자와 지수부로 표현하려면 피할 수 없는 문제다. 프로그래밍 언어에 익숙하지 않은 사람은 이 부분을 이해하기 힘들 수 있는데 그냥 넘어가도 이 책을 공부하는 데 큰 지장은 없다.

■ **char**

문자를 표현한다. C와 같은 언어에서는 모든 타입을 수로 취급할 수 있어 char 타입으로 8비트 정수를 표현할 수 있지만, 자바는 타입이 엄격하기 때문에 8비트 정수는 byte 타입으로, 문자는 16비트의 char 타입으로 따로 표현한다. 자바에서 char 타입이 16비트가 된 것은 16비트로 표현되는 유니코드Unicode를 따르기 때문이다. (C는 7비트를 사용하는 아스키ASCII 코드를 따르므로 char 타입은 1바이트(8비트)다.)

■ **boolean**

참과 거짓을 표현한다. true 또는 false 값을 가지며, 1비트면 되지만 비트 단위의 작업이 번거로워 자바 가상머신에 따라 1바이트를 사용하기도 한다.

8가지의 기초 타입 이외의 타입은 모두 클래스다. [그림 4-1]에서 예를 든 클래스 Heap을 다음과 같이 선언하면 변수 h는 Heap 클래스 타입의 객체를 가리키는 변수(레퍼런스 변수)가 된다. 언젠가는 클래스 Heap의 객체를 가리킬 준비를 한다.

```
Heap h;
```

배열도 하나의 클래스다. 다음 예의 결과로 배열 a의 길이인 100이 프린트된다. 배열 클래스에는 배열의 크기를 저장하는 필드 length가 있다.

```
int[] a = new int[100];
System.out.println(a.length);
```

java.util 패키지의 클래스 Arrays에서 배열을 대상으로 하는 다양한 메서드를 제공한다. 예를 들어 [그림 4-3]은 배열 a[from...to]를 정렬해주는 메서드의 사용 예다. (a)는 메서드의 전체 경로를 명시해 호출한 예이고 (b)는 임포트impor하여 호출한 예다.

(a)

```
java.util.Arrays.sort(a, from, to);
```

(b)

```
import java.util.*;  // 또는 import java.util.Arrays
    ...
Arrays.sort(a, from, to);
```

그림 4-3 배열 정렬 메서드 사용 예

변수 타입을 미리 정하지 않고 향후 최대한 많은 클래스를 받아들일 수 있도록 클래스 Object를 사용하기도 한다. Object는 모든 클래스의 상위 클래스이기 때문에 타입을 Object로 해놓으면 그 자리에 아무 클래스나 와도 된다. 그리고 java.lang 패키지에 정의되어 있으므로 임포트할 필요 없이 그냥 쓰면 된다. 앞에서 설명한 8가지 기초 타입은 클래스가 아니어서 Object로 선언해놓은 변수로 받아들여지지 않는데, 기초 타입을 객체로 만들어주는 클래스가 있다. 이들을 래퍼 클래스Wrapper Class라 하는데, 이름은 각 타입의 첫 글자를 대문자로 바꾸어 놓은 것이다.

```
Byte, Short, Integer, Long, Float, Double, Character, Boolean
```

자바에서 상수를 선언할 수도 있는데 [그림 4-4]의 (a)와 같이 타입 앞에 final 키워드를 추가하면 된다. final로 선언되면 해당 변수는 단 한 번만 값을 줄 수 있어 이후에는 바꿀 수 없다. (b)와 같이 하면 선언할 때 SCALE에 값이 할당되지 않았으므로 예처럼 이후에 한 번은 할당할 수 있다. 이후 SCALE에 한 번 더 값을 할당하려고 하면 에러가 난다.

(a)

```
final int SCALE = 1000;
final float PI = 3.14159;
```

(b)

```
final int SCALE;
...
SCALE = 1000
```

그림 4-4 상수 선언 예

NOTE 정수 30은 상수다. 그러면 30을 래핑한 Integer(30)도 상수인가?

결론부터 말하면 Integer(30)도 상수다(상수 객체). 다음을 수행하면 Integer 객체 t의 필드 value 부분 즉, t.value에 30이 들어간다. 이후에 t = 5;를 수행한 다음(t의 값을 5로 바꿈) t를 프린트해보면 5가 프린트된다.

```
Integer t = 30;
```

그러면 Integer(30)은 값이 바뀌므로 상수가 아니지 않은가? (상수는 한 번만 값을 할당할 수 있다고 했다.) 클래스 Integer의 소스 코드를 보면 필드 value는 다음과 같이 선언되어 있다.

```
private final int value;
```

필드 value는 final로 선언되어 단 한 번만 값을 줄 수 있다. 객체가 만들어질 때 생성자 Interger( )에서 값을 한 번 할당하므로 더 이상 value에 값을 할당할 수 없다. 그런데 위에서 t = 5;로 새 값이 성공적으로 할당되고 t의 value 값이 실제로 바뀐다. 이것이 에러가 안 나고 작동하는 이유는 뭘까? 이렇게 t에 새 값을 할당하면 앞에서 만들어진 Integer(30) 객체의 value 값이 바뀌는 것이 아니라 t의 레퍼런스 값이 바뀌기 때문이다. 즉, Integer(5)란 상수 객체가 생성되어 t가 이것의 id 값을 갖게 된 것이다. 그러면 원래의 Integer(30)은 어떻게 될까? Integer(30)을 가리키던 유일한 레퍼런스 t가 다른 객체를 가리키니 레퍼런스의 끈이 없어져 청소 대상이 된다.

이런 의미에서 모든 Integer 객체는 상수다. 더 구체적으로 말하면 포장된 상수다. 다른 래핑 클래스의 객체들도 같은 원리로 모두 포장된 '상수'다. 값을 한 번만 할당할 수 있다.

2 프린트

작성한 프로그램이 제대로 돌아가는지 확인하는 첫 번째 방법은 프린트해보는 것이다. 프린트할 때는 `java.lang`의 클래스 `System`에 있는 `out.println()`이나 `out.print()`를 사용한다. `println()`은 프린트한 후 줄을 바꾸고, `print()`는 줄을 바꾸지 않는다는 차이만 있다. 둘 다 다양한 타입을 받도록 정의되어 있어(`boolean`, `char`, `char[]`, `double`, `float`, `int`, `long`, `Boolean`, `Char`, ..., `Integer`, `Object`, `String`) +를 사용해 여러 타입을 섞어 쓸 수 있다. 예를 들어 `String`, `int`, `float`, `char` 등을 `System.out.println("int 변수 a = " + a + ": float 변수 f = " + f + "; char 변수 c = " + c);` 형태로 섞어서 한꺼번에 쓸 수 있다. [그림 4-5]는 프린트의 두 가지 예다.

```
System.out.println("Hello!");
```

```
Hello!
```

```
int x = 77;
System.out.println("x is " + x + "th");
```

```
x is 77th
```

그림 4-5 프린트 예

3 제어

프로그램이 그냥 죽 아래로 진행되면 따로 제어할 필요가 없다. 하지만 대부분의 프로그램이 중간에 루프를 돌거나 분기하므로 흐름을 제어할 필요가 있다. 자바의 반복 제어문에는 크게 for와 while 문이 있다. [그림 4-6]은 A[3...N]의 값을 모두 더하는 작업을 for, while, do-while 문으로 표현한 예다.

```
int sum = 0;
for (int i = 3; i <= N; i++) {
   sum = sum + A[i];
}
```

(a) for

```
int sum = 0, i = 2;
while (++i <= N) {
   sum = sum + A[i];
}
```

(b) while

```
int sum = 0, i = 3;
do {
   sum = sum + A[i];
} while (++i <= N)
```

(c) do-while

그림 4-6 반복 제어문 사용 예 : A[3...N]의 값 모두 더하기

조건 분기를 하는 if 문은 루프와 더불어 가장 흔한 제어문이다. [그림 4-7]은 if 문의 예다.

(a)

```
// 논리문의 결과가 참일 때만 무언가 해주는 가장 간단한 형태의 if 문
if (i < N)
    System.out.println("i is less than " + N);
```

(b)

```
// 논리문의 결과가 거짓일 때도 무언가 해주는 if-else 문
if (i < N)
    System.out.println("i is less than " + N);
else {
    System.out.println("i is not less than " + N);
    ...
}
```

(c)

```
// (b)의 else 부분을 더 세분화한 형태
if (i < N)
    System.out.println("i < " + N);
else if (i < K) {
    System.out.println(N + "≤ i < " + K);
    ...
} else
    System.out.println(K + "≤ i");
```

그림 4-7 if 문 사용 예

변수 값이 여러 개일 수 있는데 각각에 대해 다른 작업을 할 필요가 있으면 [그림 4-8]의 예와 같은 switch-case 문이 유용하다. 변수 scale의 값 네 가지 각각에 대한 처리를 명시했고, 네 가지 중 어느 것도 아니면 default로 나온다. 보통 default는 있을 수 없는 경우에 대한 에러를 처리할 때가 많다. break는 switch 문을 빠져나가도록 한다.

```
switch (scale) {
    case KILO:
        System.out.println("K");
        break;
    case MEGA:
        System.out.println("M");
        break;
    case GIGA:
        System.out.println("G");
        break;
    case TERA: System.out.println("T");
        break;
    default: System.out.println("None");
}
```

그림 4-8 switch-case 문 사용 예

case에 break가 붙지 않으면 switch 문을 끝내지 않고 그다음 case로 흘러 내려간다. [그림 4-8]의 예에서 다음과 같이 scale 값이 MEGA인 부분에 break가 빠진 경우를 살펴보자.

```
switch (scale) {
    case KILO:
        System.out.println("K");
        break;
    case MEGA:
        System.out.println("M");
    case GIGA:
        System.out.println("G");
        break;
    case TERA: System.out.println("T");
        break;
    default: System.out.println("None");
}
```

다른 케이스는 모두 동일하나 scale 값이 MEGA일 경우 case MEGA:로 들어가서 수행한 다음 바로 GIGA로 흘러 내려간다. 그래서 이때는 위 프로그램이 다음과 같이 프린트한다. 대개 이런 경우는 실수로 일어나는데, 아주 가끔 의도적으로 사용될 때도 있다.

```
M
G
```

4 함수(메서드)에 변수나 배열 넘기기: 복사호출과 참조호출

함수를 호출할 때 넘기는 것을 인자Argument라 하고, 호출받은 함수에서 넘어온 인자를 받는 변수를 파라미터Parameter라 한다. 함수를 호출하는 방식에는 복사호출Call-by-Value과 참조호출Call-by-Reference이 있다.

함수 sample(x)를 호출한다고 하자. 복사호출은 변수 x의 값을 넘기고, 참조호출은 변수 x의 레퍼런스(식별자, 포인터 또는 주소)를 넘긴다. 자바는 복사호출 방식이므로 파라미터에 x 값을 복사해서 사용한다. 함수를 호출할 때 인자로 보낸 변수는 그 값을 복사해서 사용하므로 원래 호출했던 곳에서는 내용이 변하지 않는다.

예를 들어 [그림 4-9]의 (a)와 같이 파라미터 값을 2배로 키우는 함수에 대하여 사용자 프로그램에서 (b)와 같이 수행하면 참조호출 방식에서는 x 값이 10으로 변한다. x의 레퍼런스(id

또는 주소)를 파라미터로 넘기기 때문에 호출된 함수 안에서 파라미터 a에 행해지는 일이 바깥에 있는 x에도 행해진다. 복사호출 방식을 따르는 자바에서는 (a)에서 x의 '값'이 파라미터 a로 '복사'되고 a의 값은 2배가 된다. 그렇지만 (b)에서 x 값은 변하지 않는다. 따라서 바깥의 x가 2배가 되도록 하려면 (c)와 같이 만들고 (d)와 같이 결과를 리턴받아야 한다. (물론 작위적으로 만든 예일 뿐, 현실에서 변수에 단순히 2배를 하기 위해 이런 짓은 안 할 것이다.)

(a)

```
void twofold(int a) {
    a = 2 * a;
}
```

(c)

```
int twofold(int a) {
    a = 2 * a;
    return a;
}
```

(b)

```
x = 5;
twofold(x);
```

(d)

```
x = twofold(x);
```

그림 4-9 복사호출 방식 언어에서 인자와 파라미터의 관계

이제 배열을 함수의 인자로 넘기는 상황을 생각해보자. 배열 전체의 내용을 복사해서 함수를 수행한 다음 그 결과를 return을 통해서 넘길 것인가? 불가능하지는 않아도 심각하게 비효율적일 것이다.

다행히 자바의 배열 이름은 그 배열의 레퍼런스 값인 id, 즉 배열을 식별할 수 있는 식별자를 갖고 있다. 함수의 인자로 배열 이름이 적히면 함수가 수행될 때 그 배열의 id 값이 복사된다. id 값은 실제 배열이 있는 곳에 접근하게 해주므로 배열 '자체'를 복사하지 않아도 원래 배열에 접근할 수 있다. 이런 측면에서 보면 배열을 넘기는 방식은 참조호출에 가깝다. 단지 복사호출 원리에 따라 레퍼런스 '값을 복사'해서 배열에 접근할 수 있게 한다.

이름이 x인 배열(또는 객체)을 인자로 넘기면 x의 값을 파라미터로 복사한다. 그런데 x가 갖고 있는 값은 배열의 id 값이다. 그러므로 x를 인자로 넘기는 것은 배열 자체를 넘기는 것이 아니라 배열의 id 값을 넘기는 것이다. 그러므로 배열이나 객체 이름을 함수의 파라미터에 넘기는 것은 결과적으로 참조호출을 하는 셈이다. 정리하면, 배열을 인자로 넘기면 배열의 레퍼런스 값을 복사호출 방식으로 넘긴 것이고, 복사된 값이 레퍼런스 값이라 결과적으로 배열을 참조호출한 셈이다.

[그림 4-10]을 통해 살펴보자. 왼쪽의 사용자 프로그램에서 new를 통해 크기 10인 배열을 A라는 이름으로 할당받았고 A[5]에 값 7을 주었다. new를 통해 배열 객체로 공간을 할당받는 순간 id를 부여받아 배열 A가 id 23을 받았다. 우리가 배열이라고 생각하는 A는, 실제로는 배열의 id 값을 갖고 있는 레퍼런스 변수다. A[5]=7을 수행하면 id 23 배열(id_23으로 표기하자)이 저장된 장소로 가서 id_23[5]에 해당하는 자리에 값 7을 저장한다.

이 상태에서 sampleAccess(A, k)를 호출하였다. 오른쪽의 함수 sampleAccess()는 파라미터로 받은 A와 k의 값을 복사한다. id 값 23이 배열의 레퍼런스 변수 B로 복사되고, k 값 5가 정수 변수 n으로 복사된다. 여기서 '값이 복사된다'는 점을 다시 한 번 기억하자. 배열 레퍼런스 변수 B에 값 23이 복사된 것은 배열 A의 레퍼런스 값이 복사된 것이다. 그러므로 배열 B는 배열 A와 동일한 id가 23인 배열을 가리키게 된다. 따라서 함수 sampleAccess() 내부에서 B[n]=8이 수행되면 배열 id_23[5]에 값 8을 저장하게 되어 A[5]=8이 수행되는 것과 같다. 따라서 sampleAccess()를 호출한 사용자 프로그램에서 배열 A[5]의 값이 바뀐다.

함수에서 복사호출 원리에 의해 파라미터로 값을 복사하지만 배열은 레퍼런스 변수의 값을 복사하기 때문에 그 정보로 원래의 배열 공간에 접근하게 되는 것이다. 이 부분은 학생들이 질문을 많이 하는 부분이라 좀 불필요할 정도로 반복 설명하였다. 이 구조를 확실하게 이해했다면 자바에서 변수와 객체를 관리하는 방법의 핵심을 이해한 것이다.

```
int[] A = new int[10];
A[5] = 7;
int k = 5;
sampleAccess(A, k);
```

```
sampleAccess(int B[], int n) {
    B[n] = 8;
}
```

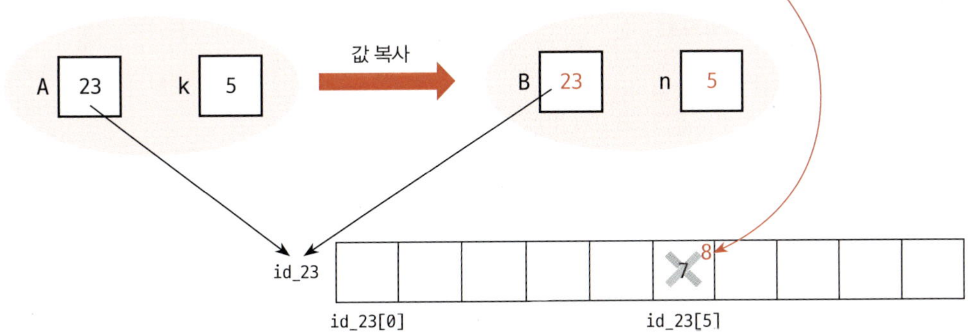

그림 4-10 자바 함수의 인자로 배열을 넘길 때의 수행 세부 사항

5 상속 기능

자식이 부모의 재산이나 성격을 상속받듯이 프로그래밍 언어에서도 부모의 특성을 상속받는 기능이 있다. 공이란 개념이 있다고 하자. 대체로 공은 완전히 둥근 3차원 구를 이루는 것을 총칭한다. 축구공에는 공의 특성도 있지만 축구공 특유의 성질도 있다. 마찬가지로 야구공에도 공의 특성과 함께 야구공 특유의 성질이 추가되어 있다. 추가 특성에는 크기, 재질, 무늬, 무게 등이 있을 수 있다. 대개 상속을 받으면 상위 개념의 특성을 그대로 갖고 자신만의 특성이 추가된다. 가끔은 상위 개념이 가진 특성 중 일부를 자신의 특성으로 바꾸기도 한다. 예를 들어, 럭비공은 공의 특성을 상속받지만 완전히 둥글다는 특성은 지우고 타원적 특성으로 바꾼다. 이런 것을 상위 개념의 특성을 '덮어 쓴다'고 표현하고 오버라이딩Overriding이라 한다.

상속은 예약어 extends를 사용한다. 6장에서 스택 자료구조를 5장에서 구현한 클래스 LinkedList를 재사용하여 구현하는 예가 나온다. [그림 4-11]은 그 예를 가져온 것이다. 연결 리스트Linked List와 스택Stack이 뭔지 몰라도 상속의 원리를 이야기하는 데는 지장이 없다.

클래스 InheritedStack은 extends LinkedList를 통해 클래스 LinkedList를 상속한다. 메서드 top()을 보자. 메서드 get()을 수행한다. 매칭되는 get()이 클래스 InheritedStack 내부에 정의되어 있으면 그것을 수행한다. 그렇지 않으면 자신이 상속받은 상위 클래스(LinkedList)를 본다. get()은 클래스 InheritedStack에는 없고 상위 클래스 LinkedList에 정의되어 있으므로 그것을 수행하게 된다. 메서드 pop()도 수행의 내용을 구체적으로 구현하지 않고 상위 클래스 LinkedList에서 구현해놓은 get()과 remove()의 개념을 이용해 간명하게 처리한 것이다. 메서드 popAll()은 상위 클래스의 메서드 clear()를 사용한다.

```
public class InheritedStack extends LinkedList {
    public InheritedStack() {
        super();
    }
    ...
    public E pop() {
        E x = get(0);
        remove(0);
        return x;
    }
```

```
    public E top() {
        return get(0);
    }
    public void popAll() {
        clear();
    }
}
```

그림 4-11 상속을 사용한 스택 구현

메서드 top()이 상위 클래스의 get()을 사용할 때 [그림 4-12]와 같이 super를 사용해 상위 클래스에 있음을 명시적으로 지정해도 된다. 이렇게 상위 클래스에서 찾는 모든 메서드나 변수에는 super를 명시하는 것도 나쁘지 않은 습관이다.

```
public E top() {
    return super.get(1);
}
```

그림 4-12 super를 사용한 상위 클래스 명시 예

super는 상위 클래스를 지칭할 때 쓴다. 이 클래스의 생성자 InheritedStack()은 그냥 super()만 호출한다. 이건 상위 클래스의 생성자 LinkedList()를 수행하게 된다. 흔히 상위 클래스의 생성자에서 하는 일에 추가 작업을 더한다. 예를 들어, InheritedStack에서 어떤 상황 모니터링을 변수 warning으로 관리하려 한다면 [그림 4-13]과 같이 할 수 있을 것이다.

```
public class InheritedStack extends LinkedList {
    private boolean warning;
    public InheritedStack() {
        super();
        waring = false;
    }
    ...
```

그림 4-13 변수 warning으로 추가 작업을 더한 예

클래스 InheritedStack이 변수 warning을 추가로 가졌고, 생성자 메서드에서 상위 클래스의 생성자를 수행하는 것에 더하여 변수 warning을 false로 초기화하고 있다.

자바에서 상속은 상위 클래스를 하나만 명시할 수 있다. 앞의 예에서 클래스 InheritedStack이 LinkedStack을 상속받았으면 다른 클래스를 상속받지 못한다. 단, 상위 클래스인 LinkedList가 어떤 클래스를 상속받았으면 상속의 계보가 이어진다. 즉, 상속의 조상이 두 갈래로 갈라질 수는 없지만 한 갈래로는 제한 없이 상속받을 수 있다. 반면, 상속의 후손은 여러 갈래로 갈라질 수 있다.

클래스 Object는 모든 클래스의 상위 클래스다. 수없이 많은 후손들로 분기된다. 앞의 예에서 LinkedList가 상위 클래스를 명시적으로 상속받은 것이 없다면 실제 상속의 계보는 Object → LinkedList → InheritedStack으로 이어진 것이다. 예약어 extends가 없는 모든 클래스는 바로 위에 클래스 Object가 있는 것이다. 참고로 클래스 Object는 자신의 후손 클래스(즉, 자바의 모든 클래스)들이 사용할 수 있도록 11개의 메서드를 제공한다. 이 책에서는 6장 스택과 7장 큐에서 클래스를 재활용하면서 상속 기능을 사용한다.

03 인터페이스

1 인터페이스

자바에서 클래스를 추상적으로 묘사하는 대표적인 수단 두 가지는 interface와 abstract다. abstract는 클래스나 메서드를 선언할 때 접두어로 붙일 수 있다. 해당 클래스나 메서드의 뼈대만 묘사해놓고 완성하지 않았다가 다른 클래스가 해당 클래스를 상속받아 완성하는 방식이다. 이 방식은 큰 프로젝트에서 가끔 쓰일 수 있는데 이 책에서 사용되는 예는 없다. 반면, interface는 전체를 추상적으로 묘사하는 방식으로 추상 데이터 타입[ADT]과도 잘 어울려 이 책 전반에 걸쳐 사용된다.

예를 들어, [그림 4-14]와 같은 인터페이스 A를 따르는 클래스는 메서드 insert(), search(), remove()를 필수로 제공하고, 이들의 파라미터로는 문자열(String) 타입이 사용된다. 또한 insert()와 remove()는 리턴 값이 없고(void), search()는 리턴 값이 있는데 임의의 클래스를 넘겨야 한다. Object는 모든 클래스의 상위 클래스이기 때문에 Object로 해놓으면 그 자리에 아무 클래스나 와도 되기 때문이다. 이러한 Object의 포괄성과 관용성은 편리하지만 반드시 좋은 것은 아니다. 알고리즘 복잡도를 $O(n^2)$으로 쓸 수 있는 것을 $O(n^3)$으로 써놓아도 맞기는 하지만 정보 손실이 일어나는 것과 비슷하다는 정도로만 이해하고 넘어가자.

```
public interface A {
    public void insert(String x);
    public Object search(String x);
    public void remove(String x);
}
```

그림 4-14 인터페이스 예

인터페이스 A를 따르는 클래스는 [그림 4-15]의 (a)와 같이 선언한다. 클래스 BST는 인터페이스 A를 따라야 하므로 insert(), search(), remove()를 인터페이스에서 명시해놓은 파라미터와 리턴 값에 맞추어 구현해야 한다. 그런데 상속의 경우 한 클래스로부터만 상속받을 수 있는 데 반해, 인터페이스의 경우 둘 이상의 인터페이스를 따를 수 있다. 클래스 BST가 인터페이스 B도 따른다면 (b)와 같이 나열하면 된다. 두 인터페이스 A와 B에서 요구하는 메서드를 다 구현해주어야 한다.

(a) 인터페이스 A만 따르는 경우

```
public class BST implements A {
    ...
}
```

(b) 인터페이스 A와 B를 따르는 경우

```
public class BST implements A, B {
    ...
}
```

그림 4-15 인터페이스를 사용하는 클래스 예

2 대소 비교를 위한 인터페이스 Comparable

보통 두 원소를 <, >, <=, <=, =로 비교하는데, 자바에서는 기초 타입일 때만 이렇게 비교한다. 기초 타입 외의 클래스 간에는 이런 상식적인 대소 관계가 존재하지 않는다. 클래스는 추상적인 개념을 가진 객체다. 사람을 나타내는 두 객체 a, b의 크기 비교가 키일 수도 있고 몸무게일 수도 있고 지능일 수도 있다. 따라서 객체 안에 객체끼리 비교할 수 있는 어떤 필드가 있어야 한다.

자바에서는 이런 경우를 위해 Comparable이라는 인터페이스 타입을 제공한다. Comparable을 따르는 클래스의 객체 a, b는 다음과 같이 함으로써 a < b를 수행한 효과를 낸다. 이때 a, b는 어떤 클래스의 객체이고 클래스 내부에 메서드 compareTo()가 정의되어 있어야 한다. 즉, compareTo()가 수행될 때 어떤 필드로 어떻게 비교하는지 코딩되어 있어야 한다.

```
if (a.compareTo(b) < 0) ... // if (a < b)를 수행하는 효과를 낸다
```

Comparable은 패키지 java.lang에 있는 인터페이스다. 대소 비교가 가능한 클래스, 즉 compareTo()란 이름의 메서드가 정의되어 있는 클래스면 된다. 자바에서 제공하는 여러 클래스에서 대소 비교가 필요할 가능성이 있는 클래스들은 미리 인터페이스 Comparable을 만족하도록 해놓았다. 자바에서 비교 가능하도록 미리 준비해놓은 클래스가 대략 150개쯤 된다.

클래스만 대상으로 하므로 기초 타입은 제외되는데, 이들도 커버하기 위해 8개의 기초 타입에 대한 래퍼 클래스를 모두 포함한다. 인터페이스 Comparable을 따르는 클래스 중 이름으로 성격을 짐작할 수 있는 클래스들을 보면 String, Year, Time, Month, MonthDay, LocalTime, Timestamp, BigInteger, BigDecimal, File(파일 이름으로 비교할 수 있게 해놓았다), Enum 등이 있다.

인터페이스를 변수의 타입으로 사용할 수도 있다. 예를 들면, 어떤 클래스를 레퍼런스할 변수 a를 다음과 같이 선언할 수 있다. 이러면 a는 어떤 클래스의 레퍼런스 변수인데 인터페이스 Comparable을 따르는 클래스로 제한한다는 뜻이 된다.

```
Comparable a;
```

인터페이스 Comparable이 어떻게 클래스와 연동되는지 예를 통해 살펴보자. java.lang 패키지에서 float를 객체화하는 래퍼 클래스 Float의 소스를 보면 다음과 같이 만들어졌다.

```
public class Float ... implements Comparable<Float> {
    private final float value;
    ...
    public Float(float v) {
        value = v;
    }
    ...
    public int compareTo(Float f) {
        if (this.value < f.value) return -1;
        else if (this.value > f.value) return 1;
        else return 0;

    }
    ...
}
```

그림 4-16 래퍼 클래스 Float

첫 줄 public class Float ... implements Comparable<Float>는 클래스 Float가 비교할 때는 Float 자체가 비교의 주체라는 뜻이다. 즉, 클래스 Float의 객체 a, b를 a.compareTo(b) < 0과 같이 비교한다. 이처럼 클래스 이름과 compareTo()에서 사용하는 클래스가 일치하는 경우

가 대부분이지만 비교 클래스가 다를 수도 있다. 예를 들어, [그림 4-17]의 (a)는 클래스 A 타입의 객체 a와 다른 D 타입의 객체 d를 a.compareTo(d)와 같이 비교하는 경우다. 이는 논리적으로 가능하지만 평생 만나기 힘들고 (b)가 일반적인 형태다.

(a) 서로 다른 클래스 간 비교

```
public class A ... implements Comparable<D> {
    ...
    public int compareTo(D x) { ... }
    ...
}
```

(b) 같은 클래스 간 비교

```
public class A ... implements Comparable {
    ...
    public int compareTo(A x) { ... }
    ...
}
```

그림 4-17 클래스 비교 예

즉, 같은 클래스끼리 비교하는 형태가 가장 자연스럽다. 따라서 인터페이스 Comparable에서 굳이 제네릭으로 타입을 파라미터화하는 것은 대부분 쓸데없다. 인터페이스 Comparable의 파라미터 없이 ❶과 같이 선언되면 ❷와 같이 선언된 것과 같다.

```
❶ public class A ... implements Comparable { ...
❷ public class A ... implements Comparable<A> { ...
```

다시 한 번 정리하면, 자바에서 제공하는 Comparable 클래스는 모두 클래스 단위로 비교를 할 수 있게 compareTo() 메서드가 준비된 것들이다. 사용자가 추가로 Comparable 인터페이스에 따르는 클래스를 설계할 때도 클래스 단위로 비교를 할 수 있게 구현한다. 메서드 compareTo()를 쓰지 않고 클래스 안에 있는 기초 타입을 외부에 열어놓은 다음(즉, public으로 선언한 다음) 이를 명시적으로 추출해 다음과 같이 비교를 할 수도 있다. 하지만 이런 방식은 가능하면 객체의 내부를 오픈하지 않는 객체 지향 언어의 철학에 어울리지 않는다.

```
a.value < b.value
```

compareTo()가 정의되는 예를 하나 들어보자. 클래스 java.io.File의 compareTo() 소스는 [그림 4-18]과 같이 파일 이름으로 대소 비교를 할 수 있게 만들어져 있다.

```java
public class File implements Comparable, ... {
    ...
    private String path;
    ...
    public int compareTo(File other) {
            return path.compareTo(other.path);
    }
    ...
}
```

그림 4-18 클래스 java.io.File의 compareTo( )

클래스 File에서 파일의 경로를 나타내는 path라는 문자열 클래스 타입의 변수가 있고, 이것과 다른 파일의 path 변수를 비교하게 된다. 즉, 클래스 File 객체 간 대소는 각 객체의 파일 이름(경로까지 포함된 문자열) 비교를 통해 결정된다. String 타입인 path와 other.path를 비교하는 path.compareTo(other.path)는 클래스 String에 정의된 메서드 compareTo()를 사용하게 된다. 즉, 클래스 File의 compareTo()가 클래스 String의 compareTo()를 호출한다. 참고로 인터페이스 java.lang.Comparable의 소스를 찾아보면 다음과 같이 싱겁게 되어 있다.

```java
public interface Comparable<T> {
    int compareTo(T o);
}
```

인터페이스 Comparable<T>를 따르는 클래스들은 제네릭 타입 T를 비교의 주체로 삼아 compareTo()를 구현해서 정수를 리턴하라고 하는 것이 전부다. 이것이 그 많은 클래스들을 거느리고 있는 인터페이스 Comparable의 실체다.

원래는 비교의 주체를 정하지 않고 사용자가 알아서 처리하도록 했는데 Java 5부터 제네릭 파라미터로 비교의 주체를 정할 수 있도록 하고 있다(그럴 만한 이유가 있었을 텐데 필자는 잘 떠오르지 않는다). 앞에서 언급했지만 Comparable은 '클래스'의 인터페이스를 정해놓은 것이므로 int, float 등의 기초 타입은 받아주지 않을 것 같으나 이들도 받아준다. 즉, float 타입의 변수 t에 대해서도 t.compareTo(...)가 정상적으로 수행된다. 언제부터인지 자바가 자동 포장(오토 박싱)을 해주도록 바뀌었기 때문이다(기초 타입을 래퍼 타입으로 자동 변환해주는 것을 오토 박싱이라 한다). 이런 변화는 사용자 친화적인 좋은 변화다.

04 제네릭

제네릭의 개념을 인터페이스를 통해 살펴보자. [그림 4-19]의 (a)에서 인터페이스 InterfaceA를 따르는 메서드들의 파라미터는 모두 문자열 타입(String)이고, 메서드 search()의 리턴 타입은 Object 클래스다. Obect는 모든 클래스의 상위 클래스이므로 아무 클래스나 허용한다는 뜻이다. 경우에 따라, 파라미터가 String 타입이 아니면 이 인터페이스는 못 쓴다. 또한 Object 타입으로 해놓으면 범용성은 있지만 타입 관리의 엄밀함이 떨어진다는 단점이 있다. 인터페이스에는 타입을 파라미터화하는 기능이 있다. (a)를 (b)와 같이 바꾸면 이 인터페이스를 사용할 때 타입을 정해주면 된다. 파라미터가 2개 이상일 수도 있다. (c)는 search()의 리턴 타입도 파라미터화한 것이다.

(a)

```
public interface InterfaceA {
    public void insert(String x);
    public Object search(String x);
    public void remove(String x);
}
```

(b)

```
public interface InterfaceA<E> {
    public void insert(E x);
    public Object search(E x);
    public void remove(E x);
}
```

(c)

```
public interface InterfaceA<E, T> {
    public void insert(E x);
    public T search(E x);
    public void remove(E x);
}
```

그림 4-19 인터페이스 타입의 파라미터화

만약 SampleClass라는 클래스가 있는데 이 클래스가 인터페이스 InterfaceA<E, T>를 만족하면서 E, T 자리에 각각 Float, TreeNode 타입을 사용하고자 한다면, 클래스 SampleClass의 정의 시점에 [그림 4-20]의 (a)와 같이 해주면 된다. 그러면 E는 Float, T는 TreeNode라는 의미를 전달해 (b)의 왼쪽은 결과적으로 오른쪽과 같은 효과를 낸다.

(a)

```
public class SampleClass implements InterfaceA<Float, TreeNode> {
    ...
}
```

(b)

```
public interface InterfaceA<E, T> {
    public void insert(E x);
    public T search(E x);
    public void remove(E x);
}
```

→

```
public interface InterfaceA {
    public void insert(Float x);
    public TreeNode search(Float x);
    public void remove(Float x);
}
```

그림 4-20 파라미터가 있는 인터페이스를 사용하는 예

인터페이스 InterfaceA를 따르는 모든 클래스가 Float, TreeNode 타입을 쓴다면 굳이 <E, T>로 파라미터화하지 않고 (b)의 오른쪽처럼 타입을 바로 명시해주는 것이 편할 것이다. 그렇지만 인터페이스를 설계할 때 타입이 명확하지 않은 경우도 있고, 향후 여러 가지 타입을 소화해야 하는 경우 이렇게 타입을 고정해버리면 범용성이 없어진다. 실제로 10장의 이진 검색 트리에서는 이런 방식으로 T를 사용하면서 TreeNode라는 타입을 대응시키고, 11장의 AVL 트리에서는 T에 AVLNode라는 타입을 대응시킨다. 이렇게 타입 파라미터를 사용하는 방식의 인터페이스를 포괄성을 가졌다는 의미로 제네릭 인터페이스Generic Interface라 한다. 제네릭 인터페이스는 범용성을 제공하면서 타입도 강력하게 관리하는 아주 유용한 수단이다. 이 책에서 많이 사용하니 눈여겨보기 바란다.

클래스도 [그림 4-21]의 (a)와 같이 파라미터를 달 수 있다. 이렇게 해놓고 나중에 클래스의 객체를 만들 때 (b)와 같이 파라미터 타입을 정해준다.

(a)

```
public class ArrayList<E> {
    private E[] item;
    ...
```

(b)

```
ArrayList<Integer> list = new ArrayList<>();
```

그림 4-21 제네릭 클래스의 예

이렇게 하면 ArrayList 객체 내부의 item[]은 Integer 타입의 배열이 된다. [그림 4-22]와 같이 클래스와 인터페이스가 모두 제네릭으로 처리되는 경우도 많다.

(a) 제네릭 클래스

```
public class ArrayList<E> implements ListInterface<E> {
    private E[] item;
    ...
    public void add(int i, E x) {
        ...
        item[i] = x;
        ...
    }
    ...
}
```

(b) 제네릭 인터페이스

```
public interface ListInterface<E> {
    public void add(int i, E x);
    public void append(E x);
    public E remove(int i);
    ...
}
```

그림 4-22 제네릭 인터페이스를 사용하는 제네릭 클래스

05 패키지

클래스와 인터페이스들을 모아놓은 것을 패키지라 한다. 패키지 안에 다른 패키지(서브 패키지)가 포함되는 계층적 구조를 가질 수도 있다.

패키지들을 모아놓은 것이 프로젝트다. 프로젝트의 이름은 *.jar와 같이 jar 확장자로 끝낸다. 이클립스Eclipse 같은 툴에서는 계층 구조를 자동으로 관리해준다. 공동 프로젝트를 진행한다면 각자가 만드는 소스를 각각 패키지로 관리하거나 의미상 그룹 지어지는 코드들을 패키지로 묶으면 편리하다. 패키지 이름을 앞세워 그다음에 있는 클래스들을 서로 참조하면 된다.

자바 JDK는 방대한 패키지를 제공한다. 앞에서 언급한 인터페이스 `Comparable`을 포함하고 있는 `java.lang`이 대표적인 패키지의 예다. 이외에 많이 사용하는 패키지의 예를 들면 다음과 같다.

```
java.util, java.io, java.awt, java.math, java.security, java.time
```

패키지에 포함된 클래스는 임포트해서 사용하지만 `java.lang` 패키지는 임포트해주지 않아도 된다. `java.lang` 패키지에는 다음과 같은 클래스들이 포함되어 있다.

- `Object` 클래스: 모든 클래스의 상위 클래스로 `equals()`, `hashCode()`, `toString()` 등의 메서드를 갖고 있다.
- `String` 클래스: 문자열을 위한 클래스다.
- 래퍼wrapper 클래스: 8개의 기초 타입 변수(`char`, `int`, `float` 등)를 객체로 변환해서 사용할 수 있게 한다.
- `Stream` 클래스: 입력이나 출력 장치를 프로그램과 연결해준다.

이 책에 있는 소스를 수행하기 위해서는 일부를 제외하면 java.lang 패키지에 있는 클래스로 충분하다. java.lang은 오리지널 자바의 일부로 간주하면 된다.

각 클래스는 개별 파일에 저장되고 파일 이름은 클래스 이름과 같다. 파일을 모아놓으려면 당연히 디렉터리(폴더)가 되어야 하므로 한 패키지는 한 디렉터리가 된다. 특히 다른 패키지 안에 포함되는 패키지를 서브 패키지라 한다.

작업 중인 클래스와 동일한 패키지에 속한 클래스나 java.lang과 같이 가장 많이 쓰는 패키지 안의 클래스를 사용할 때는 임포트하지 않아도 된다. 하지만 임의의 패키지에 있는 클래스를 사용할 때는 [그림 4-23]의 예처럼 예약어 import를 사용해서 임포트해준다. 여기서 임포트 대상은 클래스다. 예를 들어, java.util 안의 모든 것을 사용할 수 있다고 착각하여 import java.util 형태로 쓰면 컴파일 에러가 난다.

```
// java.util 패키지에 있는 클래스 Arrays 사용
import java.util.Arrays

// java.util 패키지에 안에 있는 모든 클래스 사용
import java.util.*

// 컴파일 에러 발생
import java.util
```

그림 4-23 클래스 임포트의 예

[그림 4-24]는 필자가 이 책을 쓰면서 소스 코드를 관리하기 위해 구축한 패키지 계층 구조다.

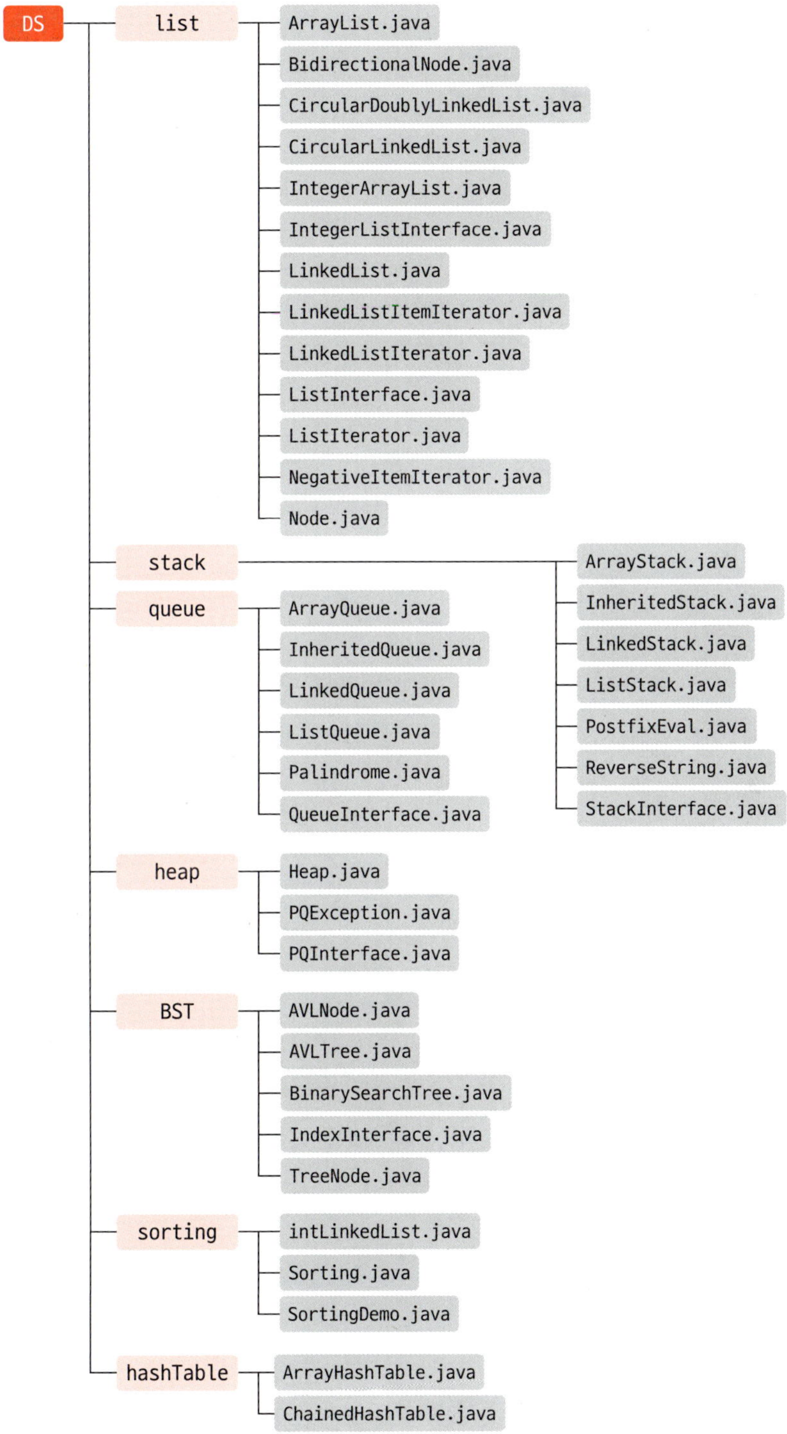

그림 4-24 이 책의 자바 소스 코드 디렉터리 구조

06 프로그램 수행

1 main( ): 수행 시작점

프로그램 수행은 메서드 main()에서 시작한다. 클래스는 메서드 main()을 갖고 있는 경우도 있고, 그렇지 않은 경우도 있다. 예를 들어 [그림 4-25]의 (a)를 다음 명령으로 수행하면 Heap.java 파일로 가서 클래스 Heap을 찾은 다음 그 안의 여러 메서드 중 main()을 찾아 프로그램을 시작한다. 이클립스와 같은 자바 IDE에서는 메뉴바의 [run]을 클릭하면 같은 작업을 한다.

```
>> java Heap
```

그러나 (b)와 같이 main()을 포함하지 않은 클래스로 작업하면 당연히 수행이 안 된다고 알리는 에러가 난다. (c)와 같이 오로지 시작을 위해 만든 클래스에 main()을 두는 경우도 있다. 이때도 클래스 안에 있어야 하므로 다음과 같이 클래스 이름으로 시작한다.

```
>> java Start
```

(a) 메서드 main( )이 있는 클래스

```
public class Heap {
    ...
    public Heap(...) { ... }
    public void insert(...) { ... }
    public int delete(...) { ... }

    public static void main(String[] args) {
        Heap h = new Heap(...);
        h.insert(1);
        h.insert(10);
        ...
    }
}
```

(b) 메서드 main()이 없는 클래스

```
public class Heap {
    ...
    public Heap(...) { ... }
    public void insert(...) { ... }
    public int delete(...) { ... }
}
```

(c) 시작을 위한 클래스

```
public class Start {
    public static void main(String[] args) {
        Heap h = new Heap(...);
        h.insert(1);
        h.insert(10);
        ...
    }
}
```

그림 4-25 다양한 형태의 클래스 예

모든 메서드는 종료 후 리턴 값의 타입을 명시해야 한다. [그림 4-25]의 (a)에서 메서드 delete()는 정수를 리턴하고, 메서드 insert()는 리턴 값이 없다. 이럴 때는 타입을 void라고 써준다. main()은 리턴 값이 없고 반드시 public static void를 앞에 붙여야 한다.

2 에러 처리 구조

코딩을 하다 보면 온갖 종류의 에러가 생긴다. 도저히 에러가 나올 수 없다고 생각하여 에러 처리를 하지 않은 부분에서도 에러가 생기곤 한다. 흔히 에러가 시작된 곳에서 한참 진행되고 나서야 엉뚱한 곳에서 문제가 발생한다. 이 문제의 원인을 거꾸로 추적하는 과정은 시간도 많이 걸릴뿐더러 고통스럽다. 원인을 발견하고 나서 보면 대개 단순하다. '코딩할 때 방어적 에러 코멘트 한 줄만 남겼더라도 이 고생은 안 했을 텐데' 하고 생각하게 된다.

어떤 지점에서 발생할 수 있는 에러에 대해 장치를 해놓으면 디버깅 시간을 절약할 수 있다. 즉, 에러 상황이 발생했을 때 적절하게 처리하면서 프로그램을 종료하거나 계속 수행할 수 있다. 자바에는 에러가 발생할 때 미리 지정한 에러 객체를 생성해서 던지는 기능이 있다. throw 기능이다. 이 책의 코드 중간 중간에 {/* 에러 처리 */}라고 해놓은 부분은 원하면 적절한 방식으로 에러 처리를 하라는 의미다.

[그림 4-26]은 9장에서 소개할 Heap이란 클래스의 메서드 insert()에서 할당받은 공간을 초과해 삽입이 시도될 때 에러 처리를 하는 예다. 코드의 중요한 골격만 남기고 나머지 코드는 생략했다.

```
public class Heap {
    ...
    public Heap(int n) {
        item = new int[n];
        size = 0;
        maxHeap = n;
    }

  ❶ class HeapException extends Exception {  // 에러 클래스 설계
        public HeapException (String msg) {
            super(msg);
        }
    }
  ❷ public void insert(int newItem) throws HeapException {
      ❸ if (size == maxHeap) {
            throws new HeapException ("Overflow in insert()");
        } else {
            /* 정상 수행 */
        }
    }

    public static void main(String[] args) {
        Heap h = new Heap(3);
      ❹ try {
            h.insert(1);
            h.insert(10);
            h.insert(30);
            h.insert(20); // 에러내기
            // 앞에서 Exception 객체가 날아와서
            // 여기서부터는 수행하지 못하고 catch로 넘어감
            h.insert(100);
            ...
      ❺ } catch (HeapException ex) {
            System.out.println("HeapException: " + ex.getMessage());
```

```
            /* 추가 처리가 필요하면 여기에 */
        }
    }
}
```

그림 4-26 메서드 insert()의 에러 처리 예

메서드 insert()에서 에러를 던지려면 함수를 선언할 때 던질 에러 이름을 명시한다. ❷에 throws HeapException이라고 명시했다. ❸의 케이스가 발생하면 HeapException 객체를 생성해서 던진다. 그러면 기다리고 있던 ❺에서 HeapException 객체를 잡아챈다.

insert()를 사용하는 클라이언트에서는 이 에러가 발생할 때를 대비해서 try-catch 구조로 처리한다. try 안에 수행할 코드를 넣고 수행하는 동안 HeapException 에러가 나면(그 안에 포함된 메서드가 HeapException 객체를 던지면) 수행을 중단하고 catch로 넘어간다. ❺의 ex는 넘어온 HeapException 타입의 객체를 레퍼런스하는 파라미터다. 필요하면 ❺의 catch 아랫 부분에서 에러 내용을 프린트하는 작업에 추가 처리 코드를 함께 적어주면 된다. Exception 타입 또는 하위 객체의 메서드 getMessage()는 파라미터로 넘어온 문자열을 리턴한다. 이 예에서는 "Overflow in insert()"이다.

try-catch를 더 세분화할 수도 있고, 문장마다 해당되는 에러 객체를 따로 설정할 수도 있다. 던질 에러의 이름도 Exception의 하위 클래스로 다양하게 만들 수 있다. 이름이 Exception으로 끝나지 않아도 수행하는 데 문제는 없다. try-catch 구조에 [그림 4-27]과 같이 catch가 끝난 후 마지막 처리를 명시해 try-catch-finally 구조를 만들 수도 있다.

```
try {
    ...
} catch (...) {
    ...
} catch (...) {
    ...
} finally {
    /* 임의의 catch 처리 후 마지막으로 처리할 일 */
}
```

그림 4-27 try-catch-finally 구조

자바의 모든 에러 객체는 클래스 Exception의 하위 객체다. 즉, Exception을 상속한다. 이 Exception의 하위 객체를 생성하기 위해 자바에서 미리 만들어놓은 클래스가 12개 있다. 해당 예로는 0으로 나누는 에러 발생 시 생성하는 ArithmeticException, 널[null] 객체에 접근하려고 할 때 생성하는 NullPointerException, 배열 등의 인덱스가 범위를 벗어날 때 생성하는 IndexOutOfBoundsException 등이 있다. 사용자가 이들 외의 에러 객체를 생성하려면 우선 해당 객체를 위한 클래스를 만들어주어야 한다. [그림 4-26]의 코드에서 HeapException은 미리 준비된 클래스가 아니므로 ❶에서 새 클래스로 만들어주었다. 자바의 모든 에러 객체는 최상위 에러 클래스인 Exception의 하위 클래스가 되어야 하므로 extends로 상속하였다. (참고로 클래스 Exception은 클래스 Throwable을 상속하고 있다. getMessage()는 클래스 Throwable에서 만들어놓은 메서드다.)

❸의 에러를 체크하지 않고 수행하면 이 프로그램은 어차피 else{} 부분에서 배열의 범위를 넘는 접근을 시도하게 되고 자바는 IndexOutOfBoundsException 객체를 발생시킨다. 그러면 ❸의 자리에서 굳이 에러 객체를 발생시키지 않아도 ❺의 자리에 HeapException 대신 IndexOutOfBoundsException을 써두면 해당 에러를 잡아 처리할 수 있다. 그렇지만 이렇게 자바가 미리 준비해놓은 에러 객체를 이용하는 방식은 피하는 것이 좋다. 자바가 ❹의 try 부분을 수행하는 중에 insert()가 아닌 다른 곳에서 IndexOutOfBoundsException 객체를 발생시킬 수도 있다. 이 경우 자바 시스템보다 IndexOutOfBoundsException를 기다리고 있는 사용자의 catch 부분(❺)이 우선권을 갖는다. 결과적으로 다른 곳에서 발생한 에러가 여기서 처리되는 일이 발생한다.

비슷한 맥락으로 ❸의 HeapException을 그대로 두고 ❺에서 HeapException 대신 모든 에러 객체를 포괄하는 Exception을 사용해도 ❸에서 던진 에러 객체를 받아준다. 그렇지만 이것 역시 자바가 ❹의 try 부분을 수행하는 중에 insert()가 아닌 다른 곳에서 임의의 에러 객체를 발생시키면 자바 시스템보다 ❺의 catch 부분이 우선권을 가져 ❺에서 처리하길 원하지 않는 에러가 여기서 처리되는 일이 발생한다.

❸ 메모리 사용 관행: 정적/동적 영역, 가비지 컬렉션

모든 고급 프로그램은 컴파일 시점에 메모리의 어느 위치에서 수행될지 알 수 없다. 그래서 일단 0번지에서 시작하는 가상 메모리를 가정하고 컴파일한 다음 수행 시 메모리의 실제 주소에 바인딩된다. 그래서 한 프로그램이 수행되기 시작하면 특정 크기(N이라 하자)의 메모리를 할당받은 다음 그것이 메모리 0번 주소부터 N-1번까지인 것처럼 취급한다. 즉, 자신의 가상 공간에서 수행되는 것처럼 처리한다. 실제로는 메모리의 시작 주소를 더해서 가상 주소가 수행된다.

자바에서는 JVM자바가상머신이 위와 같은 기능을 한다. 즉, 가상 공간에서 프로그램을 수행시키기 위해 메모리를 기능에 따라 나누고 그 위에서 프로그램을 수행시킨다.

메모리 공간을 다루는 방법은 프로그래밍 언어들이 다 비슷하다. [그림 4-28]은 고급 프로그래밍 언어의 일반적인 메모리 분할 방식을 그린 구조도다. 자바가상머신은 이렇게 정확히 네 구역으로 구분하고 있지는 않은데 큰 틀에서 보면 이 그림에 속한다고 할 수 있다. 이 그림은 프로그램 수행과 메모리 관계의 핵심을 잘 보여준다.

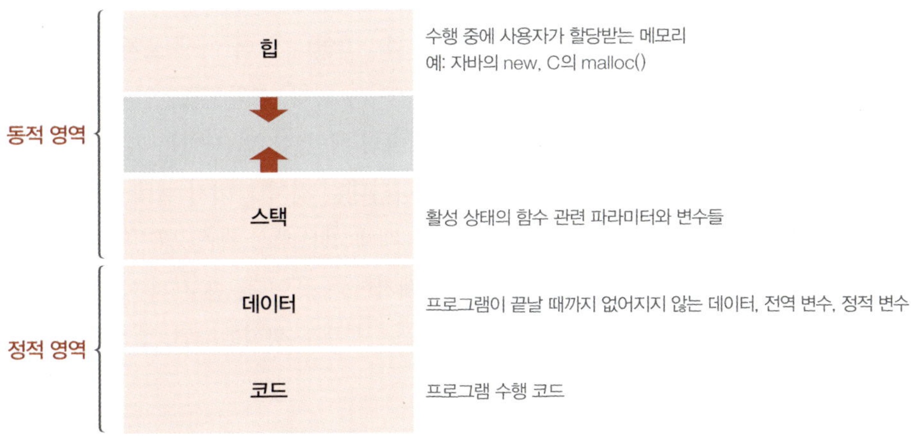

그림 4-28 프로그래밍 언어의 전형적인 메모리 분할 방식

정적 공간은 프로그램 코드와 전역 변수, 정적 변수가 저장되는 곳이다. 변수 선언 시 예약어 `static`을 붙이면 정적 변수란 뜻이고, 정적 변수는 프로그램이 끝날 때까지 없어지지 않는다. 정적 공간은 컴파일이 끝나면 수행되기 전에 이미 주인이 결정된다. 프로그램 코드는 변하지 않고 수행이 끝날 때까지 있어야 하고, 전역 변수와 정적 변수도 끝날 때까지 없어지지 않고 남아 있어야 하므로 '정적'이라 할 수 있다. 이처럼 끝날 때까지 보관해야 하는 대상들이 저장되는 공간을 정적 메모리Static Memory라 한다.

반면, 함수(또는 메서드)는 한시적으로 호출되므로 수행이 끝나면 공간을 잡고 있을 필요가 없다. 그래서 스택 자료구조(6장의 주제)를 이용해서 공간을 할당한 다음 호출되어 살아 있는 함수를 순서대로 쌓는다. 스택의 맨 위에 지금 수행 중인 함수가 자리하고 바로 그 아래에는 직전에 이 함수를 호출한 함수가 자리한다. 모든 함수는 별다른 지시가 없으면 스택 공간에서 동적으로 관리된다. 단 하나 예외가 있는데 바로 메서드 main()이다.

메서드 main()은 정적 메모리에 미리 자리를 잡아두고 시작한다. 이후 main()에서 호출된 메서드들은 차례대로 스택 영역에서 위로 쌓이며 수행하다가 수행이 끝나면 스택에서 지워진다. 임의의 함수가 호출되어 수행을 시작하면 스택 영역에 해당 함수가 호출되면서 넘겨받은 파라미터, 지역 변수 등을 위한 공간을 할당받는다. main()을 다른 함수들처럼 스택 영역에 올려 수행하는 것도 가능하겠지만 자바에서는 메서드 main()을 이와 같은 방식으로 활용하기로 정한 것이다.

힙 영역에는 수행 중에 (자바의 new나 C의 malloc을 통해서) 생성된 배열이나 객체가 저장된다. 가비지 컬렉터가 청소하는 대상이 되는 공간이다. 할당받았다가 더 이상 쓰지 않는 메모리 공간을 회수하는 것을 가비지 컬렉션Garbage Collection이라 한다. C와 같은 언어에서는 더 이상 쓰지 않는 메모리 공간을 회수하는 일이 프로그래머의 책임이지만 자바는 가상머신에서 알아서 처리해준다. 스택 영역과 힙 영역의 관계를 잘 나타내는 것이 가비지 켈렉션이기도 하다. 다시 말해, 가비지 컬렉션이란 '힙 영역의 배열이나 객체 가운데 스택 영역(정확히 말하면 스택 영역과 메서드 main())에서 도달 불가능한 것을 제거하는 것'이다. 한 가지 예를 더 들어보자. 어느 함수(M이라 하자)에서 다음과 같이 LinkedList 객체를 생성했다면, 생성된 객체는 힙에 저장된다.

```
LinkedList t = new LinkedList();
```

레퍼런스 변수 t는 해당 함수 M의 스택 영역에 저장된다. 함수 M이 끝나면 이 객체를 가리키는 레퍼런스 변수 t가 없어지므로 스택 영역에서 해당 객체에 도달하는 끈이 없어진다. 따라서 이 객체의 메모리는 회수(가비지 컬렉션)된다. 예외적으로 그 사이에 어떤 정적 변수가 같은 객체를 레퍼런스하게 되었다면 이 객체는 아직 끈이 남아 있어 회수되지 않는다.

자바에서는 병렬 처리를 위한 쓰레드Thread를 제공하는데, 예를 들어 10개의 쓰레드를 생성해서 동시에 수행하도록 할 수 있다. 이들은 독립적으로 수행되기 때문에 각각의 스택을 할당받는다. 즉, 쓰레드 1개당 독립적 스택 공간이 1개씩 존재하게 된다. 쓰레드가 끝나는 즉시 해당 스택 공간은 반환된다.

07 자바 개발 환경과 디버거

1 자바 개발 환경

IDE[Integrated Development Environment]는 통합 개발 환경이라는 뜻으로 GUI를 갖춘 자바의 작업장 또는 작업대[Workbench]라 할 수 있다. 자바의 대표적인 작업장으로 이클립스[Eclipse]와 인텔리[IntelliJ]가 있다.

IDE는 JDK, JRE, 에디터, 디버거, 프로젝트 관리 환경 등을 갖추고 있다. JRE[Java Runtime Environment]는 컴파일이 끝난 자바 프로그램을 수행시키는 환경이다. JDK[Java Development Kit]는 컴파일러뿐 아니라 자바 프로그래밍을 위한 제반 도구들을 다 포함한다. JRE는 JDK에 포함된 도구 중 하나이므로 JDK를 설치하면 JRE도 같이 설치된다.

[그림 4-29]는 이클립스에서 자바 코드를 수행하는 화면이다. 클래스 `Hello`를 수행하려면 시작 메서드 `main()`이 포함된 클래스 `Hello`을 띄워놓고 [Run] 메뉴의 서브 메뉴인 [Run], [Debug], [Run As] 등을 사용한다.

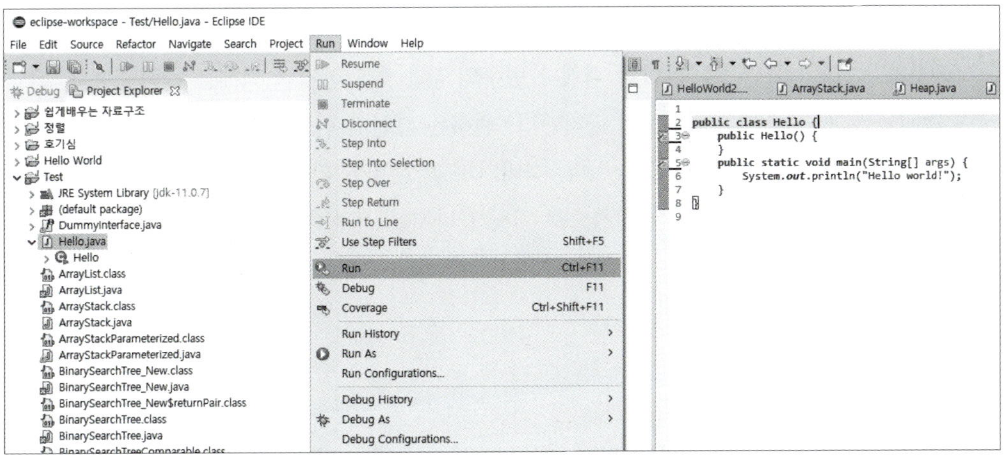

그림 4-29 이클립스의 자바 프로그램 디버깅 화면

2 디버거

GUI 기반의 통합 개발 환경 없이도 커맨드 기반 환경에서 작업할 수 있지만 디버깅할 때 작업의 편리함 면에서 차이가 많이 난다. GUI 디버거 환경은 사용하기가 매우 편리하다. 필드에 따라 어느 깊이까지 볼지 그때그때 조절할 수 있고, 각 필드 값과 id를 일목요연하게 살펴볼 수 있다. 또한 소스의 어디에서 세울 것인지를 시각적으로 토글할 수 있고, 브레이크 포인트에 일단 세운 다음 세울 곳을 추가로 조정하거나 기존 브레이크 포인트를 삭제하는 것도 자유롭다. 복잡한 프로그램의 경우 디버거를 얼마나 잘 쓰느냐에 따라 디버깅 시간이 수십 배씩 차이 날 수도 있다.

가능하면 디버거를 사용해 프로그래밍하길 권한다. 디버거를 쓰지 않으면 주로 프린트 문을 수행하면서 필요한 내용을 추적하는데, 디버거를 사용해보지 않은 사람은 이런 방식이 얼마나 원시적인지 느끼지 못한다. 디버거를 한 번만 써보면 '도대체 어떻게 그런 원시적인 방법으로 디버깅을 했을까' 생각하며 헛웃음이 나올 것이다.

이클립스에도 막강한 GUI 디버거가 장착되어 있다. [Run]–[Debug] 메뉴(단축키 F11)로 이용한다. 프로그램 소스에서 세우고 싶은 줄의 왼쪽 바 부분에서 마우스 오른쪽 버튼을 누른 후 [Toggle Breakpoint]를 선택하면 해당 라인의 왼쪽에 브레이크 포인트로 세팅되었다는 표시가 생긴다. 이미 세팅된 브레이크 포인트 위에서 다시 [Toggle Breakpoint]를 선택하면 브레이크 포인트가 지워진다.

일단 아무 곳이나 브레이크 포인트를 설정하고 [Run]–[Debug] 메뉴를 선택해 수행을 시작해보자. 그리고 화면에 나타나는 객체나 변수의 값을 확인하거나 객체를 클릭해보자. 그러면 객체에 포함된 객체나 변수들이 나타난다. 원하는 값인지 한 번 확인하고 나면 더 이상 프린트 문으로 디버깅하지 않게 될 것이다. 디버거가 잘 준비된 환경에서 프린트 문으로 에러를 잡겠다고 하는 것은 철기 시대에 죽창으로 전장에 나서는 것과 비슷하다.

Chapter

05

리스트

학습목표

- 리스트의 직관적 의미를 이해한다.
- 배열로 만든 리스트를 이해한다.
- 연결 리스트로 만든 리스트를 이해한다.
- 좀 더 고도화된 연결 리스트를 이해한다.
- 배열 리스트와 연결 리스트의 장단점을 이해하고, 상황에 따라 이들 중 선택할 수 있는 판단력을 기른다.

01 리스트란

1 생활 속의 리스트

리스트는 대표적인 자료구조 중 하나로 이 책에서도 아주 흔하게 만나게 될 것이다. 리스트는 '줄 세워져 있는 데이터' 또는 '죽 늘어선 데이터'를 의미한다. 리스트의 예는 풍부하다. 정수 리스트, 어떤 그룹에 속하는 사람들 리스트, 서비스를 기다리는 사람들 리스트, 선물 받고 싶은 목록을 적은 위시 리스트, 위험한 사람들을 적은 블랙 리스트, 선물 보낼 사람들 리스트 등 끝없이 예를 들 수 있다.

그림 5-1 리스트 개념의 일상 예

2 리스트의 작업

리스트를 관리하기 위해 필요한 작업을 생각해보자. 우선, 리스트에 새 원소를 삽입할 일이 많을 것이다. 이때 원소를 리스트의 맨 뒤에 넣을지 맨 앞에 넣을지 중간 어디쯤 넣을지 알려줘야 할 것이다. 또한 리스트에서 원소를 삭제할 때는 어디에 있는 원소를 삭제할지 알려줘야 할 것이다. 특정 위치에 있는 원소가 아닌 특정 원소를 삭제해야 할 수도 있다. 이런 식으로 어떤 자료구조에 필요한 작업들을 나열하면 그 자료구조를 대략 파악할 수 있다. 3장에서 자료구조를 필요한 작업 목록으로 정의한 것을 추상 데이터 타입[ADT]으로 설명한 바 있다. 즉, ADT 리스트는 '리스트는 대략 이러이러한 작업으로 구성된 자료구조다'라고 정의한 것이다.

[그림 5-2]는 ADT 리스트로, 필요에 따라 이 작업 목록은 얼마든지 더하거나 뺄 수 있다.

```
i번째 자리에 원소 x를 삽입한다
i번째 원소를 삭제한다
원소 x를 삭제한다
i번째 원소를 알려준다
원소 x가 몇 번째 원소인지 알려준다
리스트의 사이즈(원소의 총 수)를 알려준다
```

그림 5-2 ADT 리스트

파이썬은 리스트를 기본 자료구조로 제공해 위 작업보다 훨씬 더 많은 작업을 지원한다. 리스트 원소 다 지우기, 리스트가 비어 있는지 알려주기, 리스트의 원소를 크기순으로 정렬하기, 현재 리스트의 순서를 반대로 바꾸기, 리스트를 통째로 복사하기 등이 그 예다. 반면 자바는 언어 자체에서 리스트를 기본 자료구조로 제공하지 않고 `java.util` 패키지에서 제공한다.

3 리스트의 구현

파이썬이나 자바에서 이렇게 가져다 쓸 수 있는 오픈 소스가 있더라도 리스트의 내부가 어떻게 구현되는지 정확하게 이해하는 일이 중요하다. 그래야 리스트를 적절하게 이용할 수 있고, 필요에 따라 소스를 수정하거나 확장할 수 있다. 혹은 목적에 맞게 리스트를 직접 만들어야 할 때도 있다.

이 장에서는 리스트의 핵심을 파악하기에 충분한 정도의 집합을 선택하여 리스트를 구현해볼 것이다. 리스트를 구현하는 두 가지 대표적인 방법이 있다. 배열에 원소들을 쭉 배치하는 방법과 링크를 이용해 원소들을 연결하는 방법이다.

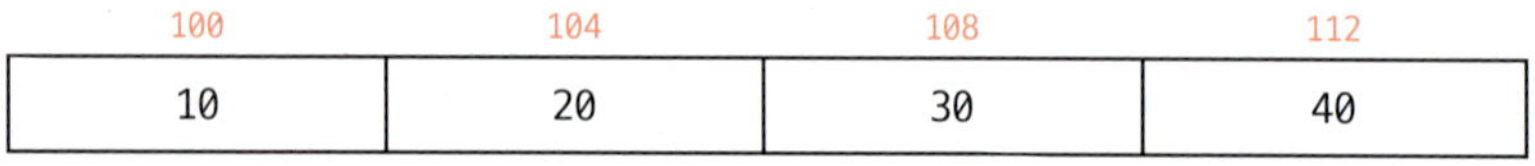

데이터가 연속된 메모리 공간 안에 존재함(int 타입의 경우 4바이트이므로 메모리 주소가 4씩 증가)

(a) 원소를 연속된 공간에 배치하는 배열을 이용하는 방법

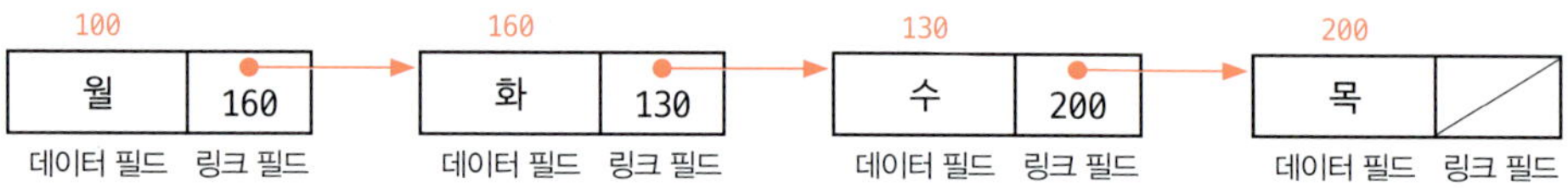

데이터가 메모리상에서 연속적인 공간에 존재하지 않음

(b) 원소를 링크를 이용해 연결하는 방법

그림 5-3 리스트의 구현 방법

배열을 이용한 리스트는 시작 위치부터 빈자리 없이 자료를 순서대로 연속하여 저장하므로 논리적인 순서와 물리적인 순서가 일치하고 원소를 삽입하거나 삭제해도 빈자리 없이 자료가 순서대로 연속하여 저장된다. 반면, 연결 리스트를 이용하면 물리적 위치나 순서와 상관없이 링크에 의해 논리적인 순서를 표현하므로 삽입 · 삭제 연산을 하여 논리적인 순서가 변경되어도 링크 정보만 변경되고 물리적 순서는 변경되지 않는다.

배열을 이용한 리스트 구현은 가장 단순한 구현 방법으로, 메모리의 연속된 공간에서 데이터를 관리한다. 이 방법은 이름과 크기만 정하면 되므로 편리하다. 반면에 큰 단점이 있다. 리스트에 원소가 얼마나 들어올지 예상하기는 쉽지 않으므로 배열을 사용할 경우 충분한 공간을 확보해두고 작업을 시작해야 하기 때문에 대체로 공간 낭비가 심하다. 공간을 낭비하지 않으려면 배열의 크기를 빠듯하게 잡아놓아야 하는데 이 경우 다 차면 더 큰 배열을 할당받아 원소를 모두 옮겨주는 작업을 자주 해야 하므로 상당히 번거롭다. 그럼에도 불구하고 배열 방식은 단순하고 효율성이 높아 리스트를 구현하기 좋다.

연결 리스트Linked List는 배열의 공간 낭비를 피할 수 있는 자료구조다. 원소가 추가될 때마다 공간을 할당받아 추가하는 동적 할당 방식을 따른다.

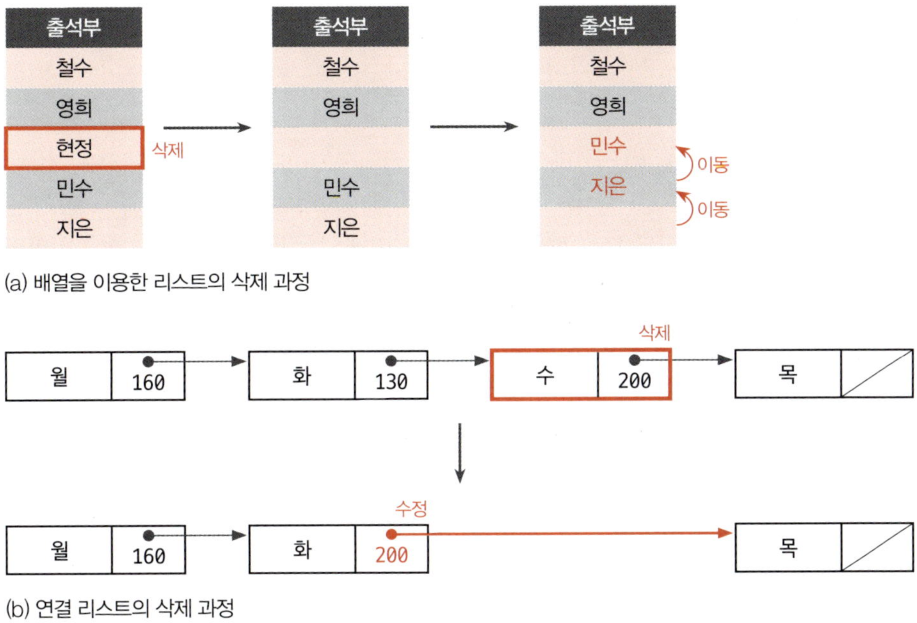

그림 5-4 배열 리스트와 연결 리스트에서의 삭제 작업 비교

02 배열 리스트

1 배열 리스트의 객체 구조

[그림 5-5]에서 위쪽은 배열을 보는 물리적 관점이고, 아래쪽은 리스트를 보는 추상적 관점이다. 배열 item[0...]에 원소들이 들어가 있다. ADT 리스트 관점은 하부 구조를 특정하지 않는다. ADT에서 리스트는 원소를 리스트의 0번째 원소, 6번째 원소, 마지막 원소와 같이 추상적으로 본다. 배열을 이용해 리스트를 구현한다는 것은 이 추상적 관점을 물리적 배열에 대응시켜 주는 것이다. 예를 들어, 리스트의 0번째 원소를 배열의 item[0]에 대응시킨다. 마찬가지로 리스트의 i번째 원소는 배열의 item[i]에 대응된다.

추상적 관점을 물리적으로 대응시킬 때 [그림 5-6]과 같이 배열을 역순으로 해석할 수도 있다. 배열로 구현한 리스트에 원소를 삽입하거나 삭제할 때 원소들을 오른쪽이나 왼쪽으로 시프트하는데, [그림 5-6]에서는 리스트 순서를 반대로 해석하기 때문에 시프트 방향이 [그림 5-5]와 정반대가 된다. 이 절에서는 [그림 5-5]의 관점을 따른다.

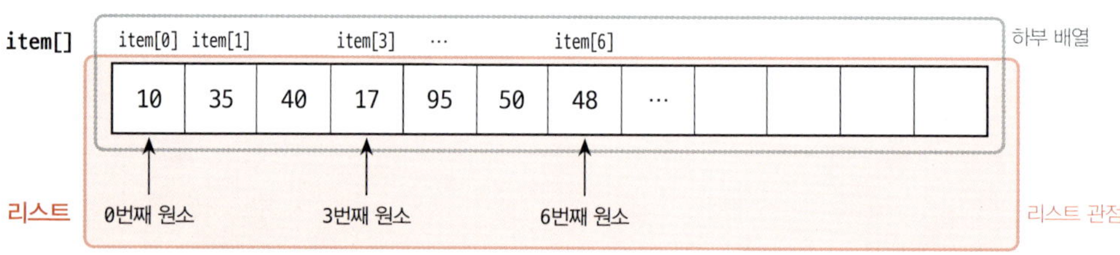

그림 5-5 물리적 배열과 리스트의 추상적 관점

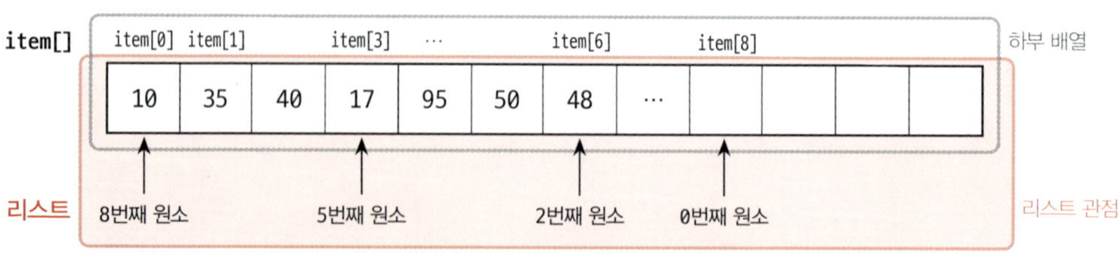

그림 5-6 배열 방향을 역순으로 해석한 물리적 배열과 리스트의 추상적 관점

이제 배열 리스트를 설계할 준비가 되었다. [그림 5-7]은 배열 리스트 객체의 구조를 나타낸 것이다. 임의의 리스트 객체에는 2개의 필드, 즉 원소들이 저장되는 배열 `item[]` 필드와 원소의 총 수를 저장하는 `numItems` 필드가 있다. 그리고 [그림 5-2]의 ADT 리스트에서 정의한 핵심 작업 6개에 4개를 더 추가했다(ADT를 처음부터 이 10개의 집합으로 정의해도 좋다). [그림 5-2]의 ADT 리스트를 좀 더 구체화하여 리스트 객체의 필드와 지원하는 작업을 같이 나열하였다. 그림에서 박스 안에 그린 배열 `item[]`과 변수 `numItems`는 박스 내부에서만 사용되는 필드란 뜻이다. 즉, 두 필드는이 객체 내부에서만 사용되며 바깥에서는 접근할 필요가 없다. 박스 안팎으로 열려 있는 메서드들은 객체 바깥에서 접근할 수 있다는 뜻이다.

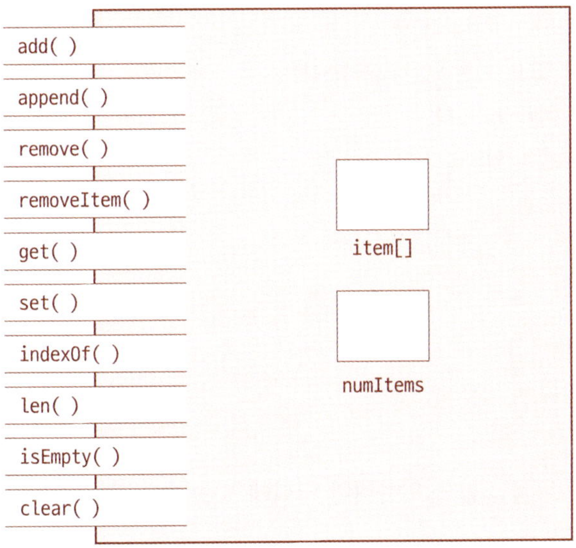

그림 5-7 배열 리스트 객체 구조

오픈 소스로 제공되는 배열 기반의 리스트들은 이보다 더 다양한 작업을 지원하지만 여기서는 리스트의 핵심을 파악하기 충분한 정도로 선택하였다. 여기서 리스트의 i번째 원소로 삽입하는 작업과 리스트의 맨 뒤에 원소를 추가하는 작업은 하나로 합칠 수도 있지만 따로 분리했는데, 그 이유는 알고리즘을 설명할 때 함께 설명한다.

[그림 5-7]에서 각 필드와 작업의 의미는 다음과 같다.

```
item[]          ◀ 원소들이 저장되는 배열
numItems        ◀ 원소 자리의 인덱스

add(i, x)       ◀ 리스트의 i번째 원소로 x를 삽입한다. (맨 앞자리는 0번째 자리)
append(x)       ◀ 리스트의 맨 뒤에 원소 x를 추가한다.
remove(i)       ◀ 리스트의 i번째 원소를 삭제한다.
removeItem(x)   ◀ 리스트에서 처음으로 나타나는 x를 삭제한다.
get(i)          ◀ 리스트의 i번째 원소를 알려준다.
set(i, x)       ◀ 리스트의 i번째 원소를 x로 대체한다.
indexOf(x)      ◀ 원소 x가 리스트의 몇 번째 원소인지 알려준다.
len()           ◀ 리스트의 총 원소 수를 알려준다.
isEmpty()       ◀ 리스트가 빈 리스트인지 알려준다.
clear()         ◀ 리스트를 깨끗이 청소한다.
```

2 배열 리스트의 작업

원소 삽입

리스트에서는 보통 규칙 없이 저장되므로 원소를 삽입하려면 어디에 넣을지에 관한 정보도 함께 주어져야 한다.

[그림 5-8]은 77을 리스트의 3번째 원소로 삽입하는 예다. 리스트에 원소가 총 9개 저장되어 있으므로 변수 numItems 값이 9다. 원소들은 배열 item[0...8]에 저장되어 있다. 리스트의 3번째 자리는 item[3]이므로 item[3...8]을 오른쪽으로 한 칸씩 시프트해서 item[3]에 빈 공간을 만든 다음 77을 넣는다.

리스트의 k번째 원소로 x를 삽입하려면 item[k...numItems-1] 구간의 원소들을 오른쪽으로 한 칸씩 시프트하고 item[k]에 원소 x를 넣는다. 리스트의 원소가 하나 늘었으므로 numItems 값을 1 증가시킨다. [알고리즘 5-1]은 이를 알고리즘으로 표현한 것이다.

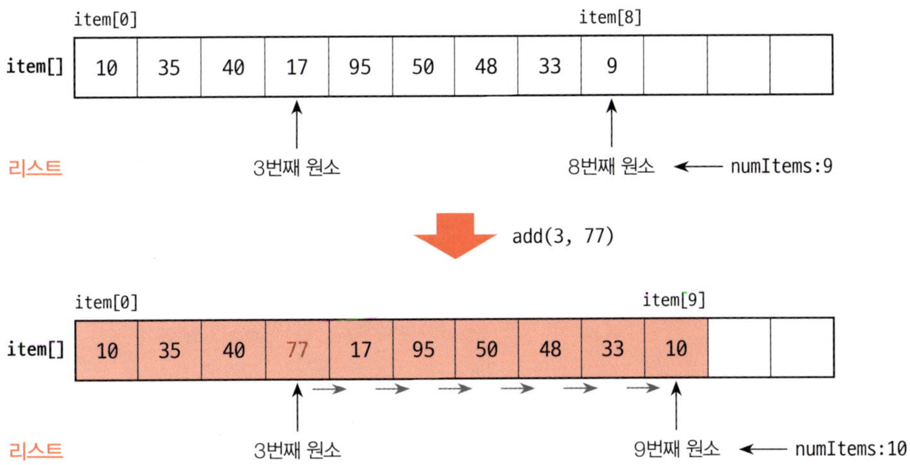

그림 5-8 리스트의 3번째 자리에 원소(77)를 삽입하는 예

알고리즘 5-1 배열 리스트의 k번째 자리에 원소 x 삽입하기

```
add(k, x):
    if (numItems >= item.length || k < 0 || k > numItems)
        /* 에러 처리 */   ◀ 배열 용량 초과 또는 부적절한 인덱스
    else
        for i ← numItems-1 downto k      ❶
            item[i+1] ← item[i]   ◀ 우시프트
        item[k] ← x
        numItems++
```

[알고리즘 5-1]에서 item.length는 배열 item[]의 크기다. 원소들을 우시프트할 때는 ❶처럼 맨 오른쪽 원소부터 한 칸씩 오른쪽으로 이동해야 한다. 만약 다음의 ❷처럼 왼쪽에 있는 원소부터 시프트하면 앞에서 덮어 쓴 원소가 계속 저장되어 원소 item[k]로 시프트 구간을 다 복사하는 결과가 초래된다.

```
for i ← k to numItems-1      ❷
    item[i+1] ← item[i]   ◀ 우시프트
```

시프트가 가장 번거로운 삽입은 맨 앞, 즉 k = 0 자리에 원소를 삽입하는 add(0, x)이다. 이때는 모든 원소를 시프트해야 한다. [그림 5-9]는 맨 앞에 원소 77을 삽입하는 예다. 삽입 전 리스트에 있던 원소 9개가 모두 시프트되었다.

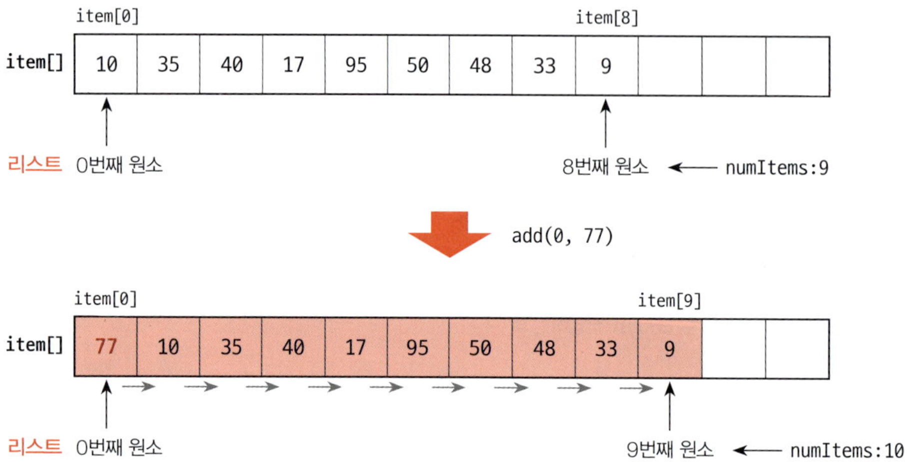

그림 5-9 리스트의 맨 앞에 원소(77)를 삽입하는 예

리스트의 맨 뒤에 원소를 삽입하는 작업이 가장 단순하다. 시프트할 필요 없이 리스트의 끝 바로 다음에 원소를 저장하면 된다. [그림 5-10]은 맨 뒤에 원소를 추가하는 작업의 예다. 시프트 없이 단순히 맨 끝에 원소를 추가했다.

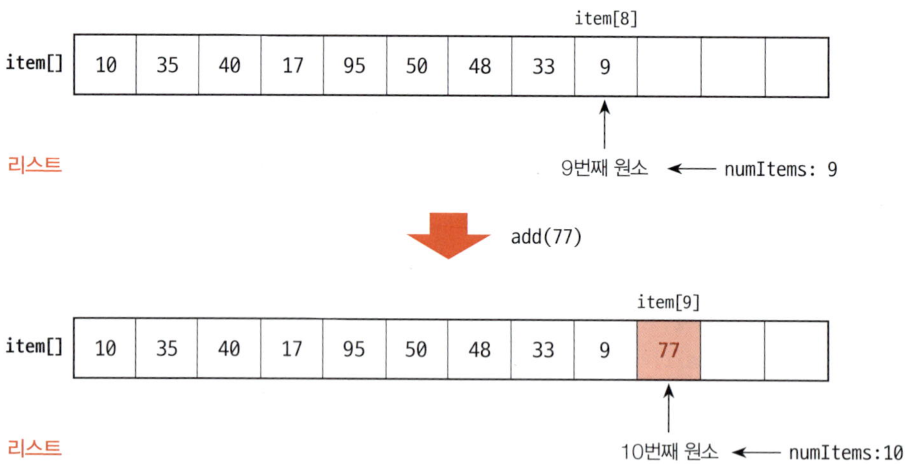

그림 5-10 리스트의 맨 뒤에 원소를 삽입하는 예

[알고리즘 5-2]는 리스트의 맨 뒤에 원소를 추가하는 알고리즘이다. 리스트의 맨 뒤에 원소를 추가하는 작업을 할 때는 add(numitems, x)를 호출해도 된다. 다만, 리스트 끝에 원소를 덧붙이는 작업은 아주 흔해서 대개 지금처럼 따로 제공한다. 비슷하게 리스트의 맨 앞에 원소를 삽입하는 작업도 흔하여 따로 제공하기도 하는데 이 책에서는 그냥 add(0, x)를 사용한다.

알고리즘 5-2 배열 리스트의 맨 뒤에 원소 추가하기

```
append(x):
    if (numItems >= item.length)
        /* 에러 처리 */     ◀ 방어적 프로그래밍
    else
        item[numItems] ← x
        numItems++
```

원소 삭제

리스트에서 원소를 삭제할 때는 특정 위치의 원소를 삭제하게 할 수도 있고, 특정 원소를 삭제하게 할 수도 있다.

[그림 5-11]은 리스트의 3번째 원소를 삭제하는 예다. 리스트에 총 9개의 원소가 저장되어 있어 변수 numItems 값은 9인 상태다. 3번째 원소인 17을 삭제하고 4~8번째 원소들(item[4...8])을 좌시프트한다.

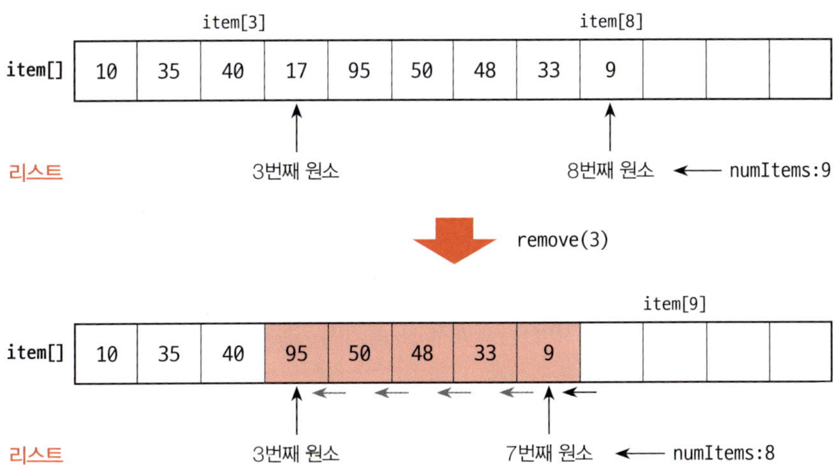

그림 5-11 리스트의 3번째 원소를 삭제하는 예

[알고리즘 5-3]은 리스트의 k번째 원소를 삭제하는 알고리즘이다. 삭제된 원소의 다음 원소부터 맨 마지막 원소까지 모두 좌시프트하고 numItems 값을 1 감소시킨다. 삽입에서 우시프트할 때와는 반대로 좌시프트는 왼쪽에서 오른쪽으로 진행한다.

알고리즘 5-3 배열 리스트의 k번째 원소 삭제하기

```
remove(k):
  if (isEmpty() || k < 0 || k > numItems-1)
      /* 에러 처리 */
  else
      for i ← k to numItems-2
          item[i] ← item[i+1]    ◀ 좌시프트
      numItems--
```

[그림 5-11]은 특정 위치를 주고 원소를 삭제하는 예인데 리스트에서는 특정 원소를 찾아 삭제해야 할 경우도 많다. [알고리즘 5-4]는 리스트에서 원소 x를 찾아 삭제하는 알고리즘이다.

알고리즘 5-4 배열 리스트에서 원소 x 삭제하기

```
removeItem(x):
    k ← 0
    while (k < numItems && item[k] != x)  ◀ 원소 x 찾기
        k++
    if (k == numItems) return false       ◀ 원소 x 없음
    else
        for i ← k to numItems-2           ◀ 원소 삭제
            item[i] ← item[i+1]           ◀ 좌시프트
        numItems--
        return true
```

삭제하고자 하는 원소 x가 존재하지 않으면 에러 처리를 할 수도 있는데, 여기서는 false를 리턴해서 호출한 프로그램이 알아서 하도록 했다. 특정 위치의 원소를 삭제할 때와 마찬가지로 삭제된 원소의 다음 원소부터 맨 마지막 원소까지 모두 좌시프트하고 numItems 값을 1 감소시킨다. 다만, 원소 x를 찾는 과정이 추가되었다.

기타 작업

나머지 작업들을 하나씩 정리해보자. 먼저 리스트의 i번째 원소를 알려주는 작업 get()의 핵심은 return item[i]인데 범위를 벗어난 원소를 요구할 경우까지 감안하면 [알고리즘 5-5]와 같다.

알고리즘 5-5 배열 리스트의 i번째 원소 알려주기

```
get(i):
    if (i >= 0 && i <= numItems-1)
        return item[i]
    else
        return OUT_OF_BOUND
```

리스트의 i번째 원소를 원소 x로 대체하는 작업 set(i, x)의 핵심은 item[i] ← x인데 범위를 벗어난 원소를 요구할 경우까지 감안하면 [알고리즘 5-6]과 같다.

알고리즘 5-6 배열 리스트의 i번째 원소를 x로 대체하기

```
set(i, x):
    if (i >= 0 && i <= numItems-1)
        item[i] ← x
    else
        /* 에러 처리 */
```

원소 x가 리스트의 몇 번째 원소인지 알아내는 작업은 [알고리즘 5-7]과 같다. 원소 x가 리스트에 없으면 상수 NOT_FOUND를 리턴한다. 리스트가 원소 x를 포함하는지 체크하는 작업(예: contains(x))은 따로 만들지 않았다. indexOf(x) 함수에서 0에서 numItems-1 사이의 인덱스를 리턴하면 x를 포함하고 NOT_FOUND를 리턴하면 포함하지 않는 것이다.

알고리즘 5-7 원소 x가 배열 리스트의 몇 번째 원소인지 알려주기

```
indexOf(x):
    i ← 0
    while (i < numItems && item[i] != x)
        i++
    if (i = numItems)
        return NOT_FOUND
    else
        return i          ◀ x = item[i]는 i번째 원소
```

나머지 작업은 [알고리즘 5-8]에 모아 정리했다. 리스트의 총 원소 수를 알려주는 `len()`은 변수 `numItems` 값을 리턴하면 된다. 리스트가 비었는지 알려주는 `isEmpty()`는 `numItems` 값이 `0`인지 여부를 리턴하면 된다. 리스트를 깨끗이 청소하는 `clear()`는 `numItems` 값을 리셋하면 된다.

알고리즘 5-8 기타 작업들

```
len():                    ◀ 리스트의 총 원소 수 알려주기
    return numItems

isEmpty():                ◀ 리스트가 비었는지 알려주기
    if (numItems = 0)
        return true
    else
       return false

clear():                  ◀ 리스트 깨끗이 청소하기
    numItems ← 0
```

3 배열 리스트의 구현(원소 타입을 확정한 버전)

이제 알고리즘으로 표현한 배열 리스트에 대한 작업을 자바로 구현해보자. 필드를 초기화하고 각 작업을 하나씩 구현한다. 세부 구현을 할 때는 추상 데이터 타입에 명시된 작업들을 제대로 지원하는 한 어떤 하부 구조를 써도 상관없다.

인터페이스를 사용하는 첫 예라 먼저 원소 타입을 제한하여 단계별로 구현해본다. 그다음 이 책에서 표준으로 사용할 제네릭 버전으로 구현한다. 이후에는 모두 제네릭 버전으로만 구현한다.

리스트 인터페이스

자바에서는 인터페이스 기능을 사용해 ADT를 구체적으로 정의할 수 있다. ADT나 인터페이스 설계 없이 바로 클래스로 코딩해도 된다. 그렇지만 어떤 자료구조가 지원해야 할 작업의 종류를 미리 명시하지 않으면 일의 체계가 잡히지 않고, 메서드의 리턴 타입이나 파라미터 타입을 미리 명시하지 않으면 컴파일 단계나 수행 과정에서 뒤늦게 문제가 발생할 수 있다.

클래스 IntegerArrayList를 사용하는 프로그램에서는 간명하게 정의된 인터페이스 IntegerListInterface만 보고 사용할 수 있다. 물론 클래스 IntegerArrayList를 들여다보고 사용 방법을 맞출 수도 있지만 이렇게 하면 생각보다 번거롭고 실수할 가능성도 크다. 규모가 있는 프로그램을 작성한다면 인터페이스만 보고 사용하는 코딩 습관을 기르는 것이 좋다.

[코드 5-1]은 [그림 5-2]의 ADT 리스트를 인터페이스 기능을 사용해 구체적으로 정의한 것이다. 메서드의 리턴 타입이나 파라미터 타입이 좀 더 구체적으로 표현되어 있으며, 원소 타입은 Integer로 고정되어 있다.

코드 5-1 IntegerListInterface.java

```
package list;

public interface IntegerListInterface {
    public void add(int i, Integer x);
    public void append(Integer x);
    public Integer remove(int i);
    public boolean removeItem(Integer x);
    public Integer get(int i);
    public void set(int i, Integer x);
    public int indexOf(Integer x);
    public int len();
    public boolean isEmpty();
    public void clear();
}
```

배열 리스트 클래스 초기화

[그림 5-7]에서 소개한 배열 리스트 객체의 구조를 구현해보자. 클래스 이름은 정수 원소에 제한된 리스트란 의미로 IntegerArrayList라 짓는다. 다음과 같이 클래스 앞에 예약어 implements를 사용하면 클래스 IntegerArrayList는 "인터페이스 IntegerListInterface를 구현한다(만족시킨다)"는 선언이다. 이렇게 선언하면 클래스 IntegerArrayList는 IntegerListInterface에 나열된 모든 메서드를 구현해야 하고, 각 메서드에 명시된 리턴 타입과 파라미터 타입과 개수를 맞추어주어야 한다.

```
... class IntegerArrayList implements IntegerListInterface
```

클래스 IntegerArrayList에는 생성자가 2개 있다. 생성자를 파라미터 없이 호출하면 상수 DEFAULT_CAPACITY 크기의 배열을 할당하고, 파라미터가 주어지면(생성자 2의 n) 파라미터로 지정한 크기의 배열을 할당한다. 리스트의 원소들은 배열 item[]에 저장하는데 확보한 배열은 빈 리스트이므로 리스트의 총 원소 수를 관리하는 변수 numItems를 0으로 초기화한다.

"private static final int DEFAULT_CAPACITY = 64"와 같이 final로 선언되면 변수 DEFAULT_CAPACITY는 값을 한 번만 할당받을 수 있고, 이 경우 선언부에서 할당되었으므로 이 값으로 고정된다. 만일 "private static final int DEFAULT_CAPACITY"와 같이 값을 초기화하지 않았다면 이후에 처음 할당되는 값으로 고정된다. 자바는 이처럼 final을 이용해 상수를 구현한다.

예약어 static을 제거하고 "private final int DEFAULT_CAPACITY = 64"로 해도 수행하는데 지장이 없다. 그렇다면 둘의 차이는 뭘까? static은 컴파일 시점에 결정되는 변수나 메서드 앞에 사용되므로 static 없이 코딩하면 클래스 ArrayList의 객체가 생성될 때마다 해당 객체의 지역 상수로 DEFAULT_CAPACITY가 생성된다. 즉, 객체 수만큼의 DEFAULT_CAPACITY가 따로 존재한다. 반면, static을 추가하면 클래스 ArrayList의 모든 객체를 통틀어 단 하나의 상수 DEFAULT_CAPACITY가 생성된다. 즉, static이 없으면 프로그램 수행 중에 새 객체가 생성될 때 상수가 생성되고, static이 있으면 컴파일 시점에 상수가 생성된다. 이렇게 '속성이 결정되는 것'을 바인딩Binding이라 한다. static이 없으면 동적으로Dynamic 바인딩되고, static이 있으면 정적으로Static 바인딩된다.

```
public class IntegerArrayList implements IntegerListInterface {
    private Integer[] item;
    private int numItems;
    private static final int DEFAULT_CAPACITY = 64;

    public IntegerArrayList() {            // 생성자 1
        item = new Integer[DEFAULT_CAPACITY];
        numItems = 0;
    }

    public IntegerArrayList(int n) {       // 생성자 2
        item = new Integer[n];
        numItems = 0;
    }
}
```

원소 삽입

리스트에 원소를 삽입하는 메서드는 다음과 같다. [알고리즘 5-1]과 [알고리즘 5-2]를 단순히 자바로 옮겨놓은 것이다.

```
// [알고리즘 5-1] 구현: 배열 리스트의 k번째 자리에 원소 x 삽입하기
public void add(int index, Integer x) {
    if (numItems >= item.length || index < 0 || index > numItems) {
        /* 에러 처리 */
    } else {
        for (int i = numItems - 1; i >= index; i--)
            item[i + 1] = item[i];          // 우시프트
        item[index] = x;
        numItems++;
    }
}

// [알고리즘 5-2] 구현: 배열 리스트의 맨 뒤에 원소 추가하기
public void append(Integer x) {
    if (numItems >= item.length) {
        /* 에러 처리 */
    } else {
        item[numItems++] = x;
    }
}
```

원소 삭제

리스트에서 원소를 삭제하는 메서드는 다음과 같다. [알고리즘 5-3]과 [알고리즘 5-4]를 자바로 옮겨놓은 것이다. removeItem()에서 item[k].compareTo(x) != 0으로 두 Integer 객체를 비교하고 있는데, 이에 대한 설명은 바로 다음 절에서 다룬다.

```
// [알고리즘 5-3] 구현: 배열 리스트의 k번째 원소 삭제하기
public Integer remove(int index) {
    if (isEmpty() || index < 0 || index > numItems - 1)
        return null;
    else {
        Integer tmp = item[index];
```

```
        for (int i = index; i <= numItems - 2; i++)
            item[i] = item[i + 1];          // 좌시프트
        numItems--;
        return tmp;
    }
}

// [알고리즘 5-4] 구현: 배열 리스트에서 원소 x 삭제하기
public boolean removeItem(Integer x) {
    int k = 0;
    while (k < numItems && item[k].compareTo(x) != 0)
        k++;
    if (k == numItems)
        return false;
    else {
        for (int i = k; i <= numItems - 2; i++)
            item[i] = item[i + 1];          // 좌시프트
        numItems--;
        return true;
    }
}
```

기타 작업

나머지 작업들은 알고리즘과 차이가 없다. 리스트를 깨끗이 청소하는 작업 clear()는 단순히 numItems = 0;으로 코딩해도 작동하지만 새로운 배열을 할당받는 것이 좋다. 배열을 사용하는 다른 자료구조에서도 이처럼 얼핏 보면 필요하지 않은 듯한 작업을 공통으로 해주는데, 그 이유는 6장(스택)에서 설명한다.

```
// [알고리즘 5-8(3)] 구현: 배열 리스트 깨끗이 청소하기
public void clear() {
    item = new Integer[item.length];
    numItems = 0;
}
```

전체 코드(일반 버전)

앞에서 소개한 코드를 모아서 살펴보자. 이후에는 부분을 떼어서 설명하지 않고 다음과 같이 전체 코드로 제시할 것이다. 인터페이스 IntegerListInterface를 분리해서 선언하려면 반드시 IntegerListInterface.java란 이름의 파일에 저장해야 한다. 또한 클래스 IntegerArrayList는 반드시 같은 이름의 IntegerArrayList.java에 저장해야 한다.

코드 5-2 IntegerArrayList.java

```
package list;

public class IntegerArrayList implements IntegerListInterface {
    private Integer[] item;
    private int numItems;
    private static final int DEFAULT_CAPACITY = 64;

    public IntegerArrayList() {              // 생성자 1
        item = new Integer[DEFAULT_CAPACITY];
        numItems = 0;
    }

    public IntegerArrayList(int n) {        // 생성자 2
        item = new Integer[n];
        numItems = 0;
    }

    // [알고리즘 5-1] 구현: 배열 리스트의 k번째 자리에 원소 x 삽입하기
    public void add(int index, Integer x) {
        if (numItems >= item.length || index < 0 || index > numItems) {
            /* 에러 처리 */
        } else {
            for (int i = numItems - 1; i >= index; i--)
                item[i + 1] = item[i];      // 우시프트
            item[index] = x;
            numItems++;
        }
    }

```

```java
// [알고리즘 5-2] 구현: 배열 리스트의 맨 뒤에 원소 추가하기
public void append(Integer x) {
    if (numItems >= item.length) {
        /* 에러 처리 */
    } else {
        item[numItems++] = x;
    }
}

// [알고리즘 5-3] 구현: 배열 리스트의 k번째 원소 삭제하기
public Integer remove(int index) {
    if (isEmpty() || index < 0 || index > numItems - 1)
        return null;
    else {
        Integer tmp = item[index];
        for (int i = index; i <= numItems - 2; i++)
            item[i] = item[i + 1];     // 좌시프트
        numItems--;
        return tmp;
    }
}

// [알고리즘 5-4] 구현: 배열 리스트에서 원소 x 삭제하기
public boolean removeItem(Integer x) {
    int k = 0;
    while (k < numItems && item[k].compareTo(x) != 0)
        k++;
    if (k == numItems)
        return false;
    else {
        for (int i = k; i <= numItems - 2; i++)
            item[i] = item[i + 1];     // 좌시프트
        numItems--;
        return true;
    }
}

```

```
// [알고리즘 5-5] 구현: 배열 리스트의 i번째 원소 알려주기
public Integer get(int index) {        // 첫 번째 원소를 0번째 원소로 표기
    if (index >= 0 && index <= numItems - 1)
        return item[index];
    else
        return null;
}

// [알고리즘 5-6] 구현: 배열 리스트의 i번째 원소를 x로 대체하기
public void set(int index, Integer x) {
    if (index >= 0 && index <= numItems - 1)
        item[index] = x;
    else { /* 에러 처리 */ }
}

// [알고리즘 5-7] 구현: 원소 x가 배열 리스트의 몇 번째 원소인지 알려주기
private final int NOT_FOUND = -12345;
public int indexOf(E x) {
    int i = 0;
    for (i = 0; i < numItems; i++) {
        if (((Comparable)item[i]).compareTo(x) == 0)
            return i;
    }
    return NOT_FOUND; // not exist
}

// [알고리즘 5-8(1)] 구현: 배열 리스트의 총 원소 수 알려주기
public int len() {
    return numItems;
}

// [알고리즘 5-8(2)] 구현: 배열 리스트가 비었는지 알려주기
public boolean isEmpty() {
    return numItems == 0;
}

```

```
// [알고리즘 5-8(3)] 구현: 배열 리스트 깨끗이 청소하기
public void clear() {
    item = new Integer[item.length];
    numItems = 0;
}
}
```

[코드 5-3]은 사용자 프로그램에서 클래스 IntegerArrayList를 생성하여 사용하는 예다. 여기서 Integer는 클래스인데도 Integer 타입이 들어갈 자리에 300, 200 등의 정수를 바로 쓰고 있다. 이것은 자바가 기초 타입의 정수를 자동으로 래퍼 클래스 Integer 타입으로 만들어주는 오토 박싱Auto Boxing을 해주기 때문이다. 오른쪽 창은 ❶~❸ 지점까지 수행된 직후 리스트의 내용을 보인다.

코드 5-3 **클래스 IntegerArrayList의 사용 예**

```
  IntegerArrayList list = new IntegerArrayList();
  list.add(0, 300); // 오토 박싱
  list.add(0, 200);
❶ list.add(0, 100);
  list.append(500);
  list.append(600);
❷ list.remove(3);
  list.add(3, 250);
  list.add(1, 50);
  list.add(0, 10);
  list.append(700);
  list.remove(1);
❸ list.removeItem(600);
```

```
❶ 100 200 300
❷ 100 200 300 600
❸ 10 50 200 300 250 700
```

NOTE 자바는 사용하기 편하게 계속 변한다

Integer 타입의 객체 x에 300을 할당하려면 원칙적으로는 x = new Integer(300);으로 코딩해야 하지만 x = 300;으로 코딩해도 자바가 알아서 처리해준다. 이에 관한 더 구체적인 내용은 4장(70쪽)을 참조한다.

4 배열 리스트의 구현(제네릭 버전)

원소 타입을 Integer처럼 고정하면 다른 형태의 데이터로 만들 경우 item 타입이 바뀌어 StringArrayList, FloatArrayList, HouseArrayList, CarArrayList 등으로 새로 만들어야 한다. 반면 다음에 소개할 제네릭 형태로 작성하면 범용성도 보장되고 강력한 타입 체크 기능도 갖출 수 있다. 그래서 클래스와 인터페이스 함수처럼 파라미터를 주는 제네릭 방법을 권한다.

리스트 인터페이스

코드 5-4 ListInterface.java

```
package list;

public interface ListInterface<E> {
   public void add(int i, E x);
   public void append(E x);
   public E remove(int i);
   public boolean removeItem(E x);
   public E get(int i);
   public void set(int i, E x);
   public int indexOf(E x);
   public int len();
   public boolean isEmpty();
   public void clear();
}
```

배열 리스트 클래스

코드 5-5 ArrayList.java

```
package list;

public class ArrayList<E> implements ListInterface<E> {
   private E item[];
   private int numItems;
   private static final int DEFAULT_CAPACITY = 64;

```

```
    public ArrayList() {                           // 생성자 1
        item = (E[]) new Object[DEFAULT_CAPACITY]; // 컴파일러가 경고를 주지만 ok
        numItems = 0;
    }

    public ArrayList(int n) {              // 생성자 2
        item = (E[]) new Object[n];        // 컴파일러가 경고를 주지만 ok
        numItems = 0;
    }

    // [알고리즘 5-1] 구현: 배열 리스트의 k번째 자리에 원소 x 삽입하기
    public void add(int index, E x) {
        if (numItems >= item.length || index < 0 || index > numItems) { /* 에러 처리 */ }
        else {
            for (int i = numItems - 1; i >= index; i--)
                item[i + 1] = item[i]; // 우시프트
            item[index] = x;
            numItems++;
        }
    }

    // [알고리즘 5-2] 구현: 배열 리스트의 맨 뒤에 원소 추가하기
    public void append(E x) {
        if (numItems >= item.length) { /* 에러 처리 */ }
        else {
            item[numItems++] = x;
        }
    }

    // [알고리즘 5-3] 구현: 배열 리스트의 k번째 원소 삭제하기
    public E remove(int index) {
        if (isEmpty() || index < 0 || index > numItems - 1)
            return null;
        else {
            E tmp = item[index];
            for (int i = index; i <= numItems - 2; i++)
                item[i] = item[i + 1]; // 좌시프트
            numItems--;
            return tmp;
```

```java
    }
}

// [알고리즘 5-4] 구현: 배열 리스트에서 원소 x 삭제하기
public boolean removeItem(E x) {
    int k = 0;
    while (k < numItems && ((Comparable)item[k]).compareTo(x) != 0)
        k++;
    if (k == numItems) return false;
    else {
        for (int i = k; i <= numItems - 2; i++)
            item[i] = item[i+1];   // 좌시프트
        numItems--;
        return true;
    }
}

// [알고리즘 5-5] 구현: 리스트의 i번째 원소 알려주기
public E get(int index) { // 첫 번째 원소를 0번째 원소로 표기
    if (index >= 0 && index <= numItems-1)
        return item[index];
    else return null;
}

// [알고리즘 5-6] 구현: 배열 리스트의 i번째 원소를 x로 대체하기
public void set(int index, E x) {
    if (index >= 0 && index <= numItems-1)
        item[index] = x;
    else { /* 에러 처리 */ }

// [알고리즘 5-7] 구현: 원소 x가 배열 리스트의 몇 번째 원소인지 알려주기
private final int NOT_FOUND = -12345;
public int indexOf(E x) {
    int i = 0;
    for (i = 0; i < numItems; i++) {
        if (((Comparable)item[i]).compareTo(x) == 0)
            return i;
    }
    return NOT_FOUND; // not exist
}

```

```
87  // [알고리즘 5-8(1)] 구현: 리스트의 총 원소 수 알려주기
88  public int len() {
89      return numItems;
90  }
91
92  // [알고리즘 5-8(2)] 구현: 리스트가 비었는지 알려주기
93  public boolean isEmpty() {
94      return numItems == 0;
95  }
96
97  // [알고리즘 5-8(3)] 구현: 리스트 깨끗이 청소하기
98  public void clear() {
99      item = (E[]) new Object[item.length];
100     numItems = 0;
101 }
102 }
```

[코드 5-5]에서 53행의 "item[...].compareTo(x)! = 0"는 "item[...] != x"를 묻는 것이다. 객체는 단순한 수가 아니므로 !=, == 같은 기초 연산자를 쓸 수 없다. 자바에서는 이런 경우에 쓸 수 있는 비교를 위한 인터페이스 Comparable이 있다. 인터페이스 Comparable이 요구하는 것은 메서드 compareTo() 하나다. 타입 E는 비교 가능한 클래스여야 한다. (컴파일 타임에 타입 E가 Comparable 타입인지 몰라 컴파일러가 통과시키지 않을 수 있어 앞에 ((Comparable)item...)이라고 타입 캐스팅 해두었다.) Integer, Float 등의 래퍼 클래스는 모두 여기에 속하고, 자바에서 총 150여 개 정도의 클래스가 Comparable을 따르도록 구현해 놓았다. 만일 클래스 E에 메서드 compareTo()가 없으면 직접 만들어주면 된다. 비교에 관한 상세한 내용은 4장(80쪽)을 참고한다.

[코드 5-6]은 사용자 프로그램에서 클래스 ArrayList<E>를 생성해서 사용하는 예다. 오른쪽 창은 ❶~❻ 지점까지 수행된 직후 리스트의 내용을 보인다.

코드 5-6 **클래스 ArrayList의 사용 예**

```
   ArrayList<Integer> list = new ArrayList<>();
   list.add(0, 300); // 오토박싱으로 300은 Integer(300)으로 취급해준다
   list.add(0, 200);
❶ list.add(0, 100);
   list.append(500);
```

```
❷ list.append(600);
❸ list.remove(3);
  list.add(3, 250);
  list.add(1, 50);
❹ list.add(0, 10);
❺ list.append(700);
  list.remove(1);
❻ list.removeItem(600);
```

```
❶ 100 200 300
❷ 100 200 300 500 600
❸ 100 200 300 600
❹ 10 100 50 200 300 250 600
❺ 10 100 50 200 300 250 600 700
❻ 10 50 200 300 250 700
```

[코드 5-4]와 [코드 5-5]에서 원소 타입은 모두 E로 되어 있고, 구체적인 타입 결정은 뒤로 미루고 있다. [코드 5-6]의 시작부에서 단 한 번 최종 타입(Integer)을 밝히고 그에 맞게 클래스 ArrayList<>를 사용하고 있다. 원소 타입이 String으로 바뀌면 [코드 5-4]와 [코드 5-5]는 전혀 변화가 없고 [코드 5-6]만 [코드 5-7]과 같이 바꾸면 된다. 아래쪽 창은 ❶~❼ 지점까지 수행된 직후 리스트의 내용을 보인다.

코드 5-7 클래스 ArrayList의 사용 예

```
  ArrayList<String> list = new ArrayList<>();
  list.add(0, "test"); // 오토박싱으로 300은 Integer(300)으로 취급해준다
  list.add(0, "sample");
❶ list.add(0, "String");
❷ list.append("test2");
❸ list.remove(3);
  list.add(3, "added-at-3");
  list.add(1, "added-at-1");
❹ list.add(0, "added-at-0");
❺ list.append("appended");
❻ list.remove(1);
❼ list.removeItem("added-at-3");
```

```
❶ String sample test
❷ String sample test test2
❸ String sample test
❹ add-at-0 String added-at-1 sample test added-at-3
❺ add-at-0 String added-at-1 sample test added-at-3 appended
❻ add-at-0 added-at-1 sample test added-at-3 appended
❼ add-at-0 added-at-1 sample test appended
```

03 연결 리스트

1 연결 리스트의 객체 구조

리스트에 원소가 얼마나 들어올지 예상하기는 쉽지 않으므로 배열을 사용할 경우 충분한 공간을 확보해두고 작업을 시작한다. 많든 적든 공간 낭비가 불가피하다. 공간을 낭비하지 않으려면 배열의 크기를 빠듯하게 잡아놓아야 하는데 이 경우 다 차면 더 큰 배열을 할당받아 원소를 모두 옮겨주는 작업을 자주 해야 하므로 상당히 번거롭다.

연결 리스트Linked List는 배열의 공간 낭비를 피할 수 있는 자료구조다. 원소가 추가될 때마다 공간을 할당받아 추가하는 동적 할당 방식을 따르기 때문이다.

연결 리스트의 노드는 [그림 5-12]와 같이 원소를 저장하는 필드 `item`과 다음 노드를 가리키는 필드 `next`로 구성된다. 필드 `item`은 정수나 실수 같은 기초 타입이나 클래스의 객체가 될 수 있다. 필드 `next`는 다음 노드를 가리키는 링크(자바의 레퍼런스reference, C 언어의 포인터pointer)다.

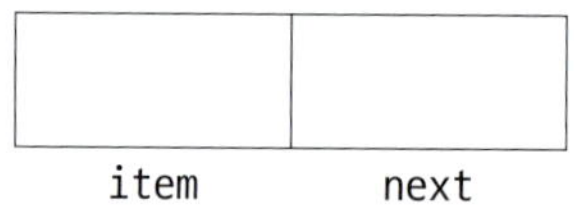

그림 5-12 연결 리스트의 노드 구성

[그림 5-13]의 (a)는 연결 리스트의 기본 형태다. 첫 번째 노드를 가리키는 레퍼런스 `head`가 있다. 나머지 노드는 첫 번째 노드에서 링크를 따라 접근하며, 맨 마지막 노드의 링크는 뒤에 더 이상 노드가 없다는 의미로 `null` 값을 할당한다(/로 표시). (b)는 빈 연결 리스트인데 레퍼런스 `head`가 `null` 값을 갖고 있다. 각 노드는 원소와 다음 노드를 가리키는 링크가 있고, 배열처럼 연속된 공간을 할당받을 수 없기 때문에 원소들을 조각조각 할당받은 공간끼리 링크로 연결한다.

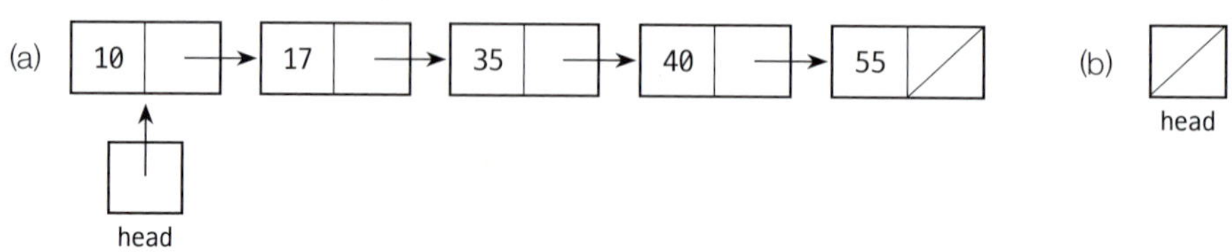

그림 5-13 연결 리스트의 일반 형태

[그림 5-14]는 연결 리스트 객체의 구조를 보여준다. 작업 내용은 배열 리스트와 동일하다. 배열 리스트에 배열에 대한 레퍼런스 필드가 있다면 연결 리스트에는 리스트의 첫 번째 노드에 대한 레퍼런스 필드(head)가 있다. 나머지는 동일하다. 필드 numItems도 그대로이고 메서드도 배열 리스트와 동일하다.

연결 리스트에 대한 접근은 첫 번째 노드부터 시작한다. 리스트가 링크로 쭉 연결되어 있어 원소를 찾을 때, 새 원소를 삽입할 때, 원소를 삭제할 때 등 거의 모든 작업이 첫 번째 노드를 거쳐 간다. 첫 번째 노드를 밟은 다음 링크(next)를 타고 그다음 노드들에 차례로 접근한다. 연결 리스트 객체는 리스트의 노드를 직접 저장할 필요가 없고 리스트의 첫 번째 노드에 접근할 수 있는 레퍼런스만 갖고 있으면 된다.

이 객체는 배열 리스트와 마찬가지로 사용자 프로그램이 두 필드 head, numItems에 직접 접근하는 것을 제한하고 있다. 두 필드에 접근하려면 메서드 add(), append(), remove(), removeItem(), get(), indexOf(), set(), len(), isEmpty(), clear()를 거쳐야 한다.

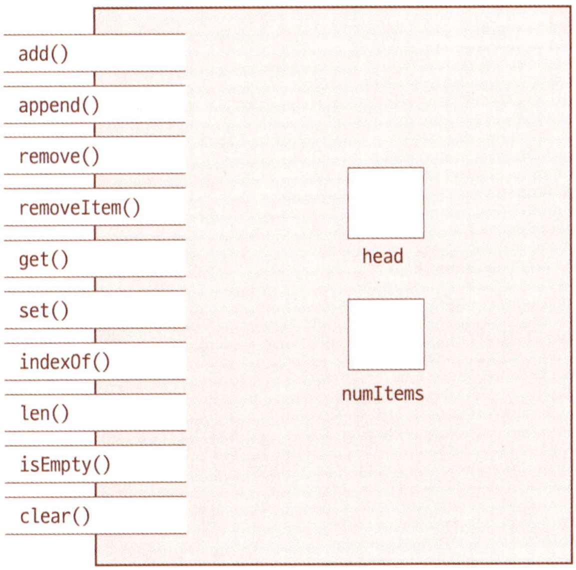

그림 5-14 연결 리스트 객체 구조

2 연결 리스트의 작업

원소 삽입

연결 리스트에서 중간에 노드를 삽입하려면 삽입 노드의 바로 앞에 있는 노드, 즉 직전 노드를 가리키는 레퍼런스 prevNode가 있어야 한다. [그림 5-15]의 예를 살펴보자. (a)와 같이 연결 리스트에서 원소 17과 35 사이에 원소 25를 삽입하려면 레퍼런스 prevNode가 원소 17을 담고 있는 노드를 가리키도록 준비한다. 그런 다음 (b)와 같이 원소 17과 35 노드 사이에 원소 25의 새 노드를 삽입한다.

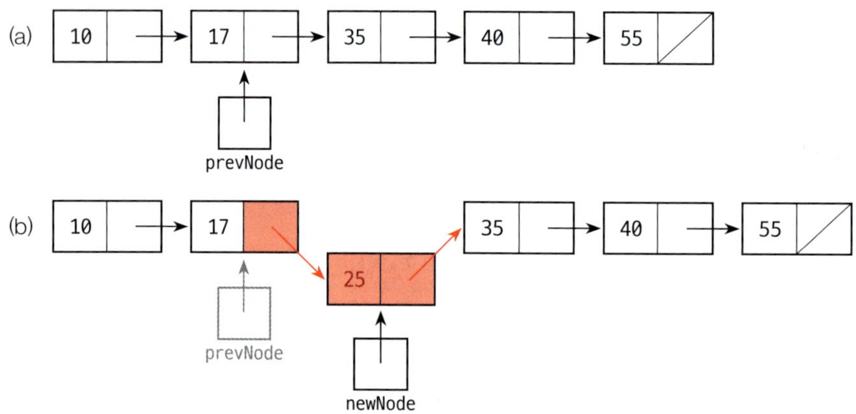

그림 5-15 연결 리스트에서 중간에 원소(25)를 삽입하는 예

이 작업을 위한 알고리즘은 다음과 같다. x는 삽입할 원소다.

```
newNode.item ← x
newNode.next ← prevNode.next
prevNode.next ← newNode
numItems++
```

여기서 prevNode.next는 원소 35의 노드를 가리킨다.

[그림 5-16]과 같이 연결 리스트의 맨 뒤에 노드를 삽입할 때도 앞의 코드는 그대로 작동한다.

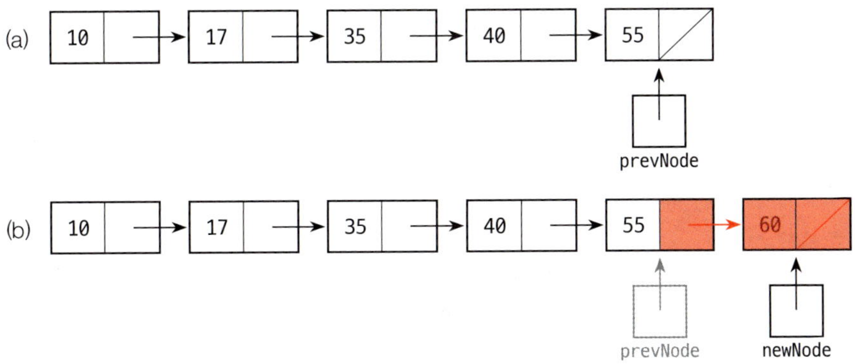

그림 5-16 연결 리스트의 맨 뒤에 원소(60)를 삽입하는 예

[그림 5-17]과 같이 연결 리스트의 맨 앞에 노드를 삽입할 경우에는 앞에 제시한 코드는 사용할 수 없다. 이때는 직전 노드가 없어 `prevNode.next`와 같은 표현을 쓸 수 없기 때문이다.

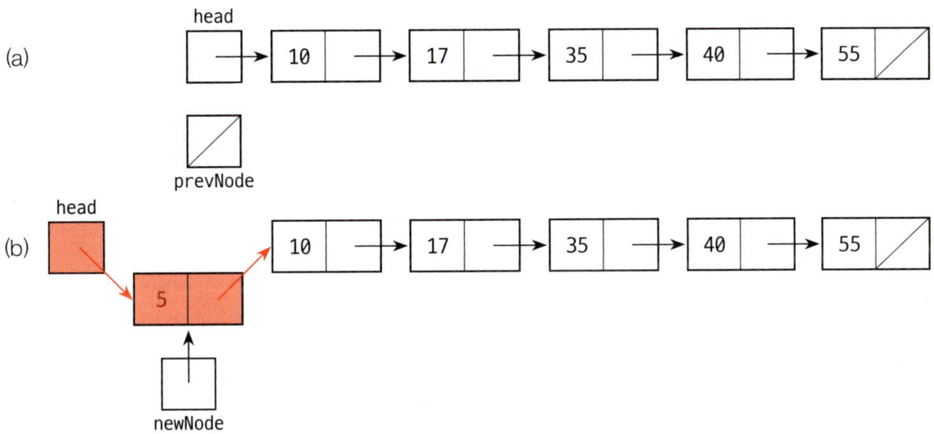

그림 5-17 연결 리스트의 맨 앞에 원소(5)를 삽입하는 예

다음은 연결 리스트의 맨 앞에 원소를 삽입하기 위한 알고리즘이다. `prevNode.next` 값을 수정하는 대신 `head` 값을 수정한다.

```
newNode.item ← x
newNode.next ← head
head ← newNode
numItems++
```

원소 삽입 위치에 따른 삽입 알고리즘은 최종적으로 [알고리즘 5-9]와 같다. 원소를 중간과 맨 끝에 삽입하는 경우와 맨 앞에 삽입하는 경우의 두 가지로 나누어 처리한다. 여기서 변수 k는 k번째 원소로서 x를 삽입함을 뜻한다.

알고리즘 5-9 연결 리스트에 원소 x 삽입하기

```
if (k = 0)
    newNode.item ← x
    newNode.next ← head
    head ← newNode
    numItems++
else
    newNode.item ← x
    newNode.next ← prevNode.next
    prevNode.next ← newNode
    numItems++
```

원소를 삽입할 때 두 가지 경우로 나누지 않아도 되는 방법이 있다. 리스트의 맨 앞에 더미 헤드 노드를 하나 두면 된다.

더미dummy 헤드 노드는 원소가 들어 있지 않은 가짜 노드인데 몇 가지 장점이 있다. [그림 5-18]의 (a)는 앞에서 예를 든 기본 형태의 연결 리스트([그림 5-13])에서 첫 번째 노드(원소 10) 앞에 더미 헤드 노드를 추가한 것이다. (b)는 더미 헤드 노드가 추가된 빈 연결 리스트다. 더미 헤드 노드가 없는 경우에는 레퍼런스 head 값이 null이었는데 이번에는 더미 헤드를 가리키고 있다.

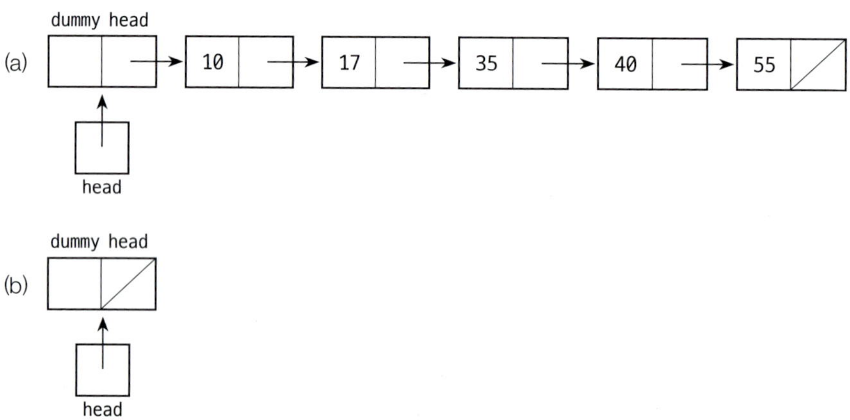

그림 5-18 더미 헤드 노드를 둔 연결 리스트

[그림 5-19]는 더미 헤드 노드가 있는 연결 리스트에서 맨 앞에 원소 x를 삽입하는 예다. 더미 헤드 노드가 직전 노드가 되어 prevNode.next에 값을 할당할 수 있다. 중간과 맨 뒤에 원소를 삽입할 때는 [그림 5-15]와 [그림 5-16]의 삽입 방식과 동일하다.

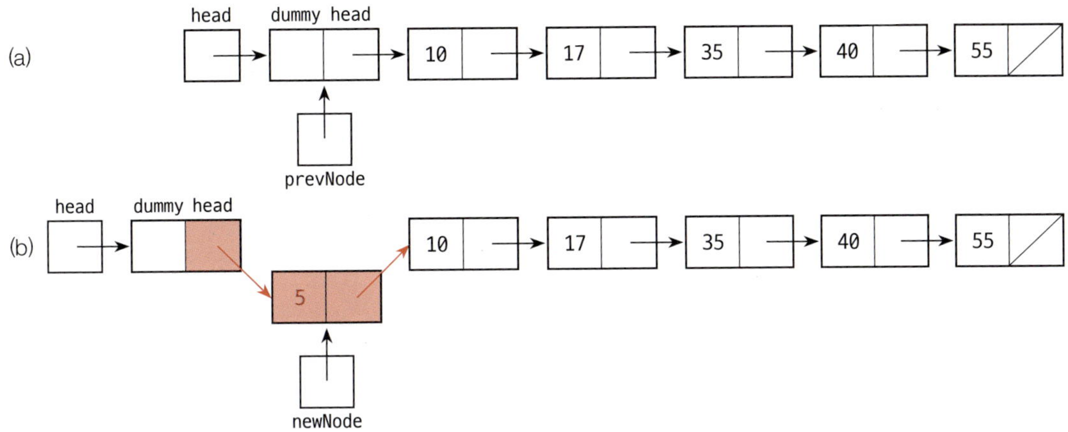

그림 5-19 더미 헤드 노드가 있는 연결 리스트에서 맨 앞에 원소를 삽입하는 예

더미 헤드 노드가 있으면 삽입하고자 하는 노드 앞에 항상 직전 노드가 존재해 prevNode.next를 사용할 수 있다. 따라서 [알고리즘 5-9]처럼 두 가지 경우로 나누지 않고 [알고리즘 5-10]만으로 충분하다.

알고리즘 5-10 연결 리스트에 원소 x 삽입하기 (더미 헤드를 두는 대표 버전)

```
newNode.item ← x
newNode.next ← prevNode.next
prevNode.next ← newNode
numItems++
```

원소 삭제

이번에도 더미 헤드 노드가 없는 기본 버전부터 시작해보자. 연결 리스트의 노드를 삭제하려면 삭제 노드의 직전 노드를 알아야 한다. [그림 5-20]은 원소 35를 삭제하는 예다. 레퍼런스 prevNode가 직전 노드(원소 25를 담고 있는 노드)를 가리키도록 준비한다. 그런 다음 직전 노드가 바로 삭제 노드 다음 노드로 건너뛰어 링크하도록 만든다.

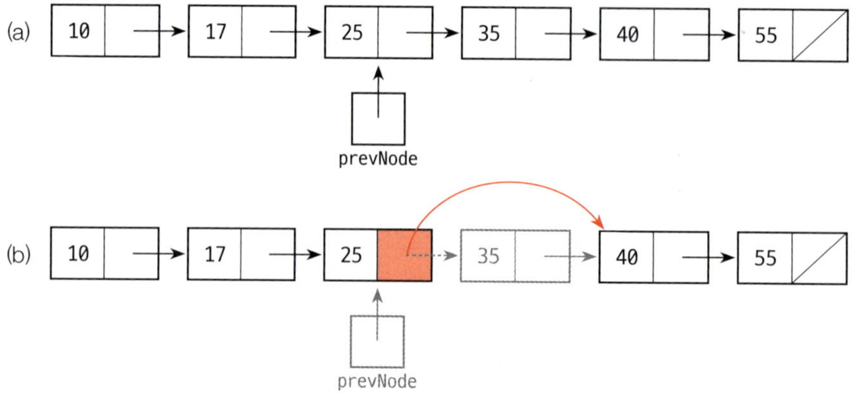

그림 5-20 연결 리스트에서 원소(35)를 삭제하는 예

이 작업을 수행하기 위한 코드는 다음과 같다. 이렇게 하면 prevNode의 링크가 한 노드를 건너뛴다.

```
prevNode.next ← prevNode.next.next
numItems--
```

직전 노드 다음에 노드가 존재하지 않으면 prevNode.next.next가 작동하지 않아 에러가 나겠지만 삭제할 노드(prevNode.next)를 찾아놓고 하는 작업이므로 그런 일은 없다. prevNode.next.next는 삭제 노드의 다음 노드를 가리킨다. [그림 5-21]의 예와 같이 리스트의 맨 뒤에 있는 노드를 삭제할 때도 위의 코드를 그대로 쓸 수 있다. prevNode.next.next가 null이 되어 위의 코드가 그대로 작동한다.

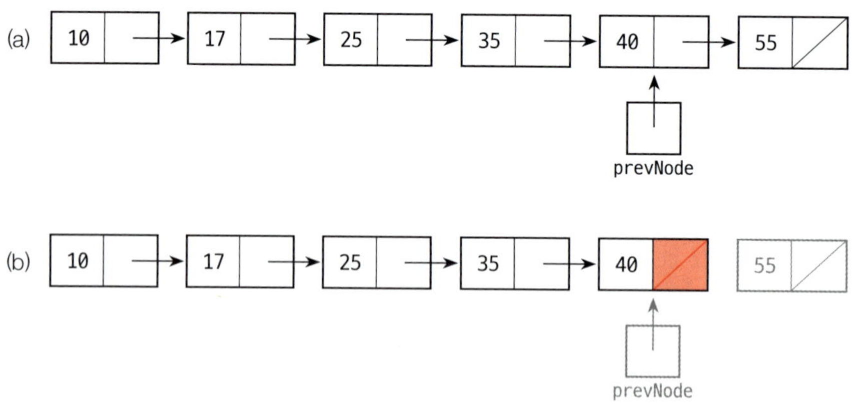

그림 5-21 연결 리스트의 마지막 원소를 삭제하는 예

[그림 5-22]와 같이 연결 리스트의 맨 앞에 있는 노드를 삭제할 경우에는 앞에 제시한 코드를 쓸 수 없다. 이때는 직전 노드가 없어 prevNode.next와 같은 표현을 쓸 수 없기 때문이다.

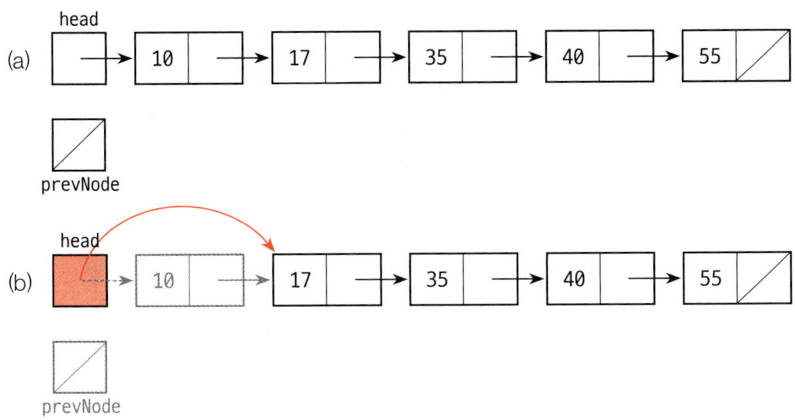

그림 5-22 연결 리스트의 맨 앞쪽 원소를 삭제하는 예

다음은 연결 리스트의 맨 앞쪽 원소를 삭제하기 위한 코드다.

```
head ← head.next
numItems--
```

삭제 원소의 위치에 따른 삭제 알고리즘은 최종적으로 [알고리즘 5-11]과 같다. 중간과 맨 끝 원소를 삭제하는 경우와 맨 앞 원소를 삭제하는 경우의 두 가지로 나누어 처리한다. 여기서 변수 k는 k번째 원소로서 x를 삭제함을 뜻한다.

알고리즘 5-11 연결 리스트에서 원소 삭제하기

```
if (k = 0)
    head ← head.next
    numItems--
else
    prevNode.next ← prevNode.next.next
    numItems--
```

연결 리스트에서 원소를 삭제할 때도 더미 헤드 노드가 있으면 [알고리즘 5-12]와 같이 두 가지 경우로 나누지 않고 코딩할 수 있다.

알고리즘 5-12 리스트의 원소 삭제하기 (더미 헤드를 두는 대표 버전)

```
prevNode.next ← prevNode.next.next
numItems--
```

[그림 5-23]은 더미 헤드 노드가 있는 연결 리스트에서 맨 앞, 중간, 맨 끝에 있는 원소를 각각 삭제하는 예다.

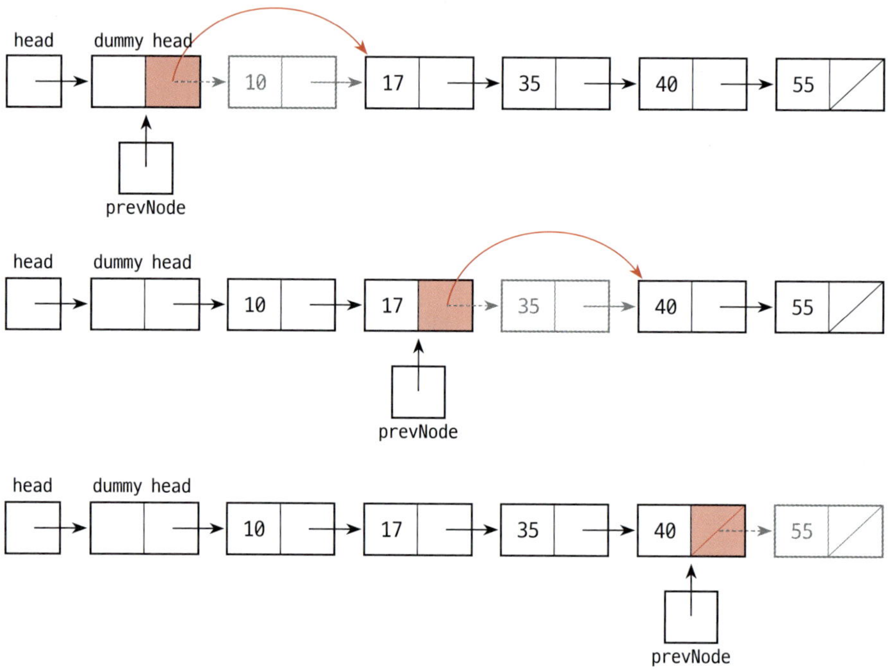

그림 5-23 더미 헤드 노드가 있는 연결 리스트의 세 가지 삭제 예

기타 작업

나머지 작업들을 하나씩 정리해보자. 리스트의 k번째 원소를 알려주는 함수 get(k)는 k번째 노드를 찾은 다음 그 노드의 원소를 리턴한다.

알고리즘 5-13 연결 리스트의 k번째 원소 알려주기

```
get(k):
    return getNode(k).item
```

k번째 노드를 찾는 함수 getNode(k)는 여러 함수에서 필요한 보조 작업으로 코드는 다음과 같다. 노드의 인덱스는 0 ~ numItems-1 사이에 있지만 더미 헤드를 찾는 경우에도 지원하기 위해 k = -1이면 더미 헤드를 찾는 것으로 해석한다. 첫 번째 노드는 0번째 노드로 표기하고, 더미 헤드 노드는 -1번째 노드로 표기한다.

```
getNode(k):
    if (k >= -1 && k <= numItems-1)
        currNode ← head ◀ 더미 헤드
        for ← 0 to k
            currNode ← currNode.next
        return currNode
    else return null      ◀ 에러
```

리스트의 k번째 원소를 원소 x로 대체하는 작업 set(k, x)의 핵심은 getNode(k).item ← x인데 범위를 벗어난 원소를 요구할 경우까지 감안하면 [알고리즘 5-14]와 같다.

알고리즘 5-14 연결 리스트의 k번째 원소를 x로 대체하기

```
set(k, x):
    if (k >= 0 && k <= numItems-1)
        getNode(k).item ← x
    else return null      ◀ 에러
```

원소 x가 리스트의 몇 번째 원소인지를 알아내는 알고리즘 indexOf(x)는 [알고리즘 5-15]와 같다.

알고리즘 5-15 원소 x가 연결 리스트의 몇 번째 원소인지 알려주기

```
indexOf(x):
    currNode ← head       ◀ 더미 헤드
    for i ← 0 to numItems-1
        currNode ← currNode.next
        if (currNode.item = x) return i
    return NOT_FOUND
```

나머지 작업들은 매우 단순하므로 [알고리즘 5-16]에 모아서 정리하였다. 리스트의 총 원소 수를 알려주는 len()은 변수 numItems의 값을 리턴하면 된다. 리스트가 비었는지 알려주는 isEmpty()은 numItems 값이 0인지 여부를 리턴하면 된다. 리스트를 깨끗이 청소하는 clear()는 변수 head가 null 값을 갖는 대신 더미 헤드 노드를 가리키게 하면 된다.

알고리즘 5-16 기타 작업들

```
len():                        ◀ 리스트의 총 원소 수 알려주기
    return numItems

isEmpty():                    ◀ 리스트가 비었는지 알려주기
    if (numItems = 0)
        return true
    else
        return false

clear():                      ◀ 리스트 깨끗이 청소하기
    newNode.next ← null◀ 더미 헤드 노드
    head ← newNode
    numItems ← 0
```

NOTE 객체 지향 언어의 철학을 조금 느슨하게 풀기

이 책에서 사용한 연결 리스트의 노드 구조는 다음과 같다.

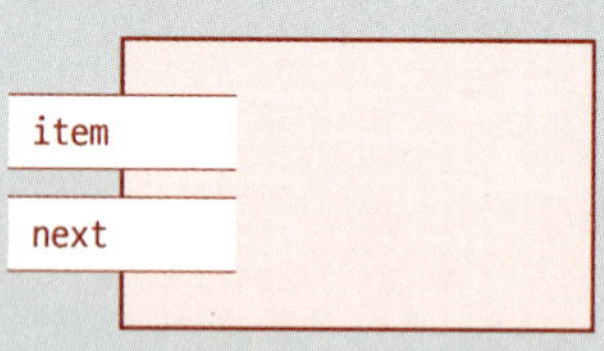

객체 지향 언어의 철학을 엄격히 적용한다면 이 노드 구조는 권하지 않는 스타일이다. 객체의 필드에 대한 외부 접근은 꼭 필요한 것만 한다는 객체 지향 언어의 철학에 맞지 않기 때문이다. 이 철학을 충실하게 따르는 버전의 경우, 노드 객체에서 요구하는 작업은 다음과 같다.

- 노드에 원소를 저장한다.
- 노드의 원소를 알려준다.
- 노드의 링크 값을 할당한다.
- 노드의 링크 값을 알려준다.

다음은 이 요구를 만족하도록 노드 객체를 가장 교과서적으로 설계하고 이를 자바 코드로 표현한 것이다. 노드에는 원소를 담는 필드인 item과 링크를 담는 필드인 next가 있고 이들은 노드 객체의 바깥에서는 직접 접근하지 못하도록 했다. 두 필드에 접근하려면 setItem(), getItem(), setNext(), getNext() 함수를 거쳐서 접근해야 한다.

```
public class Node {
      private Integer item;
      private Node next;
      public Node(Integer newItem) {
            item = newItem;
            next = null;
      }
      public Node(Integer newItem, Node nextNode) {
            item = newItem;
            next = nextNode;
      }
      public void setItem(Integer newItem) {
            item = newItem;
      }
      public Integer getItem() {
            return item;
      }

      public void setNext(Node nextNode) {
            next = nextNode;
      }
      public Node getNext() {
            return next;
      }
}
```

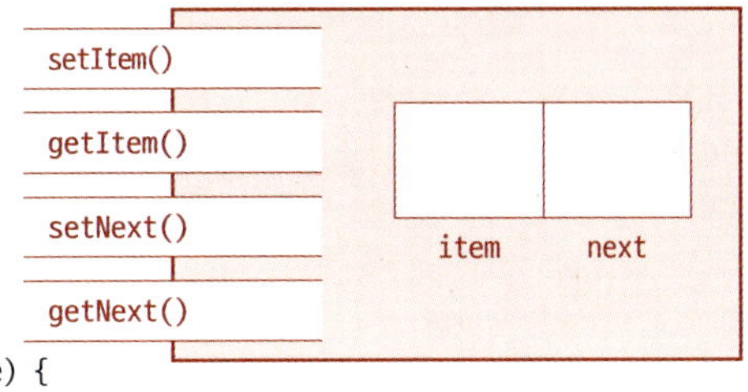

여기서 메서드 setItem(), getItem(), setNext(), getNext()는 각각 item = newItem;, return item;, next = nextNode;, return next;의 일을 한다. 이와 같이 하는 것이 클래스 내부 보호 측면에서 바람직하다. 필자 역시 이 책의 초기 버전에서도 이 방식을 적용했지만 매우 단순한 구조와 작업에 대해 벽을 치는 것(직접 접근하지 못하게 하는 것)이 다소 어색하고, 매우 자주 하는 작업이기도 해서 이 책에서는 이 부분만 벽을 해제했다. 그 결과 처음 구조와 같이 단순해졌다. 즉, 두 필드 item과 next를 외부에서 바로 접근할 수 있게 하고, 이들에 접근하기 위한 메서드 4개는 없앤 것이다. 그에 따라 클래스 Node도 다음과 같이 단순해진다.

```
public class Node {
      public Integer item;
      public Node next;
      public Node(Integer newItem) {
            item = newItem;
            next = null;
      }
```

```
    public Node(Integer newItem, Node nextNode) {
        item = newItem;
        next = nextNode;
    }
}
```

그 결과 왼쪽과 같이 노드를 생성하고 메서드를 통해 필드 item에 접근하는 대신 오른쪽과 같이 필드 item에 바로 접근하게 된다. 이 부분은 선택의 문제인데 어느 하나를 무조건 주장할 일은 아니다.

```
Node a = new Node();
a.setItem(10);
```

```
Node a = new Node();
a.item = 10;
```

3 연결 리스트의 구현

인터페이스는 배열 리스트에서 사용한 [코드 5-4]의 `ListInterface.java`를 그대로 사용하고 연결 리스트 클래스만 구현한다.

연결 리스트 초기화

배열 리스트에서는 이해를 돕기 위해 원소 타입을 `Integer`로 고정한 버전을 먼저 소개하고, 이어서 제네릭 버전을 소개하였다. 여기서부터는 바로 제네릭 버전으로 구현한다. 연결 리스트의 노드에 원소를 저장하므로 [코드 5-8]과 같이 먼저 구현한다.

코드 5-8 Node.java

```
package list;

public class Node<E> {
   public E item;
   public Node<E> next;

   public Node(E newItem) {
      item = newItem;
      next = null;
   }

```

```java
    public Node(E newItem, Node<E> nextNode) {
        item = newItem;
        next = nextNode;
    }
}
```

[그림 5-24]는 [코드 5-8]의 클래스 Node를 사용하는 방법과 그에 따른 변화를 나타낸다. 그림에서 색이 들어간 필드는 값의 변화가 있는 필드다.

클래스 Node<>에는 파라미터가 1개인 생성자와 파라미터가 2개인 생성자가 있다. 파라미터가 1개인 경우 노드의 item 값을 할당하는 생성자와, 파라미터가 2개인 경우 item 값과 next 값을 할당하는 생성자다.

(a) Node<integer> t2 = new Node<>(y);

(b) Node<integer> t1 = new Node<>(x);

(c) t1.next = t2;

(d) Node<integer> t3 = new Node<>(z, t1);

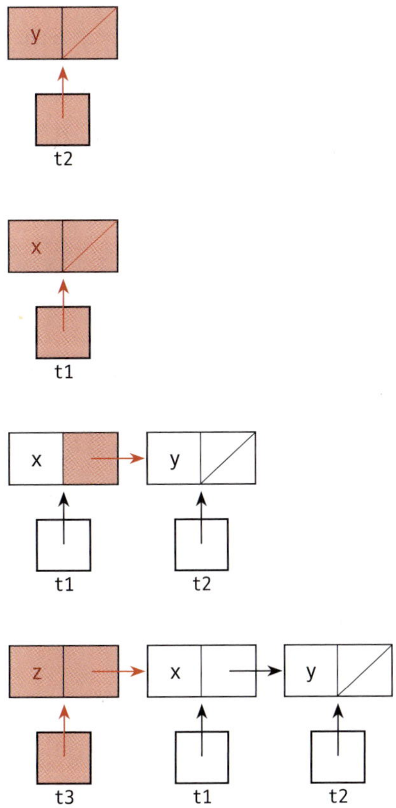

그림 5-24 클래스 Node의 사용 예

[그림 5-24]의 (a)는 Node 객체 하나를 파라미터가 1개인 생성자를 통해 생성한다. 즉, 파라미터 값 y를 필드 item에 할당하고 next에는 null을 할당한다. (b)도 파라미터가 1개인 첫 번째 생성자가 수행된다. (c)는 t1의 next에 t2를 할당한다. 앞에서 준비한 두 노드가 next로 연결되었다. (d)는 파라미터로 item과 next 값이 다 제공되어 파라미터가 2개인 생성자가 수행된다. 필드 item에 z를 할당하고 next에 t1 값을 주면 3개의 노드가 일렬로 연결되므로 다음 코드와 결과가 같다.

```
Node t3 = new Node(z);
t3.next = t1:
```

이처럼 자바의 생성자나 메서드는 하나의 이름으로 여러 메서드를 만들 수 있다. 임의의 메서드를 호출하면 파라미터의 수와 각 파라미터의 타입이 정확하게 맞는 메서드를 찾아 수행한다.

앞에서 나온 연결 리스트 객체의 구조를 자바 코드로 표현하면 다음과 같다. 대표 버전인 더미 헤드를 가진 연결 리스트다. 필드 head가 private으로 선언된 것은 사용자 프로그램이 이 클래스 객체의 head에 직접 접근할 필요가 없다는 의미다. 오직 이 클래스의 메서드들만이 필드 head를 사용하는 것으로 충분하기 때문이다.

```
public class LinkedList<E> implements ListInterface<E> {
    private Node<E> head;
    private int numItems;
    public LinkedList() {
        numItems = 0;
        head = new Node<>(null, null);
    }

    // 메서드
    public void add(...) {
        ...
    }
    ...
}
```

NOTE 제네릭 클래스 대신 Object 클래스 사용하기

제네릭 버전 대신 흔히 다음과 같이 원소 타입을 Object로 선언하기도 한다.

```
public class Node {
      public Object item;
      public Node next;
      public Node(Object newItem) {
            item = newItem; next = null;
      }
      public Node(Object newItem, Node nextNode) {
            item = newItem; next = nextNode;
      }
}
```

자바의 Object 클래스는 모든 클래스의 상위 클래스다. 즉, 모든 클래스는 Object 클래스에 속하므로 Object 자리에 모든 클래스가 다 올 수 있다(int, float 등의 기초 타입만 제외). 그렇지만 Object 자리에 모두 같은 타입이 와야 한다는 의미는 표현할 수 없다. Object는 가장 포괄적인 의미로 처리한 것인데, 관용성은 있지만 흐릿한 표현이라 할 수 있다. 이런 흐릿함 때문에 나중에 타입이 맞지 않아 에러가 발생하기도 한다. [코드 5-8]과 같이 제네릭 타입을 사용하면 동일한 타입이 요구되는 곳을 동일한 파라미터로 지정할 수 있다. 즉, Object의 흐릿함을 개선할 수 있다.

Object 클래스를 사용하면 컴파일이나 수행 시 예기치 못한 타입의 충돌 또는 비일관성 문제가 생길 수도 있다. 타입이 분명히 정해지는 시점에는 가능하면 애매하지 않게 표현하는 것이 좋다. 제네릭 클래스는 이런 목적을 이루는 데 적합하다.

원소 삽입

원소 x를 k번째 자리에 삽입하는 메서드와 원소 x를 리스트의 맨 뒤에 추가하는 메서드는 다음과 같다. 원소 x를 k번째 자리에 삽입하는 메서드는 삽입할 노드의 직전 노드(k-1번째 노드)의 레퍼런스인 prevNode를 메서드 getNode(k-1)을 통해서 찾은 다음 x를 삽입한다. k-1번째 노드는 k = 0이면 더미 헤드 노드가 되고, k = numItems이면 마지막 노드가 된다. 원소 x를 리스트의 맨 뒤에 추가하는 메서드 append()를 따로 두었는데, 먼저 리스트의 맨 끝 원소를 찾아 변수 prevNode가 레퍼런스하도록 한다. 코드의 while 루프는 노드의 next 필드가 null인 노드를 만날 때까지 연결 리스트를 훑는 일을 한다. prevNode가 준비되면 이후부터는 k번째 자리에 삽입하는 작업과 동일하다.

```java
// [알고리즘 5-10] 구현: 연결 리스트에 원소 x 삽입하기(더미 헤드를 두는 대표 버전)
public void add(int index, E item) {
    if (index >= 0 && index <= numItems) {
        Node<E> prevNode = getNode(index - 1);
        Node<E> newNode = new Node<>(item, prevNode.next);
        prevNode.next = newNode;
        numItems++;
    }
}

public void append(E item) {
    Node<E> prevNode = head;      // 더미 노드
    while (prevNode.next != null) {
        prevNode = prevNode.next;
    }
    Node<E> newNode = new Node<>(item, null);
    prevNode.next = newNode;
    numItems++;
}
```

원소 삭제

k번째 노드를 삭제하는 메서드는 k-1번째 노드를 찾아 변수 prevNode가 레퍼런스하도록 한 후 삭제한다. 흔히 리턴 타입은 void로 처리하는데 여기서는 삭제 원소를 리턴하고 삭제 원소의 인덱스가 범위 밖이면 null을 리턴하도록 했다.

메서드 remove()는 원소의 위치를 주고 원소를 삭제한다. 반면, 다음 메서드 removeItem()은 원소를 주고 이 원소를 가진 노드를 삭제하되, 해당 원소를 가진 노드가 여럿 있으면 앞에서 출발해 처음 만나는 노드를 삭제한다. 먼저 원소(x)를 가진 노드를 찾아 변수 currNode가 레퍼런스하도록 한다. 바로 앞 노드는 prevNode가 레퍼런스하도록 한다. 이후 작업은 메서드 remove()와 같다. 원소 x가 있으면 삭제 후 true를 리턴하고, 없으면 false를 리턴한다.

```java
// [알고리즘 5-12] 구현: 리스트의 원소 삭제하기(더미 헤드를 두는 대표 버전)
public E remove(int index) {
    if (index >= 0 && index <= numItems-1) {
        Node<E> prevNode = getNode(index - 1);
```

```
        Node<E> currNode = prevNode.next;
        prevNode.next = currNode.next;
        numItems--;
        return currNode.item;
    } else return null                         // 에러
}

public boolean removeItem(E x) {
    Node<E> prevNode, currNode = head;     // 더미 노드
    for (int i = 0; i <= numItems-1; i++) {
        prevNode = currNode;
        currNode = currNode.next;
        if (currNode.item.compareTo(x) == 0) {
            prevNode.next = currNode.next;
            numItems--;
            return true;
        }
    }
    return false;
}
```

기타 작업

리스트의 k번째 원소를 리턴하는 메서드 getNode(k)는 k번째 노드를 찾은 다음 해당 노드의 item을 리턴한다. 그리고 원소 x가 리스트의 몇 번째 원소인지 알아내는 메서드 indexOf(x)는 더미 헤드 다음 노드에서 시작하여 x를 찾을 때까지 노드의 수를 세어나간다. 나머지 메서드 len(), isEmpty(), clear()는 아주 단순하므로 따로 설명하지 않고 전체 코드에서 직접 구현한다.

```
// [알고리즘 5-16(1)] 구현: 리스트의 총 원소 수 알려주기
public int len() {
    return numItems;
}

// [알고리즘 5-16(2)] 구현: 리스트가 비었는지 알려주기
public boolean isEmpty() {
    return numItems == 0;
}
```

```
// [알고리즘 5-16(3)] 구현: 리스트 깨끗이 청소하기
public void clear() {
    numItems = 0;
    head = new Node<>(null, null);
}
```

전체 코드

[코드 5-9]는 연결 리스트 클래스인 LinkedList<E> 코드 전체를 보여준다.

코드 5-9 LinkedList.java

```
package list;

public class LinkedList<E> implements ListInterface<E> {
    private Node<E> head;
    private int numItems;

    public LinkedList() {                          // 생성자
        numItems = 0;
        head = new Node<>(null, null);      // 더미 헤드
    }

    // [알고리즘 5-10] 구현: 연결 리스트에 원소 x 삽입하기
    public void add(int index, E item) {
        if (index >= 0 && index <= numItems) {
            Node<E> prevNode = getNode(index - 1);
            Node<E> newNode = new Node<>(item, prevNode.next);
            prevNode.next = newNode;
            numItems++;
        }
    }

    public void append(E item) {
        Node<E> prevNode = head;               // 더미 노드
        while (prevNode.next != null) {
            prevNode = prevNode.next;
        }
        Node<E> newNode = new Node<>(item, null);
```

```
        prevNode.next = newNode;
        numItems++;
    }

    // [알고리즘 5-12] 구현: 리스트의 원소 삭제하기
    public E remove(int index) {
        if (index >= 0 && index < numItems) {
            Node<E> prevNode = getNode(index - 1);
            Node<E> currNode = prevNode.next;
            prevNode.next = currNode.next;
            numItems--;
            return currNode.item;
        } else
            return null;
    }

    public boolean removeItem(E x) {
        Node<E> currNode = head;  // 더미 헤드
        Node<E> prevNode;
        for (int i = 0; i < numItems; i++) {
            prevNode = currNode;
            currNode = currNode.next;
            if (((Comparable)(currNode.item)).compareTo(x) == 0) {
                prevNode.next = currNode.next;
                numItems--;
                return true;
            }
        }
        return false;             // not found
    }

    // [알고리즘 5-13] 구현: 연결 리스트의 k번째 원소 알려주기
    public E get(int index) {
        if (index >= 0 && index <= numItems - 1) {
            return getNode(index).item;
        } else
            return null;         // 에러
    }

```

```
public Node<E> getNode(int index) {
    if (index >= -1 && index <= numItems - 1) {
        Node<E> currNode = head;                    // 더미 노드
        for (int i = 0; i <= index; i++) {
            currNode = currNode.next;
        }
        return currNode;
    } else {
        return null;
    }
}

// [알고리즘 5-14] 구현:연결 리스트의 k번째 원소를 x로 대체하기
public void set(int index, E x) {
    if (index >= 0 && index <= numItems - 1) {
        getNode(index).item = x;
    } else { /* 에러 처리 */ }
}

// [알고리즘 5-15] 구현: 원소 x가 연결 리스트의 몇 번째 원소인지 알려주기
public final int NOT_FOUND = -12345;
public int indexOf(E x) {
    Node<E> currNode = head;   // 더미 노드
    int i;
    for (i = 0; i < numItems; i++) {
        currNode = currNode.next;
        if (((Comparable)(currNode.item)).compareTo(x) == 0)
            return i;
    }
    return NOT_FOUND;         // not found
}

// [알고리즘 5-16(1)] 구현: 리스트의 총 원소 수 알려주기
public int len() {
    return numItems;
}

// [알고리즘 5-16(2)] 구현: 리스트가 비었는지 알려주기
```

```
public boolean isEmpty() {
    return numItems == 0;
}

// [알고리즘 5-16(3)] 구현: 리스트 깨끗이 청소하기
public void clear() {
    numItems = 0;
    head = new Node<>(null, null);
}
}
```

[코드 5-10]은 사용자 프로그램에서 클래스 LinkdeList<E>를 사용한 예다. 객체를 생성하는 시점에 파라미터 타입 E를 Integer로 명시했다. "LinkedList<Integer> list = new LinkedList<>();"은 원래 "LinkedList<Integer> list = new LinkedList<Integer>();"로 적어야 하지만 ... new LinkedList<Integer>의 파라미터 Integer가 왼쪽에 명시한 파라미터와 다를 수 없으므로 생략해도 된다. <>로 된 부분은 모두 문맥상 타입이 명백해 생략한 것이다. 이렇게 다른 가능성이 없으면 컴파일러가 알아채고 통과시킨다. 그렇지만 <> 기호를 생략하면 안 된다. 전체 코드를 통틀어 클래스 LinkedList<>의 객체를 생성하기까지 아이템의 타입을 명시하는 부분은 단 한 번 생성 시점밖에 없다. 오른쪽 창은 ❶~❻ 지점까지 수행된 직후 리스트의 내용을 보인다.

코드 5-10 클래스 LinkdeList의 사용 예

```
  LinkedList<Integer> list = new LinkedList<>();
  list.add(0, 300);      // 오토 박싱
  list.add(0, 200);
❶ list.add(0, 100);
  list.append(500);
❷ list.append(600);
❸ list.remove(3);
  list.add(3, 250);
  list.add(1, 50);
❹ list.add(0, 10);
❺ list.append(700);
  list.remove(1);
❻ list.removeItem(600);
```

```
❶ 100 200 300
❷ 100 200 300 500 600
❸ 100 200 300 600
❹ 10 100 50 200 300 250 600
❺ 10 100 50 200 300 250 600 700
❻ 10 50 200 300 250 700
```

04 배열 리스트와 연결 리스트의 비교

배열 리스트와 연결 리스트의 차이를 정리해보자. 배열 리스트는 시작부터 고정된 크기를 지정하고, 연결 리스트는 원소가 들어오는 대로 공간을 할당받아 넣는다. 배열 리스트는 정적이고 연결 리스트는 동적이라 할 수 있다.

배열 리스트는 연속된 공간에 원소를 저장하는 반면 연결 리스트는 공간의 연속성이 없다. 이 차이로 인해 정렬이나 검색 작업을 할 때 배열 리스트보다 연결 리스트에서 시간이 더 걸린다. 배열 리스트는 k번째 원소를 찾을 때 k 값으로 즉시 접근할 수 있다. 반면 연결 리스트는 헤드 노드에서부터 시작하여 링크를 k번 따라간 다음 k번째 원소를 찾는다. k번째 원소에 접근하는 데 배열 리스트는 $\Theta(1)$, 연결 리스트는 $\Theta(k)$의 시간이 든다. 원소의 총 수가 n이라면 한 원소에 접근하는 데 배열 리스트는 무조건 $\Theta(1)$의 시간이 들지만 연결 리스트는 최악의 경우 $\Theta(n)$, 가장 운이 좋은 경우 $\Theta(1)$의 시간이 든다.

연결 리스트에는 다음 원소의 링크를 위한 공간이 추가로 필요하다. 그러나 배열 리스트에는 다음 원소에 대한 링크가 없으므로 원소 하나당 필요한 공간이 상대적으로 더 작다. 다만 배열 리스트는 배열에 들어올 원소의 총 수를 미리 알 수 없는 경우가 대부분이라 충분한 수의 원소를 소화할 수 있는 크기로 선언해야 해서 공간 낭비가 불가피하다. 혹은 중간에 더 큰 배열을 새로 할당받아 원소들을 옮겨야 하는 불편도 있다.

리스트에서 어떤 원소를 찾는 작업을 검색이라 한다. 리스트의 원소들이 아무 규칙 없이 저장되어 있으면 배열 리스트와 연결 리스트 둘 다 원소 x를 검색하는 데 평균 $\Theta(n)$의 시간이 든다. 둘 다 앞에서부터 차례대로 훑는 수밖에 없기 때문이다. 흔히 리스트의 원소들은 크기순으로 관리되고 저장된다. 원소들이 크기순으로 정렬되어 관리되는 경우라면 배열 리스트에서는 최악의 경우에도 $\Theta(\log n)$ 시간에 검색이 가능하고, 연결 리스트에서는 여전히 최악의 경우와 평균적인 경우 모두 $\Theta(n)$의 검색 시간이 든다.

정렬된 상태의 배열 리스트에서 원소를 Θ(log n) 시간에 검색할 수 있게 하는 알고리즘이 다음의 이진 탐색 알고리즘이다. 이 알고리즘은 배열에서 가운데 자리의 원소와 찾고자 하는 원소를 비교하는 수고를 하고 나면 자신과 성격이 똑같지만 크기가 반이 되는 문제를 만나게 된다. 즉, binarySearch()를 한 번 호출할 때마다 문제의 크기가 반으로 줄어든다. 크기 n인 배열이 한 번에 반씩 줄어들어 크기 1이 되는 데는 $\log_2 n$번이면 된다. 그러므로 이진 탐색 알고리즘으로 검색하면 Θ(log n) 시간이 든다. 구체적인 증명은 하지 않겠지만 최악의 경우와 평균적인 경우에도 Θ(log n), 최선의 경우에는 Θ(1) 시간이 든다. n개의 원소로 구성된 배열 리스트에서 x를 찾으려면 binarySearch(A, 0, n-1, x)를 호출하면 된다.

이진 탐색 알고리즘

```
◀ 배열 A[p...r]에서 원소 x의 인덱스를 리턴한다
binarySearch(A[], p, r, x):
    if (p > r) return NOT_FOUND
    else
        q ← (p+r)/2
        if (x = A[q]) return q
        else if (x < A[q]) return binarySarch(A, p, q-1, x)
        else binarySearch(A, q+1, r, x)
```

05 연결 리스트의 확장

앞에서 소개한 연결 리스트는 기본적인 형태로, 리스트에서 작업을 진행하는 데 이런저런 불편을 초래한다. 이 절에서는 기본적인 연결 리스트의 불편함을 해소하기 위한 몇 가지 확장 버전을 소개한다.

1 원형 연결 리스트

연결 리스트에 있는 마지막 노드의 링크가 `null` 값을 가지는 구조에서는 첫 노드와 마지막 노드에 대한 접근성이 극적으로 차이가 난다. 첫 노드에는 단번에 접근할 수 있는 반면 마지막 노드에는 링크를 끝까지 따라가야 접근할 수 있다. 그 결과 원소 수가 n이라면 원소를 맨 앞에 삽입/삭제할 때는 상수 시간($\Theta(1)$)이 드는 반면, 맨 끝에 삽입/삭제할 때는 $\Theta(n)$ 시간이 든다. 이 차이는 마지막 노드가 첫 번째 노드를 링크하도록 바꾸면 해소되는데, 이런 구조의 연결 리스트를 원형 연결 리스트라 한다. 원형 연결 리스트Circular Linked List는 연결 리스트가 환(루프)을 이룬 형태다.

[그림 5-25]의 (a)는 더미 헤드 노드를 가진 원형 연결 리스트의 예다. 레퍼런스 head가 더미 헤드 노드를 가리키도록 하는 대신 마지막 노드에 대한 레퍼런스 `tail`을 두고, 마지막 노드가 맨 앞의 더미 헤드 노드를 링크하고 있다. 레퍼런스 head를 추가로 둘 수도 있지만(더미 헤드 노드를 레퍼런스하도록) 더미 헤드 노드는 `tail` 노드로부터 링크 하나만 따라가면 바로 접근되므로 굳이 헤드 노드에 대한 레퍼런스까지 둘 필요는 없다. 반대로 레퍼런스 `tail` 없이 레퍼런스 head만 있다면 맨 뒤에 원소를 하나 덧붙일 때 여전히 $\Theta(n)$ 시간이 든다. 맨 마지막 원소를 삭제할 때도 $\Theta(n)$ 시간이 든다. 변수 `tail`을 두면 맨 앞과 맨 뒤에서 원소 삽입/삭제 시 모두 $\Theta(1)$, 즉 상수 시간이 든다. 단방향 연결 리스트에서는 마지막 노드를 노드 링크가 `null`인지로 판별했는데, 원형 연결 리스트에서는 링크가 더미 헤드 노드를 가리키는지로 판별한다. (b)는 빈 원형 연결 리스트다. 더미 헤드 노드가 자신을 링크한다.

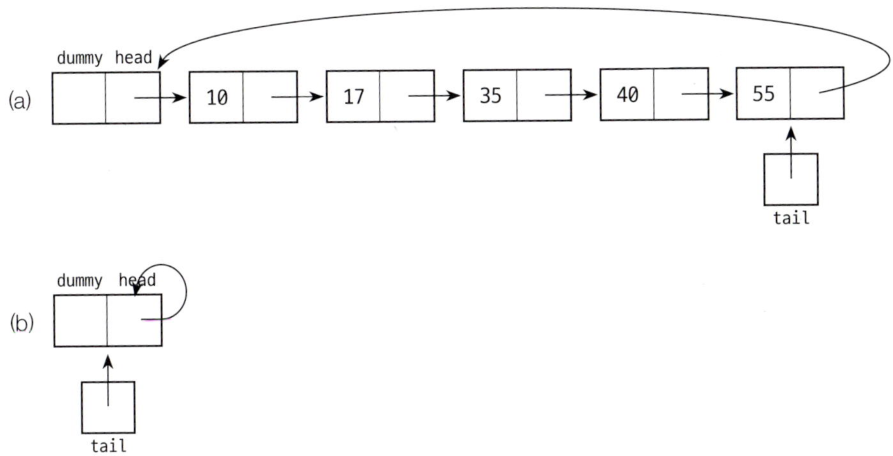

그림 5-25 더미 헤드 노드를 가진 원형 연결 리스트의 예

앞에서 소개한 연결 리스트 코드와 비교하여 원형 연결 리스트 코드에서 가장 많이 바뀌는 메서드는 맨 뒤에 원소를 삽입하는 append()다. head부터 시작해 연결 리스트를 따라 끝까지 가는 번거로운 작업이 없어진다. [그림 5-26]은 원형 연결 리스트에 append()로 원소를 하나 추가하는 예다. (a)와 같이 삽입 노드의 직전 노드(prevNode)인 맨 뒤쪽 노드를 레퍼런스 tail이 가리키고 있으므로 prevNode를 찾는 시간($\Theta(n)$)이 소요되지 않는다.

[코드 5-11]은 더미 헤드를 가진 원형 연결 리스트를 구현한 것이다. 클래스 LinkedList<E>에서 tail과 관계된 부분만 바뀐다.

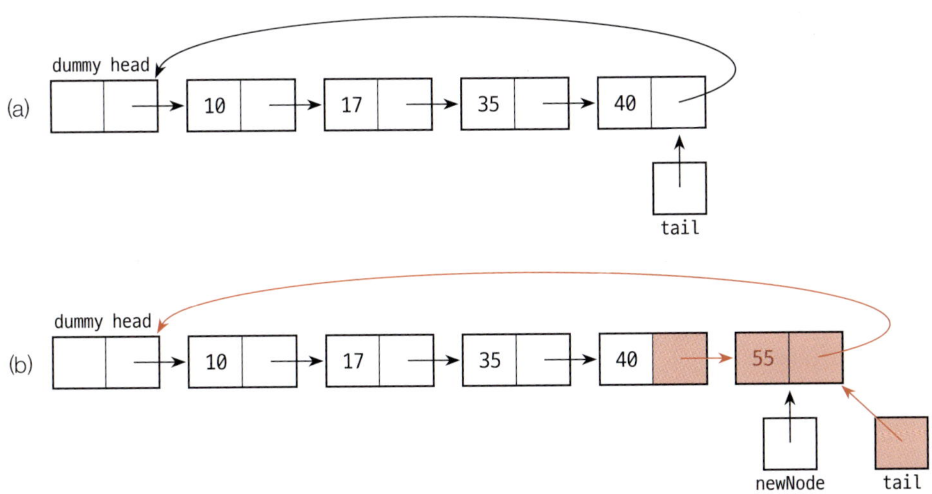

그림 5-26 더미 헤드 노드를 가진 원형 연결 리스트에서 맨 끝에 원소를 삽입하는 예

코드 5-11 CircularLinkedList.java

```java
package list;

public class CircularLinkedList<E> implements ListInterface<E> {
    private Node<E> tail;
    private int numItems;

    public CircularLinkedList() {          // 생성자
        numItems = 0;
        tail = new Node(-1);
        tail.next = tail;
    }

    public void add(int index, E x) {      // 첫 번째 원소는 0번 원소
        if (index >= 0 && index <= numItems) {
            Node<E> prevNode = getNode(index - 1);
            Node<E> newNode = new Node(x, prevNode.next);
            prevNode.next = newNode;
            if (index == numItems)
                tail = newNode;
            numItems++;
        }
    }

    public void append(E x) {
        Node<E> prevNode = tail;           // 더미 노드
        Node<E> newNode = new Node(x, tail.next);
        prevNode.next = newNode;
        tail = newNode;
        numItems++;
    }

    public E remove(int index) {
        if (index >= 0 && index <= numItems-1) {
            Node<E> prevNode = getNode(index - 1);
            E rItem = prevNode.next.item;
            prevNode.next = prevNode.next.next;
            if (index == numItems)
```

```
                tail = prevNode;
            numItems--;
            return rItem;
        } else return null;
    }

    public boolean removeItem(E x) {
        Node<E> currNode = tail.next;      // 더미 헤드
        Node<E> prevNode;
        for (int i = 0; i < numItems; i++) {
            prevNode = currNode;
            currNode = currNode.next;
            if (((Comparable)(currNode.item)).compareTo(x) == 0) {
                prevNode.next = currNode.next;
                numItems--;
                return true;
            }
        }
        return false; // not found
    }

    public E get(int index) {
        if (index >= 0 && index <= numItems-1) {
            return getNode(index).item;
        } else return null;  // 에러
    }


    public void set(int index, E x) {
        if (index >= 0 && index <= numItems-1) {
            getNode(index).item = x;
        } else { /* 에러 처리 */ }
    }

    private Node<E> getNode(int index) {
        if (index >= -1 && index <= numItems) {
            Node<E> currNode = tail.next;  // 더미 헤드
            for (int i = 0; i <= index; i++) {
```

```
                currNode = currNode.next;
            }
            return currNode;
        } else {return null;}
    }

    public final int NOT_FOUND = -12345;
    public int indexOf(E x) {            // 원소 x의 인덱스 리턴
        Node<E> currNode = tail.next;     // 더미 헤드
        for (int i = 0; i <= numItems-1; i++) {
            currNode = currNode.next;
            if (((Comparable)(currNode.item)).compareTo(x) == 0) return i;
        }
        return NOT_FOUND;
    }

    public int len() {
        return numItems;
    }

    public boolean isEmpty() {
        return numItems == 0;
    }

    public void clear() {
        numItems = 0;
        tail = new Node(-1);
        tail.next = tail;
     }
}
```

[코드 5-12]는 사용자 프로그램에서 클래스 CircularLinkedList<E>를 사용한 예다. 오른쪽 창은 ❶~❻ 지점까지 수행된 직후 리스트의 내용을 보인다.

코드 5-12 클래스 CircularLinkedList의 사용 예

```
CircularLinkedList<Integer> list = new CircularLinkedList<>();
list.add(0, 300); // 오토 박싱
```

```
  list.add(0, 200);
❶ list.add(0, 100);
  list.append(500);
❷ list.append(600);
❸ list.remove(3);
  list.add(3, 250);
  list.add(1, 50);
❹ list.add(0, 10);
❺ list.append(700);
  list.remove(1);
❻ list.removeItem(600);
```

```
❶ 100 200 300
❷ 100 200 300 500 600
❸ 100 200 300 600
❹ 10 100 50 200 300 250 600
❺ 10 100 50 200 300 250 600 700
❻ 10 50 200 300 250 700
```

2 양방향 연결 리스트

지금까지 다룬 연결 리스트는 한 방향으로 링크되었다. 어떤 노드를 한 번 지나면 따로 저장하지 않는 한 반대 방향으로 돌아갈 수 없다. 각 노드가 앞뒤로 링크되는 양방향 연결 리스트 Doubly Linked List에서는 이 문제가 해결된다. [그림 5-27]의 (a)는 양방향 연결 리스트의 예로, 각 노드가 다음 노드뿐 아니라 직전 노드에 대한 링크도 가져 한 노드만 알면 앞뒤로 자유롭게 이동할 수 있다. 이 연결 리스트는 더미 헤드 노드가 있는 원형 양방향 연결 리스트Circular Doubly Linked List로, 리스트에서 마지막 원소의 next가 헤드 노드를 가리키고, 헤드 노드의 prev가 마지막 노드를 가리킨다. (b)는 빈 리스트의 모양이다.

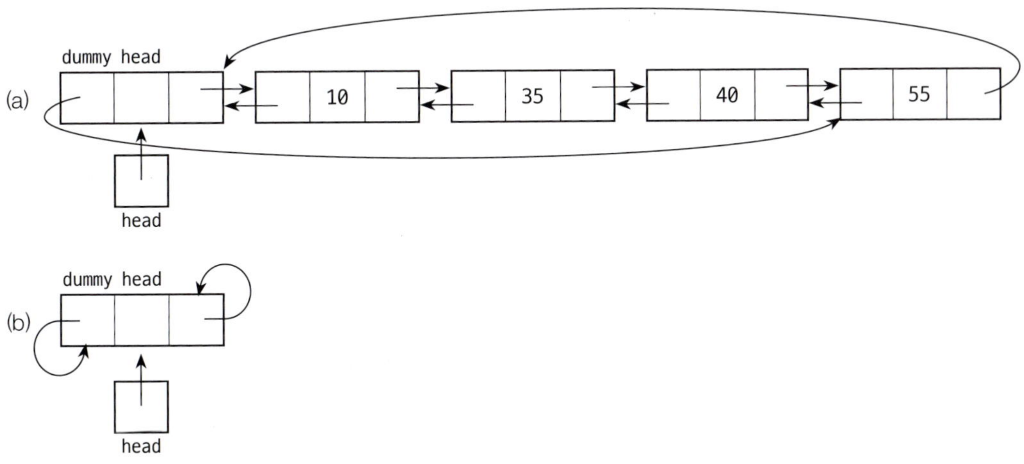

그림 5-27 더미 헤드가 있는 원형 양방향 연결 리스트의 예와 빈 리스트의 모양

더미 헤드 노드가 있는 원형 양방향 연결 리스트를 초기화하는 생성자는 다음과 같다.

```
public class CircularDoublyLinkedList<E> implements ListInterface<E> {
    private BidirectionalNode<E> head;              // [코드 5-13] 참조
    private int numItems;

    public CircularDoublyLinkedList() {    // 생성자
        numItems = 0;
        head = new BidirectionalNode<>(null);       // 더미 노드
        head.next = head.prev = head;
    }
```

삽입은 모든 경우에 동일한 코드로 해결된다. 코드는 [알고리즘 5-17]과 같다.

알고리즘 5-17 원형 양방향 연결 리스트에 원소 x 삽입하기(더미 헤드를 두는 버전)

```
BidirectionalNode<E> newNode
        = new BidirectionalNode<>(newItem, prevNode, prevNode.next);
newNode.next.prev = newNode;
prevNode.next = newNode;
numItems++;
```

이 코드로 정말 모든 경우의 삽입이 다 해결되는지 확인해보자. 리스트의 중간에 원소를 삽입하는 경우와 맨 뒤에 삽입하는 경우는 위 코드로 해결된다는 것을 쉽게 짐작할 수 있다. 얼핏 명백하지 않아 보이는 것은 빈 리스트에 첫 번째 원소를 삽입하는 경우인데 [그림 5-28]에 관련 예를 나타내었다. 이 경우 삽입 노드의 직전 노드가 더미 헤드 노드이므로 레퍼런스 prevNode가 더미 헤드를 가리키게 되고, 앞에 제시한 코드를 수행하면 오른쪽 그림과 같이 된다.

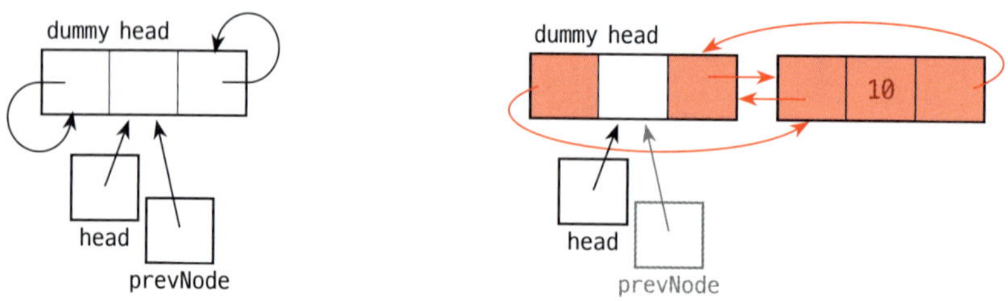

그림 5-28 비어있는 원형 양방향 연결 리스트에 원소를 삽입하는 예

삭제도 모든 경우에 한 가지로 해결된다. 코드는 [알고리즘 5-18]과 같다.

알고리즘 5-18 원형 양방향 연결 리스트에서 원소 삭제하기(더미 헤드를 두는 버전)

```
currNode.prev.next = currNode.next;
currNode.next.prev = currNode.prev;
numItems--;
```

삭제에서도 원소가 하나뿐인 리스트에서 그 유일한 원소를 삭제할 때 이 코드로 충분한지는 얼핏 명백해 보이지 않는다. [그림 5-29]에 관련 예를 나타내었다. 삭제 노드 currNode가 가리키는 노드의 필드 prev와 next가 모두 더미 헤드 노드를 가리키고 있기 때문에 코드를 수행하면 오른쪽 그림과 같이 된다.

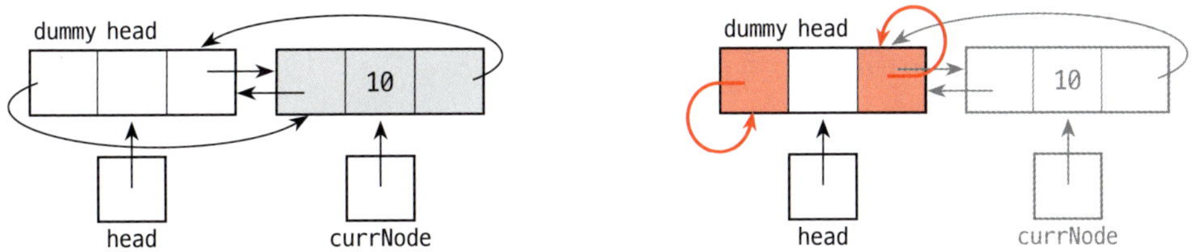

그림 5-29 원형 양방향 연결 리스트에서 유일한 원소를 삭제하는 예

리스트가 길면 후반부의 원소에 대해 getNode()가 리스트를 훑어가는 것이 내키지 않을 수 있다. 그럴 때는 양방향이라는 점을 이용해서 조금 개선할 수 있다. 리스트 전체의 중간을 기준으로 후반부에 대한 getNode()는 뒤에서부터 훑으면 더 빠르다. 코드는 [알고리즘 5-19]와 같다.

알고리즘 5-19 원형 양방향 연결 리스트에서 원소 삭제하기(더미 헤드를 두는 버전)

```
currNode = head;  // 더미 헤드
if (index < numItems/2)
    for (int i = 0; i <= index; i++)
        currNode = currNode.next;
else
    for (int i = numItems-1; i >= index; i--)
        currNode = currNode.prev;
return currNode;
```

[코드 5-14]는 더미 헤드가 있는 원형 양방향 연결 리스트를 자바로 구현한 것이다.

코드 5-13 BidirectionalNode.java

```
package list;

public class BidirectionalNode<E> {
   public BidirectionalNode<E> prev;
   public E item;
   public BidirectionalNode<E> next;
   public BidirectionalNode() {
       prev = next = null;
       item = null;
   }
   public BidirectionalNode(E newItem) {
       prev = next = null;
       item = newItem;
   }
   public BidirectionalNode(BidirectionalNode<E> prevNode, E newItem,
                                            BidirectionalNode<E> nextNode) {
       prev = prevNode; next = nextNode;
       item = newItem;
   }
}
```

코드 5-14 CircularDoublyLinkedList.java

```
package list;

public class CircularDoublylLinkedList<E> implements
                                            ListInterface<E> {
   private BidirectionalNode<E> head;
   private int numItems;

   public CircularDoublyLinkedList() {        // 생성자
       numItems = 0;
       head = new BidirectionalNode<>(null); // 더미 헤드
       head.next = head.prev = head;
   }
```

```java

public void add(int index, E x) {          // 첫 번째 원소는 0번 원소
    if (index >= 0 && index <= numItems) {
        BidirectionalNode<E> prevNode = getNode(index - 1);
        BidirectionalNode<E> newNode =
                        new BidirectionalNode<>(prevNode, x, prevNode.next);
        newNode.next.prev = newNode;
        prevNode.next = newNode;
        numItems++;
    } else { /* 에러 처리 */ }
}

public void append(E x) {
    BidirectionalNode<E> prevNode = head.prev;
    BidirectionalNode<E> newNode = new BidirectionalNode<>(prevNode, x, head);
    prevNode.next = newNode;
    head.prev = newNode;
    numItems++;
}

public E remove(int index) {
    if (index >= 0 && index <= numItems - 1) {
        BidirectionalNode<E> currNode = getNode(index);
        currNode.prev.next = currNode.next;
        currNode.next.prev = currNode.prev;
        numItems--;
        return currNode.item;
    } else
        return null;
}

public boolean removeItem(E x) {
    BidirectionalNode<E> currNode = head; // 더미 헤드
    for (int i = 0; i <= numItems - 1; i++) {
        currNode = currNode.next;
        if (((Comparable)(currNode.item)).compareTo(x) == 0) {
            currNode.prev.next = currNode.next;
            currNode.next.prev = currNode.prev;
```

```
                numItems--;
                return true;
            }
        }
        return false;
    }

    public E get(int index) {
        if (index >= 0 && index <= numItems - 1) {
            return getNode(index).item;
        } else
            return null; // 에러
    }

    public void set(int index, E x) {
        if (index >= 0 && index <= numItems - 1) {
            getNode(index).item = x;
        } else { /* 에러 처리 */ }
    }

    public BidirectionalNode<E> getNode(int index) {  // 첫 번째 원소는 0번 원소
        if (index >= -1 && index <= numItems - 1) {
            BidirectionalNode<E> currNode = head;
            if (index < numItems/2)
                for (int i = 0; i <= index; i++)
                    currNode = currNode.next;
            else
                for (int i = numItems - 1; i >= index; i--)
                    currNode = currNode.prev;
            return currNode;
        } else
            return null; // 에러
    }

    public final int NOT_FOUND = -12345;
    public int indexOf(E x) {
        BidirectionalNode<E> currNode = head;
```

```
        for (int i = 0; i <= numItems - 1; i++) {
            currNode = currNode.next;
            if (((Comparable)(currNode.item)).compareTo(x) == 0)
                return i;
        }
        return NOT_FOUND;
    }

    public int len() {
        return numItems;
    }

    public boolean isEmpty() {
        return numItems == 0;
    }

    public void clear() {
        numItems = 0;
        head.next = head.prev = head;
    }
}
```

[코드 5-15]는 사용자 프로그램에서 클래스 CircularDoublyLinkedList<E>를 사용한 예다. 오른쪽 창은 ❶~❼ 지점까지 수행된 직후 리스트의 내용을 보인다.

코드 5-15 클래스 CircularDoublyLinkedList의 사용 예

```
   CircularDoublyLinkedList<Integer> list = new CircularDoublyLinkedList<>();
   list.add(0, 300); // 오토 박싱
   list.add(0, 200);
❶ list.add(0, 100);
   list.append(500);
❷ list.append(600);
❸ list.remove(3);
   list.add(3, 250);
   list.add(1, 50);
```

```
❶ 100 200 300
❷ 100 200 300 500 600
❸ 100 200 300 600
❹ 10 100 50 200 300 250 600
❺ 10 100 50 200 300 250 600 700
❻ 10 50 200 300 250 700
```

```
❹ list.add(0, 10);
❺ list.append(700);
  list.remove(1);
❻ list.removeItem(600);
```

NOTE 순회자: 유용한 패턴

객체 지향 프로그래밍은 인간이 생각하는 방식과 유사한 의미의 매듭을 하나씩 객체로 설계한다. 쉽게 설명된 개념은 쉽게 받아들일 수 있듯이, 잘 설계된 객체는 사용자 프로그램에서 사용하기 편리하다. 의미의 매듭이 선명하지 않으면 사용할 때 부드럽지가 않다. 따라서 객체의 경계와 구성을 잘 설계하는 것이 무엇보다 중요하다.

객체를 잘 설계해놓았다고 쉽게 사용할 수 있는 것은 아니다. 객체 내부에 대해 깊게 이해해야 실수 없이 사용할 수 있는 경우도 많다. 일정 규모 이상의 프로젝트에서는 객체들끼리 협력하는 것도 중요하다. 객체 지향 프로그래밍을 하다 보면 객체들 간 협력이 잘 추상화될 때 프로젝트의 효율이 높아짐을 느낀다. 이런 자각 과정에서 탄생한 것이 디자인 패턴이다. 객체를 만든다는 것은 의미를 한 단계 추상화하는 것이고, 디자인 패턴은 이를 한 단계 더 추상화해 개체들 간 협력의 방법을 틀로 만들어놓은 것이다. 몸에 있는 다양한 세포 간 협력에 단백질이 매개체 역할을 하듯이 디자인 패턴은 객체 지향 프로그래밍을 부드럽게 해주는 매개체 역할을 한다. 즉, 1차 객체가 세포에 해당한다면, 디자인 패턴은 단백질 같은 것이다.

초보 자바 프로그래머가 디자인 패턴부터 공부해야 하는 것은 아니지만 대부분의 프로그래머가 쉽게 잘 받아들이는 패턴도 있다. 대표적인 패턴이 순회자인데, 이해하기 쉽고 활용성이 높다. 순회자는 어떤 객체에 속한 원소에 차례로 접근하도록 하는 심부름꾼 같은 부품이다.

패키지 java.util에는 순회자 역할을 하는 인터페이스가 하나 정의되어 있다. 이름도 '순회'라는 뜻의 Iterate다. 이 인터페이스에서는 2개의 메서드, 즉 hasNext()와 next()를 필수로 요구한다. hasNext()는 순회 과정에서 아직 남은 원소가 있는지 boolean 타입으로 리턴하는 메서드이고, next()는 순회 과정의 다음 원소를 리턴하는 메서드다. 이 요구 사항을 만족하는 한 어떻게 구현하든 상관없다. 인터페이스 Iterate의 소스를 보면 다음과 같다. 이 인터페이스를 따르는 클래스는 두 메서드 hasNext()와 next()를 구현해서 제공해야 한다.

```
public interface Iterator<E> {
      boolean hasNext();
      E next();
}
```

메서드 hasNext()는 항상 boolean 타입(true 또는 false)을 리턴해야 하고, next()은 제네릭 타입을 리턴해야 한다(온갖 클래스들에서 적용해야 하므로 당연히 고정할 수 없다). 위의 코드에서 E 자리에 특정 클래스 이름 또는 인터페이스 이름을 넣으면 된다. 아래에서는 E 자리에 연결 리스트의 클래스 Node를 대입한 예를 소개한다. 이어서 E에 인터페이스 Comparable을 대입한 예도 소개한다.

연결 리스트를 대상으로 한 순회자를 설계해보자. 설계 목적은 연결 리스트의 모든 노드에 하나씩 차례로 접근(순회)하고자 함이다. 다음 예에서 인터페이스 Iterator〈Node〉로 타입 파라미터 Node가 명시되어 있는데, 이렇게 하면 인터페이스 Iterator의 규약상 메서드 next()의 리턴 타입은 Node 타입이 되어야 컴파일을 통과한다. 리스트의 '노드'를 순회의 대상으로 본다는 의미다. 노드를 순회의 대상으로 보지 않고, (노드를 순회하되) 노드 안에 있는 어떤 필드를 순회의 대상으로 볼 수도 있다. 이 예도 이 절의 뒷부분에 나온다.

이제 (단방향) 연결 리스트를 위한 순회자를 만들어보자.

```
import java.util.Iterator;
public class LinkedListIterator implements Iterator<Node> {
    private Node current;
    public LinkedListIterator(LinkedList list) {
        current = list.getNode(-1);   // 더미 헤드
    }
    public boolean hasNext() {
        return current.next != null;
    }
    public Node next() {
        return current = current.next;
    }
}
```

다음은 앞에서 만든 순회자를 이용하는 예다. 순회자를 이용하여 연결 리스트의 모든 원소를 차례로 프린트한다. 다음과 같이 원소 5개를 가진 리스트를 만들었다고 하자.

```
LinkedList list = new LinkedList();
list.add(0, 200);
list.add(0, 100);
list.append(500);
list.append(600);
list.append(700);
```

이 리스트를 대상으로 순회자를 사용한 예와 수행 결과는 다음과 같다.

```
LinkedListIterator iter = new LinkedListIterator(list);
while (iter.hasNext())
    System.out.println(iter.next().item);
```

```
100
200
500
600
700
```

앞의 순회자 코드에서 current란 변수는 순회자가 진행된 지점을 기억한다. 이건 착상에 따라 얼마든지 다르게 구현할 수 있다. current는 '현재까지 진행된 지점'을 의미하는데, 아래에 제시한 코드는 '다음에 진행할 지점'을 기억하는 변수 nextNode를 사용해서 구현한 것이다. 앞의 코드만큼 깔끔하지는 않지만 인터페이스가 요구하는 규약(메서드 hasNext()와 next()를 제공)만 만족시키면 그 내부에서 어떻게 구현하든 상관없다.

```
import java.util.Iterator;
public class LinkedListIterator implements Iterator<Node> {
      private Node nextNode;
      public LinkedListIterator(LinkedList list) {
            nextNode = list.getNode(0); // 0th node
      }
      public boolean hasNext() {
            return nextNode != null;
      }
      public Node next() {
            Node tmp = nextNode;
            nextNode = nextNode.next;
            return tmp;
      }
}
```

이 순회자의 사용법은 앞에 제시한 예와 동일하다.

순회자를 통해 가져오는 대상도 정하기 나름이다. 앞의 예에서는 노드를 차례로 가져왔다. 그 결과 노드의 필드 item을 프린트할 때 iter.next().item을 사용했다. 다음 예처럼 노드 대신 노드에 있는 필드(예, item)를 차례로 가져오도록 할 수도 있다. 앞의 예와 빨간 색으로 표시한 부분만 다르다. 필드 item의 인터페이스 타입인 Comparable을 next()의 리턴 타입으로 명시하고 tmp(노드) 대신 노드의 tmp.item(필드)을 리턴한다. (다음 코드에서 Comparable이 불편하다면 일단 Integer로 바꾸어 생각하고 넘어가자.)

```
import java.util.Iterator;
public class LinkedListItemIterator implements Iterator<Comparable> {
      private Node current;
      public LinkedListItemIterator(LinkedList list) {
            current = list.getNode(-1);
      }
      public boolean hasNext() {
            return current.next != null;
      }
      public Comparable next() {
            current = current.next;
```

```
            return (Comparable)(current.item);
        }
}
```

이를 이용하는 코드의 예는 다음과 같다.

```
LinkedList<Integer> list = new LinkedList<>();
      ...
LinkedListItemIterator iter = new LinkedListItemIterator(list);
while (iter.hasNext())
      System.out.println(iter.next());
```

하나의 객체에 대해 같은 순회자를 여럿 만들어 각자 따로 순회할 수도 있고, 다른 관점의 순회자가 여럿 있을 수도 있다. 앞에서 만든 순회자에 더하여 리스트의 필드 item 값이 음수인 원소들만 선택적으로 순회하는 순회자를 만들 수도 있다. 다음은 이를 이용하여 모든 음의 원소를 차례로 프린트하는 예다. 순회자의 이름은 NegativeItemIterator라 하자.

```
LinkedList list = new LinkedList();
list.add(0, -200);
list.add(1, 300);
list.append(500);
list.append(-600);
list.append(-700);

NegativeItemIterator iter = new NegativeItemIterator(list);
while (iter.hasNext())
      System.out.println(iter.next());
```

```
-200
-600
-700
```

연습문제

01 연결 리스트 구현 시 더미 헤드를 사용하는 장단점을 말해보시오.

02 인터페이스 java.util.List에는 원소 x가 존재하는지 체크해주는 메서드 contains()도 요구하고 있다. 이것은 본문에서 소개한 메서드 indexOf(x)를 호출해서 간단히 해결할 수 있다. 다음 ❶ 부분을 완성하시오.

```
public boolean contains(E x) {
    [        ❶        ]
}
```

03 2절에서 배열 item[0...n-1]을 리스트의 0 ~ n-1번째 원소에 대응시켰다. 배열 item[0...n-1]을 리스트의 1 ~ n번째(첫 원소를 1번째 원소라 부른다) 원소에 대응시키도록 하려 한다. [코드 5-2]의 IntegerArrayList 클래스에 대해 다음 물음에 답하시오.

① [코드 5-2]에서 수정되어야 할 메서드를 나열하시오.
② (가)에서 나열한 메서드를 각각 수정해보시오.

04 배열로 구현된 리스트에서 i~j번째 원소(첫 원소는 0번째 원소라 부른다)를 프린트하는 메서드 printInterval()을 작성하시오. [코드 5-5]의 클래스 ArrayList<E>에 메서드 printInterval()을 더하는 방식으로 하고 다음 ❶ 부분을 완성하시오. 로직에 집중하기 위해 배열 item[] 원소의 프린트는 System.out.println(item[i])로 쓰시오.

```
public void printInterval(int i, int j) {
    [        ❶        ]
}
```

05 04번 문제와 똑같은 작업을 [코드 5-9]의 LinkedList<E>에서 하시오. 역시 클래스 LinkedList<E>에서 메서드를 더하는 방식으로 하고 다음 ❶ 부분을 완성하시오. 노드 tNode의 원소의 프린트는 System.out.println(tNode.item)으로 쓰시오.

```
public void printInterval(int i, int j) {
        [ ❶ ]
}
```

06 다음은 연결 리스트를 구현한 예다. 본문과 달리, 리스트의 원소 수를 확인하기 위해 변수 numItems를 두지 않고 대신 비현실적이지만 메서드 numItems()로 구현했다고 가정한다. 다음 ❶ 부분에 메서드 numItems()를 구현하되 두 가지 방법으로 구현하시오. (가능하면 자바 스타일로 작성하되, 로직을 제대로 구현하는 것이 중요하므로 자바 문법에 구애받지는 말 것)

```
public class LinkedList {
   private Node head;
   public LinkedList() {
      head = new Node(null, null);
   }
   ...
   public void remove(int index) {
      if (index >= 0 && index <= numItems()-1 {
         Node prevNode = getNode(index - 1);
         Node currNode = prevNode.next;
         prevNode.next = currNode.next;
      } else { /* 에러 처리 */ }
   }
   ...
   [ ❶ ]
}
```

① 재귀를 사용하지 않는 알고리즘으로 구현하시오.

② 재귀 알고리즘으로 구현하시오.

07 다음은 더미 헤드가 있는 연결 리스트에서 한 원소를 삭제하는 자바 코드다. 리스트에서 맨 마지막 노드의 next는 null 값을 가지므로 원형이 아닌 리스트다. 다음 메서드 remove(index)는 연결 리스트에서 index번째 원소를 삭제한다.

```
public class LinkedList implements ListInterface {
private Node head;
   private int numItems;
   public LinkedList() {
      head = new Node(null, null);
   }
   ...
   public void remove(int index) {
      if (index >= 0 && index <= numItems-1) {
         Node prevNode = getNode(index - 1);
         prevNode.next = prevNode.next.next;
         numItems--;
      } else { /* 에러 */ }
   }
   ...
```

이제 메서드 remove()에 인자를 하나 더 주어 remove(index, k)와 같이 호출하고, index번째부터 연속된 k개의 원소(index번째 원소 포함하여 k개)를 삭제하고자 한다. remove(index, 1)을 부르면 원래의 remove(index)와 같은 일을 하게 될 것이다. 만일 index번째 노드부터 시작해서 남은 노드가 k개가 안 되면 지울 수 있는 최대 한도인 마지막 노드까지만 지운다. 다음 ❶ 부분을 채워 넣어 이에 맞게 변형해보시오.

```
public class LinkedList implements ListInterface {
   private Node head;
   private int numItems;
   public LinkedList() {
      head = new Node(null, null);
   }
   ...
   public void remove(int index, int k) {
      if (index >= 0 && index <= numItems-1) {
         [           ❶           ]
      } else { /* 에러 */ }
   }
   ...
```

08 다음은 양방향 연결 리스트를 자바로 구현한 것이다. 이 리스트에서는 int 타입의 원소들이 오름차순으로 정렬된 형태로 유지된다. 이 양방향 연결 리스트에 임의의 정수 x를 삽입하는 메서드인 add()를 작성해보시오. 다음 ❶ 부분을 채워 넣으면 된다.

```
public class DoublyLinkedList {
   private BidirectionalNode head;
   private int numItems;
   public DoublyLinkedList() {
      numItems = 0;
      head = new BidirectionalNode(-12345);   // 더미 헤드
      head.next = head;
      head.prev = head;
   }
   public void add(int x)  {
      [          ❶          ]
   }
   ...
}

public class BidirectionalNode {
   public int item;
   public BidirectionalNode prev;
   public BidirectionalNode next;
   public BidirectionalNode(int newItem) {
      item = newItem;
      prev = next = null;
   }
   public BidirectionalNode(int newItem,
            BidirectionalNode prevNode, BidirectionalNode nextNode) {
      item = newItem;
      prev = prevNode;
      next = nextNode;
   }
}
```

09 2개의 연결 리스트 list1과 list2가 있다. 이들은 [코드 5-9]의 클래스 LinkedList 타입이다. 이 연결 리스트는 더미 헤드 노드를 갖고 있다. list2를 list1의 뒤에 연결하여 두 리스트를 하나로 만드는 메서드를 작성하시오. 다음 ❶ 부분을 완성하면 된다.

```
public void concat(LinkedList list1, LinkedList list2) {
    [ ❶ ]
}
```

10 두 노드의 레퍼런스 node1과 node2가 있다. 이들은 [코드 5-9]의 클래스 LinkedList<E>의 노드들인데 두 노드가 같은 연결 리스트에 속하는지는 모른다. 이들이 같은 연결 리스트에 속하는지 확인하는 알고리즘을 작성하시오.

11 클래스 java.util.ArrayList에는 리스트에서 원소 x를 찾되 맨 마지막에 있는 x의 위치를 요구하는 메서드 lastIndexOf(E x)가 있다. [코드 5-2]의 자바 클래스 IntegerArrayList에 다음 메서드를 추가하시오. 다음 ❶ 부분을 완성하면 된다.

```
public int lastIndexOf(Integer x) {
    [ ❶ ]
}
```

12 11번의 메서드 lastIndexOf(E x)를 [코드 5-9]의 클래스 LinkedList<E>에 추가하시오.

Chapter

06

스택

학습목표

- 스택의 의미를 이해한다.
- 스택의 추상적 구조를 이해한다.
- 배열을 이용한 스택의 원리와 구현을 이해한다.
- 연결 리스트를 이용한 스택의 원리와 구현을 이해한다.
- 다른 클래스를 재사용한 스택을 이해하고, 이의 장단점에 대해 판단할 수 있도록 한다.
- 간단한 스택의 자바 구현을 연습하고 이를 응용할 수 있도록 한다.

01 스택이란

1 생활 속의 스택

식당 주방에 같은 모양의 접시가 쌓여 있으면 맨 위에 있는 접시를 들어내 사용하고 새 접시는 맨 위에 쌓는다. 데이터를 이런 방식으로 쌓고 빼는 자료구조가 스택이다. 이 때문에 가장 뒤에 들어온 것이 가장 먼저 나가는 구조라는 뜻으로 LIFO(Last-In-First-Out, 후입선출)란 별칭이 붙었다. 스택은 다음 장에서 배우는 큐와 쌍으로 비교하면서 익히는 것이 좋다.

그림 6-1 스택 개념의 일상 예

스택을 활용한 예들은 많다. 몇 가지 예를 들어보자.

- 키보드 입력을 하다가 백스페이스(←) 키를 누르면 최근에 입력한 글자를 지운다.
- 혼글, 워드, 파워포인트, 엑셀 등 모든 편집기는 최근에 한 작업순으로 취소하는 기능이 있다(보통 Ctrl+Z로 수행한다).
- 프로그램에서 함수 A가 함수 B를 호출하고 함수 B는 함수 C를 호출하는 호출 체인은 나중에 각 함수가 끝나면 돌아갈 때를 대비해서 호출 경로를 잘 관리해야 한다.

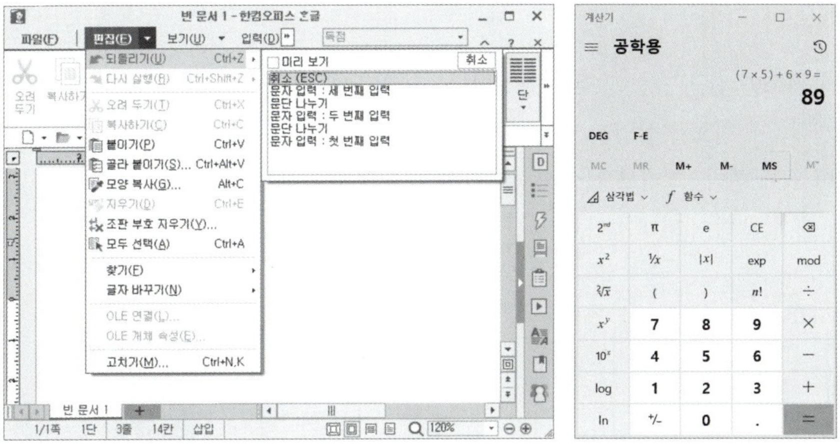

그림 6-2 스택의 활용(취소, 되돌리기)

A 기업의 휴게실에는 보통 병우유가 몇 개씩 밀려 있다. 우유에는 생산 일자가 적혀 있다. 가장 신선한 우유를 먹으려면 스택 방식으로 먹는 게 좋겠지만 그러면 먼저 들어온 우유들이 남게 되어 관리가 안 된다. 이런 경우에는 먼저 온 우유순으로 먹어야 한다. 다음 장에 나오는 큐가 이런 방식으로 데이터를 관리한다.

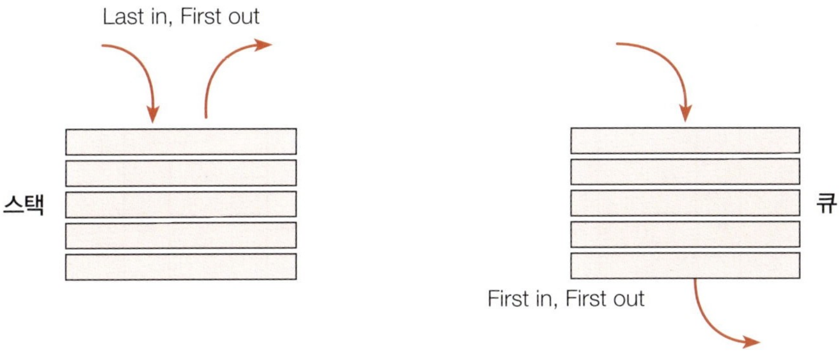

그림 6-3 스택과 큐 비교

2 스택의 개념과 원리

스택은 맨 위의 원소만 접근 가능한 것이 특징이다. 스택의 맨 위 원소를 스택 탑top 또는 스택 탑 원소라 한다. 새 원소를 삽입할 때는 스택 탑 바로 윗자리에 원소를 저장한 후 새 원소가 새 스택 탑이 되게 한다. 그리고 원소를 삭제할 때는 무조건 탑에 있는 원소를 삭제한 후 바로 아래 원소가 새 스택 탑이 되게 한다.

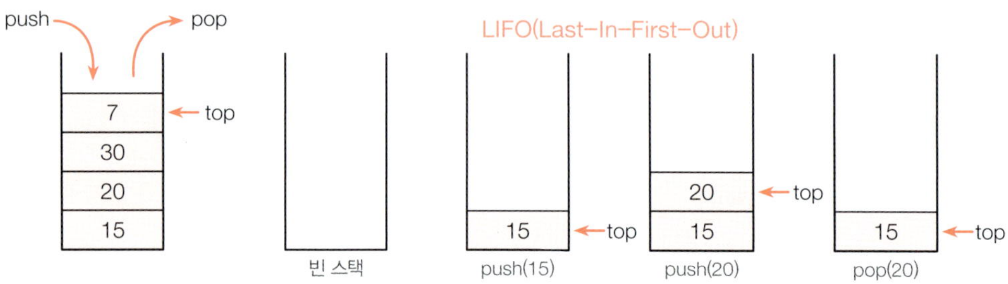

그림 6-4 스택의 개념과 원리

[그림 6-5]는 스택의 기본 작업인 원소의 삽입과 삭제의 예다. 스택에서 삽입할 때는 아래부터 쌓고(그림 (a), (b), (d)) 삭제는 맨 위에서 이루어진다(그림 (c), (f)). 그리고 삽입할 때는 삽입할 원소를 명시하지만 삭제할 때는 무조건 맨 위에 있는 것을 삭제하므로 단순히 삭제하라고만 하면 된다. 내용을 알려달라고 하면 무조건 맨 위에 있는 것을 알려준다(그림 (e)).

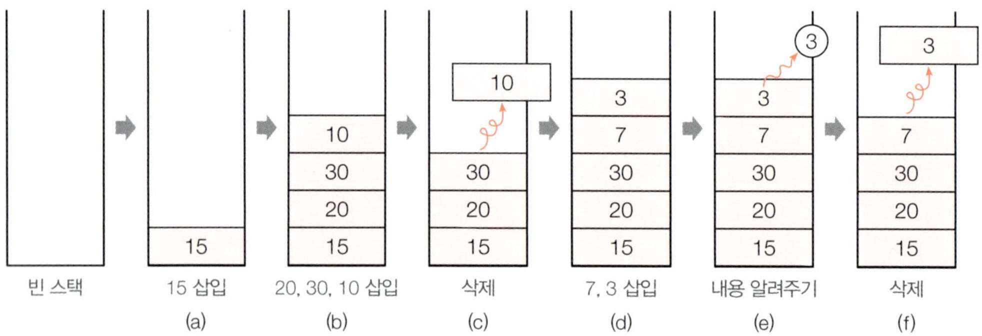

그림 6-5 스택에서 행하는 작업의 예

[그림 6-6]은 프로그램이 실행되는 가상 메모리의 일반 구조다. 프로그램이 이런 가상 메모리에서 수행된다는 가정하에 컴파일러가 컴파일하고 물리적인 메모리에는 수행 시점에 대응된다. 정적static 영역에는 컴파일 직후 상대적인 위치를 정할 수 있는 모든 정보가 있고, 동적dynamic 영역은 수행을 시작한 후에야 알 수 있다. 즉, 정적 영역에는 프로그램 수행 코드(기계어 코드)와 프로그램이 끝날 때까지 존재하는 데이터(전역 변수와 정적 변수 등)가 있다. 동적 영역

에는 프로그램 수행 중 할당받는 메모리(힙heap 영역)와 완료되지 않은 함수가 다른 함수를 호출할 때의 정보를 저장하는 영역(스택stack 영역)이 있다. 자바에서는 힙 영역에 키워드 new로 생성되는 객체가 들어간다. 다른 함수의 파라미터와 지역 변수는 수행 중에 동적 영역의 스택 영역에 저장되지만 main() 함수는 정적 영역의 데이터 영역에 저장된다. (main() 함수는 스택 영역에 넣어도 될 것 같은데 자바에서는 정적 영역에 넣고 있다. C++에서는 main() 함수를 스택에 넣는다.)

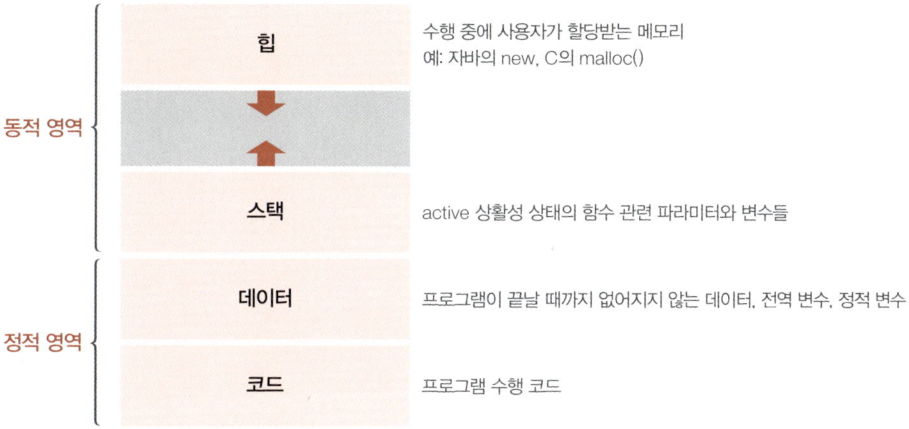

그림 6-6 일반적인 가상 메모리 구조

가상 메모리의 스택 영역이 이 장의 주제인 스택 자료구조를 이용한다. [그림 6-7]의 예와 같이 스택의 맨 위에는 현재 수행 중인 함수 정보가 저장되고, 이 함수를 호출한 함수는 바로 아랫 공간에 저장되어 있다. 그래서 수행을 마친 함수가 스택 영역에서 지워지면 원래 함수로 돌아와 다시 시작할 수 있도록 호출했던 함수의 정보가 스택의 맨 위에 있게 된다. 스택 구조를 이용해 프로그램이 수행되는 경로를 효율적으로 따라갈 수 있는 것이다.

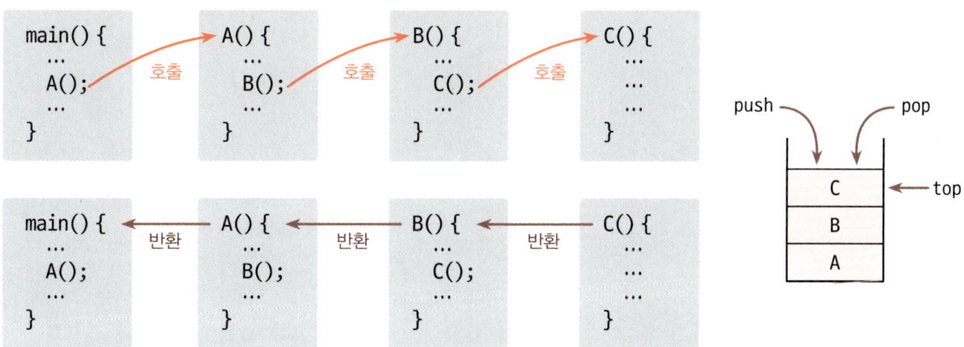

그림 6-7 함수 호출 시 스택 사용 예

3 추상 데이터 타입 스택

스택은 단순하지만 특징이 강한 자료구조다. [그림 6-8]은 스택에 필요한 작업들을 명시한 스택의 추상 데이터 타입ADT이다. 이 작업들 중 앞의 3개가 스택의 핵심 작업이고, 뒤의 2개는 거의 모든 자료구조에 공통으로 들어가는 작업이다.

```
맨 윗부분에 원소를 추가한다
맨 윗부분에 있는 원소를 알려준다
맨 윗부분에 있는 원소를 삭제하면서 알려준다
스택이 비어 있는지 확인한다
스택을 깨끗이 비운다
```

그림 6-8 ADT 스택

이 장에서는 배열, 연결 리스트, 기존 ADT 리스트를 재활용하는 방법으로 스택을 구현해본다.

02 배열을 이용한 스택

1 배열 스택의 객체 구조

스택을 위한 배열 stack[0...n-1]을 준비한다. 변수 topIndex는 스택에서 맨 위쪽 원소의 자리를 가리키는 배열 인덱스를 저장하는 정수다. 스택의 맨 위 원소를 스택 탑 원소라 한다. topIndex 값은 처음에는 원소가 들어 있지 않다는 의미로 -1로 세팅하고 원소가 삽입될 때마다 1씩 증가시킨다. 처음에 -1로 해두면 첫 원소가 들어왔을 때 1 증가시켜 stack[0]을 가리키므로 스택 탑이라는 사실을 정확히 반영할 수 있다. [그림 6-9]는 배열을 이용한 스택의 초기 상태를 보여준다.

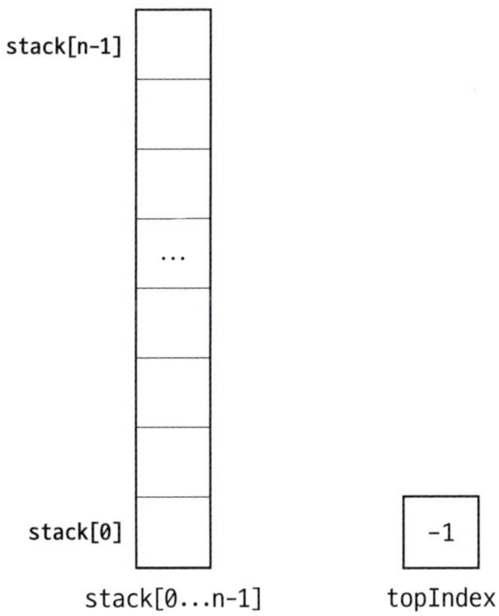

그림 6-9 스택 초기 상태

[그림 6-10]은 배열을 이용한 스택 객체의 구조를 나타낸다. 앞에서 소개한 ADT 스택의 작업에 배열 스택에서 사용하는 필드까지 명시하였다. 임의의 배열 스택 객체는 필드 stack[]와 topIndex, 메서드 5개로 구성된다. 이 목록은 상황에 따라 다르게 구성할 수도 있다.

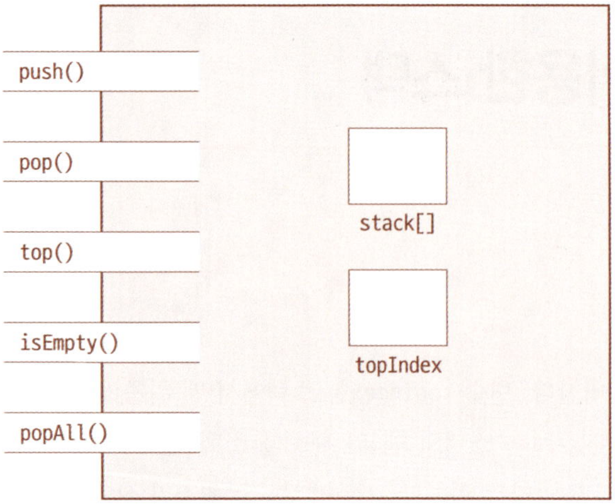

그림 6-10 배열을 이용한 스택 객체 구조

[그림 6-10]에서 각 필드와 작업의 의미는 다음과 같다.

```
stack[]      ◀ 스택의 원소들이 저장되는 배열
topIndex     ◀ 스택 탑 원소 자리의 인덱스

push(x)      ◀ 스택의 맨 위에 원소 x를 삽입한다.
pop()        ◀ 스택의 맨 위에 있는 원소를 알려주고 삭제한다.
top()        ◀ 스택의 맨 위에 있는 원소를 알려준다.
isEmpty()    ◀ 스택이 비었는지 알려준다.
popAll()     ◀ 스택을 깨끗이 청소한다.
```

2 배열 스택의 작업

원소 삽입

스택에 새 원소를 삽입할 때는 스택 탑 바로 윗자리에 원소를 저장하고 스택 탑 인덱스를 1 증가시킨다. [그림 6-11]은 [그림 6-9]의 배열을 편의상 옆으로 눕힌 것이다. topIndex가 2이므로 stack[2](=15)가 탑 원소, 즉 최근에 삽입된 원소다. 30을 삽입하라는 명령을 받아 topIndex를 2에서 3으로 1 증가시킨 다음 stack[3]에 30을 넣었다.

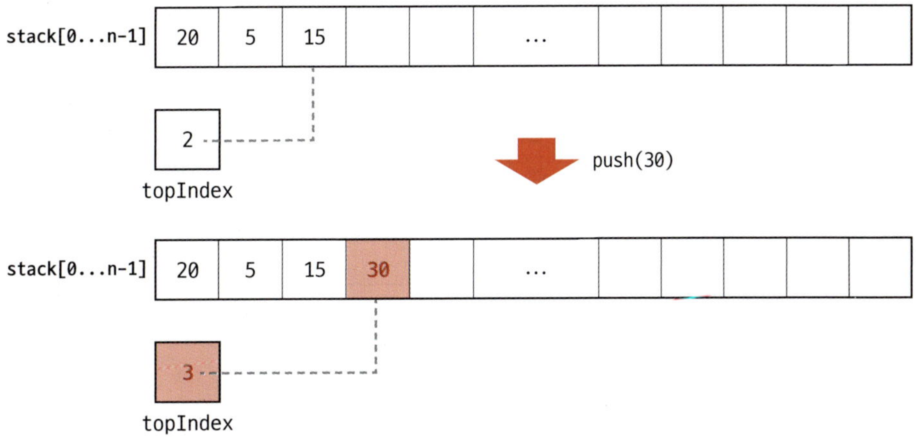

그림 6-11 배열 스택에 원소를 삽입하는 예

원소 x를 삽입하는 코드의 핵심은 다음과 같이 먼저 topIndex를 1 증가시킨 다음 그 자리에 새 원소를 저장하는 것이다. 만일 topIndex = stack.length-1이면 배열이 꽉 차서 더 이상 들어갈 공간이 없다. (5장에서도 언급했지만 stack.length는 배열 stack[]의 크기를 뜻한다. 자바에서 배열 객체에 지원하는 기능이라 그대로 사용한다.)

```
topIndex++
stack[topIndex] ← x
```

스택에 원소 x를 삽입하는 알고리즘은 다음과 같다.

알고리즘 6-1 스택에 원소 x 삽입하기

```
push(x):
    if (isFull())
        /* 에러 처리 */
    else
        topIndex++
        stack[topIndex] ← x
```

원소 삭제

스택에 있는 원소를 삭제할 때는 무조건 탑에 있는 원소를 삭제한 후 스택 탑 인덱스를 1 감소시킨다. [그림 6-12]의 예에서 topIndex 값 2는 최근에 들어간 원소 15의 자리(stack[2])를 표시하고 있다. 삭제 명령이 떨어지면 topIndex가 2에서 1로 감소한다. 이제 stack[1]이 탑이다. 원소 15를 물리적으로 삭제하지 않아도 topIndex가 내려가서 관심 대상에서 제외된다.

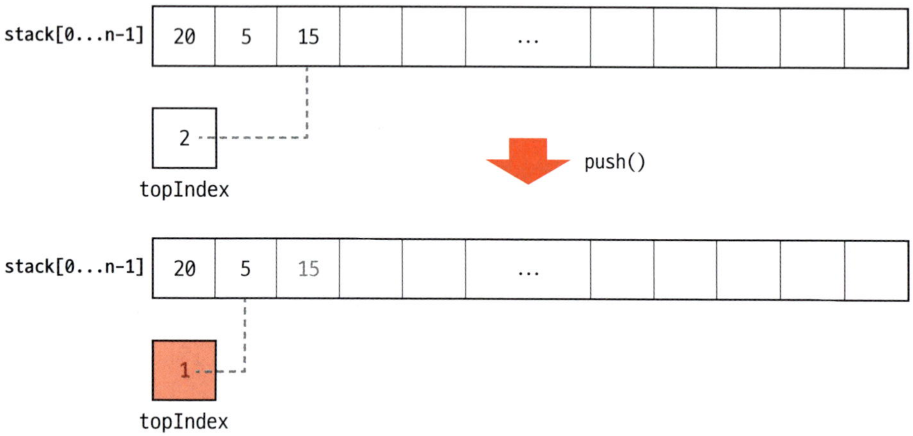

그림 6-12 배열 스택에서 원소를 삭제하는 예

원소를 삭제하는 코드의 핵심은 다음과 같이 topIndex 자리의 원소를 리턴하면서 topIndex를 1 감소시키는 것이다. 만일 topIndex가 -1이면 스택이 비어 있는 상태다.

```
topItem ← stack[topIndex]
topIndex--
return topItem
```

스택에서 원소를 삭제하는 알고리즘은 다음과 같다.

알고리즘 6-2 스택에서 원소 삭제하기

```
pop():
    if (isEmpty())
        /* 에러 처리 */
    else
        topItem ← stack[topIndex]
        topIndex--
        return topItem
```

기타 작업

스택 탑 원소를 알려주는 함수 top()은 단순히 스택 탑 인덱스 자리에 있는 원소를 리턴한다.

알고리즘 6-3 스택 탑 원소 알려주기

```
top():
    if (isEmpty())
        /* 에러 처리 */
    else
        return stack[topIndex]
```

배열이 꽉 찬 상태인지 확인하는 isFull() 작업은 다음과 같다.

알고리즘 6-4 스택이 꽉 찼는지 확인하기

```
isFull():
    if (topIndex = stack.length-1)
        return true
    else
        return false
```

스택이 비었는지 확인하는 isEmpty() 작업은 다음과 같다.

알고리즘 6-5 스택이 비었는지 확인하기

```
isEmpty():
    if (topIndex = -1)
        return true
    else
        return false
```

스택을 완전히 비워야 할 때도 있다. 이 경우 topIndex를 -1로 반환하면 된다.

알고리즘 6-6 스택 비우기

```
popAll():
    topIndex ← -1
```

3 배열 스택의 구현

스택 인터페이스

[그림 6-8]의 ADT 스택을 다음과 같이 인터페이스 기능을 이용해 구체적으로 정의할 수 있다.

코드 6-1 StackInterface.java

```
package stack;

public interface StackInterface<E> {
  public void push(E newItem);
  public E pop();
  public E top();
  public boolean isEmpty();
  public void popAll();
}
```

임의의 스택 클래스를 선언할 때 다음과 같이 코딩하여 이 인터페이스의 요구 조건을 만족하도록 강제할 수 있다.

```
public class ArrayStack implements StackInterface {
    ...
}
```

클래스 스택

[코드 6-2]는 배열을 이용한 스택 클래스 ArrayStack<>의 코드 전체다.

코드 6-2 ArrayStack.java

```
package stack;

public class ArrayStack<E> implements StackInterface<E> {
  private E stack[];
  private int topIndex;              // 스택의 탑 인덱스
  private static final int DEFAULT_CAPACITY = 64;
  private final E ERROR = null;      // 임의의 에러 값

```

```
public ArrayStack() {          // 생성자 1
    stack = (E[]) new Object[DEFAULT_CAPACITY];
    topIndex = -1;
}

public ArrayStack(int n) {     // 생성자 2
    stack = (E[]) new Object[n];
    topIndex = -1;
}

// [알고리즘 6-1] 구현: 스택에 원소 x 삽입하기
public void push(E newItem) {
    if (isFull()) { /* 에러 처리 */ }
    else stack[++topIndex] = newItem;
}

// [알고리즘 6-2] 구현: 스택에서 원소 삭제하기
public E pop() {
    if (isEmpty()) return ERROR;
    else return stack[topIndex--];
}

// [알고리즘 6-3] 구현: 스택 탑 원소 알려주기
public E top() {
    if (isEmpty()) return ERROR;
    else return stack[topIndex];
}

// [알고리즘 6-4] 구현: 스택이 꽉 찼는지 확인하기
public boolean isEmpty() {
    return (topIndex < 0);
}

// [알고리즘 6-5] 구현: 스택이 비었는지 확인하기
public boolean isFull() {
    return (topIndex == stack.length-1);
}

```

```
    // [알고리즘 6-6] 구현: 스택 비우기
    public void popAll( ) {
        stack = (E[]) new Object[stack.length];
        topIndex = -1;
    }
}
```

[코드 6-3]은 사용자 프로그램에서 파라미터 타입을 확정하여 ArrayStack<> 객체를 생성한 예다.

코드 6-3 클래스 ArrayStack 사용 예

```
ArrayStack<Integer> s = new ArrayStack<>(10);
s.push(300);
s.push(200);
s.push(100);
s.pop();
```

클래스 ArrayStack의 생성자는 2개다. 생성자 1은 파라미터 없이 호출되면 기본으로 주어진 상수 DEFAULT_CAPACITY 크기의 배열을 할당 받는다. 생성자 2는 배열 크기를 지정하는 파라미터가 주어지면 지정한 크기(n)의 배열을 할당 받는다. 배열을 생성한 다음 둘 다 topIndex를 -1로 세팅한다.

배열 stack[]과 변수 topIndex는 private으로 선언되어, 클라이언트 프로그램은 직접 접근할 수 없고 메서드를 통해서만 접근할 수 있다.

삽입 메서드 push()와 삭제 메서드 pop()은 앞에서 소개한 알고리즘 코드를 거의 그대로 자바로 옮긴 것인데 ++topIndex와 topIndex--를 사용해 짧게 처리한 점만 다르다.

클라이언트(사용자) 프로그램에서 "ArrayStack<Integer> s = new ArrayStack<>();" 또는 "ArrayStack<Integer> s = new ArrayStack<>(capacity);"와 같이 작성하여 ArrayStack<> 타입의 객체를 하나 생성한다. 그런 다음 s.push(x), s.pop(), s.isEmpty() 등과 같이 메서드를 호출해 사용한다.

스택을 완전히 비우는 메서드 `popAll()`은 앞의 유사 코드를 그대로 자바로 옮겨 `topIndex`를 `-1`로 리셋만 해도 되지만 새로운 배열이 스택 역할을 하도록 만들었다. 얼핏 불필요해 보이는 작업인데 이에 관해서는 다음 [NOTE]를 참조하기 바란다.

NOTE popAll( )에서 배열을 교체한 이유

스택을 깨끗이 청소하는 메서드 popAll( )은 단순히 topIndex만 −1로 리셋하지 않고 새로운 배열을 하나 추가했다. 5장에서 배열을 사용하는 리스트를 배울 때 리스트를 깨끗이 청소하는 것과 관련한 상세 설명은 6장에서 다룬다고 말한 바 있다. 새로운 배열을 추가하지 않으면 어떤 낭비 요인이 있는지 알아보자.

자바에서 어떤 타입 E에 대해 "stack = new E(n)"으로 배열을 할당 받을 때 타입 E가 기초 타입(예: int, double)이면 해당 타입의 배열이 바로 만들어진다. 타입 E가 기초 타입이 아니고 클래스면 단지 타입 E의 개체를 가리킬 수 있는 레퍼런스(포인터) 배열이 만들어진다. 즉, 배열의 각 원소는 개체의 레퍼런스만 갖고 있다. 따라서 배열의 각 원소가 차지하는 공간의 크기는 클래스 타입의 종류에 관계없이 동일하다.

[그림 6-13]은 이 상황을 설명하기 위해 그린 것이다. 클래스 E에 대해 "stack = new E(n)"이 수행되면 변수 stack은 해당 배열의 id 값, 즉 레퍼런스 값을 갖게 된다. 즉, stack은 배열처럼 취급되지만 엄밀히 말하면 배열을 가리키는 레퍼런스 변수다. 여기서 배열 stack의 id 값이 157이라 하자. 이후 stack[ ]에 원소(객체)를 저장하는 행위는 실제로는 id_157[ ]가 클래스 E에 있는 객체 하나의 id 값(레퍼런스)을 갖는 것이다. 배열을 만든 직후 배열 원소들의 값을 보면 stack[ ]는 모두 null 값을 갖고 있다. "stack[ ] = new E(...);"와 같이 E 타입의 객체를 만들어 할당하면 비로소 null이 아닌 객체를 레퍼런스하게 된다.

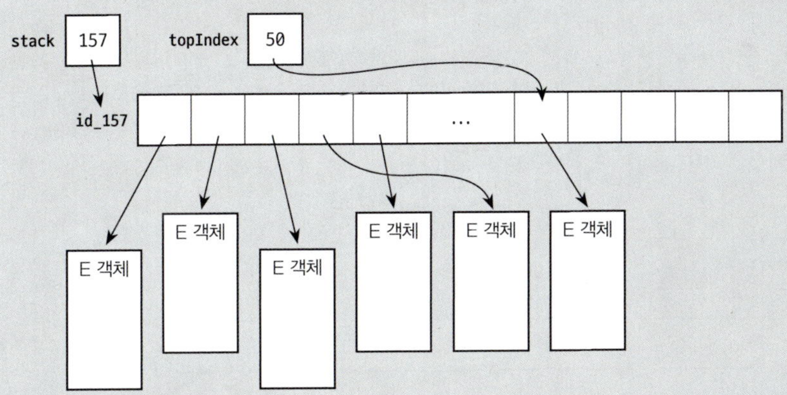

그림 6-13 객체 배열의 모양

[그림 6-13]에서 스택 탑 인덱스가 50까지 갔을 때 다음과 같이 정의된 메서드 popAll( )에 의해 탑 인덱스가 -1로 바뀌었다고 하자. 이제 스택은 비어 있는 것으로 취급된다. [그림 6-14]가 이 상태를 나타낸다. 그림에서 변수 topIndex의 값이 50에서 -1로 바뀌었을 뿐 레퍼런스 변수 stack이 id 157을 레퍼런스하는 상황은 전혀 바뀌지 않았다. 스택 배열의 각 자리에서 물고 있는(레퍼런스 하는) 객체들은 청소(가비지 컬렉션)되지 않는다. id 157에 객체가 많이 물려 있으면 이는 곧 메모리 낭비다. 향후 스택의 바닥부터 삽입이 계속 일어나 id 157의 슬롯들이 새로운 객체를 레퍼런스하게 될 때에야 id 157이 물고 있는 각각의 객체들이 청소 대상이 된다. 예를 들어, stack[ ]에 새 원소를 저장할 때(실제로는 id_157[ ]에 새 원소(객체)의 id를 저장할 때) 기존에 물고 있던 객체를 놓아준다. 그제서야 청소 가능한 대상이 된다.

```
public void popAll() {
      topIndex = -1;
}
```

topIndex가 -1이 되었으므로 빈 스택으로 간주하지만, 단지 그 공간에 있는 것들을 사용하지 않을 뿐이다. 다음과 같이 스택이 처음 생성될 때와 똑같이 해주면 기존 배열은 즉시 청소 가능한 대상이 된다. (이 배열을 가리키는 다른 레퍼런스가 없으면) 레퍼런스 변수 stack이 기존에 레퍼런스하던 배열을 놓아주기 때문이다. (코드에서는 자바의 기술적인 문제로 stack = (E[ ]) new Object[stack.length];으로 되어 있으나 의미는 같다.)

```
public void popAll() {
      stack = new E[stack.length];
      topIndex = -1;
}
```

레퍼런스 변수 stack이 새로 만들어진 다른 id를 레퍼런스하면서(레퍼런스 값이 157이 아닌 다른 것으로 바뀐다) id 157을 놓아주고 id 157 배열과 id 157 배열이 물고 있던 공간은 다 청소 가능한 대상이 된다. 이후에 다루는 다른 자료구조에서도 배열을 사용하는 경우 이런 방식으로 처리할 것이다. 다만 여기서 설명한 원리를 다시 설명하지는 않는다.

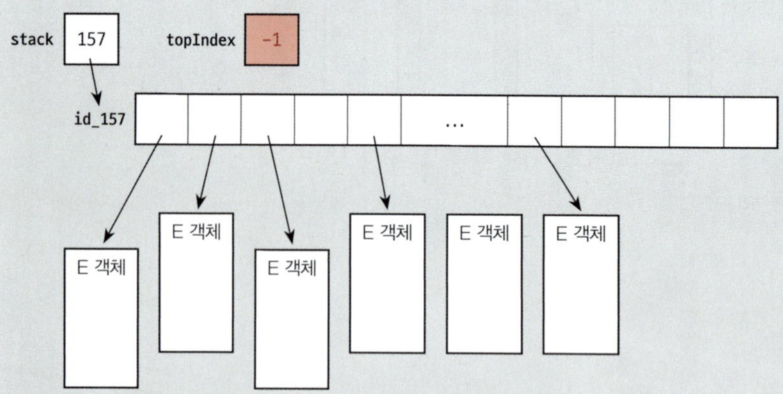

그림 6-14 topIndex = -1로 스택을 정리한 다음의 모양

NOTE **자바 클래스에서는 제네릭 타입의 객체를 생성하지 못한다**

[코드 6-2]는 원래 다음과 같이 ❶ 또는 ❷에서 스택으로 사용할 E 타입의 배열을 생성하는 것이 가장 자연스럽다. 이렇게만 된다면 가장 바람직한 코드다.

```
public class ArrayStack<E> implements StackInterface<E> {
    private E[] stack;
    private int topIndex;
    private static final int DEFAULT_CAPACITY = 64;
    public ArrayStack() {        // 생성자 2
      ❶ stack = new E[DEFAULT_CAPACITY];
        topIndex = -1;
    }
    public ArrayStack(int n) {   // 생성자
      ❷ stack = new E[n];
        topIndex = -1;
    }
    public void push(E newItem) {
        if (isFull()) { /* 에러 처리 */ }
        else stack[++topIndex] = newItem;
    }
    public E pop() {
        if (isEmpty()) { /* 에러 처리 */ }
        else return stack[topIndex--];
    }
    public E top() {
        if (isEmpty()) { /* 에러 처리 */ }
        else return stack[topIndex];
    }
    public boolean isEmpty() {
        return (topIndex < 0);
    }
    private boolean isFull() {
        return (topIndex == stack.length-1);
    }
    public void popAll() {
        stack = new E[stack.length];
        topIndex = -1;
    }
}
```

하지만 위 코드는 컴파일러를 통과하지 못한다. ❶, ❷ 부분에서 컴파일 에러가 난다. 자바는 제네릭 파라미터(E) 타입의 배열을 생성하겠다는 의사 표현(new...)을 허용하지 않는다. 배열이 아니더라도 제네릭 타입(E)의 객체를 생성하겠다는 것도 허용하지 않는다. ("... new E") 변수가 E 타입의 배열이나 E 타입의 객체를 레퍼런스한다는 선언까지는 받아주지만(예: private E stack[];) 생성하겠다는 선언(stack = new E[n])은 통과시키지 않는다. 그래서 편법으로 빠져나간 것이 [코드 6-2]다. Object 타입의 배열을 생성한 다음 이를 E 타입으로 타입 캐스팅 해주었다.

```
stack = (E[]) new Object[n];
```

이렇게 하면 컴파일러가 불평을 하면서 통과는 시켜준다. Object 타입의 배열을 만들어 타입 캐스팅은 해주면서 왜 바로 E 타입의 배열을 만들어주지 못하는가? 결국, 둘 다 아직 결정되지 않은 E 타입의 배열이다.

배열은 객체의 타입에 관계없이 모두 크기가 동일하다. 객체의 배열은 객체 자체의 배열이 아니고 레퍼런스 배열이기 때문이다. 객체가 차후에 하나씩 생성되어 배열의 각 원소가 레퍼런스하게 된다. 그러니 제네릭 타입의 배열이건 타입이 결정된 배열이건 모두 '레퍼런스 크기 * 배열 크기'만큼의 동일한 크기의 공간이 필요하다.

이처럼 불편하게 제네릭 타입을 생성해야 하는 상황을 보면 컴파일러와 가상 머신 사이에 초기의 디자인 실수로 무언가 엉킨 것이 아닌가 싶다.

자바 초기에 기초 타입과 레퍼 타입 간의 변환은 번거롭고 까다로운 에러 유발 요인이었다. 이 문제는 레퍼 타입을 거의 기초 타입처럼 사용하는 방향(기초 연산자 사용 가능, 오토 박싱 등)으로 바뀌었다. 제네릭 타입의 생성과 관련한 불편한 문제도 시간이 지나면 자연스럽게 허용될 것으로 생각된다. 사람이 하는 일 중에 불편한데도 영구적으로 해결이 안 되는 문제는 거의 없다.

03 연결 리스트를 이용한 스택

1 연결 리스트 스택의 객체 구조

[그림 6-15]는 연결 리스트를 이용한 스택의 예다. 연결 리스트 스택을 사용한다면 스택을 연결 리스트로 구성하고 연결 리스트의 어느 쪽을 스택 탑으로 삼을 것인지 결정해주면 된다. 연결 리스트의 맨 앞이나 맨 끝을 스택 탑으로 삼을 수 있는데 여기서는 맨 앞 노드를 스택 탑으로 삼고 레퍼런스 변수 topNode가 이 노드를 가리키도록 한다. 이 예에서 원소들은 36, 17, 20, 30, 5의 순서로 삽입된 것이다. 최근에 삽입된 5가 스택 탑 자리에 있다.

빈 스택의 모양은 [그림 6-16]과 같다. 스택의 탑 노드를 가리키는 레퍼런스 topNode를 null로 해두는 것 외에는 할 일이 없다. 즉, 빈 연결 리스트를 하나 만들어둔다.

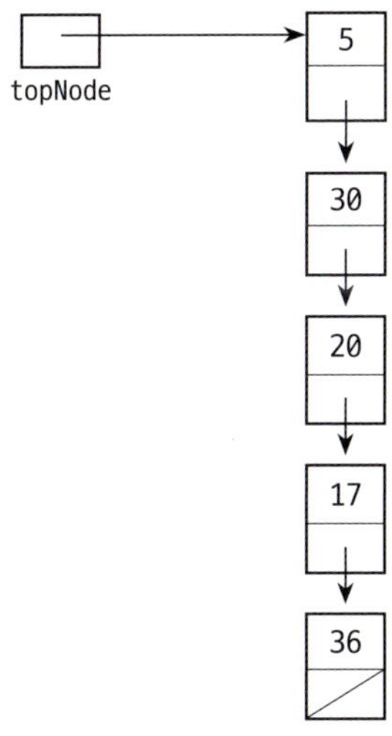

그림 6-15 연결 리스트 스택 예

그림 6-16 빈 스택

[그림 6-17]은 연결 리스트 스택 객체의 구조다. [그림 6-10]의 배열 스택과 작업 목록은 동일하고 스택 탑 원소를 가리키는 레퍼런스 topNode 필드만 다르다.

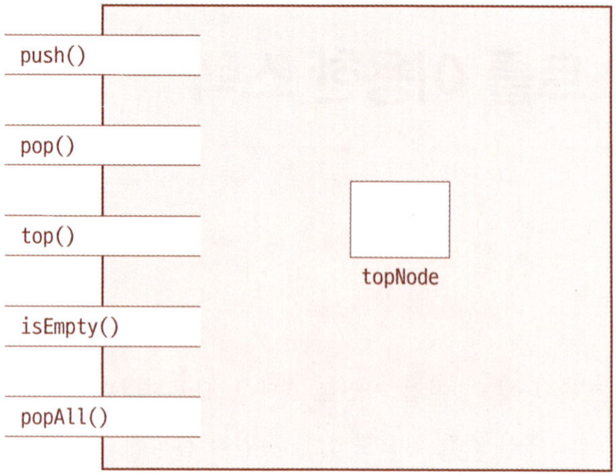

그림 6-17 연결 리스트 스택 객체 구조

2 연결 리스트 스택의 작업

원소 삽입

스택에 원소를 삽입할 때는 무조건 맨 위에 놓는다. [그림 6-18]과 같이 연결 리스트의 맨 앞에 새 노드를 삽입하고 스택 탑 레퍼런스를 새 노드로 바꾸어주면 된다. 원소 8을 가진 새 노드가 삽입되어 새로운 탑이 되었다.

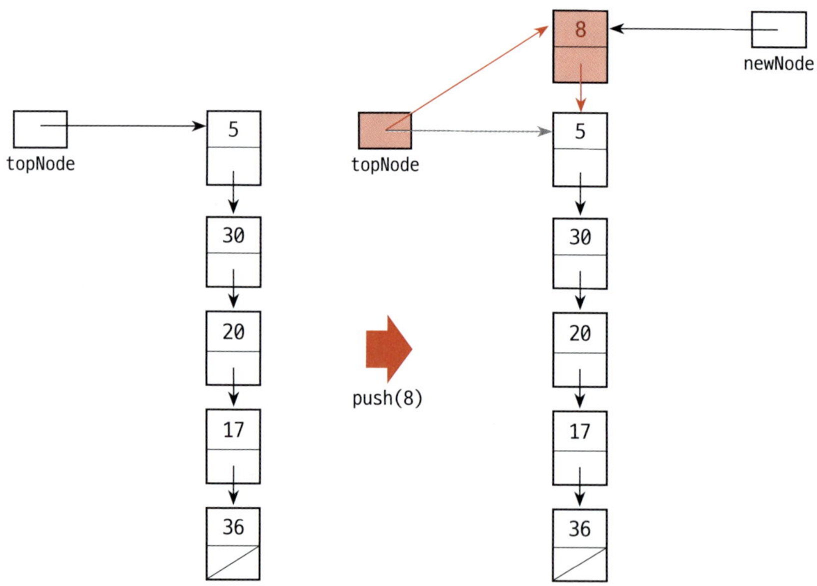

그림 6-18 연결 리스트로 구현된 스택의 원소 삽입 예

원소 삽입을 위한 알고리즘은 다음과 같다. 배열 스택에서는 삽입 시 스택이 꽉 차 있으면 삽입을 못 했는데 연결 리스트 스택에서는 노드를 만들어 붙이므로 삽입을 못 하는 경우는 없다. 새로 만든 노드를 newNode라고 하자.

알고리즘 6-7 스택에 원소 x 삽입하기

```
push(x):
    newNode.item ← x
    newNode.next ← topNode
    topNode ← newNode
```

연결 리스트에서는 중간에 원소를 삽입하는 경우와 맨 앞에 원소를 삽입하는 경우를 구분해서 코딩하는 번거로움을 피하기 위해 더미 헤드 노드를 두었다. 연결 리스트를 스택에 사용할 때는 원소 삽입이 맨 앞에서만 일어난다. 따라서 굳이 더미 헤드 노드를 둘 필요가 없다.

원소 삭제

스택에서 원소를 삭제할 때는 무조건 스택 탑 원소를 삭제한다. [그림 6-19]와 같이 연결 리스트의 맨 앞 노드를 삭제하고 스택 탑 레퍼런스가 원래 탑 노드의 다음 노드를 가리키도록 하면 된다.

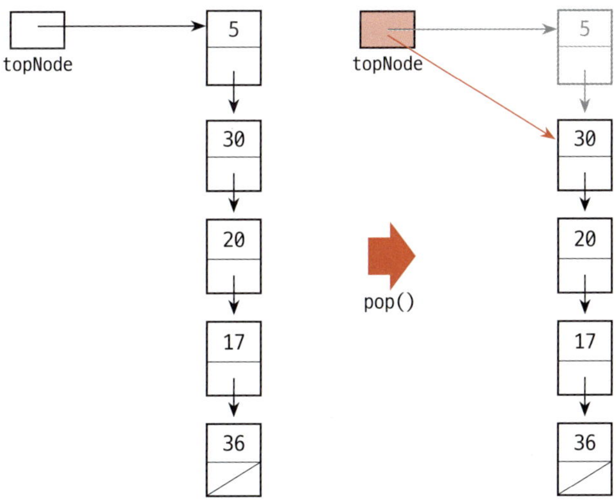

그림 6-19 연결 리스트로 구현된 스택의 원소 삭제 예

삭제 작업 코드는 다음과 같다. 스택 탑 레퍼런스를 새 노드로 바꾸고(topNode ← topNode.next) 스택 탑 원소를 리턴한다.

```
temp ← topNode
topNode ← topNode.next   // 스택 탑 레퍼런스 조정
return temp.item         // 스택 탑 원소 리턴
```

스택에서 원소를 삭제하는 알고리즘은 다음과 같다.

알고리즘 6-8 스택에서 원소 삭제하기

```
pop():
    if (isEmpty())
        /* 에러 처리 */
    else
        temp ← topNode
        topNode ← topNode.next
        return temp.item
```

기타 작업

스택 탑 원소를 알려주는 top()은 단순히 스택 탑 인덱스 자리에 있는 원소를 리턴한다.

알고리즘 6-9 스택 탑 원소 알려주기

```
top():
    if (isEmpty())
        /* 에러 처리 */
    else
        return topNode.item
```

스택이 비어 있는지 확인하는 isEmpty()는 [알고리즘 6-10]과 같이 연결 리스트가 비어 있는지 체크하면 된다. 그리고 스택을 완전히 비울 때는 [알고리즘 6-11]과 같이 스택 탑 레퍼런스를 null로 되돌리면 간단히 끝난다. 이렇게 하면 스택으로 사용된 연결 리스트는 청소 가능한 대상이 된다.

알고리즘 6-10 스택이 비었는지 확인하기

```
isEmpty():
    if (topNode = null)
        return true
    else
        return false
```

알고리즘 6-11 스택 비우기

```
popAll():
    topNode ← null
```

연결 리스트 스택의 구현

인터페이스는 연결 리스트를 이용한 스택에서 사용했던 [코드 6-1]의 StackInterface.java를 그대로 사용하고, 클래스 Node<>는 5장의 연결 리스트에서 사용한 노드 클래스 Node.java를 사용한다.

[코드 6-4]는 연결 리스트를 이용한 스택 LinkedStack<E>를 구현한 것으로 제네릭 클래스다. 인터페이스 StackInterface<E>에서 요구하는 메서드들을 다 구현하고 있다. 앞에서 유사 코드로 기술한 함수들을 자바로 옮기는 과정에서 이해하기 어려운 부분은 없을 것이다.

코드 6-4 LinkedStack.java

```
package stack;
import list.Node;

public class LinkedStack<E> implements StackInterface<E> {
   private Node<E> topNode;
   private final E ERROR = null;   // 임의의 에러 값
   public LinkedStack() {
       topNode = null;
   }

```

```
    // [알고리즘 6-7] 구현: 스택에 원소 x 삽입하기
    public void push(E newItem) {
        topNode = new Node<>(newItem, topNode);
    }

    // [알고리즘 6-8] 구현: 스택에서 원소 삭제하기
    public E pop() {
        if (isEmpty( )) return ERROR;
        else {
            Node<E> temp = topNode;
            topNode = topNode.next;
            return temp.item;
        }
    }

    // [알고리즘 6-9] 구현: 스택 탑 원소 알려주기
    public E top() {
        if (isEmpty()) return ERROR;
        else return topNode.item;
    }

    // [알고리즘 6-10] 구현: 스택이 비었는지 확인하기
    public boolean isEmpty() {
        return (topNode == null);
    }

    // [알고리즘 6-11] 구현: 스택 비우기
    public void popAll() {
        topNode = null;
    }
}
```

클라이언트 프로그램에서는 이 클래스를 다음과 같이 사용한다. 5장과 6장에서 다룬 다른 제네릭 클래스와 마찬가지로, 타입이 최종 결정된 클라이언트 프로그램에서 E를 한 번만 결정된 타입(여기서는 String)으로 명시해주면 된다.

코드 6-5 클래스 LinkedStack의 사용 예

```
LinkedStack<String> s = new LinkedStack<>();
s.push("test 1");
s.push("test 2");
s.push("test 3");
s.pop();
```

04 다른 클래스를 재사용한 스택

1 클래스 '연결 리스트' 상속

앞 절에서 연결 리스트를 사용해서 스택을 어떻게 구현하는지 살펴보았다. 이 구현 내용은 5장에서 연결 리스트를 구현한 내용과 많이 겹친다. 따라서 이미 만들어놓은 클래스 LinkedList<E>를 상속받아 재사용하면 구현에 드는 노력을 줄일 수 있다. 다음과 같이 우선 5장에서 만든 연결 리스트 클래스 LinkedList〈E〉를 상속받아 사용하겠다는 의사를 표시한다.

```
public class InheritedStack<E> extends LinkedList<E>
                                        implements StackInterface<E> { ...
```

이때 상위 클래스(LinkedList)의 생성자를 그대로 써도 되고, 상위 클래스의 생성자로 미흡하면 무언가를 좀 더할 수도 있다. 여기서는 그대로 쓴다.

```
public InheritedStack() {  // 생성자
    super();
}
```

super는 상위 클래스란 뜻으로 super()는 상위 클래스(LinkedList)의 생성자를 수행한다. 참고로, 상위 클래스의 변수 a에 접근하려면 super.a로 작성하면 된다.

189쪽에서 연결 리스트의 맨 앞을 스택 탑으로 삼았으니 그대로 사용하자. 스택의 메서드 push()는 연결 리스트의 맨 앞에 원소를 삽입하는 작업을 한다. 즉, 클래스 LinkedList<>의 메서드 add(0, ...)를 사용하면 된다. 스택 탑의 내용을 알려주는 메서드 top()은 연결 리스트의 맨 앞 원소를 알려주면 되므로 get(0)을 호출하면 된다. 첫 번째 원소를 알려주면서 삭제하는 메서드 pop()은 get(0)으로 리스트의 첫 번째 원소를 가져온 다음 remove(0)으로 첫 번째 원소를 삭제하면 된다. 스택을 깨끗이 청소하는 popAll()은 연결 리스트를 깨끗이 청소하는 clear()을 사용한다. 이처럼 어떤 클래스가 구축해놓은 기반 위에 추상 데이터 구조 레벨

에서 다른 클래스를 만들 수 있다. 이는 상속을 통한 소프트웨어 재사용의 예가 된다. 클래스 LinkedList<E>를 상속받아 재사용한 스택 클래스 InheritedStack<E>는 [코드 6-6]과 같다.

코드 6-6 InheritedStack.java

```
package stack;
import list.LinkedList;

public class InheritedStack<E> extends LinkedList<E>
                                        implements StackInterface<E> {
    public InheritedStack() {
        super();
    }

    public void push(E newItem) {
        add(0, newItem);
    }

    public E pop() {
        if (!isEmpty()) {
            return remove(0);
        } else return null;
    }

    public E top() {
        return get(0);
    }

    public void popAll() {
        clear();
    }
}
```

위 코드에서 메서드 add(), remove(), get(), clear()는 현재 클래스에는 없는 이름이므로 상위 클래스인 LinkedList<E>에서 찾게 된다. 즉, 메서드 호출이 있으면 메서드 이름을 해당 클래스에서 먼저 찾아보고 없으면 상위 클래스에서 찾는다. 이들을 상위 클래스에서 찾는다는 것을 명시적으로 표시하려면 각각 super.add(), super.remove(), super.get(), super.

clear()로 표기하면 된다. super를 항상 명시하는 것이 가독성을 높인다고 주장하며 이런 습관을 권하는 이들도 있다.

한편, 인터페이스 StackInterface<E>가 요구하는 메서드 중에는 isEmpty()가 있는데 클래스 InheritedStack에서 정의하지 않았다. 상위 클래스인 LinkedList<E>에 똑같은 이름의 isEmpty()가 정의되어 있고 내용도 그대로 쓰면 되기 때문이다. 따라서 클래스 InheritedStack<E>의 사용자 프로그램이 isEmpty()를 호출하면 상위 클래스의 isEmpty()를 수행하게 된다. 만일 메서드 isEmpty()를 정의하고자 하면 반드시 super.isEmpty()를 호출해야 한다. 그냥 isEmpty()를 호출하도록 정의하면 무한 루프에 빠진다.

2 ADT 리스트 사용

앞에서 연결 리스트 클래스를 상속해서 스택을 구현하는 예를 살펴보았다. 이번에는 ADT 리스트를 사용해서 스택을 구현해보자. [그림 6-20]은 ADT 리스트를 이용한 스택 객체다. 필드는 list 하나이며, 이는 스택으로 사용할 리스트를 레퍼런스하는 변수다. 이 필드에는 클라이언트 프로그램이 직접 접근하지 못하고 객체 내부의 메서드들을 통해서만 접근할 수 있다.

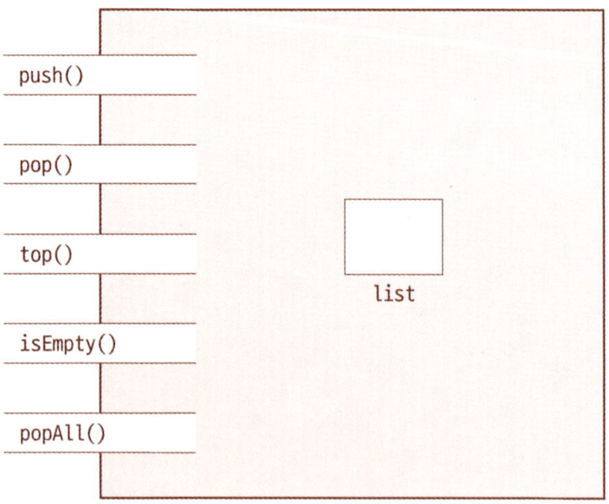

그림 6-20 클래스 리스트를 재사용한 스택 객체

우선 ADT 리스트를 사용하겠다는 의사를 표시한다.

```java
public class ListStack<E> implements StackInterface<E> {
    private ListInterface<E> list;
    ...
```

생성자에서는 ADT 리스트를 구현해놓은 클래스 하나를 연결시킨다. 여기서는 연결 리스트를 연결시켰다. 배열 리스트를 연결시켜도 된다. 앞에서 연결 리스트 관점으로 다뤘다면, 여기서는 연결 리스트의 상위 인터페이스인 ListInterface<E> 관점(ADT 리스트 관점)으로 다룬다.

```java
public ListStack() {                // 생성자
    list = new LinkedList<E>();     // ArrayStack<E>()로 해도 됨
}
```

[코드 6-7]은 ADT 리스트 관점에서 스택을 구현한 것이다.

코드 6-7 ListStack.java

```java
ppackage stack;
import list.LinkedList;
import list.ListInterface;

public class ListStack<E> implements StackInterface<E> {
    private ListInterface<E> list;

    public ListStack() {
        list = new LinkedList<E>();
    }

    public void push(E newItem) {
        list.add(0, newItem);;
    }

    public E pop() {
        return list.remove(0);
    }

```

```
public E top() {
    return list.get(0);
}

public boolean isEmpty() {
    return list.isEmpty();
}

public void popAll() {
    list.clear();
}
}
```

05 스택 응용

1 문자열 뒤집기

주어진 문자열의 순서 뒤집기 작업을 스택으로 해보자. 먼저, 입력 문자열이 끝날 때까지 push()를 통해 스택에 차례로 저장한다. 다음으로 스택이 빌 때까지 스택에서 pop()을 통해 문자열을 하나씩 빼면서 출력 스트링 뒤에 붙여준다. [코드 6-8]에서 클래스 ArrayStack<Character>는 [코드 6-4]의 ArrayStack<E>의 파라미터 타입을 Character로 확정해준 것이다.

변수 s가 입력 문자열이라고 하자. (실제로는 변수 s가 입력 문자열을 레퍼런스하는 것이다.) String 타입은 문자의 배열이 아닌 클래스이기 때문에 p[i]와 같은 표현은 가능하지 않다. 대신 클래스 String이 제공하는 메서드 s.charAt(i)로 문자를 하나씩 확인한다. s.charAt()는 문자열 s의 i번 문자를 뜻한다. 문자 번호는 0번부터 시작한다. 클래스 String은 문자열의 총 길이를 리턴하는 메서드 length()도 제공한다.

코드 6-8 ReverseString.java

```
package stack;

public class ReverseString {

  public static void main(String[] args) {
      String input = "Test Seq 12345";    // 테스트 입력 문자열
      String t = reverse(input);
      System.out.println("Input string: " + input);
      System.out.println("Reversed string: " + t);
  }

  private static String reverse(String s) {
      ArrayStack<Character> st = new ArrayStack<>(s.length());
      for(int i = 0; i < s.length(); i++)
```

```
            st.push(s.charAt(i));  // s의 i번 문자. 번호는 0번부터 시작
        String output = "";
        while(!st.isEmpty())
            output = output + st.pop();
        return output;
    }
}
```

```
Input string: Test Seq 12345
Answer: 54321 qeS tseT
```

2 Postfix 계산

입력이 후위 표현법Postfix Expression으로 주어진, 사칙연산을 계산하는 함수를 만들어보자. 입력은 문자열(String 타입)로 주어진다. 타입 String은 java.lang에 있는 클래스라 따로 import할 필요 없이 그냥 쓰면 된다. 클래스 String에는 메서드 charAt()이 제공되는데 이것은 문자열의 i번 문자를 리턴한다. 입력 문자는 편의상 연산자, 숫자, 공백의 세 가지 중 하나로 제한한다. 문자를 하나씩 차례대로 읽는데, 각 문자를 처리하는 방법을 케이스별로 살펴보자.

1 문자가 숫자이면 push()를 통해 스택에 삽입한다. 단, 바로 앞의 문자가 숫자이면 연속된 숫자로서 수 하나에 속하므로 스택 탑에 저장된 수를 뽑아서(pop()) 합쳐 계산한 다음 스택에 다시 넣어준다(push()). 예를 들어, 스택 탑에 25가 저장되어 있고 현재 숫자가 3이면 앞부분의 25는 253의 25이므로 25*10+3으로 계산해줘야 한다. 이런 식으로 수가 끝나는 공백을 만날 때까지 스택 탑에 있는 수를 뽑아서(pop()) 계산한 다음 결과를 스택에 넣어준다(push()).

2 문자가 연산자이면, 스택의 맨 위에 있는 수 2개를 뽑아서(pop() 2번) 계산한 다음 결과를 스택에 삽입한다(push()).

3 문자가 공백이면 그냥 무시하고 넘어간다.

[코드 6-9]에서 Character.isDigit(ch)는 java.lang에서 제공하는 메서드로 ch가 숫자인지 체크해준다.

코드 6-9 PostfixEval.java

```
package stack;

public class PostfixEval {
   public static void main(String[] args) {
       String postfix = "700 3 47 + 6 * - 4 /";
       System.out.println("Input string: " + postfix);
       int answer = evaluate(postfix);
       System.out.println("Answer: " + answer);
   }

   private static int evaluate(String postfix) {
       int A, B;
       LinkedStack<Integer> s = new LinkedStack<>();
       boolean digitPreviously = false;
       for (int i = 0; i < postfix.length(); i++) {
           char ch = postfix.charAt(i);
           if (Character.isDigit(ch)) {
               if (digitPreviously == true) {
                   int tmp = s.pop();
                   tmp = 10*tmp + (ch-'0');
                   s.push(tmp);
               } else s.push(ch - '0');
               digitPreviously = true;
           } else if (isOperator(ch)) {
               A = s.pop();
               B = s.pop();
               int val = operation(A, B, ch);
               s.push(val);
               digitPreviously = false;
           } else digitPreviously = false;
       }
       return s.pop();
   }

```

```
    private static int operation(int a, int b, char ch) {
        int val = 0;
        switch (ch) {
            case '*':
                val = b * a;
                break;
            case '/':
                val = b / a;
                break;
            case '+':
                val = b + a;
                break;
            case '-':
                val = b - a;
                break;
        }
        return val;
    }

    private static boolean isOperator(char ch) {
        return ch == '+' || ch == '-' || ch == '*' || ch == '/';
    }
}
```

```
Input string: 700 3 47 + 6 * - 4 /
Answer: 100
```

01 다음 후위 표현법의 식을 스택을 이용해 계산하는 과정에서 스택의 상태 변화를 설명해보시오. (단, 15와 25는 각각 한 번에 정수로 읽어들인다고 가정한다.)

```
15 25 + 10 2 * -
```

02 본문에서 ADT 리스트를 재사용하는 스택을 구현할 때 리스트의 맨 앞을 스택의 탑으로 간주했다. 반대로 리스트의 맨 끝을 스택의 탑으로 간주하여 다음 ListStack 코드를 바꾸어보시오. 참고로 리스트 인터페이스는 다음과 같다. E는 임의의 특정 타입이라 생각하고 E를 그대로 쓴다.

```
public interface ListInterface {
   public void add(int i, E x);
   public int index(E x);
   public E get(int i);
   public void remove(int i);
   public void clear();
   public int len();
   public boolean isEmpty();
}
```

```
public class ListStack implements StackInterface {
   private ListInterface list;
   public ListStack() {
      list = new LinkedList();  // ArrayList()을 사용해도 무방
   }
   public void push(E newItem) {
      list.add(1, newItem);;
   }
   public E pop() {
      E x = list.get(1);
      list.remove(1);
      return x;
   }
   public E top( ) {
      return list.get(1);
   }
```

```
    public boolean isEmpty( ) {
        return list.isEmpty();
    }
    public void popAll( ) {
        list.clear();
    }
}
```

03 [코드 6-4]는 가장 기본적인 연결 리스트를 사용하여 스택을 구현한 것이다. 이를 더미 헤드 노드를 가진 연결 리스트로 바꾸어보시오.

04 스택을 이용해서 입력으로 들어온 문자열이 다음 집합의 원소인지 체크하는 코드를 작성하시오. 자바 코드에 구애받지 않고, 알고리즘의 의미가 통하도록 작성하면 된다.

{ $w\$w^R$ ¦ w: 문자열, w^R: w의 순서를 뒤집어 놓은 것 }

05 [코드 6-2]의 배열 기반 스택 구현에서 스택의 모든 원소를 프린트하는 것은 개발 과정에서 유용할 때가 있다. [코드 6-2]에 스택의 모든 원소를 탑부터 시작하여 프린트하는 메서드 `printAll()`을 추가하시오. 편의상 가상 타입 `E`는 `int` 타입이라고 가정한다.

06 [코드 6-4]의 연결 리스트 기반 스택 구현에서 **05**번 문제와 같은 조건으로 메서드 `printAll()`을 추가하시오.

07 [코드 6-6]과 [코드 6-7]은 재사용을 통한 스택 구현 코드다. 각각의 코드에 **05**번 문제와 같이 메서드 `printAll()`을 추가하시오.

08 `LinkedStack` 타입의 객체 `a`의 내용을 그대로 또 다른 `LinkedStack` 타입의 객체 `b`로 복사하는 코드를 작성하시오. (`a`의 레퍼런스 값을 `b`로 복사하여 두 변수가 같은 레퍼런스를 가져 내용이 같아지도록 하라는 것이 아니라 내용 복사를 요구하는 것이다. [코드 6-4]의 환경에서 작업한다.)

09 [코드 6-2]의 클래스 ArrayStack에서 push()를 수행할 때 스택이 꽉 차 있으면 더 이상 push() 작업을 할 수 없다. 본문의 [코드 6-2]에서는 그 경우 에러 처리를 하도록 했다. 에러 처리를 하지 말고, 배열의 크기를 2배로 확장하여 배열의 내용물을 새로 바뀐 배열로 복사한 다음 push()를 완료하는 코드를 작성하시오.

10 단방향 연결 리스트가 있다고 하자. 리스트에서 맨 마지막 노드의 next 값은 null이다. 주어진 단방향 연결 리스트의 원소들을 역순으로 프린트하되 스택을 이용하는 알고리즘을 자바 형태로 작성하려 한다. (스택을 이용해보는 연습이니 효율성 면에서 부자연스러울 수도 있다.) 다음 클래스 LinkedList의 printReverse()를 완성하시오. ❶ 부분을 채우면 된다.

```
public class Node {
   public E item;
   public Node next;
   public Node(E newItem) {
      item = newItem;
      next = null;
   }
   public Node(E newItem, Node nextNode) {
      item = newItem;
      next = nextNode;
   }
}

public class LinkedStack implements StackInterface {
   private Node topNode;
   public LinkedStack() {
      topNode = null;
   }
   public void push(E newItem) {
      topNode = new Node(newItem, topNode);
   }
   public E pop() {
      if (isEmpty()) { /* 에러 처리 */ }
      else {
         Node temp = topNode;
```

```
            topNode = topNode.next;
            return temp.item;
        }
    }
    public E top() {
        if (isEmpty()) { /* 에러 처리 */ }
        else return topNode.item;
    }
    public boolean isEmpty() {
        return (topNode == null);
    }
    public void popAll() {
        topNode = null;
    }
}

public interface ListInterface {
    public void add(int   , E   );
    public int index(E   );
    public E get(int   );
    public void remove(int   );
    public void clear();
    public int len();
    public boolean isEmpty();
    public void printReverse();
}

public class LinkedList implement ListInterface {
    private Node head;
    private int numItems;
    ...
    public void printReverse() {
        [          ❶          ]
    }
    ...
}
```

Chapter

07

큐

학습목표

- 큐의 의미를 이해한다.
- 큐의 추상적 구조를 이해한다.
- 배열을 이용한 큐의 원리와 구현을 이해한다.
- 다른 클래스를 재사용한 큐를 이해하고, 이의 장단점에 대한 판단할 수 있도록 한다.
- 간단한 큐의 자바 구현을 연습하고 이를 응용할 수 있도록 한다.

01 큐란

1 생활 속의 큐

마트에서 계산하기 위해 줄을 서는 모습, 병원이나 관청에서 번호표를 뽑고 자신의 순서를 기다리는 모습 등은 일상 생활에서 흔히 볼 수 있는 모습이다. 영어 queue는 이런 줄을 의미하는 단어다. 데이터에도 큐 방식으로 넣고 빼는 자료구조가 있는데 이 자료구조를 큐라고 한다. 큐는 우리에게 익숙하기 때문에 리스트와 더불어 가장 쉽게 받아들일 수 있는 자료구조다. 가장 먼저 들어온 것이 가장 먼저 나가는 구조란 뜻으로 FIFO[Fisrt-In-First-Out, 선입선출]란 별칭을 갖고 있다.

그림 7-1 큐 개념의 일상 예

큐는 스택과 쌍으로 비교하면서 익히는 것이 좋은데, 스택이 LIFO^Last-In-First-Out, 후입선출^란 별칭을 갖고 있는 것과 대비된다. 스택을 다룬 6장에서 A 기업의 휴게실에 쌓인 우유를 먹는 예로 스택과 큐를 비교해 설명했다. 이번에는 좀 더 보편적인 예를 살펴보자.

예전에 우리나라 항공사들이 고객이 쌓은 마일리지를 쓸 때 스택 방식으로 차감하였다. 그러다 보니 최근에 쌓은 마일리지가 먼저 차감되고 오래 전에 쌓은 마일리지의 유효 기간이 지나버려 못쓰게 되는 경우가 빈번하게 발생했다. 당국에서 개선 명령을 내려 지금은 큐 방식으로 차감하고 있다.

2 큐의 개념과 원리

큐의 맨 앞에 있는 원소(맨 먼저 큐에 들어온 원소)를 `front`라 하고, 맨 뒤에 있는 원소(맨 나중에 큐에 들어온 원소)를 `tail`이라 한다. 큐에서 삽입^enque^할 때는 삽입할 원소를 알려주어야 하지만 삭제^deque^할 때는 단순히 삭제하라고 한다. 스택에서 삭제는 무조건 최근에 들어간 원소를 대상으로 하기 때문에 삭제할 원소는 명시할 필요가 없었다. 큐도 삭제할 원소를 명시하지 않는다. 무조건 맨 앞에 있는 것을 삭제하기 때문이다.

[그림 7-2]의 예에서 원소 7은 큐의 맨 뒤에 삽입되고, 삭제 요청이 들어오면 맨 앞의 원소(3)를 삭제한다.

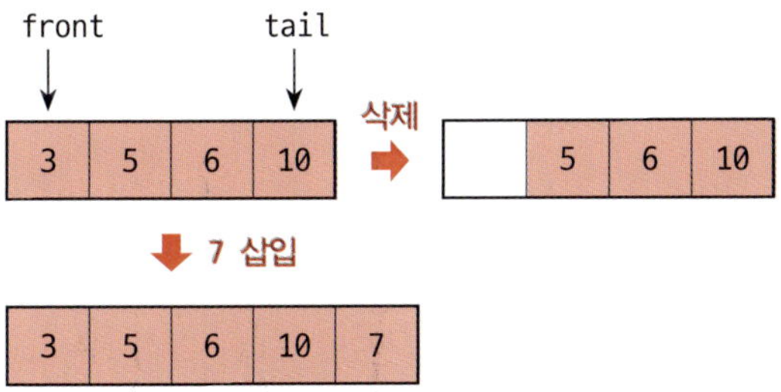

그림 7-2 스택의 개념과 원리

3 추상 데이터 타입 큐

다음은 필요한 작업들을 명시한 큐의 추상 데이터 타입ADT이다. 이 작업들 중 앞의 3개가 큐의 핵심 작업이고, 뒤의 2개는 거의 모든 자료구조에 공통으로 들어가는 작업이다.

```
맨 끝에 원소를 추가한다
맨 앞의 원소를 삭제하면서 알려준다
맨 앞의 원소를 알려준다
큐가 비어 있는지 확인한다
큐를 깨끗이 비운다
```

그림 7-3 ADT 큐

이 장에서는 배열, 연결 리스트, 기존 ADT 리스트를 재활용하는 방법으로 큐를 구현해본다.

02 배열을 이용한 큐

1 배열 큐의 객체 구조

큐를 위한 배열 queue[0...n-1]을 준비한다. 변수 front는 큐의 맨 앞 원소(가장 먼저 들어온 원소)의 인덱스이고, tail은 맨 뒤에 있는 원소(가장 늦게 들어온 원소)의 인덱스다. [그림 7-4]는 배열을 이용한 큐의 예다. 큐가 운영되고 있는 중간의 한 시점을 포착한 것이다.

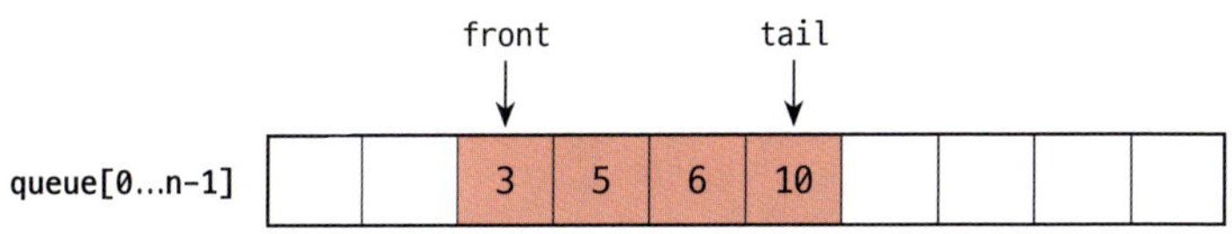

그림 7-4 배열 큐의 예

큐의 최대 크기를 예상할 수 있는 경우에는 배열이 가장 적합하지만 크기를 예상할 수 없는 경우에는 운영하다가 더 큰 배열을 할당받아 옮기는 작업을 해주어야 한다. 이런 불편함에도 불구하고 배열 기반의 큐는 간명함과 효율성이 뛰어나 많이 사용된다.

[그림 7-5]는 배열을 이용한 큐 객체의 구조다. [그림 7-3]의 ADT 큐를 조금 더 구체적으로 배열과 연관시켰다. 4개의 필드 queue[]와 numItems, front, tail이 있고, 5개의 함수가 있다.

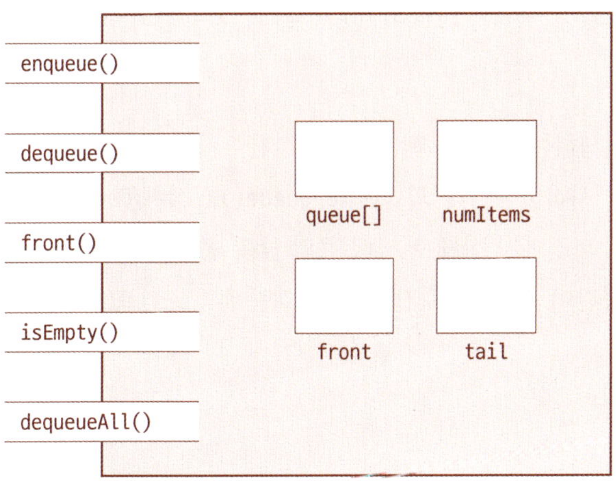

그림 7-5 배열 큐 객체의 구조

[그림 7-5]에서 각 필드와 작업의 의미는 다음과 같다.

```
queue[]         ◀ 큐의 원소들이 저장되는 배열
numItems        ◀ 큐의 총 원소 수 저장
front           ◀ 큐의 맨 앞 원소의 인덱스
tail            ◀ 큐의 맨 뒤 원소의 인덱스

enque(x)        ◀ 큐의 끝에 원소 x를 삽입한다.
dequeue()       ◀ 큐의 맨 앞에 있는 원소를 알려주고 삭제한다.
front()         ◀ 큐의 맨 앞에 있는 원소를 알려준다.
isEmpty()       ◀ 큐가 비어 있는지 알려준다.
dequeueAll()    ◀ 큐를 깨끗이 청소한다.
```

2 배열 큐의 작업

큐 초기화

먼저 큐를 위한 배열을 할당받는다. 변수 numItems는 배열에 있는 큐의 총 원소 수를 가리키는 정수다. 처음이라 배열에 원소가 들어 있지 않으므로 변수 numItems 값을 0으로 세팅하고 원소가 삽입될 때마다 numItems는 1씩 증가한다.

큐를 배열로 구현하는 가장 원시적인 모양은 [그림 7-6]과 같다. 큐를 위한 배열 queue[0...n-1]을 할당 받고 변수 front와 tail을 둔다. front는 큐에 있는 원소 중 가장 먼저 들어온 것의 인덱스이고, tail은 가장 늦게 들어온 것의 인덱스다. 원소가 삽입될 때마다 tail이 1씩 증가하고, 원소가 삭제될 때마다 front가 1씩 증가한다. tail이 할당받은 배열 공간의 맨 끝에 오면 큐가 꽉 찬 상태라 여긴다.

이 방법에서는 공간 사용의 비효율이 발생하는데, 큐가 꽉 찬 것으로 간주되어도 여분의 공간이 남게 된다. [그림 7-6]은 빈 큐에서 시작하여 일련의 삽입(enqueue()), 삭제(dequeue()) 후에 tail이 맨 끝에 위치하고 있다. 그 과정에서 삭제로 인해 큐의 앞쪽 공간이 비어 있는데도 tail이 배열의 맨 끝에 있어 큐의 공간이 꽉 찼다고 간주한다. 그림에서 느낌표(!)로 표시한 공간은 모두 쓸 수 있는 공간이다.

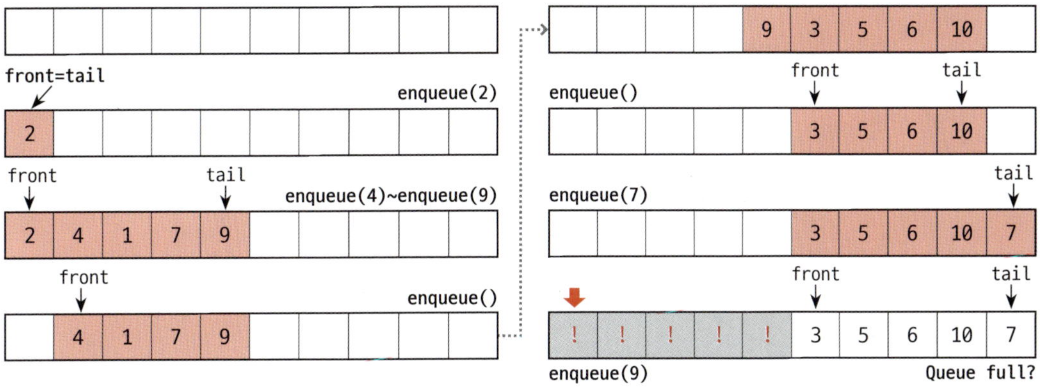

그림 7-6 큐를 배열로 구현했을 때 공간의 비효율이 생기는 예

이 문제를 해결하려면 배열을 원형으로 해석해야 한다. [그림 7-6]의 상태에서 삽입한다면 굵은 화살표로 표시된 자리부터 원소를 넣는 것이 합리적이다. 이렇게 하려면 맨 끝자리(인덱스 n-1) 다음에 맨 첫 자리(인덱스 0)가 이어져 있다고 간주하면 된다. [그림 7-7]은 이 구조를 그린 것이다.

[그림 7-7]에서 (a)는 빈 큐(왼쪽)에서 시작하여 삽입 4회, 삭제 1회 일어난 후(오른쪽)의 모양이다. 삽입이 일어날 때마다 tail이 1 증가하고, 삭제가 일어날 때마다 front가 1 증가한다. (b)는 추가로 삽입 1회, 삭제 1회를 행한 후의 모양이다. (c)는 배열의 끝을 지나 새로운 원소(Collins)를 삽입할 때 위치 계산을 단순히 tail+1 자리로 하지 않고 (tail+1) % n 즉, n으로 나눈 나머지를 사용해서 자리를 정한 예다. n으로 나눈 나머지는 0 ~ n-1 사이의 정수로 배열의 범위 queue[0...n-1]과 일치한다. 그 결과 배열의 경계를 넘어가도 첫 자리가 비어 있으면 삽입이 가능해진다. 즉, n-1 자리 다음은 0 자리가 된다. 다른 모든 자리는 단순히 tail 값에 1을 더한 자리와 같다. 배열을 이용하는 큐는 이렇게 원형으로 모델링하는 것이 상식적 표준이다.

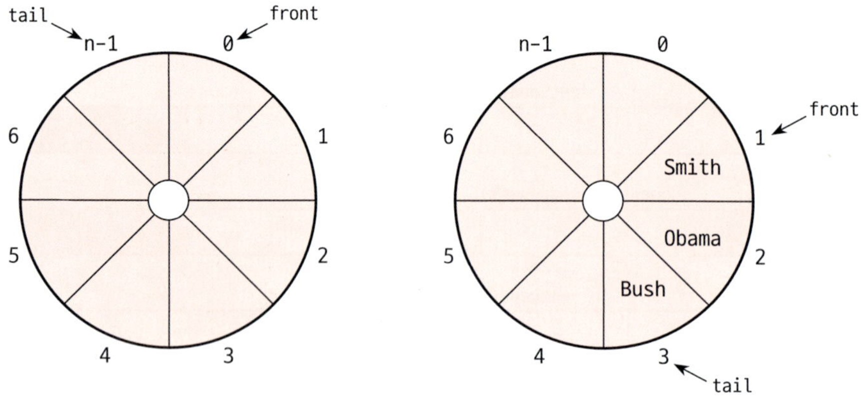

(a) 빈 큐에서 삽입 4회, 삭제 1회 일어난 후의 모양

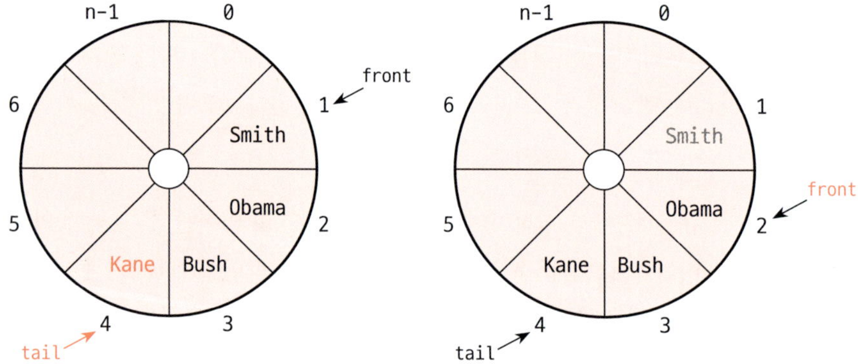

(b) 삽입 1회, 삭제 1회 추가로 수행한 후의 모양

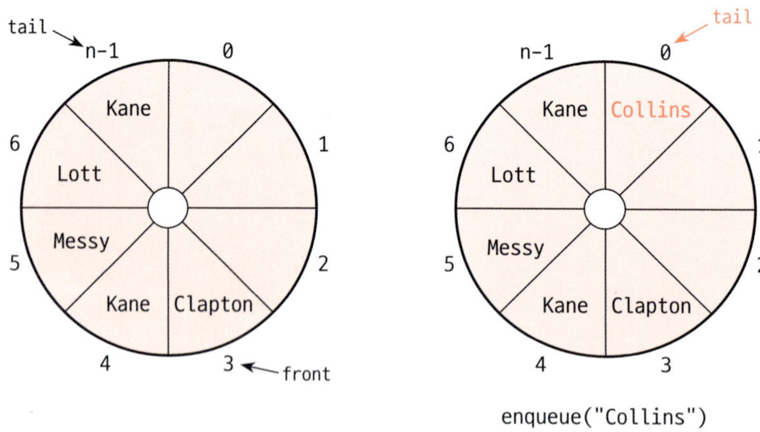

(c) 삽입 후 배열의 경계를 넘어가는 예

그림 7-7 원형 배열로 모델링한 큐

처음 만들어진 빈 큐의 모양과 배열 queue[] 위에서 큐를 초기화하는 코드는 [그림 7-8]과 같다. queue.length는 배열 queue[]의 크기, 즉 큐에 채울 수 있는 최대 원소 수다. 5장과 6장에서도 비슷하게 item.length, stack.length를 사용했다.

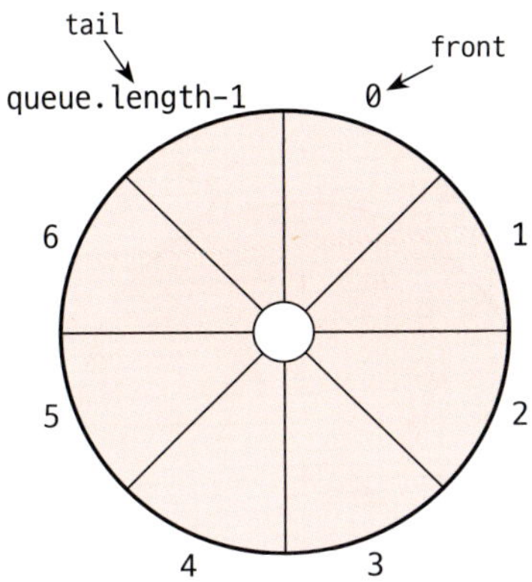


```
front ← 0
tail ← queue.length-1
numItems ← 0
```

그림 7-8 빈 큐의 모양과 초기화 코드

원소 삽입

원소를 하나 삽입할 때는 tail 값을 1 증가시킨 다음 그 자리에 새 원소를 저장한다. [그림 7-9]는 삽입의 한 예다.

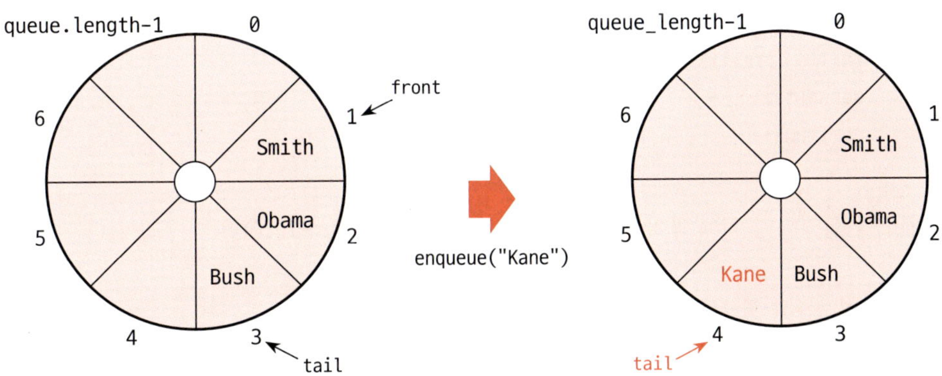

그림 7-9 삽입의 예

원소 x를 삽입하는 코드에서는 먼저 tail을 1 증가시킨 다음 그 자리에 새 원소를 저장한다.

```
tail ← (tail+1) % queue.length
queue[tail] ← x
```

[그림 7-10]처럼 배열의 경계를 넘어가는 경우를 감안하여 tail++ 대신 나머지 연산 tail ← (tail+1)%queue.length를 사용한다. 큐 공간이 꽉 차지 않았는지 먼저 체크(isFull())한 다음 삽입해야 한다. 그리고 큐의 총 원소 수를 나타내는 numItems를 1 증가시킨다. 이를 반영하면 [알고리즘 7-1]과 같다.

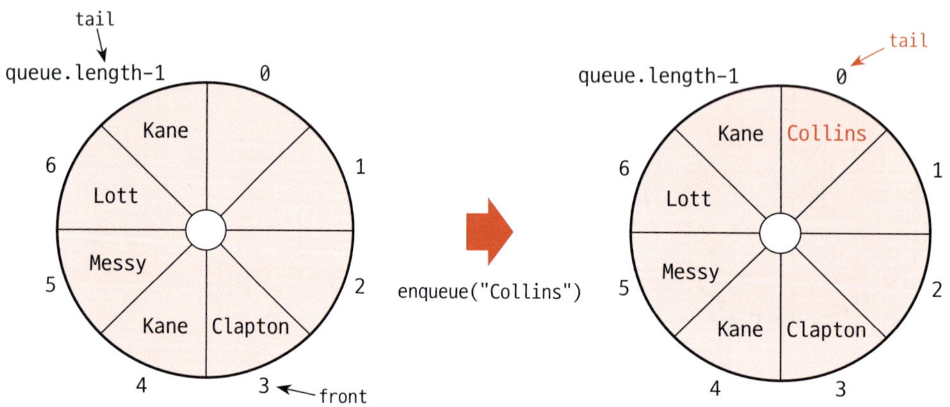

그림 7-10 삽입의 예(삽입으로 경계를 넘어가는 경우)

알고리즘 7-1 큐에 원소 삽입하기

```
enqueue(x):
    if (isFull()) /* 에러 처리 */
    else
        tail ← (tail+1) % queue.length
        queue[tail] ← x
        numItems++
```

큐에 원소를 삽입하기 위해 큐가 꽉 차 있는지 체크하는 함수 isFull()은 다음과 같다.

알고리즘 7-2 큐가 꽉 찼는지 확인하기

```
isFull():
    if (numItems = queue.length)
        return true
    else
        return false
```

원소 삭제

큐에서 원소 삭제는 무조건 가장 먼저 들어온 원소를 대상으로 한다. 즉, front에 있는 원소를 삭제하고(리턴하고) front를 1 증가시킨다. [그림 7-11]은 원소를 삭제하는 예다.

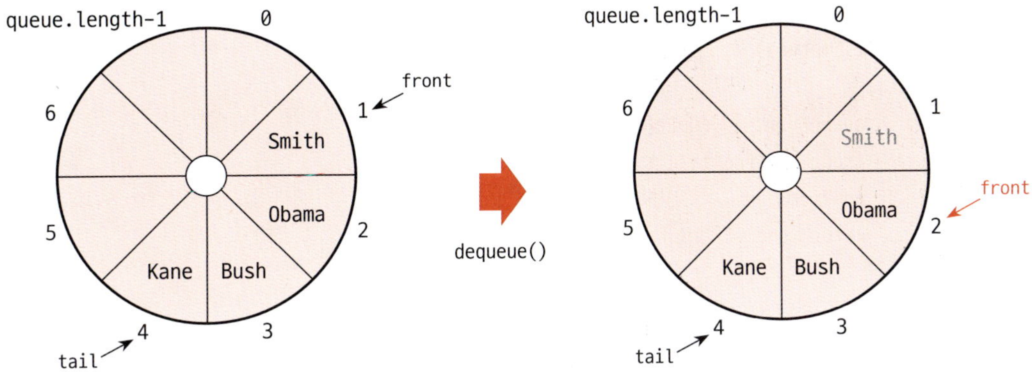

그림 7-11 삭제 예

원소를 삭제하는 코드에서 [그림 7-12]처럼 배열의 경계를 넘어가는 경우에는 front가 queue.length-1에서 0으로 바뀌어야 하므로 다음과 같이 나머지 연산을 사용한다.

```
queueFront ← queue[front]
front ← (front + 1) % queue.length
return queueFront
```

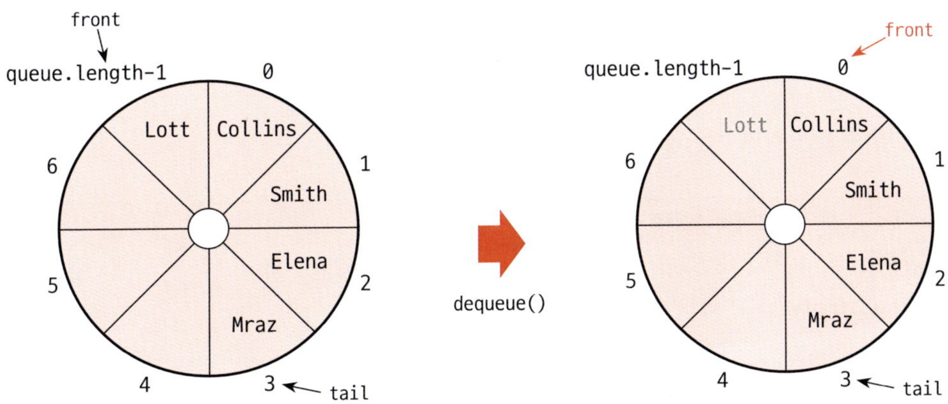

그림 7-12 배열의 경계를 넘어가는 삭제 예

삭제하려는데 큐가 비어 있으면 안 되므로 먼저 체크(isEmpty())한다. 그리고 큐의 총 원소 수를 나타내는 numItems를 1 감소시킨다. 이를 반영한 함수는 [알고리즘 7-3]과 같다.

알고리즘 7-3 큐에서 원소 삭제하기

```
dequeue():
    if (isEmpty()) /* 에러 처리 */
    else
        queueFront ← queue[front]
        front ← (front+1) % queue.length
        numItems--
        return queueFront
```

큐가 비어 있는지 체크하려면 원소 수를 저장하는 필드 값을 본다. 얼핏 front와 tail의 상대적 위치로 판단할 수 있지 않을까 생각할 수 있는데 그렇게는 잘 안 된다. 변수 numItems 값이 0이면 큐가 비어 있는 것이다. 코드는 [알고리즘 7-4]와 같다.

알고리즘 7-4 큐가 비었는지 확인하기

```
isEmpty():
    if (numItems = 0)
        return true
    else
        return false
```

기타 작업

큐의 맨 앞 원소를 알려주는 함수 front()는 다음과 같다.

알고리즘 7-5 큐의 맨 앞 원소 알려주기

```
front():
    if (isEmpty()) /* 에러 처리 */
    else
        return queue[front]
```

가끔은 큐를 완전히 비워버려야 할 때도 있다. 이 경우, 큐를 초기화할 때 하는 작업을 그대로 해주면 된다.

알고리즘 7-6 큐 비우기

```
dequeueAll():
    front ← 1
    tail ← queue.length - 1
    numItems ← 0
```

3 배열 큐의 구현

제네릭 버전으로 큐를 구현한다. 배열을 이용한 [그림 7-5]의 큐 객체를 위한 클래스를 구현하는 것이 목표다.

ADT 큐의 인터페이스를 [코드 7-1]과 같이 설계한다.

코드 7-1 QueueInterface.java

```java
package queue;

public interface QueueInterface<E> {
  public void enqueue(E x);
  public E dequeue();
  public E front();
  public boolean isEmpty();
  public void dequeueAll();
}
```

[코드 7-2]는 배열을 이용한 큐 ArrayQueue<E>를 구현한 것으로 제네릭 클래스다. 인터페이스 QueueInterface<E>에서 요구하는 메서드들을 다 구현하고 있다. 앞에서 가상 코드로 기술한 함수들을 자바로 옮기는 과정에서 이해하기 어려운 부분은 없을 것이다.

코드 7-2 ArrayQueue.java

```
package queue;
public class ArrayQueue<E> implements QueueInterface<E> {

    private E queue[];
    private int front, tail, numItems;
    private static final int DEFAULT_CAPACITY = 64;
    private final E ERROR = null;  // 임의의 에러 값

    public ArrayQueue() { // 생성자 1
        queue = (E[]) new Object[DEFAULT_CAPACITY];
        front = 0;
        tail = DEFAULT_CAPACITY - 1;
        numItems = 0;
    }

    public ArrayQueue(int n) { // 생성자 2
        queue = (E[]) new Object[n];
        front = 0;
        tail = n - 1;
        numItems = 0;
    }

    // [알고리즘 7-1] 구현: 큐에 원소 삽입하기
    public void enqueue(E newItem) {
        if (isFull()) System.out.println("Queue Full!");
        else {
            tail = (tail+1) % queue.length;
            queue[tail] = newItem;
            ++numItems;
        }
    }

    // [알고리즘 7-2] 구현: 큐가 꽉 찼는지 확인하기
    public boolean isFull() {
        return (numItems == queue.length);
    }

```

```
    // [알고리즘 7-3] 구현: 큐에서 원소 삭제하기
    public E dequeue() {
        if (isEmpty()) return ERROR;
        else {
            E queueFront = queue[front];
            front = (front+1) % queue.length;
            --numItems;
            return queueFront;
        }
    }

    // [알고리즘 7-5] 구현: 큐의 맨 앞 원소 알려주기
    public E front() {
        if (isEmpty()) return ERROR;
        else return queue[front];
    }

    // [알고리즘 7-4] 구현: 큐가 비었는지 확인하기
    public boolean isEmpty( ) {
        return (numItems == 0);
    }

    // [알고리즘 7-6] 구현: 큐 비우기
    public void dequeueAll ( ) {
        queue = (E[]) new Object[queue.length];
        front = 0;
        tail = queue.length - 1;
        numItems = 0;
    }
}
```

큐를 초기화하는 생성자는 앞의 스택과 마찬가지로 2개가 있다. 생성자 1은 배열 크기가 주어지지 않은 경우이며 기본으로 주어진 상수 DEFAULT_CAPACITY 크기의 배열을 생성한다. 생성자 2는 파라미터로 큐 크기를 받아 그 크기의 정수 배열을 생성한다. 배열을 생성한 다음 둘 다 front, tail, numItems 값을 초기 세팅한다.

배열 queue[]과 변수 front, tail, numItems는 private으로 선언되어 클라이언트 프로그램이 직접 접근할 수 없고, 메서드를 통해서만 접근할 수 있다.

삽입과 삭제를 위한 메서드 enqueue()와 dequeue()는 앞에서 소개한 가상 코드를 거의 그대로 자바로 옮긴 것이다.

큐를 완전히 비우는 메서드 dequeueAll()은 앞의 가상 코드를 그대로 자바로 옮겨 왼쪽과 같이 해도 되지만 오른쪽과 같이 하는 것이 더 좋다. 이에 관해서는 185쪽의 [NOTE]를 참조하기 바란다.

```
front = 0;
tail = queue.length - 1;
numItems = 0;
```

→

```
queue = (E[]) new Object[queue.length];
front = 0;
tail = queue.length - 1;
numItems = 0;
```

클라이언트 프로그램에서는 이 클래스를 [코드 7-3]과 같이 사용한다. 5장과 6장에서 제시한 제네릭 클래스와 마찬가지로, E의 타입이 최종 결정된 클라이언트 프로그램에서 한 번만 명시(여기서는 String)해주면 된다.

코드 7-3 클래스 ArrayQueue의 사용 예

```
ArrayQueue<String> s = new ArrayQueue<>();
s.push("test 1");
s.push("test 2");
s.push("test 3");
s.pop();
```

03 연결 리스트를 이용한 큐

1 연결 리스트 큐의 객체 구조

연결 리스트에는 단방향, 양방향, 원형, 데미 헤드 노드 유무 등 다양한 선택지가 있다. 여기서는 단방향 원형 연결 리스트를 사용한다. 단방향 원형 연결 리스트는 맨 뒤의 노드에 대한 레퍼런스만 있으면 관리할 수 있다. [그림 7-13]은 단방향 원형 연결 리스트의 예다. 레퍼런스 tail이 리스트의 마지막 노드를 가리키고 원형이므로 이를 통해서 리스트의 첫 번째 노드(front)에 접근할 수 있다.

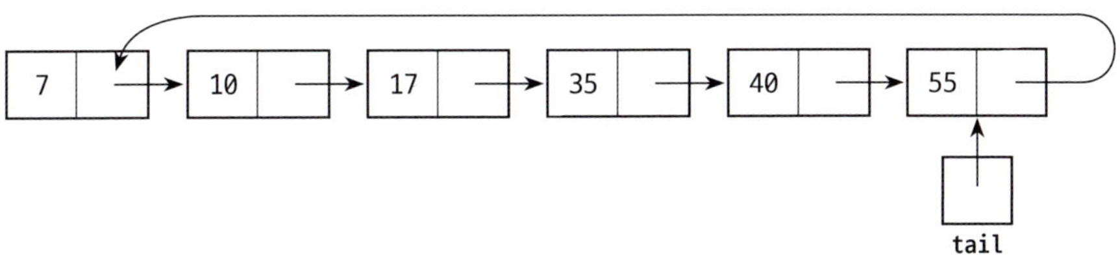

그림 7-13 연결 리스트를 이용한 큐의 예

[그림 7-14]는 연결 리스트를 이용하여 큐 객체를 설계한 예다. 배열 큐와 작업 목록은 동일하고, 필드는 큐의 끝을 가리키는 레퍼런스 tail 하나만 있으면 된다.

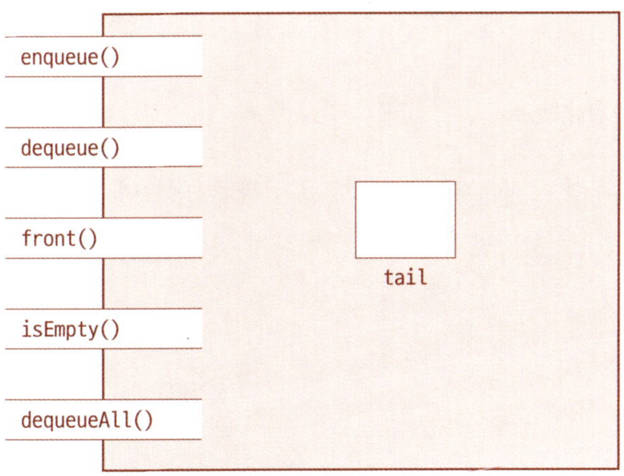

그림 7-14 원형 연결 리스트로 만든 큐 객체

연결 리스트로 구현하는 큐라면 빈 큐는 [그림 7-15]와 같은 모양이 된다. 큐의 마지막 노드를 가리키는 레퍼런스 tail을 null로 해두는 것 외에 할 일은 없다.

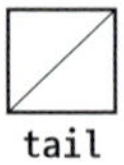

그림 7-15 빈 큐의 모양

2 연결 리스트 큐의 작업

원소 삽입

큐에 원소를 하나 삽입할 때는 맨 뒤에 넣는다. [그림 7-16]과 같이 원소를 tail 노드 뒤에 삽입하고 레퍼런스 tail이 삽입된 새 노드를 가리키도록 바꾸어준다. 새 노드는 리스트의 첫 번째 노드로 연결시킨다.

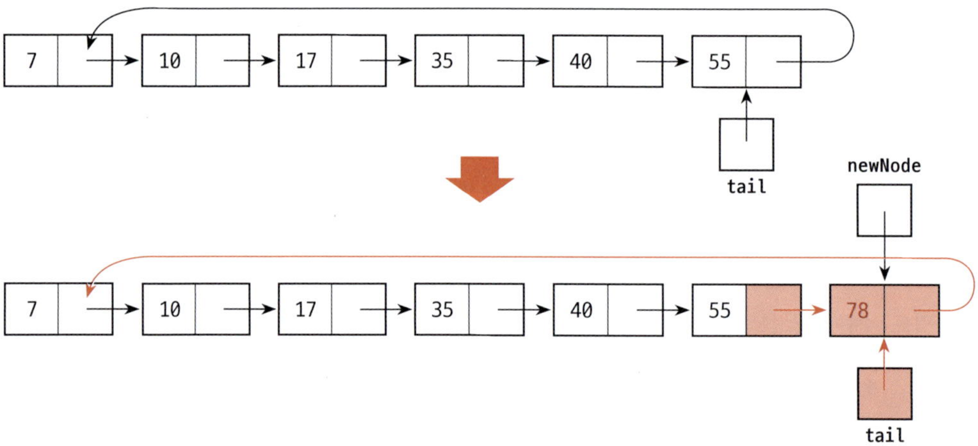

그림 7-16 원형 연결 리스트로 구현된 큐에 원소가 삽입되는 예

삽입을 위한 작업 코드는 다음과 같다. 배열 스택에서는 삽입 시 큐가 꽉 차 있으면 삽입하지 못했지만 연결 리스트 큐에서는 노드를 새로 할당받기 때문에 삽입하지 못하는 경우는 없다. 새로 만든 노드를 newNode라 하자.

```
newNode.next ← tail.next
tail.next ← newNode
tail ← newNode
```

만일 큐가 비어 있다면 tail이 null인 상태라 tail.next란 표현을 쓸 수 없다. [그림 7-17]과 같이 다르게 해주어야 한다.

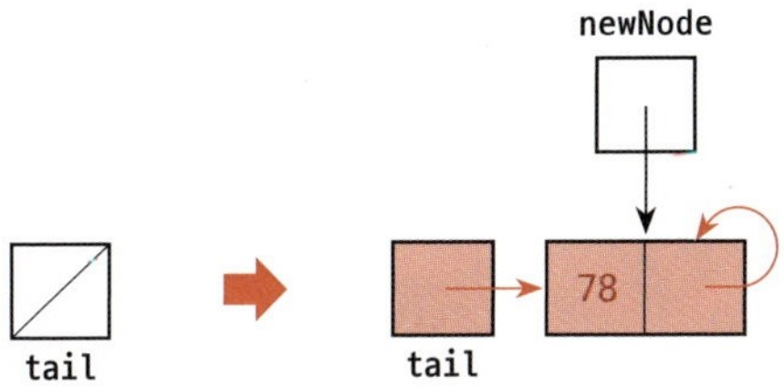

그림 7-17 빈 큐에 원소가 삽입되는 예

이 경우의 코드는 다음과 같다.

```
newNode.next ← newNode
tail ← newNode
```

이것까지 감안한 삽입 함수는 다음과 같다.

알고리즘 7-7 큐에 원소 삽입하기

```
enqueue(newItem):
    if (isEmpty())
        newNode.next ← newNode
        tail ← newNode
    else
        newNode.next ← tail.next
        tail.next ← newNode
        tail ← newNode
```

원소 삽입을 두 가지 경우로 나누었는데 5장의 리스트에서처럼 더미 헤드 노드를 두면 한 가지로 통일할 수 있다.

원소 삭제

큐에서 원소를 삭제할 때는 무조건 맨 앞에 있는 원소를 삭제한다. [그림 7-18]과 같이 원형 리스트에서는 tail 노드가 front 노드를 링크하므로 tail의 링크를 한 번 따라가면 front 노드를 만난다. front 노드를 가리키고 있던 tail 노드의 링크를 front 노드의 다음 노드를 가리키도록 바꾼다.

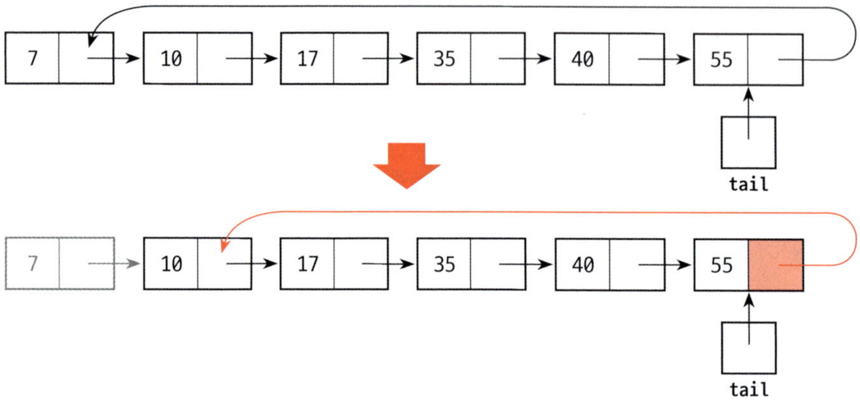

그림 7-18 원형 연결 리스트로 구현된 큐에서 삭제하는 예

원형으로 연결되어 있어 tail 노드의 다음 노드가 front 노드가 된다. 코드는 다음과 같다. tail 노드의 next가 front 노드의 다음 노드를 가리키도록 바꾸고 front 노드의 원소를 리턴한다. 결과적으로 front 노드가 삭제된다.

```
front ← tail.next
tail.next ← front.next
return front.item;
```

원소가 하나뿐이면 위 코드는 작동하지 않는다. 유일한 원소가 삭제되므로 tail이 null이 되어야 한다. 원소가 하나뿐이면 tail.next가 자신을 가리킨다. 따라서 큐에서 삭제하려면 큐의 원소가 하나인지 보아야 한다. 당연히 큐가 비어 있는지도 보아야 한다. 이것까지 감안한 메서드는 다음과 같다.

알고리즘 7-8 큐에서 원소 삭제하기

```
dequeue():
    if (isEmpty()) /* 에러 처리 */
    else
        front ← tail.next
        if (front = tail)      // 원소가 하나뿐
            tail ← null
        else                   // 2개 이상의 원소
            tail.next ← front.next
        return  front.item
```

기타 작업

큐의 맨 앞 원소를 알려주는 함수 front()는 다음과 같다.

```
front():
    return tail.next.item
```

큐가 비어 있으면 tail.next가 null이므로 작동하지 않는다. 이것까지 감안한 함수는 다음과 같다.

알고리즘 7-9 큐의 맨 앞 원소 알려주기

```
front():
    if (isEmpty()) /* 에러 처리 */
    else return tail.next.item
```

큐가 비어 있는지 확인하는 메서드 isEmpty()는 단순하다. tail 값이 null이면 비어 있는 큐다. 코드는 다음과 같다.

알고리즘 7-10 큐가 비었는지 확인하기

```
isEmpty():
    if (tail = null)
        return true
    else
        return false
```

큐를 완전히 비우는 dequeueAll()은 tail을 null로 되돌리면 간단히 끝난다. 이렇게 하면 큐로 사용된 연결 리스트는 청소(가비지 컬렉션) 가능한 상태가 된다. 코드는 다음과 같다.

알고리즘 7-11 큐 비우기

```
dequeueAll():
    tail ← null
```

3 연결 리스트 큐의 구현

대부분의 경우, 큐의 운영 과정에서 최대 크기가 얼마나 될지 알 수 없다. 따라서 연결 리스트로 구현한 것이 배열 리스트로 구현한 것에 비해 크기 제한이 없어 편리하다.

인터페이스는 배열 리스트를 이용한 큐에서 사용한 [코드 7-1]의 QueueInterface.java를 그대로 사용하고, 클래스 Node<>는 5장의 연결 리스트에서 사용한 노드 클래스 Node.java를 사용한다.

[코드 7-4]는 연결 리스트를 이용한 큐 LinkedQueue<E>를 구현한 것으로 제네릭 클래스다. 인터페이스 QueueInterface<E>에서 요구하는 메서드들을 다 구현하고 있다. 앞에서 가상 코드로 기술한 함수들을 자바로 옮기는 과정에서 이해하기 어려운 부분은 없을 것이다.

코드 7-4 LinkedQueue.java

```
package queue;
import list.Node;

public class LinkedQueue<E> implements QueueInterface<E>{
  private Node<E> tail;
  private final E ERROR = null; // 임의의 에러 값
  public LinkedQueue( ) {
      tail = null;
  }

```

```
// [알고리즘 7-7] 구현: 큐에 원소 삽입하기
public void enqueue(E newItem) {
    Node<E> newNode = new Node<>(newItem);
    if (isEmpty( )) {
        newNode.next = newNode;
        tail = newNode;
    } else {
        newNode.next = tail.next;
        tail.next = newNode;
        tail = newNode;
    }
}

// [알고리즘 7-8] 구현: 큐에서 원소 삭제하기
public E dequeue( ) {
    if (isEmpty( )) return ERROR;
    else {
        Node<E> front = tail.next;
        if (front == tail)      // only one item in queue
            tail = null;
        else  // more than one item
            tail.next = front.next;
        return  front.item;
    }
}

// [알고리즘 7-9] 구현: 큐의 맨 앞 원소 알려주기
public E front() {
    if (isEmpty()) return ERROR;
    else return tail.next.item; // tail.next: front
}

// [알고리즘 7-10] 구현: 큐가 비었는지 확인하기
public boolean isEmpty() {
    return (tail == null);
}

```

```
    // [알고리즘 7-11] 구현: 큐 비우기
    public void dequeueAll ( ) {
            tail = null;
    }
}
```

클라이언트 프로그램에서는 이 클래스를 다음과 같이 사용한다. 앞의 예들과 마찬가지로 다른 다른 제네릭 클래스와 마찬가지로, E의 타입이 최종 결정된 클라이언트 프로그램에서 한 번만 명시(여기서는 String)해주면 된다.

코드 7-5 클래스 LinkedQueue의 사용 예

```
LinkedQueue<String> q = new LinkedQueue<>();
q.enqueue(x);
q.dequeue();
q.isEmpty();
```

04 다른 클래스를 재사용한 큐

1 클래스 LinkedList 상속

6장의 스택과 마찬가지로 다른 클래스를 재사용해서 코드를 간명하게 처리할 수 있다. 앞에서 연결 리스트를 사용하여 큐를 어떻게 구현하는지 살펴보았다. 이 구현 내용은 5장에서 연결 리스트를 구현한 내용과 많이 겹친다. 따라서 이미 만들어놓은 클래스 LinkedList<E>를 상속받아 재사용하면 구현에 드는 노력을 줄일 수 있다.

우선 5장에서 만들어놓은 연결 리스트 클래스 LinkedList<E>를 상속받아 사용하겠다는 의사를 표시한다.

```
public class InheritedQueue<E> extends LinkedList<E>
                                        implements QueueInterface<E> { ...
```

이때 상위 클래스(LinkedList)의 생성자를 그대로 써도 되고, 상위 클래스의 생성자로 미흡하면 무언가를 좀 더할 수도 있다. 여기서는 그대로 쓴다.

```
public InheritedQueue<> () { // 생성자
    super();
}
```

super는 상위 클래스란 뜻으로 super()는 상위 클래스(LinkedList)의 생성자를 수행한다. 먼저 연결 리스트의 맨 앞을 큐의 front로 삼고, 맨 뒤를 큐의 tail로 삼기로 한다. 이렇게 결정하면 큐의 메서드 enqueue()는 연결 리스트의 맨 끝에 원소를 삽입하는 작업이 된다. 즉, 클래스 LinkedList<>의 메서드 append()를 사용하면 된다. 큐 front의 내용을 알려주는 메서드 front()는 연결 리스트의 첫 번째 원소를 알려주면 되므로 get(0)을 호출하면 된다. 첫 번째 원소를 알려주면서 삭제하는 메서드 dequeue()는 remove(0)으로 리스트의 첫 번째 원소

를 가져온 다음 삭제하면 된다. 큐를 깨끗이 청소하는 dequeueAll()은 연결 리스트를 깨끗이 청소하는 clear()를 사용한다. 이처럼 어떤 클래스가 구축해놓은 기반 위에 추상 데이터 구조 레벨에서 다른 클래스를 만들 수 있다. 이것은 상속을 통한 소프트웨어 재사용의 예가 된다. 클래스 LinkedList<E>를 상속받아 재사용한 스택 클래스 InheritedQueue<E>는 [코드 7-6]과 같다.

코드 7-6 InheritedQueue.java

```
package queue;

// 연결 리스트 클래스 LinkedList<E> 상속받기
public class InheritedQueue<E> extends LinkedList<E> implements QueueInterface<E> {
   public InheritedQueue() {
       super();
   }

   public void enqueue(E newItem) {
       append(newItem);
   }

   public E dequeue() {
       return remove(0);
   }

   public E front() {
       return get(0);
   }

   public void dequeueAll() {
       clear();
   }
}
```

2 ADT 리스트 사용

앞에서 연결 리스트를 상속받아 큐를 구현하는 예를 살펴보았다. 이번에는 ADT 리스트를 사용해서 큐를 구현해보자. [그림 7-19]는 ADT 리스트를 이용한 큐 객체다. 필드는 큐로 사용할 리스트를 레퍼런스하는 변수 list 하나다. 이 필드에는 클라이언트 프로그램이 직접 접근하지 못하고 객체 내부의 메서드들을 통해서만 접근할 수 있다.

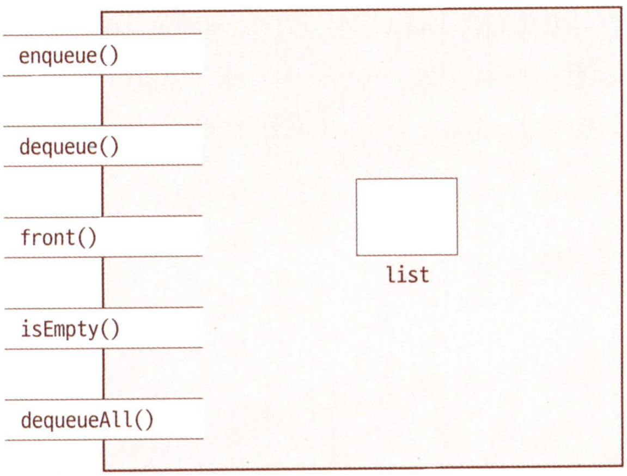

그림 7-19 클래스 리스트를 재사용한 큐

우선 ADT 리스트를 사용하겠다는 의사를 표시한다.

```
public class ListQueue<E> implements QueueInterface<E> {
    private ListInterface<E> list;
    ...
```

생성자에서는 `ListInterface<E>` 하에서 구현한 클래스 하나를 연결시킨다. 여기서는 배열 리스트를 연결시켰다.(연결 리스트 `LinkedList<E>`를 연결해도 `ListInterface<E>`를 만족하므로 상관없다.) 앞에서 연결 리스트 관점으로 다뤘다면, 여기서는 연결 리스트와 배열 리스트의 상위 인터페이스인 `ListInterface<E>` 관점(ADT 리스트 관점)으로 다룬다.

```
public ListQueue() {                // 생성자
    list = new ArrayList<E>();      // 또는 LinkedList<E>()
}
```

리스트의 맨 앞을 큐의 front로 삼을 수도 있고, 맨 뒤를 front로 삼을 수도 있다. 리스트라는 객체를 어떻게 큐로 해석할 것인지는 제작자가 정하면 된다. 리스트의 맨 앞을 front로, 맨 뒤를 tail로 삼는 것이 더 자연스러워 보인다. 이렇게 결정하면 큐의 메서드 enqueue()는 리스트의 맨 뒤에 원소를 추가하는 작업이 된다. 즉, ListInterface<E>의 메서드 append(x)를 사용하면 된다. 큐 front의 내용을 알려주는 메서드 front()는 리스트의 첫 번째 원소를 알려주면 되므로 get(0)를 호출하면 된다. 첫 번째 원소를 알려주면서 삭제하는 메서드 dequeue()는 get(0)으로 리스트의 첫 번째 원소를 가져온 다음 remove(0)으로 첫 번째 원소를 삭제하면 된다. 큐를 깨끗이 청소하는 dequeueAll()은 리스트를 깨끗이 청소하는 clear()를 사용한다. 배열 리스트나 연결 리스트를 상속받는 경우와 비슷한 점이 많지만 리스트라는 더 상위의 개념을 이용하고 있다.

[코드 7-7]은 ADT 리스트 관점에서 큐를 구현한 것이다.

코드 7-7 ListQueue.java

```
package queue;
import list.ArrayList;
import list.ListInterface;

public class ListQueue<E> implements QueueInterface<E> {
   private ListInterface<E> list;

   public ListQueue() {
       list = new ArrayList<E>();
   }

   public void enqueue(E newItem) {
       list.append(newItem);
   }

```

```java
    public E dequeue() {
        return list.remove(0);
    }

    public E front(){
        return list.get(0);
    }

    public boolean isEmpty() {
        return list.isEmpty();
    }

    public void dequeueAll() {
        list.clear();
    }
}
```

[코드 7-8]은 클라이언트에서 [코드 7-7]을 사용하는 방법의 예로, 타입 E를 String으로 결정하면서 수행한다.

코드 7-8 클래스 ListQueue의 사용 예

```java
ListQueue<String> q = new ListQueue<>();
q.enqueue("test 1");
q.enqueue("test 2");
q.enqueue("test 3");
q.dequeue();
```

05 큐 응용: 좌우동형 문자열 체크

좌우동형palindrome 문자열이란 앞에서부터 읽으나 뒤에서부터 읽으나 같은 문자열을 말한다. 예를 들어 'abbcbba'는 앞으로 읽으나 뒤로 읽으나 동일하므로 좌우동형이고 'abb'는 좌우동형이 아니다. 굳이 큐를 쓰지 않고도 좌우동형 문자열인지 간단히 체크할 수 있으나 여기서는 큐를 사용하는 연습을 해본다. 스택과 큐를 함께 사용해서 체크하겠다.

임의의 문자열 A를 받으면 A의 문자들을 앞에서부터 읽으면서 스택과 큐에 동시에 저장한다(push()와 enqueue() 사용). 끝까지 저장한 다음 스택과 큐에서 동시에 하나씩 읽어 들이면서 삭제한다(pop()과 dequeue() 사용). 이 과정에서 스택과 큐에서 읽어 들인 문자가 동일하다면 계속 읽어 들인다. 중간에 큐가 비면 중단한다.

큐가 비어서 중단했다면 좌우동형이라고 리턴하고, 큐가 아직 비지 않았는데 중단했다면 좌우동형이 아니라고 리턴한다. 큐 대신 스택이 비었는지를 체크해도 된다.

코드 7-9 Palindrome.java

```
package queue;
import stack.LinkedStack;

public class Palindrom {
   private static boolean isPalindrom(String A) {
        LinkedStack s = new LinkedStack();
        LinkedQueue q = new LinkedQueue();
        for(int i=0; i < A.length(); i++) {
            s.push(A.charAt(i));  // 문자열 A의 i번째 문자
            q.enqueue(A.charAt(i));
        }
        while(!s.isEmpty() && s.pop() == q.dequeue()) {
        }
        if(s.isEmpty()) return true;
        else return false;
   }

   public static void main(String[] args) {
        System.out.println("Palindrom Check!");
        String str = "lioninoil";  // 테스트 문자열
        boolean t = isPalindrom(str);
        System.out.println(str + " is Palindrom?: " + t);
   }
}
```

```
palindrome Check!
lioninoil is palindrome?: true
```

01 본문에서 큐를 단방향 원형 연결 리스트로 유지하면서 큐의 `tail`을 가리키는 레퍼런스를 두어 큐를 관리하는 방식을 배웠다. 이제 큐를 양방향 연결 리스트로 구현하려고 한다. 다음 빈 곳을 채워 클래스를 완성하시오. 생성자 부분을 보면 빈 큐는 어떻게 시작하는지 판단할 수 있다.

```
public class DoublyLinkedQueue implements QueueInterface {
   private DNode head;

   public DoublyLinkedQueue() {
      head = new DNode(null);
      head.prev = head;
      head.next = head;
   }
   public isEmpty() {
      [         ❶         ]
   }
   public void enqueue(Object newItem) {
      [         ❷         ]
   }
   public Object dequeue() {
      [         ❸         ]
   }
}

public class DNode {
   public Object item;
   public DNode prev;
   public DNode next;
   public DNode(Object newItem) {
      item = newItem;
      prev = next = null;
   }
   public DNode(Object newItem, DNode prevNode, DNode nextNode) {
      item = newItem;
      prev = prevNode;
      next = nextNode;
   }
}
```

02 [코드 7-4]에서 단방향 원형 연결 리스트를 사용해서 큐를 구현하였다. 여기에 더미 헤드 노드가 더해진 연결 리스트를 사용한다면 코드의 어느 부분이 어떻게 바뀌어야 하는가?

03 ADT 리스트를 재사용하는 큐를 구현할 때 리스트의 맨 앞을 큐의 front로, 리스트의 맨 끝을 큐의 tail로 간주했다. 반대로 리스트의 맨 끝을 큐의 front로, 리스트의 맨 앞를 큐의 tail로 간주하여 다음 ListQueue 코드를 바꾸어보시오. 여기서 E는 임의의 타입이라 가정한다. 참고로 리스트 인터페이스는 다음과 같다.

```
public interface ListInterface {
   public void add(int i, E x);
   public void append(E x);
   public E remove(int t);
   public boolean removeItem(E x);
   public E get(int i);
   public void set(int i, E x);
   public int indexOf(E x);
   public int len();
   public boolean isEmpty();
   public void clear();
}
public class ListQueue implements QueueInterface {
   private ListInterface list;
   public ListQueue() {
      list = new LinkedList();  // ArrayList()을 사용해도 무방
   }
   public void enqueue(E newItem) {
      list.append(newItem);;
   }
   public E dequeue() {
      E x = list.get(0);
      list.remove(0);
      return x;
   }
   public E front() {
      return list.get(0);
   }
```

```
    public boolean isEmpty() {
        return list.isEmpty();
    }
    public void dequeueAll() {
        list.clear();
    }
}
```

04 큐를 이용해서 입력으로 들어온 문자열이 다음 집합의 원소인지 체크하는 코드를 작성하시오. 자바 코드에 구애받지 않고, 알고리즘의 의미가 통하도록 작성하면 된다.

```
{ w$w ¦ w : 문자열}
```

05 [코드 7-2]의 배열 기반 큐 구현에서 큐의 모든 원소를 프린트하는 것은 개발 과정에서 유용할 때가 있다. [코드 7-2]에 큐의 모든 원소를 front부터 시작하여 프린트하는 메서드 printAll()을 추가하시오. 편의상 가상 타입 E는 int 타입이라고 가정한다.

06 [코드 7-4]의 연결 리스트 기반 큐 구현에서 **05**번 문제와 같은 조건으로 메서드 printAll()을 추가하시오.

07 [코드 7-6]과 [코드 7-7]은 재사용을 통한 큐의 구현 코드다. 각각의 코드에 **05**번 문제와 같이 메서드 printAll()을 추가하시오.

08 LinkedQueue<E> 타입의 객체 a의 내용을 그대로 또 다른 LinkedQueue<E> 타입의 객체 b로 복사하는 코드를 작성하시오. (a의 레퍼런스 값을 b로 복사해 두 변수가 같은 레퍼런스를 가져 내용이 같아지게 하라는 것이 아니라 내용 복사를 요구하는 것이다. [코드 7-4] 환경에서 작업한다.)

09 2절의 클래스 ArrayQueue에서 enqueue()를 수행할 때 큐가 꽉 차 있으면 더 이상 enqueue() 작업을 할 수 없다. [코드 7-2]에서는 그 경우 에러 처리를 하도록 했다. 에러 처리를 하지 말고, 배열의 크기를 2배로 확장하여 배열의 내용물을 새로 바뀐 배열로 복사한 다음 enqueue()를 완료하는 코드를 작성하시오.

Chapter

08

우선순위 큐: 힙

학습목표

- 우선순위 큐의 의미를 이해한다.
- 우선순위 큐의 추상적 구조를 이해한다.
- 우선순위 큐의 대표 케이스로 힙의 객체 구조를 이해한다.
- 힙 작업 알고리즘들의 원리를 이해한다.
- 힙의 자바 구현을 연습한다.

01 힙이란

1 우선순위 큐와 힙

우선순위가 있는 대상을 관리해야 하는 경우가 많다. 컴퓨터 내부에서 동일한 자원을 요구하는 여러 프로그램이 있으면 우선순위를 부여해서 관리한다. 유닉스, 리눅스, 윈도우즈 등 모든 OS에는 작업(프로세스process)들의 우선순위를 부여할 수 있는 기능이 있다. 예를 들어, CPU나 다른 자원을 무겁게 사용하면서 며칠 동안 수행해야 할 작업이 있다면 다른 작업들의 동작을 방해할 수 있으므로 우선순위를 대폭 낮추어놓고 작업할 수 있다. 이렇게 해두면 다른 작업이 자원을 필요로 할 때 양보했다가 한가한 시간에 주로 해당 작업을 수행할 수 있다.

이 장에서는 우선순위 큐를 정의하고 우선순위 큐를 구현하는 대표적인 자료구조로 힙을 소개한다.

우선순위를 부여하는 기준은 다양하다. 선착순도 대표적인 우선순위 부여 방법이다. 우선순위를 가진 원소를 삽입할 수 있고, 우선순위가 가장 큰 원소를 빼내줄 수 있으면 우선순위 큐Priority Queue라고 한다.

다음은 필요한 작업들을 명시한 우선순위 큐의 추상 데이터 타입ADT이다. 이 작업들 중 앞의 3개가 우선순위 큐의 핵심 작업이고, 뒤의 2개는 거의 모든 자료구조에 공통으로 들어가는 작업이다. ADT 우선순위 큐에서 요구하는 작업의 집합이 유일하지는 않다. 필요에 따라 가감할 수 있다.

```
원소를 삽입한다
최대 원소를 알려주면서 삭제한다
최대 원소를 알려준다
우선순위 큐가 비어 있는지 확인한다
우선순위 큐를 깨끗이 비운다
```

그림 8-1 ADT 우선순위 큐

우선순위 큐는 다음 장에서 소개할 검색 트리처럼 임의의 값을 가진 원소를 검색할 수 있는 기능은 필요 없다. 우선순위가 가장 높은 것을 알려주고 삭제할 수 있으면 된다. 보통 큐라고 하면 한 줄로 세우는 것을 상상한다. 7장에서 배운 자료구조 큐Queue도 한 줄로 세우는 예다. 배열, 리스트, 연결 리스트, 스택, 큐 등과 같이 한 줄로 관리할 수 있는 자료를 일차원적 자료구조 또는 선형 자료구조라 한다. 우선순위 큐도 선형 자료구조를 이용해서 구현할 수 있지만(배열, 연결 리스트 등) 그보다 더 효율적인 방법이 있다. 우선순위 큐에서는 원소를 요구할 때 우선순위가 가장 높은 원소를 내줄 수만 있으면 된다. 그래서 배열, 큐, 연결 리스트, 이진 탐색 트리(10장) 등 어떤 것이든 가능하다. 다만 우선순위를 다룬다는 목적에는 어느 것도 딱 맞아떨어지지 않는다. 이 장에서는 우선순위를 효율적으로 다루는 대표적인 자료구조로 힙Heap을 소개한다.

2 힙과 완전 이진 트리

힙은 대표적인 우선순위 큐로, 완전 이진 트리Complete Binary Tree라는 구조를 사용한다. 트리Tree는 그래프 이론에서 "싸이클을 만들지 않는 연결된 그래프"로 정의되는데 여기서 굳이 이 정의 때문에 복잡하게 생각할 필요는 없다. 직관적으로 받아들이는 것으로 충분하다. 이 장에서 사용하는 트리는 노드들이 위에서 아래로 부모-자식Parent-Child 관계로 매달린 것을 말한다. '부모'라 해서 둘이 아니고 노드 하나를 그렇게 부른다.

[그림 8-2]의 (a)는 트리의 한 예다. 부모 하나에 여러 자식이 매달릴 수도 있고 부모-자식 관계가 여러 층 반복될 수도 있다. (b)는 (a)를 뒤집어 나무 그림을 겹쳐본 것이다. 왜 트리(나무)란 단어를 사용하는지 짐작할 수 있다. (a)의 맨 위에 있는 노드, 즉 값 `40`을 갖고 있는 노드를 루트Root라 한다. 우리말로 '뿌리'란 뜻이다. 이 노드는 (b)에서 보면 맨 아래쪽 노드다. 이 노드에 왜 '뿌리'라는 이름이 붙었는지도 알 수 있을 것이다. 값 `40`을 가진 노드가 나무의 뿌리에 해당하는 자리에 있다. 루트는 부모 노드가 없는 유일한 노드이고, 나머지 노드에는 각각 단 한 개씩의 부모 노드가 있다.

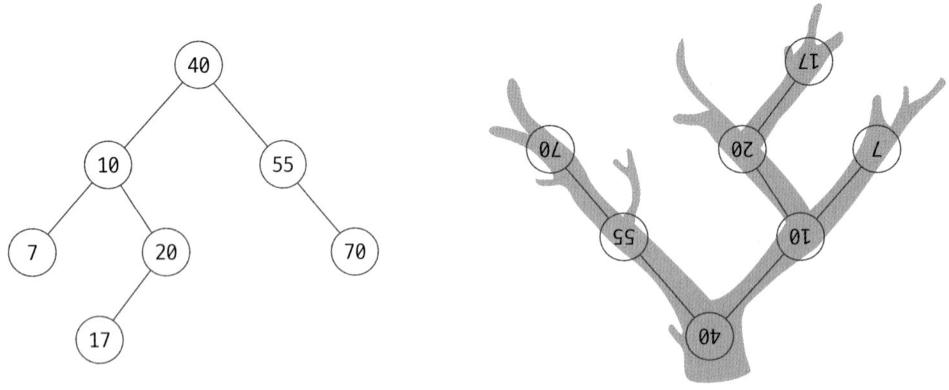

(a) 트리 예　　　　(b) (a)를 뒤집은 형태

그림 8-2 트리의 예와 나무 비유

모든 노드가 2개 이하의 자식을 갖는 트리를 이진 트리Binary Tree라 한다. 즉, 나무가 한 분기점에서 최대 2개까지만 분기할 수 있는 구조다. 힙은 이진 트리 구조를 사용한다. 이진 트리 중에서도 완전 이진 트리라는 특수한 구조를 갖는다. 완전 이진 트리를 설명하기 전에 우선 포화 이진 트리Full Binary Tree를 알 필요가 있다.

포화 이진 트리란 루트로부터 시작해 모든 노드가 정확히 자식 노드를 2개씩 가지면서 꽉 채워진 트리를 말한다. 자식이 하나도 없는 노드를 리프 노드Leaf Node 또는 말단 노드Terminal Node라 하는데, 포화 이진 트리에서 리프 노드들은 모두 맨 아래 레벨에 자리하게 된다. [그림 8-3]의 (a)는 15개의 노드로 이루어진 포화 이진 트리의 예다. 맨 위에서부터 자식을 2개씩 가지는 성질이 맨 마지막 레벨까지 유지되고 있다. 포화 이진 트리가 되려면 노드의 총 수가 1, 3, 7, 15, 31, …과 같이 2^k-1개가 되어야 한다. 노드의 총 수가 이 수들 중 하나가 아니면 포화 이진 트리가 될 수 없다.

노드 수가 맞지 않아 포화 이진 트리를 만들 수 없을 때 최대한 포화 이진 트리에 가깝게 만든 것이 '완전 이진 트리'다. 루트로부터 시작해서 모든 노드가 자식을 2개씩 가지면서 내려가는 것은 완전 이진 트리와 포화 이진 트리가 동일하다. 노드의 수가 2^k-1개가 되지 못하면 맨 아래 레벨을 모두 채울 수가 없는데 이 경우 왼쪽부터 차례로 채운 것이 완전 이진 트리다. [그림 8-3]의 (b)는 완전 이진 트리의 예다. 노드 수가 12개라 포화 이진 트리를 만들 수 없다. 맨 마지막 레벨 직전까지 모든 노드가 자식을 2개씩 꽉 채웠고 맨 마지막 레벨에 남는 5개는 왼쪽부터 채웠다. 맨 아래 레벨이 빠짐없이 꽉 채워진 완전 이진 트리는 포화 이진 트리가 된다. 이 장의 주제인 힙은 모두 완전 이진 트리 구조를 가져야 한다.

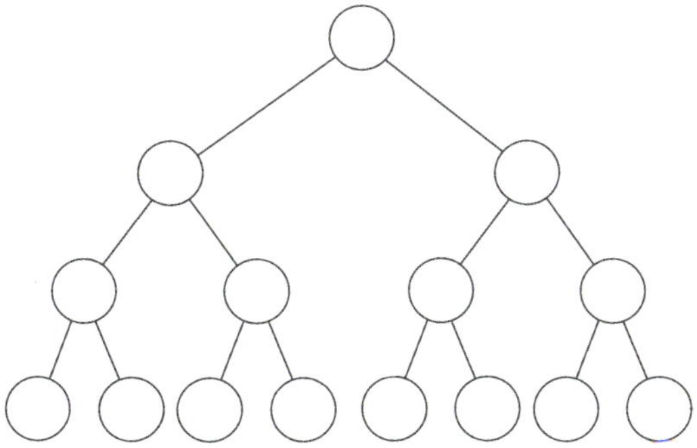

(a) 포화 이진 트리의 예

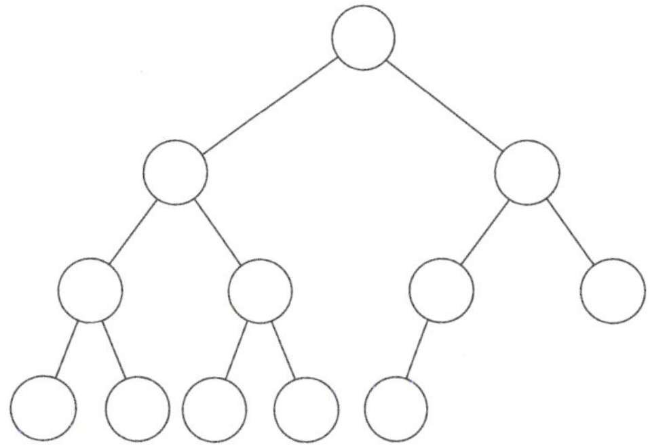

(b) 완전 이진 트리의 예

그림 8-3 포화 이진 트리와 완전 이진 트리의 예

3 힙의 조건

힙은 다음의 두 가지 조건을 만족해야 한다.

1 완전 이진 트리
2 힙 특성Heap Property: 모든 노드는 값을 갖고, 자식 노드(들) 값보다 크거나 같다.

조건 2의 힙 특성을 만족하면 우선순위가 가장 큰 원소가 루트에 자리하게 된다. 이런 힙을 최대 힙Max Heap이라 한다. 조건 2의 특성과 대조가 되는 힙도 있다. 즉, 모든 노드의 값이 자식 노드 값보다 '작거나 같은' 힙이다. 이런 힙을 최소 힙Min Heap이라 한다. 최소 힙에서는 가장 작은 원소가 루트에 자리한다. 최대 힙과 최소 힙은 대소가 바뀌었을 뿐 성질은 동일하므로 여기서는 최대 힙으로 제한해서 설명한다. 힙에는 동일한 값이 여러 개 저장되어도 상관없다.

[그림 8-4]는 10개의 원소로 이루어진 힙의 예다. 모든 노드가 자식 노드보다 크거나 같은 값을 갖고 있어 조건 2(힙 특성)를 만족한다. 이들 값은 트리 아래에 제시한 것처럼 배열 `A[0...9]`에 저장할 수 있다. 임의의 배열은 항상 완전 이진 트리로 해석할 수 있다. (이유는 바로 다음 문단에서 설명한다.) 따라서 배열에 저장한다는 사실 자체가 조건 1을 자동으로 만족한다.

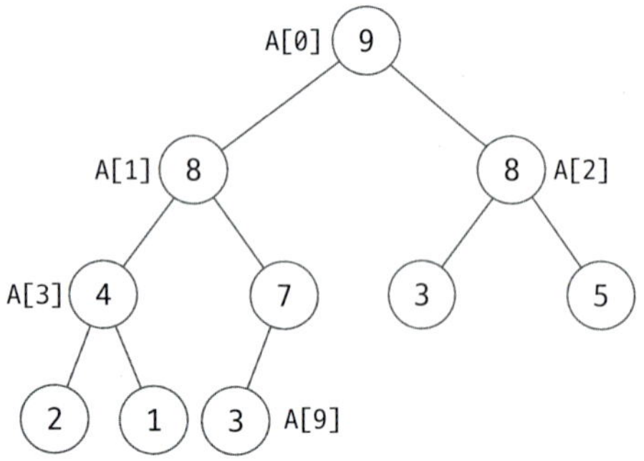

9	8	8	4	7	3	5	2	1	3

그림 8-4 10개의 원소로 구성된 힙과 대응 배열

배열은 기초적인 자료구조지만 이처럼 완전 이진 트리를 표현하는 데는 안성맞춤이다. 배열이 A[0]부터 시작된다면 A[k]의 자식은 A[2k+1]과 A[2k+2]다. 완전 이진 트리라 중간에 빠지는 노드가 없이 자식들을 꽉 채우는 성질로 인해 이처럼 배열의 인덱스로 간단히 계산할 수 있다. 완전 이진 트리가 아닌 이진 트리는 부모 노드와 자식 노드의 번호를 계산하는 규칙을 만들 수 없다. [그림 8-5]는 조건 **2**인 힙 특성은 만족하지만 조건 **1**을 만족하지 않아 힙이 아닌 예다. 완전 이진 트리에서 부모 노드를 찾는 것도 간단하다. A[k]의 부모 노드는 $A\left[\left\lfloor \frac{k-1}{2} \right\rfloor\right]$이 된다.

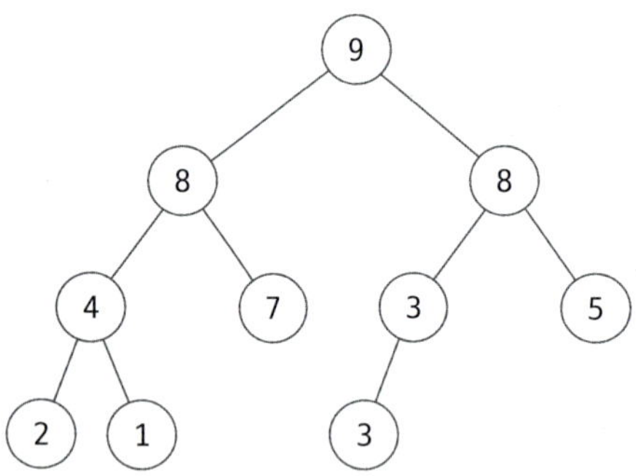

그림 8-5 힙 조건 **1**을 만족하지 않아 힙이 아닌 예

임의의 배열 하나가 주어지면 이를 완전 이진 트리로 간주할 수 있으므로 조건 **1**은 자동으로 만족된다. 다만 배열의 값들이 조건 **2**를 만족할 확률은 거의 없다. n개의 우선순위 값을 가진

배열 A[0...n-1]이 주어지면 (자동으로 조건 1을 만족하니) 조건 2(힙 특성)를 만족하도록 수선하는 것이 힙을 만드는 과정의 전부다.

4 힙 객체의 구조

[그림 8-6]은 힙 객체의 구조를 나타낸다. [그림 8-1]의 ADT 우선순위 큐의 작업 5개에 '배열을 힙으로 만드는 작업'을 더한 것이다. 우선순위 큐를 구현하는 방법은 유일하지 않지만, 가장 대표적인 수단이 힙이고 힙을 구현하는 효율적인 수단으로 배열을 이용한다.

힙은 배열 A[]에 저장된다. 좀 더 의미가 담긴 배열 이름을 붙일 수 있지만(예를 들면, heapArray[]) 이 장의 알고리즘은 배열 이름을 워낙 많이 사용하는 데다 이 장에서 배열은 힙을 위한 배열 A[]가 유일해서 혼란을 일으킬 염려가 없으므로 가독성을 위해 단순하고 짧은 이름을 선택했다. 본문과 자바 코드에서 모두 배열 A[]를 사용하는 것으로 통일한다. 힙 객체의 필드로는 힙을 저장하는 배열 A[], 힙의 총 원소 수를 저장하는 numItems가 있다. 바깥에서 힙에 접근하려면 insert(), deleteMax(), max(), buildHeap(), isEmpty(), clear() 함수를 거쳐서 접근하도록 한다. 뒷절에서 힙 알고리즘들을 소개하는데, 가독성을 높이기 위해 위 변수 numItems 대신 n을 사용한다. 자바 구현에서는 numItems를 그대로 사용한다.

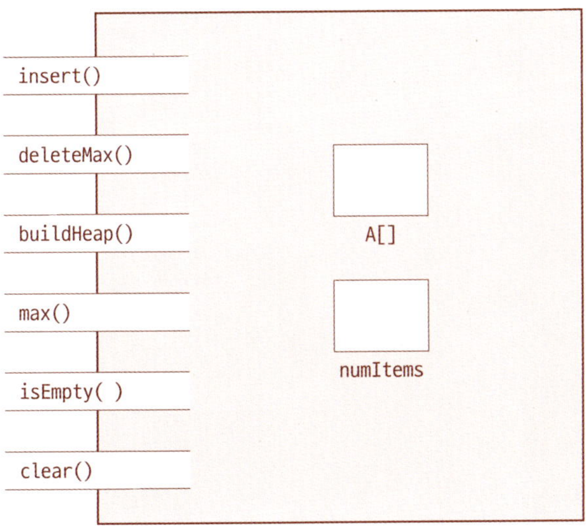

그림 8-6 힙 객체 구조

[그림 8-6]에서 각 필드와 작업의 의미는 다음과 같다.

```
A[]            ◀ 힙을 저장하는 배열
numItems       ◀ 힙의 원소 수 저장

insert(x)      ◀ 힙에 원소 x를 삽입한다.
deleteMax()    ◀ 힙의 최대 원소를 알려주면서 삭제한다.
buildHeap()    ◀ 배열 A[]를 힙으로 만든다.
max()          ◀ 힙의 최대 원소를 알려준다.
isEmpty()      ◀ 힙이 비었는지 알려준다.
clear()        ◀ 힙을 깨끗이 청소한다.
```

02 힙 작업 알고리즘과 구현

1 원소 삽입

힙에 새 원소를 삽입하려고 한다. 힙 A[0...n-1]에 새 원소가 들어오면 일단 맨 끝에 추가(A[n])한 다음 힙 특성을 만족하도록 올라가면서 수선한다.

[그림 8-7]은 힙에 원소 8을 삽입하는 과정이다. 총 9개의 원소로 구성된 힙인데 배열 A[0...8]에 저장되어 있다.

(a) 맨 끝에 새 원소 8을 붙인다. 즉, A[9]에 8을 준다. A[9]를 부모 노드(A[4]=3)와 비교한다.

(b) 자식의 값(8)이 부모 값(3)보다 크므로 둘을 맞바꾼다. 교환 결과 아래에서 A[4]로 올라온 8과 A[4]의 부모 노드 값(7)을 비교한다.

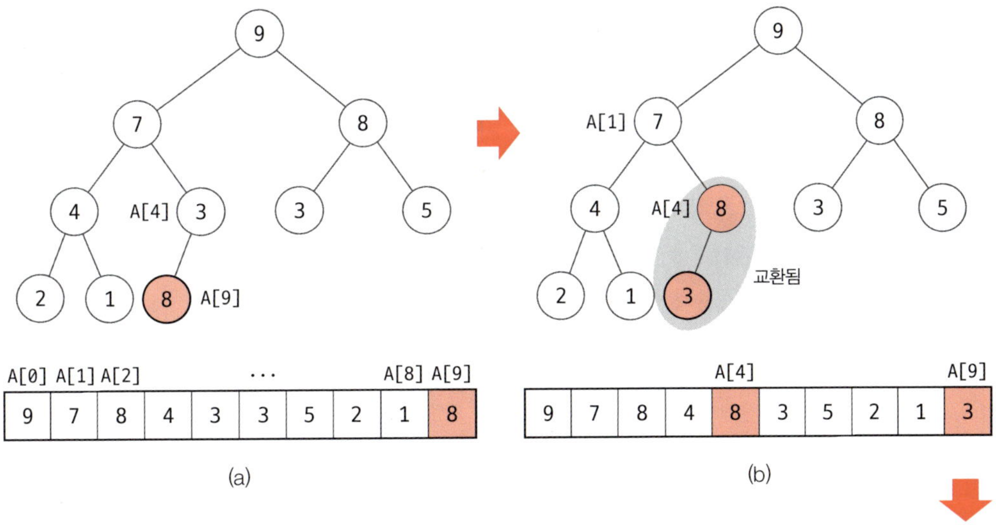

(a)

(b)

(c) 자식의 값(8)이 부모 값(7)보다 크므로 둘을 맞바꾼다. 교환 결과 아래에서 A[1]로 올라온 8과 A[1]의 부모 노드 값(9)을 비교한다.

(d) 자식의 값(8)이 부모 값(9)보다 작으므로 그대로 둔다. 작업이 끝났다.

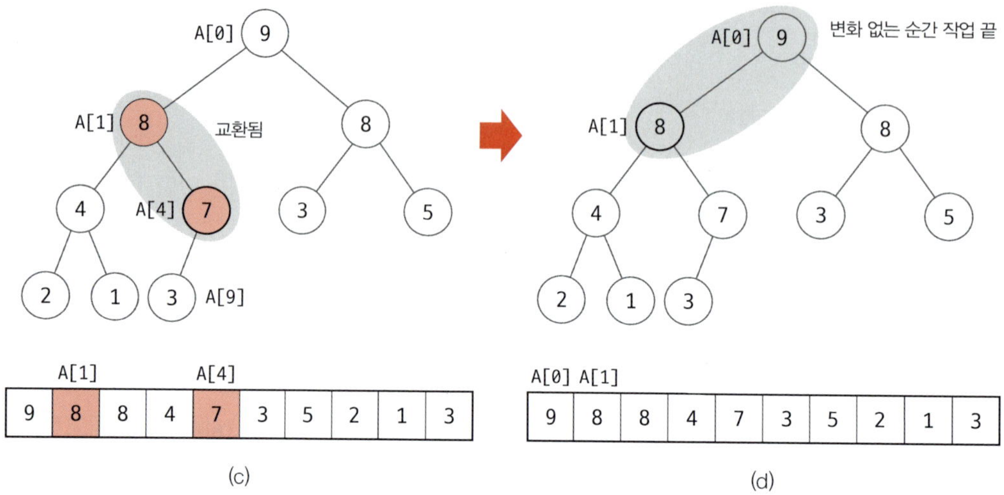

그림 8-7 주어진 힙에 원소 8을 삽입하는 과정

[그림 8-7]의 작업을 스며오르기Percolate Up라 한다. 노드 A[i]를 부모의 값과 비교해서 힙 특성을 깨면 둘의 자리를 맞바꾼다. 그러면 부모가 i의 역할로 바뀐다. 바뀐 부모를 다시 자신의 부모와 비교해서 힙 특성을 만족하지 않으면 서로 바꾼다. 이런 작업을 힙 특성을 만족하는 최초의 지점까지 또는 더 이상 올라갈 수 없을 때까지 반복한다. 관점을 바꾸어보면, 노드 i로부터 시작한 스며오르기 작업은 부모와 비교해서 자리 바꾸는 수고를 하고 나면 성격은 똑같지만 자리가 하나 위로 올라간 스며오르기 작업을 만나게 된다. 재귀적인 작업이다. [알고리즘 8-1]은 힙에 원소를 삽입하는 알고리즘이다. 삽입은 맨 아래에서 시작하여 스며오르기를 하는 것이 전부다.

알고리즘 8-1 힙에 원소 삽입하기

```
◀ 힙 A[0...n-1]에 원소를 삽입한다(추가한다)
insert(x):                  ◀ x : 삽입할 원소
    i ← n
    A[i] ← x
    parent ← (i-1)/2
    while (i > 0 and A[i] > A[parent])
        A[i] ↔ A[parent] ◀ 맞바꾸기
        i ← parent
        parent ← (i-1)/2
    n++  ◀ 힙 크기 1 증가
```

이 알고리즘을 [알고리즘 8-2]와 같이 재귀적 버전으로 바꿀 수 있다. 앞의 비재귀적 버전이 편한 사람도 있고 재귀적 버전이 편한 사람도 있을 텐데, 점점 재귀적 버전이 편하도록 적응해가는 것이 알고리즘의 핵심 사고 체계 중 하나와 익숙해지는 과정이다.

알고리즘 8-2 힙에 원소 삽입하기(재귀 알고리즘 버전)

```
◀ 힙 A[0...n-1]에 원소 x를 삽입한다(추가한다)
insert(x):
    A[n] ← x
    percolateUp(n)
    n++  ◀ 힙 크기 1 증가

◀ A[i]에서 시작해서 A[0...i]가 힙 특성을 만족하도록 수선한다
◀ A[0...i-1]은 힙 특성을 만족하고 있음
percolateUp(i):
    parent ← (i-1)/2
    if (i > 0 and A[i] > A[parent])
        A[i] ↔ A[parent]  ◀ 맞바꾸기
        percolateUp(parent)
```

2 원소 삭제

힙에서 원소를 삭제하는 작업도 그리 복잡하지 않다. 힙으로 대표되는 우선순위 큐에서 삭제는 무조건 우선순위 값이 가장 큰 원소를 대상으로 한다. 힙에서는 가장 큰 원소가 루트에 있으니 힙 A[0...n-1]에서는 무조건 A[0]가 삭제된다. 하지만 무작정 A[0]을 없애버리면 나머지 배열 A[1...n-1]은 A[1]을 루트로 하는 트리와 A[2]를 루트로 하는 트리로 끊어진 2개의 트리가 되므로 완전 이진 트리가 되지 못한다. 완전 이진 트리 모양을 깨지 않기 위해 맨 끝 원소 A[n-1]을 A[0] 자리로 옮기고 A[n-1]을 버린다. A[0...n-2]로 배열 크기가 하나 줄어든다. 즉, 힙 크기가 1 감소한다.

자리를 옮긴 A[0]가 자신의 자식들과 관련해서 힙 특성을 깰 수 있다. A[1]과 A[2]를 루트로 하는 두 서브 트리는 힙 특성을 만족하고 있다. 그러므로 수선을 해야 힙 특성을 만족하게 된다.

[그림 8-8]은 힙 A[0...9]에서 원소를 삭제하는 과정이다. 삭제하는 원소는 명시할 필요가 없다. 항상 루트에 있는 최대 원소를 대상으로 하기 때문이다.

(a) 주어진 힙이다.

(b) 먼저 루트 노드(A[0]) 자리에 맨 마지막 노드(A[9])를 복사한다. 값 3이 루트로 왔다. A[9]는 버린다. 배열은 A[0...8]로 크기가 하나 줄었다. 이제 A[0]을 시작으로 스며내리기라 불리는 작업을 시작한다. 루트 노드(A[0])의 값(3)과 자식 노드 값들 중 큰 값(8)과 비교한다.

(c) 자식의 값(8)이 3보다 크므로 둘을 바꾼다. (자식인 A[1]과 A[2] 값이 둘 다 8이므로 둘 중 아무거나 택해도 되는데 여기서는 배열에서 더 앞에 있는 노드를 택하기로 하자.) 방금 위에서 A[1]로 내려온 3과 A[1]의 자식 노드들 값 중 큰 값(7)과 비교한다.

(d) 자식이 3보다 크므로 둘을 맞바꾼다.

(e) 위에서 값이 내려온 노드 A[4]가 리프 노드이므로 삭제 작업이 끝난다.

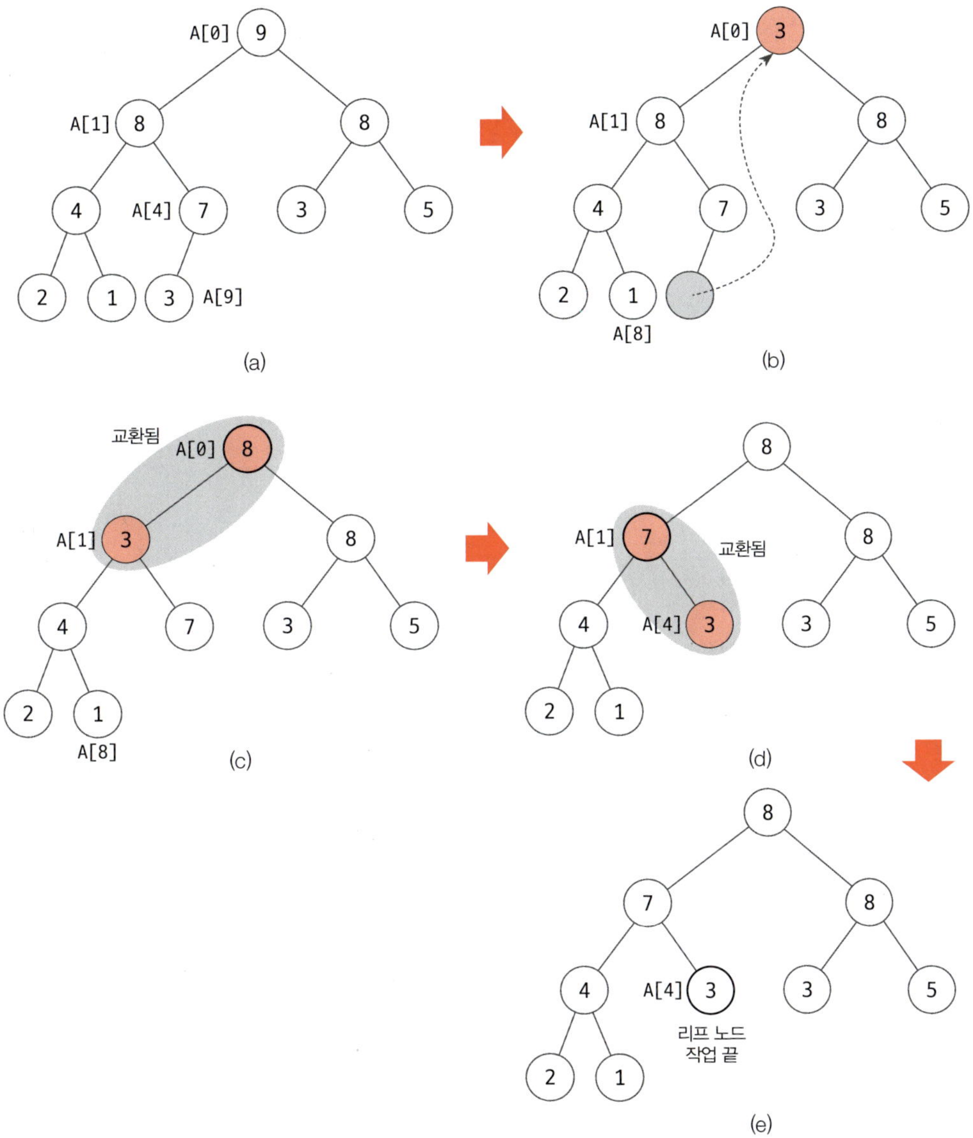

그림 8-8 힙 A[0...9]에서 원소를 삭제하는 과정

[그림 8-8]의 과정에서 임의의 노드를 루트로 하는 서브 트리를 수선하는 과정을 스며내리기Percolate Down라고 한다. 화분에 준 물이 제자리로 스며들어가는 모양을 연상하면 된다. 어떤 값은 바닥까지 스며들고, 어떤 값은 스며들다가 중간쯤에서 정지하고, 어떤 값은 처음 자리에서 움직이지 않는다. 스며내리기 직전에는 루트의 두 서브 트리가 힙 특성을 만족하고 있다는 전제가 있다. 예들 들어, A[0]으로 시작하는 스며내리기를 시작하는 시점에 A[0]의 두 자식 A[1]과 A[2]를 루트로 하는 두 서브 트리는 이미 힙인 상태다. A[1]로 시작하는 스며내리기를 시작하는 시점에 A[1]의 두 자식 A[3]와 A[4]를 루트로 하는 두 서브 트리는 이미 힙인 상태다. 정리하면, 스며내리기는 어떤 노드의 두 서브 트리가 이미 힙인 상태에서 이 노드로부터 시작해서 수선하는 작업이다.

[알고리즘 8-3]은 힙의 삭제 알고리즘이다. 힙에서 최대 원소를 리턴하고 힙 크기를 하나 줄인다.

알고리즘 8-3 힙에서 원소 삭제하기

```
◀ 힙 A[0...n-1]에서 최댓값을 알려주면서 삭제한다
deleteMax():
    max ← A[0]
    A[0] ← A[n-1]
    n--   ◀ 힙의 크기 1 감소
    percolateDown(0)
    return max

◀ A[k]를 루트로 하는 서브 트리가 A[k...n-1] 범위 내에서 힙 특성을 만족하도록 수선
◀ 주어진 조건: A[k]의 두 자식을 루트로 하는 서브 트리는 힙 특성을 만족함
percolateDown(k):
    child ← 2k+1              ◀ left child
    right ← 2k+2              ◀ right child
    if (child ≤ n-1)
        if (right ≤ n-1 and A[child] < A[right])
            child ← right
        ◀ child: A[2k+1]와 A[2k+2] 중 큰 원소의 인덱스
        if (A[k] < A[child])
            A[k] ↔ A[child] ◀ 맞바꾸기
            percolateDown(child)
```

3 힙 생성

힙은 빈 배열로부터 운용을 시작할 수도 있고, 임의의 배열이 주어지면서 일단 이 배열을 힙으로 만든 다음 운용을 시작할 수도 있다. 여기서는 주어진 배열을 힙으로 만드는 작업을 살펴본다.

[그림 8-9]는 9개의 원소로 구성된 배열 A[0...8]과 이에 대응되는 완전 이진 트리를 그린 것이다. 모든 배열은 이렇게 완전 이진 트리로 간주할 수 있다. 배열의 첫 번째 원소인 A[0]는 힙의 루트에 해당하고, 배열의 맨 마지막 원소인 A[8]은 힙의 맨 마지막 리프 노드에 해당한다. 이 노드에서 시작하여 거꾸로 훑어가보면 최초로 리프 노드가 아닌 것은 A[3]이다. 이것은 맨 마지막 노드인 A[8]의 부모 노드다. 앞에서 A[k]의 부모 노드는 $A\left[\left\lfloor \frac{k-1}{2} \right\rfloor\right]$이 된다고 했다. k에 8을 대입하면 $A\left[\left\lfloor \frac{8-1}{2} \right\rfloor\right]$은 A[3]이 되는 것을 확인할 수 있다.

이제 이 배열로 힙 조건 2를 만족하도록 수선하는 과정을 살펴보자. 수선은 맨 마지막 노드의 부모부터 시작한다. 이 예에서는 A[3]이다. 이 노드를 루트로 하는 서브 트리를 힙으로 수선한다. 이렇게 서브 트리의 루트가 되는 노드를 하나씩 앞으로 이동하면서 해당 서브 트리를 힙으로 수선하는 과정을 반복한다. 이 예에서는 A[3], A[2], A[1], A[0]의 차례로 이들을 루트로 하는 서브 트리를 수선하게 된다. 최종적으로 A[0]가 루트가 되는 서브 트리는 전체 트리이므로 이 트리를 수선하고 나면 주어진 배열을 힙으로 수선하는 과정이 끝난다. [그림 8-9]의 (b)는 수선하는 서브 트리의 루트가 되는 노드들의 순서를 표시한 것이다.

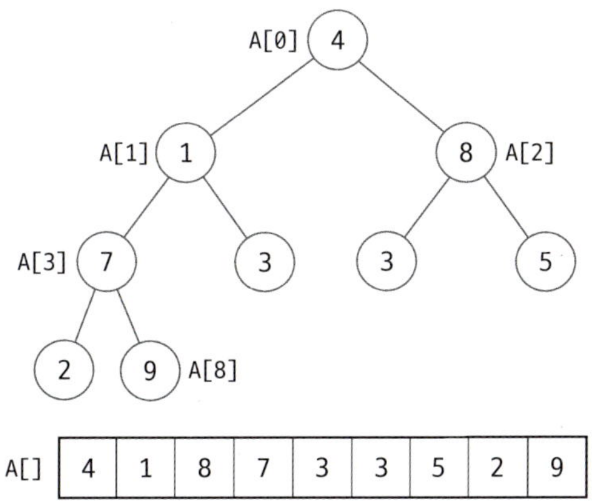

(a) 9개의 원소로 구성된 배열과 대응되는 완전 이진 트리

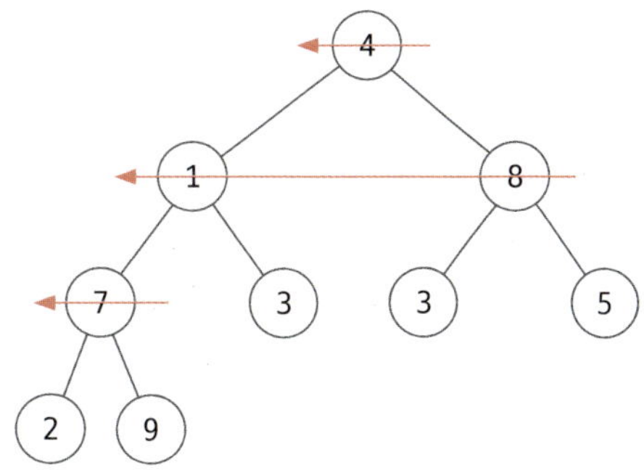

(b) 수선 과정에서 기준이 되는 노드의 순서

그림 8-9 9개의 원소로 구성된 배열과 완전 이진 트리, 수선 순서

[그림 8-10]은 [그림 8-9]의 완전 이진 트리를 힙으로 수선하는 과정을 설명한 것이다.

(a) 주어진 완전 이진 트리다. 먼저 맨 마지막 노드의 부모 노드부터 시작한다. 배열의 A[3]에 해당한다. 이 노드의 값(7)과 이 노드의 자식 값들 중 큰 값(9)과 비교한다.

(b) 자식의 값 9가 7보다 크므로 둘을 맞바꾼다. 다음으로 관심의 대상이 되는 노드는 A[2]다. 이 노드의 값(8)과 자식 노드의 값들 중 큰 값(5)과 비교한다.

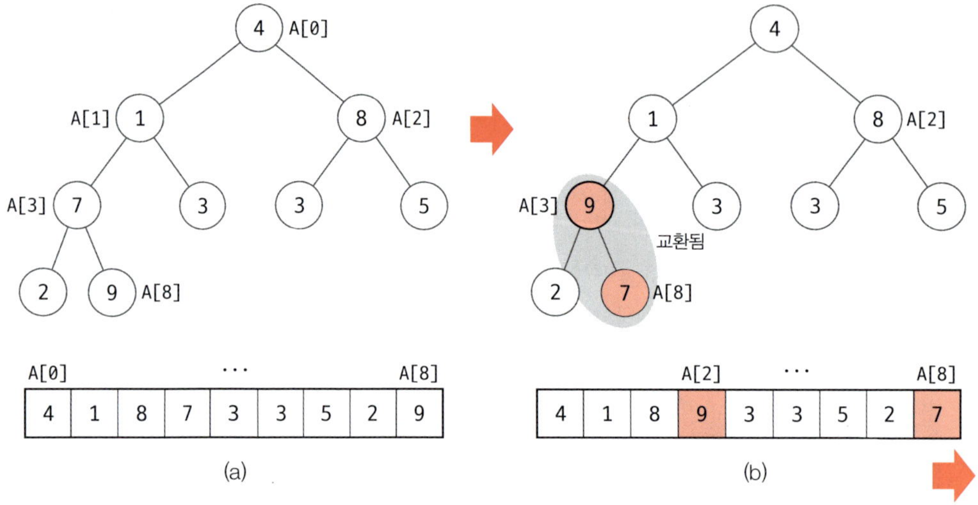

(c) 부모의 값(8)이 5보다 크므로 그대로 유지한다. 다음 관심 노드는 A[1]이다. 1의 값을 갖고 있다. 이 값과 자식 노드 값들 중 큰 값(9)과 비교한다.

(d) 자식의 값(9)이 1보다 크므로 둘을 맞바꾼다. 교환 결과 A[3]으로 내려온 1과 A[3]의 자식 노드들의 값 중 큰 값(7)과 비교한다.

(e) 자식의 값(7)이 1보다 크므로 둘을 맞바꾼다. A[1]을 루트로 시작한 서브 트리의 수선이 끝났다. 다음으로 관심의 대상이 되는 노드는 A[0]으로, 루트 노드다. 값으로 4를 갖고 있다. 자신의 자식 노드들 중 큰 값(9)과 비교한다.

(f) 자식(9)이 4보다 크므로 둘을 맞바꾼다. 교환 결과 루트에서 A[1]로 내려온 4와 A[1]의 자식 노드들 값 중 큰 값(7)과 비교한다.

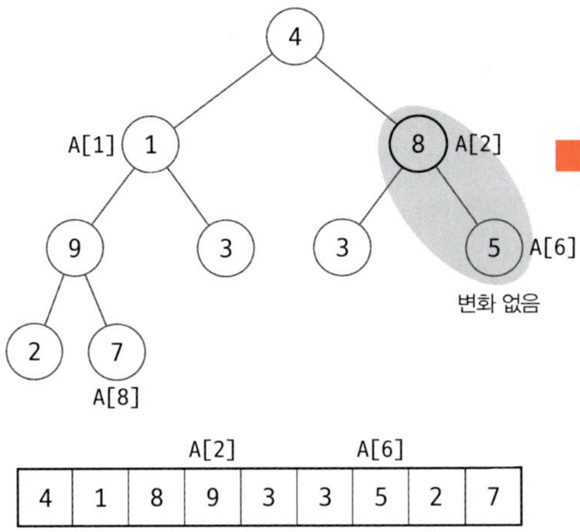
A[1]
A[2]
A[6]
A[8]
변화 없음
4 1 8 9 3 3 5 2 7
(c)

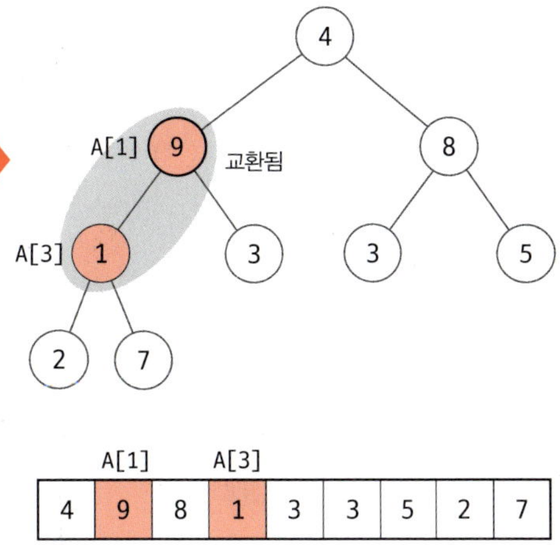
A[1]
A[3]
교환됨
4 9 8 1 3 3 5 2 7
(d)

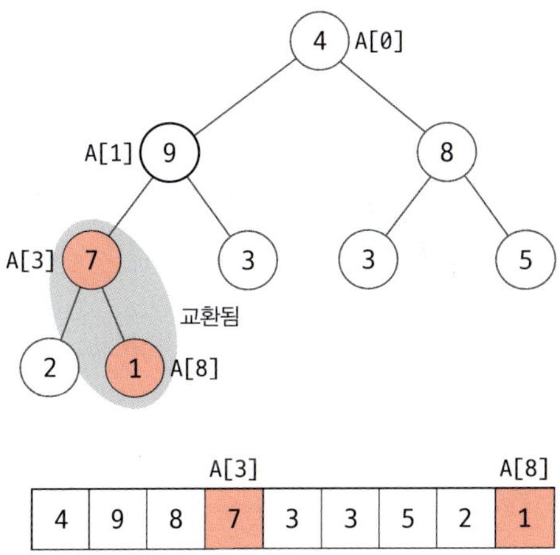
A[0]
A[1]
A[3]
A[8]
교환됨
4 9 8 7 3 3 5 2 1
(e)

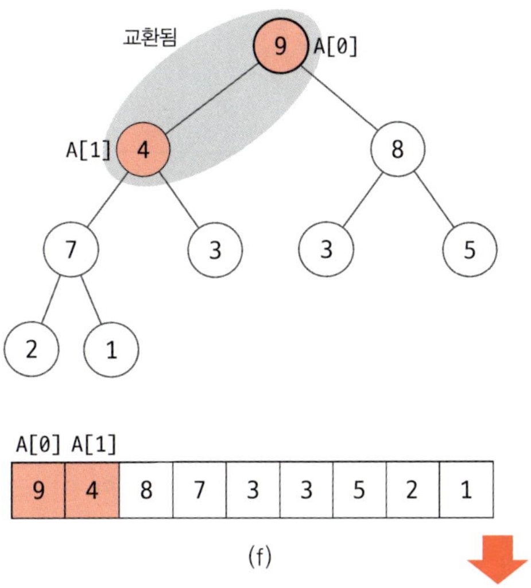
교환됨
A[0]
A[1]
9 4 8 7 3 3 5 2 1
(f)

(g) 자식의 값(7)이 4보다 크므로 둘을 맞바꾼다. 교환 결과 A[1]로부터 A[3]으로 내려온 4와 A[3]의 두 자식들 중 큰 값(2)과 비교한다.

(h) 부모(4)가 2보다 크므로 그대로 유지한다. 이로써 (e)에서 (A[0]으로부터) 시작한 수선 작업이 끝났다. A[0]는 루트이므로 루트로부터 시작한 서브 트리의 수선이 끝났다는 것은 전체 트리의 수선이 끝났음을 뜻한다.

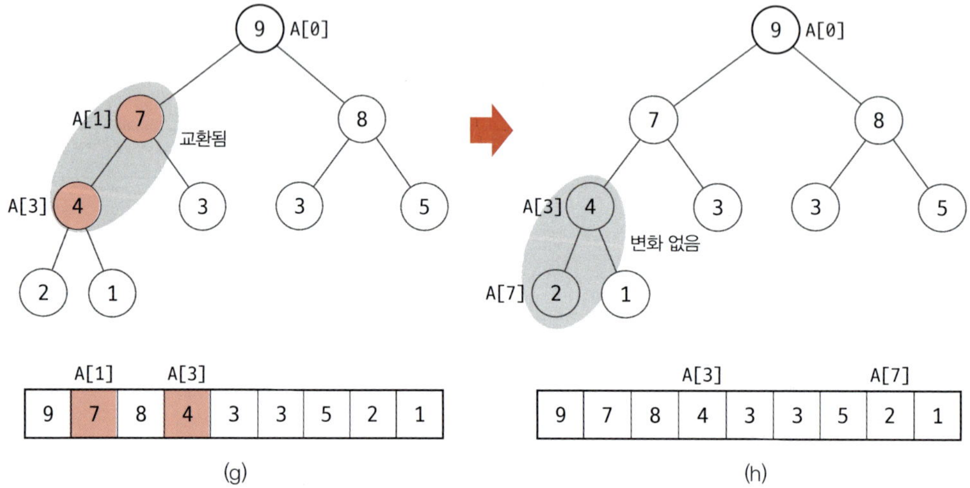

그림 8-10 [그림 8-9]의 완전 이진 트리를 힙으로 수선하는 과정

여기서 임의의 노드를 루트로 해서 수선하는 과정은 스며내리기를 한 번 하는 것이다. 위의 수선 과정은 아래에서부터 차례로 루트를 바꿔가면서 수선해 올라가므로 어떤 노드를 루트로 삼아 스며내리기를 하는 시점에 이 노드의 자식들을 루트로 하는 서브 트리들은 이미 힙으로 수선되어 있다. 스며내리기 알고리즘의 전제 조건을 만족한다.

[알고리즘 8-4]는 임의의 배열(완전 이진 트리)을 힙으로 만드는 알고리즘이다. 리프 노드가 아닌 최초의 노드는 맨 끝 노드 A[n−1]의 부모인 A$\left[\left\lfloor \frac{n-2}{2} \right\rfloor\right]$이다. 스며내리기 작업을 이 노드부터 시작해서 루트인 A[0]까지 반복한다.

알고리즘 8-4 힙 만들기

```
buildHeap():      ◀ 배열 A[0...n-1]을 힙으로 만든다
    for i ← (n-2)/2 downto 0
        percolateDown(i)
```

4 기타 작업

힙의 최댓값을 알아보는 작업인 함수 max()는 다음과 같다.

알고리즘 8-5 힙의 최댓값 구하기

```
max():
    if (isEmpty())
        /* 에러 처리 */
    else
        return A[0]
```

나머지는 앞서 다룬 다른 장들과 비슷하다. 힙이 비어 있는지 체크하는 함수 isEmpty()는 다른 장들과 마찬가지로 n이 0인지 체크하면 된다.

알고리즘 8-6 힙이 비었는지 확인하기

```
isEmpty():
    if (n = 0)
        return true
    else
        return false
```

힙을 깨끗이 청소하는 메서드 clear()도 다른 장에서 배열을 사용하는 자료구조들과 같다.

알고리즘 8-7 힙 비우기

```
clear():
    n ← 0
```

5 힙 구현

힙 인터페이스

인터페이스 PQInterface<E>를 다음과 같이 선언한다. [그림 8-1]에서 정의된 ADT 우선순위 큐를 인터페이스로 정의한 것이다.

코드 8-1 PQInterface.java

```
package heap;

public interface PQInterface<E> {
   public void insert(E newItem) throws Exception;
   public E deleteMax() throws Exception;
   public E max() throws Exception;
   public boolean isEmpty();
   public void clear();
}
```

힙 클래스

[코드 8-2]는 앞에서 소개한 힙 객체 디자인과 알고리즘을 자바 코드로 구현한 클래스 Heap<>으로 제네릭 클래스다.

여기서 제네릭 클래스의 기능을 한 가지 더 살펴보자. 제네릭 클래스의 파라미터 부분이 <E> 대신 <E extends Comparable>로 되어 있다. 이것은 파라미터 타입 E는 인터페이스 Comparable을 만족한다는 뜻이다. 이처럼 제네릭 클래스에서 파라미터의 성질을 추가로 제한할 수 있다. 이 예에서 E가 Comparable을 만족한다는 것은 타입 E의 객체들 간 비교가 가능해야 한다는 뜻이다. 인터페이스 Comparable은 앞에서도 설명한 바 있지만 여기서 다시 설명한다.

본문에서 소개한 알고리즘들에서는 연산자 <와 <=을 사용했는데 기초 타입이 아니면 이런 기초 연산자를 사용할 수 없다. 인터페이스 Comparable은 객체끼리 비교하기 위한 인터페이스다. Comparable을 만족하는 클래스는 compareTo()라는 메서드를 구현해서 두 객체를 비교할

수 있게 해야 한다. 객체 x, y를 비교하려면 x.compareTo(y)를 수행한다. 이 메서드의 리턴 값이 음수이면 y가 더 크고, 양수이면 x가 더 크고, 0이면 둘은 같다. 4장에서 객체의 대소 비교에 관해 자세히 설명하였다. 요약하면, 두 객체 x, y를 비교하는 x < y를 수행하고 싶은 경우 x.compareTo(y) < 0를 대신 수행하면 원하는 결과를 얻는다.

Comparable은 패키지 java.lang에 있는 인터페이스다. java.lang은 자바의 기본 패키지로 이 패키지에 있는 것은 따로 import하지 않고 그냥 사용한다. java.util 등과 같은 패키지도 중요한 메서드를 많이 포함하는데 이들은 반드시 명시적으로 import해야 한다.

앞에서도 언급했듯이, 힙의 데이터를 저장하는 배열로 A[]를 사용했다. 일반적으로 이름을 붙이는 관행에서는 벗어나지만 힙에서 사용하는 유일한 배열이라 간명하게 A[]란 이름을 붙였다. 이 장에서 배열이 나오면 무조건 힙을 표현하는 배열이다. 이름은 의미가 드러나도록 붙이는 것이 프로그래밍할 때의 기본 지혜 중 하나지만 여기서는 각 라인이 쉽게 눈에 들어오도록 이를 따르지 않는다.

예를 들어 메서드 percolateUp()의 코드는 다음과 같다.

```
private void percolateUp(int i) {
    parent = (i-1)/2;
    if (parent >=0 && A[i].compareTo(A[parent]) > 0) {
        E tmp = A[i];
        A[i] = A[parent];
        A[parent] = tmp;
        percolateUp(parent);
    }
}
```

여기서 이름에 의미가 드러나도록 배열 이름을 A[] 대신 heapArray[]라고 쓰면 다음과 같다.

heapArray란 이름 때문에 한 줄이 한눈에 잘 들어오지 않는다. 이 장을 통틀어 배열은 단 하나뿐이므로 혼동의 여지도 없다. 그렇지만 이런 부분은 주관적인 취향의 문제이니 강요할 일은 아니다.

```
private void percolateUp(int i) {
    parent = (i-1)/2;
    if (parent >=0 && heapArray[i].compareTo(heapArray[parent]) > 0) {
        E tmp = heapArray[i];
        heapArray[i] = heapArray[parent];
        heapArray[parent] = tmp;
        percolateUp(parent);
    }
}
```

클래스 Heap<>에는 생성자가 2개 있다. 하나는 배열의 크기 arraysize만 파라미터로 받아 배열 A[0...arraysize-1]을 생성하고 힙 사이즈를 0으로 세팅한다. 다른 하나는 바깥에서 배열을 받는 경우인데, 파라미터로 배열 B[]의 레퍼런스와 배열 B[]의 원소 수를 받는다. B의 레퍼런스 값을 레퍼런스 A에 복사하여 배열 A[]가 배열 B[]와 동일한 배열에 바인딩되도록 한다.

배열의 크기는 A.length로 확인할 수 있다. 이것은 자바에서 배열 객체에 지원하는 기능이다. 이를 이용해서 향후 작업이 배열의 경계를 넘는지 체크할 수 있다. 본문에서 알고리즘들에서 사용한 힙의 크기(원소 수) n은 [그림 8-6]의 힙 객체 구조에서 명시한 numItems로 대체되었다. 삽입(insert())이 행해지면 1 증가하고, 삭제(delete())가 행해지면 1 감소한다.

[코드 8-2]는 에러 처리를 위한 Exception 처리를 정식으로 했다. 이전 장들에서는 에러 처리 부분에서 디테일에 신경 쓰지 않도록 /* 에러 처리 */라는 주석으로 처리했었다. 에러 처리는 4장에서 설명한 내용이지만 여기서 다시 한 번 설명하겠다. 메서드 insert()의 예를 보자. 18행에 throws PQException이라고 명시했다. 여기서 throws는 에러 객체를 던지는 부분이 포함되어 있음을 선언하는 자바 키워드이고, PQException은 던질 에러 객체의 타입이다. 이렇게 선언하는 것은 '아마도' 이 메서드 안에서 PQException이란 타입의 '에러 객체'를 생성하겠다는 뜻이다. 이제 메서드 안에서 어떤 에러 상황이 발생할 때 24행과 같이 PQException 객체를 생성해서 던진다. new를 사용했으니 (에러) 객체를 생성하겠다는 것이고, throw는 이를 '던진다'. 이렇게 생성하는 에러 객체는 항상 문자열(String)을 파라미터로 받도록 되어 있어 에러를 특정할 수 있는 무언가를 적어주면 된다. 이 예에서는 24행에서 적은 HeapErr: Insert()-Overflow!가 메시지다. 자바에 내장된 Exception이 아니면 따로 정의해줘야 한다. [코드 8-3]에 클래스 PQException을 정의하였다.

코드 8-2 Heap.java

```java
package heap;

public class Heap<E extends Comparable> implements PQInterface<E> {
    private E[] A;
    private int numItems;

    public Heap(int arraySize) {
        A = (E[]) new Comparable[arraySize];
        numItems = 0;
    }

    public Heap(E[] B, int numElements) {
        A = B; // 배열 레퍼런스 복사
        numItems = numElements;
    }

    // [알고리즘 8-2] 구현: 힙에 원소 삽입하기(재귀 알고리즘 버전)
    public void insert(E newItem) throws PQException {
        // 힙 A[0...numItems-1]에 원소 newItem을 삽입한다(추가한다)
        if (numItems < A.length) {
            A[numItems] = newItem;
            percolateUp(numItems);
            numItems++;
        } else throw new PQException("HeapErr: Insert()-Overflow!");
    }

    // 스며오르기 percolateUp()
    private void percolateUp(int i) {
        // A[i]에서 시작해서 힙 성질을 만족하도록 수선한다
        // A[0...i-1]은 힙 성질을 만족하고 있음
        int parent = (i - 1) / 2;
        if (parent >= 0 && A[i].compareTo(A[parent]) > 0) {
            E tmp = A[i];
            A[i] = A[parent];
            A[parent] = tmp;
            percolateUp(parent);
        }
    }
```

```
// [알고리즘 8-3] 구현: 힙에서 원소 삭제하기
public E deleteMax() throws PQException {
    // 힙 A[0...numItems-1]에서 최댓값을 삭제하면서 리턴한다
    if (!isEmpty()) {
        E max = A[0];
        A[0] = A[numItems - 1];
        numItems--;
        percolateDown(0);
        return max;
    } else throw new PQException("HeapErr: DeleteMax()-Underflow");
}

// 스며내리기 percolateDown()
private void percolateDown(int i) {
    // A[0...numItems-1]에서 A[i]를 루트로 스며내리기
    int child = 2 * i + 1;        // 왼쪽 자식
    int rightChild = 2 * i + 2;  // 오른쪽 자식
    if (child <= numItems - 1) {
        if (rightChild <= numItems - 1 && A[child].compareTo(A[rightChild]) < 0)
            child = rightChild; // 더 큰 자식의 인덱스
        if (A[i].compareTo(A[child]) < 0) {
            E tmp = A[i];
            A[i] = A[child];
            A[child] = tmp;
            percolateDown(child);
        }
    }
}

// [알고리즘 8-4] 구현: 힙 만들기
public void buildHeap() {
    if (numItems >= 2)
        for (int i = (numItems - 2) / 2; i >= 0; i--)
            percolateDown(i);
}
```

```
    // [알고리즘 8-5] 구현: 힙의 최댓값 구하기
    public E max() throws PQException {
        if (!isEmpty()) {
            return A[0];
        } else throw new PQException("HeapErr: Max()-Empty!");

    }

    // [알고리즘 8-6] 구현: 힙이 비었는지 확인하기
    public boolean isEmpty() { // 힙이 비어있는지 알려준다
        return numItems == 0;
    }

    // [알고리즘 8-7] 구현: 힙 비우기
    public clear() {
            A = (E[]) new Object[A.length];
            numItems = 0;
        }
}
```

코드 8-3 PQException.java

```
package heap;
public class PQException extends Exception {
    public PQException(String msg) {
        super(msg);
    }
}
```

[코드 8-4]는 클라이언트에서 클래스 `Heap<>`을 사용하는 예다. 크기 5인 힙 배열을 생성하고 `insert()` 5회, `delete()` 1회, `insert()` 1회를 수행한 다음, `insert(20)`을 시도하면서 오버플로우가 나는 예다.

`PQException` 객체를 생성해서 던지는 `insert()`를 호출하는 클라이언트에서는(여기서는 `main()`) 이 에러 발생에 대비해서 `try-catch` 구조로 처리한다. `try()` 안에 수행할 코드를 넣고 거기서 수행하는 동안 `Exception` 에러가 나면(그 안에 포함된 메서드가 `PQException` 객체

를 던지면) 수행을 중단하고 catch로 넘어간다. ❶의 e는 넘어온 PQException 타입의 객체다. PQException 타입의 객체는 getMessage()라는 메서드를 지원하는데 이 메서드는 Exception 객체를 생성할 때 적어놓은 메시지를 리턴한다. e.getMessage()를 프린트하면 이 넘어온 메시지가 프린트된다. 수행 결과 프린트되는 내용은 다음과 같다.

코드 8-4 클래스 Heap의 사용 예

```
Heap<Integer> h = new Heap<>(5);
try {
        h.insert(1);
        h.insert(10);
        h.clear();
        h.insert(30);
        h.insert(10);
        h.insert(30);
        h.insert(20);
        h.insert(40);
        h.deleteMax();
        h.insert(1);
        h.insert(3);   // 여기서 PQException
        h.deleteMax();
} catch (PQException e) {
      ❶ String msg = e.getMessage();
        System.out.println(msg);
}
```

```
HeapErr: Insert()-Overflow!
```

03 힙 수행 시간

힙의 작업들을 수행할 때 가장 자주 하는 작업은 두 원소를 비교하는 일이다. 이 일이 수행 시간을 결정한다. 원소 비교 횟수를 기준으로 수행 시간을 살펴보자.

힙 크기가 n이라고 하면 힙 만들기(buildHeap())에 Θ(n) 시간이 든다. '얼핏 O(nlogn) 시간이 들지 않을까'라는 생각이 들 수 있다. 여기서는 직관적으로 이유를 설명하는 정도로만 정리한다. [알고리즘 8-2]의 buildHeap()의 수행 시간은 각 percolateDown()의 소요 시간을 합한 것이다. percolateDown()은 두 자식의 값 중에서 큰 값을 찾아 자신의 값과 비교한다. 그러므로 한 레벨에서 원소 비교를 두 번 한다. percolateDown()에 소요되는 최대 비교 횟수는 해당 서브 트리의 높이와 비례한다. buildHeap()은 맨 뒤에서부터 노드를 훑어가면서 percolateDown()을 하는데, 전체의 반은 리프 노드라 아예 시간을 쓰지 않고 스킵한다. 이런 것이 대략 n/2개다. 그다음 대략 n/4개의 노드는 높이가 2인 서브 트리의 루트가 되어 원소 비교 횟수가 최대 2가 된다. 그다음 대략 n/8개의 노드는 높이가 3인 서브 트리의 루트라 최대 4번 비교한다. 이런 식으로 대부분의 노드가 전혀 비교를 하지 않거나 극히 작은 횟수로 비교한다. 힙의 높이인 logn에 비례하는 시간이 드는 케이스의 수는 매우 작다. 원소 비교 횟수와 경우의 수를 곱해 가중 평균해보면 Θ(n)이 된다.

힙에 원소를 삽입하는 작업(insert())은 A[n]에서 시작하는 한 번의 스며오르기(percolateUp())가 전부이므로 O(logn) 시간이 든다. 리프 노드에서 시작해서 자신의 부모와 비교하는 일을 반복한다. 최악의 경우에는 이 비교가 루트 노드까지 올라갈 수 있어 logn의 시간이 든다. 운이 좋으면 한 번만 비교하고 바로 끝날 수도 있다(Θ(1)). 따라서 삽입 시간은 O(logn)으로 표기한다.

힙에서 원소를 삭제하는 작업(deleteMax())은 A[0]에서 시작하는 한 번의 스며내리기(percolateDown())가 전부이므로 O(logn) 시간이 든다. 스며내리기가 리프 노드 가까이까지 가면 logn에 비례하는 시간이 들고, 중간에 멈추면 logn보다 적은 시간이 들어 O(logn)으로 표기한다. 운이 아주 좋으면 몇 번 내려가지 않아 멈출 수도 있다. 힙의 모든 원소가 동일하면 맨 위 레벨에서 비교하는 작업만 하고 바로 끝나 상수 시간(Θ(1))이 든다.

연습문제

01 최대 힙에서는 가장 큰 원소가 항상 루트에 있다. 즉, 루트의 깊이가 가장 얕다. 임의의 최대 힙에서 더 얕은 곳에 있는 원소가 더 깊은 곳에 있는 원소보다 더 작은 값을 가질 수 있는가?

02 최대 힙 A[0...n-1]에서 A[0]는 항상 가장 큰 값을 갖고 있다. 반대로 마지막 원소인 A[n-1]은 항상 가장 작은 값을 갖는가?

03 임의의 배열 A[0...n-1]을 힙으로 만드는 buildHeap() 알고리즘에서 총 n개의 원소 중 루트의 자격으로 스며내리기를 할지 알아보지 않고 그냥 넘어가는 원소(힙의 노드) 수는 정확하게 몇 개인가?

04 배열 A[0...n-1]을 대상으로 하는 스며내리기 알고리즘에서 최악의 경우에 해당하는 시간과 최선의 경우에 해당하는 시간은 어떻게 되는가? Θ-표기로 나타내시오.

05 힙인 상태에서 원소 삭제는 루트 노드만 대상으로 한다. 다른 경우는 존재하지 않는다. 테스트 목적으로 힙의 맨 마지막 원소를 삭제하는 작업을 요구한다면 간단한 일인가?

06 어떤 학생이 다음과 같은 질문을 했다. "buildHeap() 알고리즘에서는 아래쪽에서부터 시작해서 스며내리기를 반복하는데 만약 반대 방향으로 하면 어떤가요?(즉, 위쪽에서부터 시작해서 스며오르기를 반복)" 이렇게 해도 힙이 만들어진다. 이 방법은 본문에 제시한 방법에 비해 더 효율적인가? 점근적 시간으로 말하시오.

07 n개의 원소로 이루어진 최대 힙에서 임의의 원소 값이 증가했을 때 O(log n) 시간에 이를 반영해서 힙을 수선할 수 있다. 어떻게 하면 되는지 그 과정을 기술하시오.

Chapter

09

정렬

학습목표

- 정렬 알고리즘의 분류를 이해한다.
- 원시적인 정렬 알고리즘의 구조와 원리를 이해한다.
- 고급 정렬 알고리즘의 구조와 원리를 이해한다.
- 특수한 조건이 만족될 때 적용할 수 있는 아주 빠른 정렬 알고리즘의 조건과 원리를 이해한다.
- 정렬 알고리즘의 자바 구현을 연습한다.

01 정렬이란

정렬은 원소들을 순서대로 배열하는 것이다. 크기가 작은 순으로 정렬하기도 하고, 크기가 큰 순으로 정렬하기도 한다. 몇 가지 예를 들어보자. 학기말에 성적을 부여하기 전에 학생들의 점수를 합산한 다음 점수가 높은 순으로 정렬한다. 학교에서 학생들을 생년월일순으로 정렬해서 번호를 부여하기도 한다. PC의 폴더에서 파일을 알파벳순으로 보여주려면 먼저 파일 이름으로 정렬해야 한다. 이처럼 정렬해야 할 예는 차고 넘친다. 숫자, 이름, 단어, 코드 등도 서로 크기만 비교할 수 있으면 정렬이 가능하다.

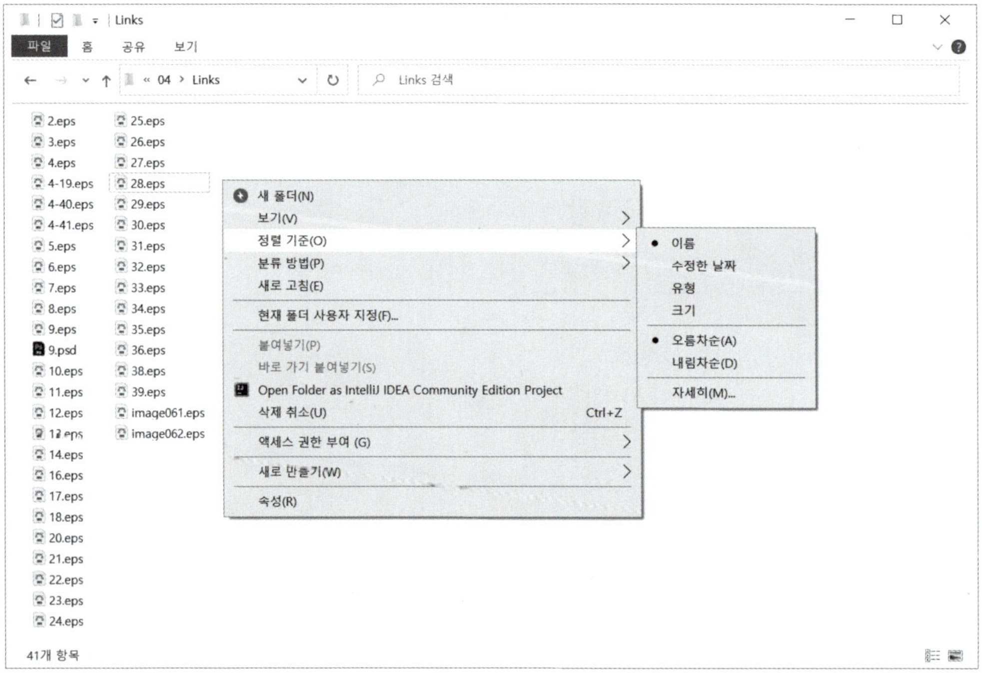

그림 9-1 생활 속 정렬

정렬은 그 자체로도 매우 중요한 주제이지만 알고리즘의 설계와 분석, 생각하는 방법 등을 훈련하기에 좋은 구성 요소를 많이 갖고 있다. 알고리즘 분야에서 사용하는 여러 핵심 기술이 정렬에 포함되어 있어 정렬을 잘 이해하면 다른 주제를 이해하는 데 큰 도움이 된다.

이 장에서 소개하는 정렬 알고리즘은 수행 시간에 따라 대략 세 그룹으로 나뉜다. 첫째는 기초적인 정렬 알고리즘으로 주로 $\Theta(n^2)$의 시간이 소요되는 기본적인 정렬 알고리즘 그룹이고, 그다음은 주로 Θ(nlogn)의 시간이 소요되는 고급 정렬 알고리즘 그룹이다. 남은 하나는 원소들이 특수한 성질을 만족할 때 주로 Θ(n) 시간이 소요되는 정렬 알고리즘 그룹이다. 이 장에서 정렬하고자 하는 원소들은 항상 배열 A[0...n-1]에 저장된 상태로 시작한다.

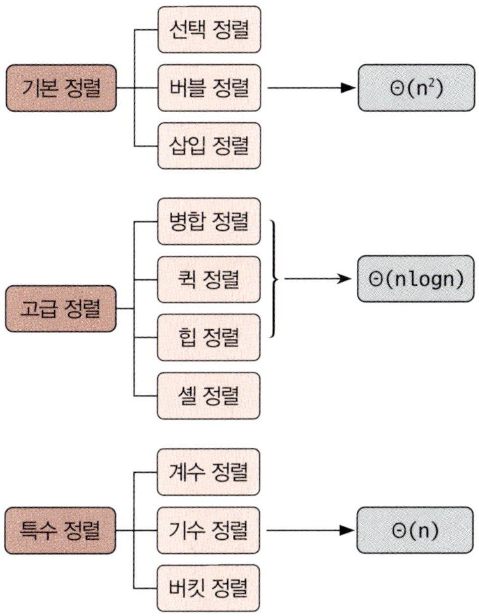

그림 9-2 이 장에서 소개하는 정렬 알고리즘과 평균 성능

02 기본 정렬 알고리즘

1 선택 정렬

선택 정렬Selection Sort은 아마 이 장에서 배우는 정렬 알고리즘 중에서 가장 이해하기 쉬울 것이다. 우선 배열 A[0...n-1]에서 가장 큰 원소를 찾아 배열의 맨 끝자리 원소 A[n-1]과 자리를 바꾼다. 그러면 방금 맨 끝자리로 옮긴 원소(가장 큰 원소)는 자기 자리를 찾았으므로 정렬이 끝날 때까지 그 자리를 지키면 된다. 즉, 가장 오른쪽에 자리 잡은 원소에 관해서는 정렬이 끝났다. 이제 이 원소를 제외한 나머지 원소들인 A[0...n-2]를 대상으로 같은 작업을 반복하면 된다. 선택 정렬 알고리즘은 [알고리즘 9-1]과 같다.

알고리즘 9-1 선택 정렬

```
selectionSort(A[], n):              ◀ 배열 A[0...n-1]을 정렬한다
    ❶ for last ← n-1 downto 1
        ❷ A[0···last] 중 가장 큰 수 A[k]를 찾는다
        ❸ A[k] ↔ A[last]           ◀ A[k]와 A[last]의 값을 교환한다
```

위 알고리즘의 입력은 배열 A[0...n-1]이다. ❶에서 변수 last는 정렬할 배열의 끝 경계를 나타낸다. 처음에는 n-1로 시작하므로 정렬은 A[0...n-1]로 시작한다. 가장 큰 수를 찾아 맨 오른쪽에 자리 잡을 때마다 last는 1씩 줄어든다. ❶의 for 루프는 정렬할 배열의 크기를 한 번에 하나씩 줄여나가는 역할을 한다. 즉, 맨 처음에는 배열의 크기가 n으로 시작되고 그다음 루프에서는 n-1(정렬할 배열은 A[0...n-2]가 된다), 그다음 루프에서는 n-2(정렬할 배열은 A[0...n-3]이 된다)와 같은 식으로 계속 작아진다. 마지막에는 크기 2인 배열 A[0···1]의 두 원소가 남는다. 이 중 큰 원소를 A[1]에 놓고 나면 A[0]에는 제일 작은 원소가 자리 잡게 되어 정렬이 끝난다.

만약 앞의 알고리즘에서 n=1이면 어떤 일이 일어날까? 하나의 원소 A[0]가 입력이다. ❶의 for 루프는 last가 n-1에서 시작해서 1까지 감소하면서 반복된다. 그런데 시작에서 last가 0

이 되므로 1보다 작다. 이때는 `for` 루프를 한 번도 수행하지 않고 지나간다. 프로그래밍 언어들이 `for` 문을 처리하는 규칙도 이와 동일하다. 즉, `A[0]` 하나로 정렬을 요구하면 아무 일도 하지 않고 그냥 끝낸다.

[그림 9-3]은 10개의 원소로 이루어진 배열 `A[0…9]`에서 선택 정렬을 수행하는 과정이다.

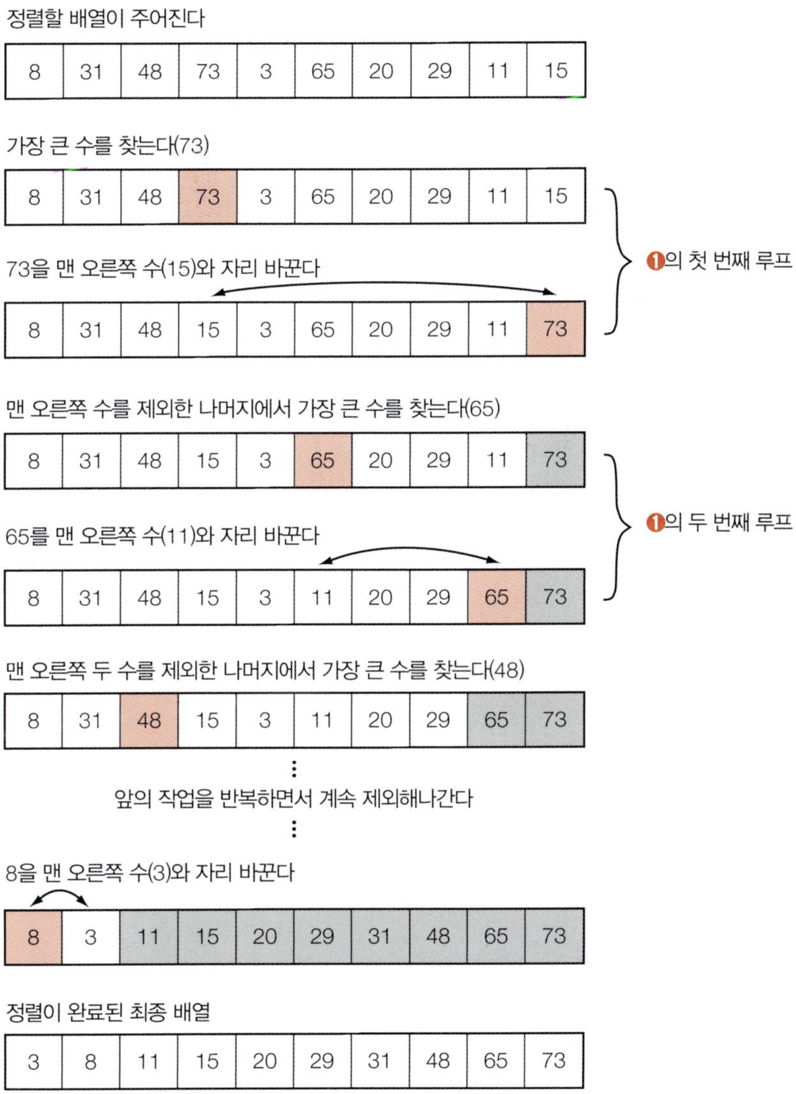

그림 9-3 선택 정렬의 작동 과정을 보이는 예

[그림 9-3]에서 먼저 가장 큰 원소를 찾으면 73이다. 이것을 맨 뒷자리의 원소 15와 자리를 바꾼다. 73은 어떻게 정렬해도 맨 끝자리에 위치하므로 제자리를 찾은 것이다. 이제 맨 뒷자리에 있는 73을 제외하고 9개의 원소로 정렬의 범위를 좁힌다. 남은 원소 9개 중 가장 큰 것은 65다. 이것을 맨 뒷자리, 즉 73 바로 앞자리에 있는 원소 11과 자리를 바꾼다. 이제 65도 제자리를 찾았다. 제자리를 찾은 두 원소를 제외하면 8개의 원소가 남는다. 이 8개의 원소로 앞에서 한 것과 같은 작업을 반복하다 마지막에 남은 두 원소 8과 3을 자리 바꾸면 정렬이 끝난다. 그림에서 회색으로 표시된 원소는 관심 대상에서 제외한 원소 즉, 정렬이 끝난 원소를 뜻한다. 맨 오른쪽 자리부터 시작해서 정렬이 끝난 원소가 하나씩 늘어나는 것을 볼 수 있다.

선택 정렬의 수행 시간을 살펴보자. 여기서 수행 시간을 좌우하는 작업은 두 수를 비교하는 작업이다. '두 수를 비교하는 작업을 몇 번 하는가'가 선택 정렬의 점근적 수행 시간 척도가 된다.

선택 정렬의 수행 시간은 모든 경우에 $\Theta(n^2)$이다. [알고리즘 9-1]에서 우선 ❶의 for 루프는 n-1번 순환한다. ❸은 단순히 두 수를 교환하는 것이므로 상수 시간이 든다. ❷는 각 부분 배열에서 가장 큰 수를 찾는 작업이므로 시간은 부분 배열의 크기에 비례한다(크기가 k인 배열에서 가장 큰 수를 찾는 데는 k-1번의 비교가 필요하다). 부분 배열의 크기는 ❶의 for 루프에서 n부터 시작하여 2까지 감소한다. 그러므로 두 수를 비교하는 총 횟수는 $(n-1)+(n-2)+\cdots+2+1=n(n-1)/2$이다. 이것은 최고차항이 2차인 함수이므로 $\Theta(n^2)$이다. [알고리즘 9-1]을 일반적인 형태로 좀 더 자세히 기술해보자. [알고리즘 9-2]는 [알고리즘 9-1]보다 복잡해 보이지만 가장 큰 수를 찾는 부분과 원소 교환 부분을 풀어서 쓴 것뿐이다.

알고리즘 9-2 선택 정렬 2

```
selectionSort2(A[], n):    ◀ 배열 A[0...n-1]을 정렬한다
    for last ← n-1 downto 1
        k ← theLargest(A, last)    ◀ A[0...last] 중 가장 큰 수 A[k]를 찾는다
        tmp ← A[k]; A[k] ← A[last]; A[last] ← tmp  ◀ A[k]와 A[last]를 교환한다

theLargest(A[], last):    ◀ A[0...last]에서 가장 큰 수의 인덱스를 리턴한다
    largest ← 0
    for i ← 1 to last
        if (A[i] > A[largest])
            largest ← i
    return largest
```

앞에서 선택 정렬 알고리즘을 두 가지 방식으로 기술하였다. 첫 번째는 작동 원리를 서술적으로 간략히 기술하였고, 두 번째는 이를 좀 더 기호적으로 자세히 기술하였다. 흔히, 알고리즘은 두 번째 경우처럼 기호적으로 자세히 기술하는 것이 좋다고 생각하는 경향이 있는데 그런 습관을 버리길 권한다. 애매하지만 않으면 간명한 것이 좋다. 핵심을 이해하고 나면 그것을 구현하는 자질구레한 코드들은 부차적인 것이다. "`A[0…last]` 중 가장 큰 수 `A[k]`를 찾는다"를 구현하는 작업이 전혀 애매하지 않은 사람에게는 이런 간명한 표현이 더 효과적이다. 이런 의미에서 [알고리즘 9-2]와 같은 스타일보다 [알고리즘 9-1]과 같은 스타일을 권장한다.

2 버블 정렬

버블 정렬Bubble Sort도 선택 정렬과 유사한 아이디어에 기반한다. 선택 정렬처럼 제일 큰 원소를 끝자리로 옮기는 작업을 반복하되 제일 큰 원소를 오른쪽으로 옮기는 방법이 다르다.

[알고리즘 9-3]은 버블 정렬 알고리즘이다.

알고리즘 9-3 버블 정렬

```
bubbleSort(A[], n): ◀ A[0...n-1]을 정렬한다
    ❶ for last ← n-1 downto 1
        ❷ for i ← 0 to last-1
            ❸ if (A[i] > A[i+1])
                A[i] ↔ A[i+1]  ◀ 원소를 교환한다
```

알고리즘은 크게 2개의 `for` 루프로 이루어져 있다. 첫 번째 `for` 루프, 즉 ❶의 `for` 루프는 선택 정렬의 `for` 루프와 역할이 똑같다. 루프를 돌 때마다 제일 큰 원소를 맨 오른쪽으로 보내고 정렬할 배열의 크기를 하나씩 줄인다. 안쪽의 `for` 루프(❷의 `for` 루프)가 하는 일은 가장 큰 원소를 맨 오른쪽으로 보내는 것이다. 이 부분이 선택 정렬과 다르다. 선택 정렬이 가장 큰 수를 찾아서 가장 오른쪽 수와 바꾸는 반면, 버블 정렬은 왼쪽부터 한 칸씩 이동하면서 이웃한 두 수를 비교해서 순서가 제대로 되어 있지 않으면 바꾼다. 이 부분 때문에 버블 정렬이 선택 정렬보다 느리다. 크기 십만인 배열로 정렬해보면 버블 정렬이 선택 정렬보다 5배 정도 느리다. ❷의 `for` 루프에서 원소 교환이 한 번도 일어나지 않는지를 체크하는 태그를 두면 대체로 더 빨라지는데 여기서는 단순한 버전으로 한다.

[그림 9-4]는 10개의 원소로 이루어진 배열에서 버블 정렬을 수행하는 과정이다. 제일 큰 원소를 맨 오른쪽으로 보내는 과정을 살펴보자.

먼저 맨 앞의 두 수 3과 31이 크기 순서로 되어 있는지 비교한다. 크기 순서로 되어 있으므로 그대로 둔다. 한 칸 오른쪽으로 이동해 31과 그다음 수 48을 비교한다. 크기 순서로 되어 있으므로 그대로 둔다. 이어서 48과 그다음 수 73을 비교한다. 역시 크기 순서로 되어 있으므로 그대로 둔다. 이어 73과 그다음 수 8을 비교한다. 이 둘은 크기 순서로 되어 있지 않으므로 서로 자리를 바꾼다. 이어 오른쪽으로 한 칸 옮긴 73과 그다음 수 11을 비교한다. 크기 순서로 되어 있지 않으므로 자리를 바꾼다. 이어 73과 그다음 수 20을 비교해 크기순으로 되어 있지 않으므로 자리를 바꾼다. 이런 식으로 73이 한 칸씩 자리를 바꾸면서 결국 맨 오른쪽으로 간다. 73은 어떤 정렬을 해도 맨 끝자리에 위치하므로 제자리를 찾은 것이다. 결국 선택 정렬처럼 가장 큰 수를 맨 오른쪽으로 보냈지만 보내는 과정이 다르다.

이제 맨 뒷자리에 있는 73을 대상에서 제외하고 남은 9개의 원소로 정렬 범위를 좁혀 앞에서 한 작업을 반복한다. 이런 식으로 작업을 반복하다 마지막에 남은 두 원소 3과 8을 비교하고 크기순으로 되어 있으므로 그대로 두면서 정렬이 끝난다.

버블 정렬도 선택 정렬처럼 두 수를 비교하는 작업이 시간을 좌우한다. 버블 정렬의 수행 시간도 선택 정렬처럼 모든 경우에 $\Theta(n^2)$이다. [알고리즘 9-3]에서 우선 ❶의 for 루프는 n-1번 순환한다. ❸은 단순히 두 수를 비교하고 필요에 따라 교환하는 것이므로 상수 시간이 든다. ❷는 각 부분 배열에서 가장 큰 수를 찾는 작업이므로 시간은 부분 배열의 크기에 비례한다(크기가 k인 배열에서는 두 수를 비교하는 작업을 k-1번 한다). 부분 배열의 크기는 ❶의 for 루프에서 n부터 시작하여 2까지 감소한다. 그러므로 수를 비교하는 총 횟수는 $(n-1)+(n-2)+\cdots+2+1=n(n-1)/2$이다. 이것은 최고차항이 2차인 함수이므로 $\Theta(n^2)$이다. 이처럼 버블 정렬과 선택 정렬은 아이디어도 비슷하고 점근적 수행 시간도 동일하다.

❷의 for 루프에서 원소 교환이 한 번도 일어나지 않는지를 체크하는 태그를 두면, 버블 정렬의 수행 시간은 최악의 경우 $\Theta(n^2)$, 최선의 경우 $\Theta(n)$이 된다.

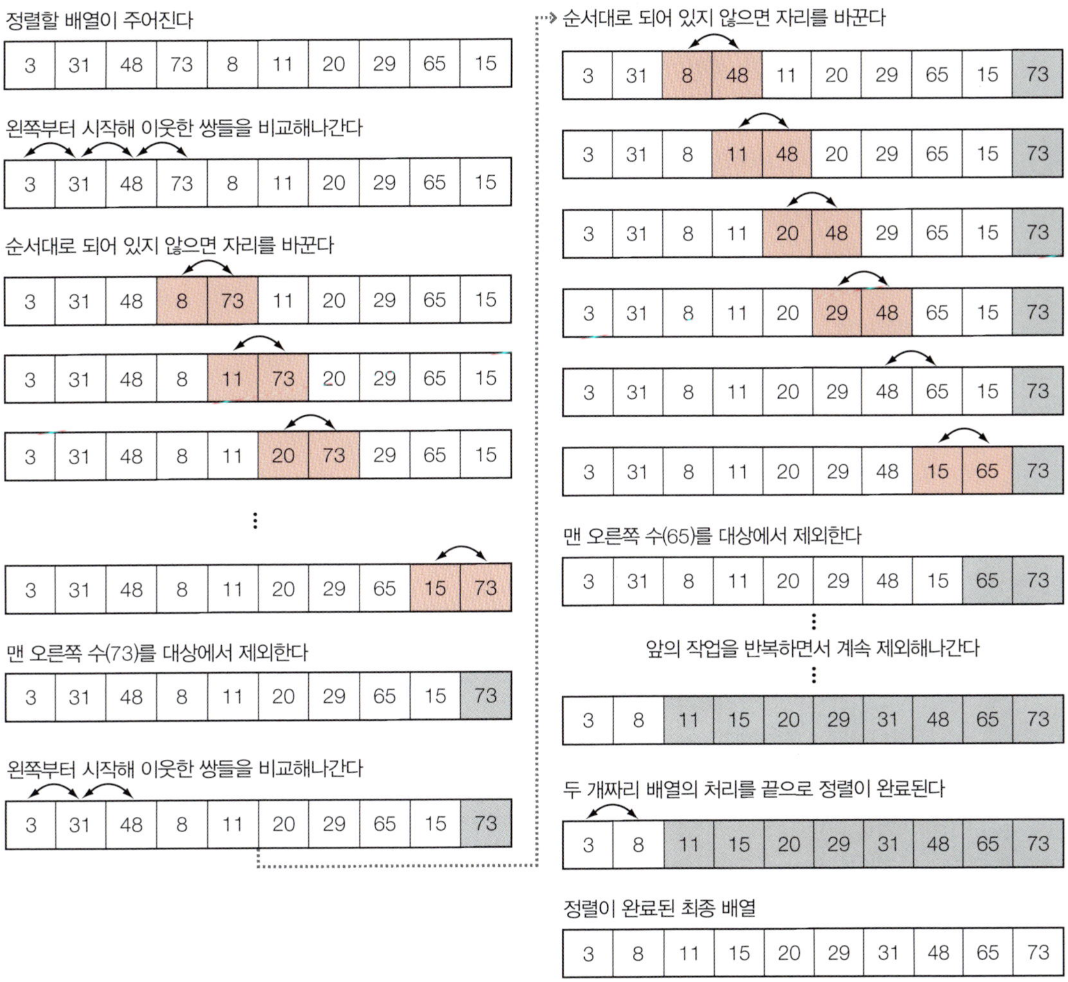

그림 9-4 버블 정렬의 작동 과정을 보이는 예

3 삽입 정렬

삽입 정렬Insertion Sort은 선택 정렬 · 버블 정렬과 정반대로 착상한 정렬이다. 선택 정렬과 버블 정렬은 '정렬되지 않은' 배열의 크기를 n부터 시작하여 하나씩 '줄이는데', 삽입 정렬은 '정렬된 배열'의 크기를 1에서 시작하여 하나씩 '늘린다.' 삽입 정렬의 핵심 작업은 이미 정렬된 i개짜리 배열에 하나의 원소를 더하여 정렬된 i+1개짜리 배열을 만드는 과정이다.

[그림 9-5]는 삽입 정렬의 작동 과정 중 한 단계를 나타낸다. (a)는 앞에서부터 5개까지는 정렬되어 있는 중간의 한 시점이다. 배열에서 색칠된 부분까지는 이미 정렬되어 있다. (b)는 여기서 바로 다음의 수(11)를 제자리에 끼워 넣는 작업을 하여 정렬된 6개짜리 배열을 얻은 상태다. 이 과정에서 끼어들어간 수보다 큰 수들은 한 칸씩 오른쪽으로 밀린다(31, 48, 73이 이에 해당한다). 이런 작업을 맨 앞에서부터 반복해가는 것이 삽입 정렬이다. 한 번 반복할 때마다 정렬된 배열의 크기는 1씩 증가한다.

그림 9-5 삽입 정렬의 작동 과정을 보이는 예

[알고리즘 9-4]는 삽입 정렬 알고리즘이다.

알고리즘 9-4 삽입 정렬

```
insertionSort(A[], n):    ◀ A[0...n-1]을 정렬한다
    ❶ for i ← 1 to n-1
        ❷ A[0…i]의 적합한 자리에 A[i]를 삽입한다
```

❶의 for 루프는 문제의 크기를 하나씩 키워나가는 역할을 한다. 이 알고리즘에서 A[i]에 관심을 두는 시점, 즉 ❷를 수행하기 직전 시점에 A[0...i-1]은 항상 정렬되어 있다.

❷를 수행하고 나면 A[i]까지 정렬된다. 즉, 이미 정렬된 A[0…i−1]과 원소 A[i]를 받아 정렬된 배열 A[0…i]를 만든다. A[i]가 A[i−1]보다 크면 A[i]는 A[0…i−1]에 있는 모든 원소보다 크므로 A[i]는 그냥 제자리에 두면 된다. 그렇지 않으면 A[i−1]부터 시작해 왼쪽으로 차례로 훑으면서 A[i]가 들어갈 자리를 찾는다. A[i]가 들어가는 자리부터 시작해서 이후의 원소들은 한 칸씩 오른쪽으로 밀려난다.

[알고리즘 9−4]를 일반적인 형태로 좀 더 자세하게 기술해보자. [알고리즘 9−5]는 좀 더 복잡해 보이지만 [알고리즘 9−4]를 풀어서 쓴 것뿐이다.

알고리즘 9-5 삽입 정렬 2

```
insertionSort2(A[], n): ◀ A[0...n-1]을 정렬한다
    ❶ for i ← 1 to n-1
          j ← i-1
          newItem ← A[i]
          ◀ 이 지점에서 A[0...i-1]은 이미 정렬된 상태다
      ❷ while (0 ≤ j and newItem < A[j])
              A[j+1] ← A[j] ◀ 좌시프트
              j--
          A[j+1] ← newItem
```

삽입 정렬의 수행 시간을 살펴보자. ❶의 for 루프와 ❷의 while 루프를 제외하면 모두 상수 시간 작업들이다. 따라서 이 두 루프와 관련한 순환 횟수가 시간을 좌우한다. while 루프의 순환 횟수가 두 수를 비교하는 횟수와 비례하므로 삽입 정렬 역시 두 수를 비교하는 작업이 시간을 좌우한다. 우선 ❶의 for 루프는 n−1번 순환한다. 매 for 루프에서 ❷의 while 루프는 최대 i−1번 순환한다. 가장 운이 좋으면 A[i]가 제자리에 그대로 있게 되어 while 루프는 한 번도 수행되지 않는다(비교 횟수는 1회). 가장 운이 나쁘면 A[i]가 A[0] 자리에 들어가게 되어 i−1번의 순환이 필요하다(비교 횟수는 i회). 그러므로 최악의 경우 수행 시간은 $1+2+...+(n-1)=n(n-1)/2$이다. 이것은 최고차항이 2차인 함수이므로 $\Theta(n^2)$이다. 보통의 경우, A[0...i−1]에서 평균적으로 절반 정도를 훑고 끝낼 것이다. 그러므로 전체 비교 횟수는 최악의 경우에 비해 절반 정도 될 것이다. 이 경우에도 상수 배밖에 차이가 나지 않아 여전히 최고차항이 2차인 함수이므로 $\Theta(n^2)$이다.

삽입 정렬은 최악의 경우 $\Theta(n^2)$ 시간이 드는 비효율적인 정렬 알고리즘 군에 속하지만 배열이 거의 정렬된 상태로 입력된다면 가장 매력적인 알고리즘이 된다. 배열이 완전히 정렬된 채로 입력된다면 ❷의 `while` 루프는 한 번도 수행되지 않으므로(단 한 번의 원소 비교로 끝난다) ❶의 `for` 루프를 한 번 순환할 때마다 상수 시간이 소요된다. ❶의 `for` 루프는 n−1번 순환되므로 총 $\Theta(n)$의 시간이 든다. 배열이 거의 정렬되어 있을 때도 ❷의 삽입이 매우 수월해져 $\Theta(n)$에 가까운 시간이 든다. 이런 매력 때문에 많은 지능적인 프로그래머들이 다른 정렬을 사용하는 경우에도 상황에 따라 삽입 정렬을 섞어서 쓴다. 즉, 사전 작업으로 거의 정렬된 형태에 가깝게 만든 다음 삽입 정렬을 수행하면 진행이 굉장히 빨라진다. 이 아이디어를 적용한 것이 뒤에 나오는 셸 정렬이다. 셸 정렬은 삽입 정렬과 비교할 수 없이 빠르다.

정리하면, 삽입 정렬은 최악의 경우와 평균적인 경우에 $\Theta(n^2)$ 시간이 들고, 최선의 경우에는 $\Theta(n)$ 시간이 든다. 앞에 아무 수식어를 붙이지 않고 단순히 삽입 정렬의 수행 시간을 말한다면 $O(n^2)$이라고 말해야 한다.

삽입 정렬은 앞에서 소개한 선택 정렬이나 버블 정렬보다는 빠르다. 필자가 십만 개의 원소를 임의로 생성해서 정렬해본 결과, 삽입 정렬은 선택 정렬보다 3배 정도 빠르고, 버블 정렬보다 14배 정도 빨랐다.

삽입 정렬에는 고등학교에서 배우는 수학적 귀납법의 원리가 바깥에 그대로 드러나 있다. 먼저 배열의 크기가 1일 때는(`A[0]`) 정렬되어 있다(정렬할 것이 없다). 왼쪽에 크기 k인 배열이 정렬되어 있다면(`A[0…k-1]`) ❷의 적절한 삽입에 의해서 크기가 k+1인 배열도 정렬된다(`A[0…k]`가 정렬된다). 이것으로 삽입 정렬은 올바르게 정렬한다는 것이 귀납적으로 증명된다.

03 고급 정렬 알고리즘

앞 절에서는 평균 $\Theta(n^2)$ 시간이 소요되는 기본 정렬 알고리즘을 소개하였다. 이 절에서는 병합 정렬, 퀵 정렬, 힙 정렬, 셸 정렬의 4개 정렬 알고리즘을 소개하는데 모두 $\Theta(n^2)$에 많이 못 미치는 시간이 소요된다. 병합 정렬과 힙 정렬은 최악의 경우에도 $\Theta(n\log n)$ 시간이, 퀵 정렬은 최악의 경우에 $\Theta(n^2)$ 시간이 소요된다. 셸 정렬은 $O(n^{1.25})$ 정도의 시간이 소요된다. 이 중 퀵 정렬은 최악의 경우 때문에 성능이 가장 나빠 보일 수 있으나 평균 성능은 매우 빨라 실무에서 많이 사용된다.

1 병합 정렬

병합 정렬MergeSort은 먼저 입력을 반으로 나눈다. 이렇게 나눈 전반부와 후반부를 각각 독립적으로 정렬한다. 마지막으로 정렬된 두 부분을 합쳐서, 즉 병합하여 정렬된 배열을 얻는다. 여기서 전반부를 정렬할 때도 역시 반으로 나눈 다음 정렬해서 병합한다. 즉, 원래의 정렬 문제와 성격이 똑같고 단지 크기만 반으로 줄었을 뿐이다. 후반부에 대한 정렬도 마찬가지다. 요약하면, 병합 정렬은 '원래 크기를 절반으로 나눈 문제를 2개 푼 다음, 이들을 병합'하는 작업을 재귀적으로 반복한다.

[알고리즘 9-6]은 병합 정렬 알고리즘이다. 먼저 배열을 이등분하기 위해 중간 지점을 계산한다(❶). 그런 다음 전반부와 후반부를 각각 독립적으로 정렬한다(❷와 ❸). 마지막으로 정렬된 전반부와 정렬된 후반부를 병합하여 하나의 정렬된 배열을 만든다(❹). 배열 `A[0...n-1]`을 정렬하고자 할 때 최초의 호출은 `mergeSort(A, 0, n-1)`이다.

[그림 9-6]은 병합 정렬의 작동 과정을 최상위 레벨에서 보이는 예다. [알고리즘 9-6]의 ❶~❹에 대응되는 부분을 그림에서 똑같은 기호를 써서 표시하였다. 그림의 ❷, ❸ 부분에 대한 정렬은 크기만 반으로 줄었을 뿐 똑같은 원리에 따라 재귀적으로 수행된다.

알고리즘 9-6 병합 정렬

```
mergeSort(A[], p, r):                         ◀ A[p...r]을 정렬한다
    if (p < r)
        ❶ q ← ⌊(p+r)/2⌋                       ◀ p, r의 중간 지점을 계산한다
        ❷ mergeSort(A, p, q)                  ◀ 전반부 정렬
        ❸ mergeSort(A, q+1, r)                ◀ 후반부 정렬
        ❹ merge(A, p, q, r)                   ◀ 병합

merge(A[], p, q, r):
    정렬된 두 배열 A[p...q]와 A[q+1...r]을 합쳐
    정렬된 하나의 배열 A[p...r]을 만든다
```

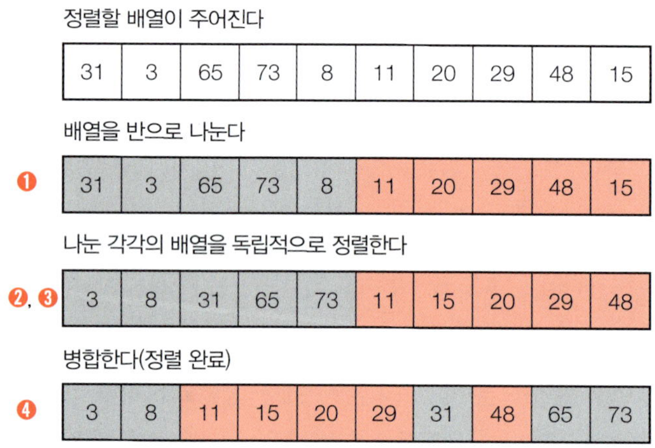

그림 9-6 병합 정렬의 작동 과정을 보이는 예

[알고리즘 9-6]의 함수 merge()를 좀 더 구체적으로 기술한 것이 [알고리즘 9-7]이다. 병합 정렬의 본체 코드보다 길지만 하는 일은 단순하다. 이미 정렬된 두 부분의 배열인 A[p...q]와 A[q+1...r]을 합쳐서 정렬된 배열 A[p...r]을 만든다. 변수 i는 왼쪽 부분 배열에서 남아 있는 것 중 맨 앞에 있는 것을 가리키는 핑거 변수이고, j는 오른쪽 부분 배열에서 똑같은 일을 하는 핑거 변수다.

알고리즘 9-7 병합 알고리즘

```
merge(A[], p, q, r):
◀ A[p...q]와 A[q+1...r]을 병합하여 A[p...r]을 정렬된 상태로 만든다
◀ A[p...q]와 A[q+1...r]은 이미 정렬되어 있다
    i ← p; j ← q+1; t ← 0
    while (i ≤ q and j ≤ r)
        if (A[i] ≤ A[j]) tmp[t++] ← A[i++] ◀ 의미: tmp[t] ← A[i]; t++; i++;
        else tmp[t++] ← A[j++]             ◀ 의미: tmp[t] ← A[j]; t++; j++;
    while (i ≤ q)         ◀ 왼쪽 부분 배열이 남은 경우
        tmp[t++] ← A[i++]
    while (j ≤ r)         ◀ 오른쪽 부분 배열이 남은 경우
        tmp[t++] ← A[j++]
    i ← p; t ← 0
    while (i ≤ r)         ◀ 결과를 A[p...r]로 복사한다
        A[i++] ← tmp[t++]
```

[그림 9-7]은 [그림 9-6]에서 병합이 이루어지는 과정을 나타낸다. 그림에서 i, j, t, p, q, r은 알고리즘 merge()에서 사용한 변수를 그대로 나타낸 것이다. 알고리즘이 진행됨에 따라 각 변수가 변하는 과정을 함께 보여주고 있다. 경쟁해서 원소 하나를 배열 tmp[]로 옮길 때마다 i 또는 j가 오른쪽으로 한 칸 이동하는 것을 볼 수 있다. 변수 t는 병합된 결과물을 저장하는 배열 tmp[]에서 다음으로 옮겨오는 원소를 받을 장소를 가리킨다.

병합 정렬의 수행 시간은 Θ(nlogn)이다. 최악, 평균, 최선의 모든 경우에 Θ(nlogn)이다. 간단히 귀납적 관점에서 살펴보자. 병합 정렬은 비교 횟수를 기준으로 해도 결과는 바뀌지 않으나 비교 횟수보다 더 잦은 작업이 있다. 바로 원소를 옮기는 작업이다. [알고리즘 9-7]의 배열 A[]에서 배열 tmp[]로 원소를 모두 옮기는 작업 1회, 이렇게 만들어진 배열 tmp[]에서 배열 A[]로 옮기는 작업 1회가 필요하다. 즉, 배열 A[0...n-1]을 대상으로 병합한다면 A[]의 모든 원소를 임시 배열 tmp[]로 옮긴 다음 tmp[]에서 A[]로 도로 옮기므로 어떤 경우든 2n번 이동이 일어난다. 비교 횟수를 기준으로 분석하면 이때는 2n 대신 n/2~n−1이 된다. 점근적 분석 결과는 다 똑같지만 시간을 지배하는 작업을 하나 정한다면 이동 횟수로 해야 한다. 크기 n인 배열을 병합 정렬로 처리하는 시간을 T(n)이라고 하면 다음과 같이 쓸 수 있다.

$$T(n) = 2T(\frac{n}{2}) + 2n$$

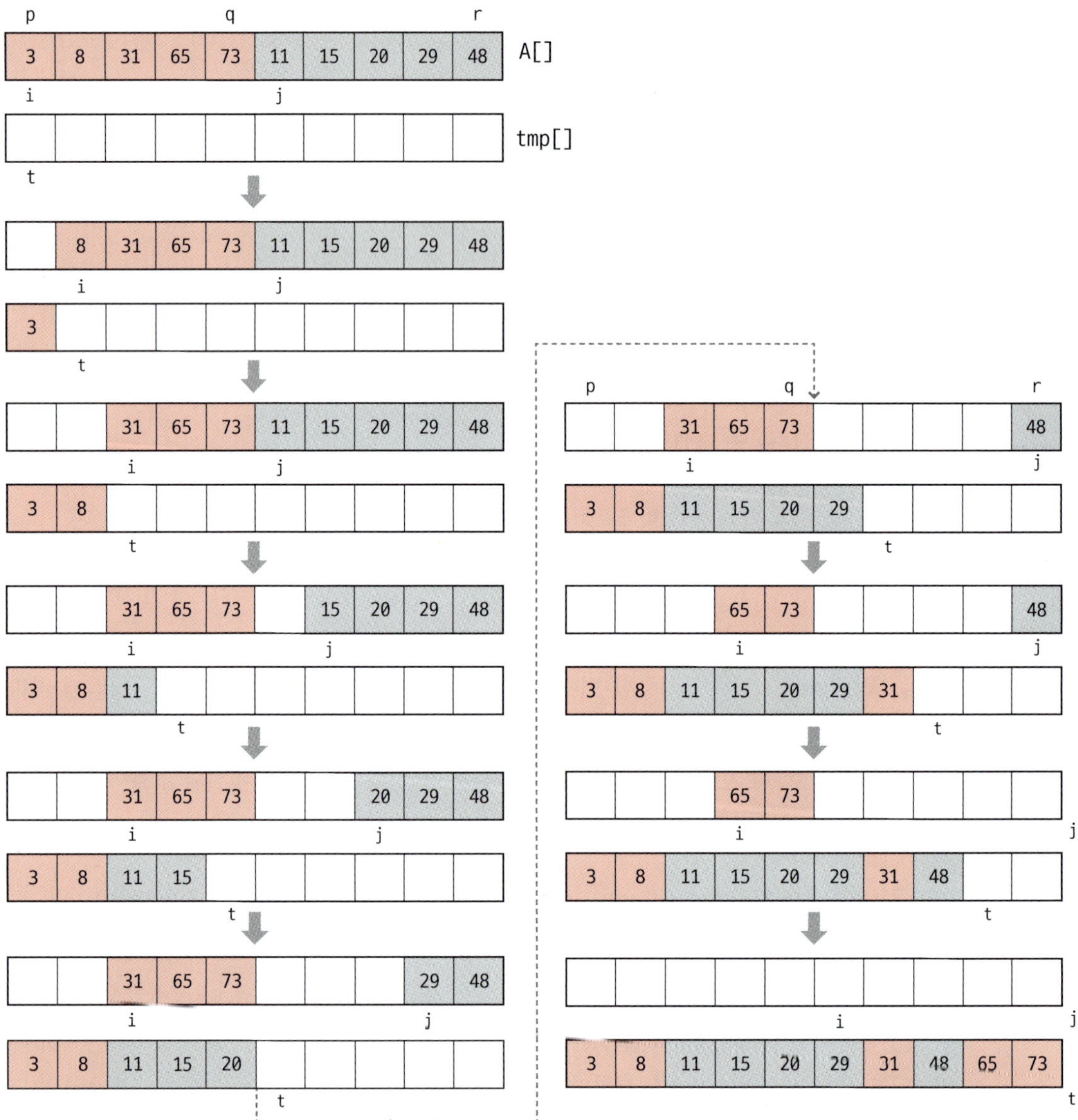

그림 9-7 병합 과정을 보이는 예

이런 분석에서는 일반성을 잃지 않고 $n = 2^k$이라고 가정해도 된다. 그 이유를 대략 설명하면 다음과 같다. n에 관한 지수함수나 계승함수 같은 것이 아니면 $n = 2^k$과 $2n = 2^{k+1}$에 대해 복잡도 함수 값이 상수 배 차이밖에 안 난다. 점근적 복잡도 분석에서 상수 배 차이는 영향을 미치지 않는다. 그래서 점근적 복잡도는 동일하다. 시간 복잡도 함수는 입력 값의 크기가 증가할 때 감소하지 않는 함수이므로 그 사이에 있는 모든 $2^k \le n \le 2^{k+1}$에 대하여 점근적으로 동일하게 된다. 이런 이유로 $n=2^k$로 놓아도 일반성을 잃지 않는다.

크기 n인 병합 정렬 문제는 자기 크기의 반인 문제 2개를 풀고 나머지 최대 2n의 오버헤드를 감수하면 된다. 이 식을 전개해보면 다음과 같다. 어떤 입력이 들어와도 동일하다.

$$
\begin{aligned}
T(n) &= 2T(\frac{n}{2}) + 2n \\
&= 2(2T(\frac{n}{4}) + n) + 2n = 2^2T(\frac{n}{2^2}) + 2 \cdot 2n \\
&= 2^2(2T(\frac{n}{2^3}) + \frac{n}{2}) + 2 \cdot 2n = 2^3T(\frac{n}{2^3}) + 3 \cdot 2n \\
&\cdots \\
&= 2^kT(1) + k \cdot 2n \\
&= n \cdot c + 2n \log n \quad \blacktriangleleft \text{ c: 상수} \\
&= \Theta(n \log n)
\end{aligned}
$$

병합 정렬이 제대로 정렬한다는 것을 수학적 귀납법으로 증명할 수 있다.

정리 1

[알고리즘 9-6]의 병합 정렬은 제대로 정렬한다.

▶▶ **증명** 정렬하고자 하는 원소의 수 n에 대한 수학적 귀납법으로 증명하자. 이 설명을 위해 병합 정렬 알고리즘을 다시 써보자.

```
mergeSort(A[], p, r):
◀ A[p...r]을 정렬한다
   ❶ if (p < r)
         q ← ⌊(p+r)/2⌋;         ◀  p, r의 중간 지점을 계산한다
      ❷ mergeSort(A, p, q);     ◀ 전반부 정렬
      ❸ mergeSort(A, q+1, r);   ◀ 후반부 정렬
      ❹ merge(A, p, q, r);      ◀ 병합

merge(A[], p, q, r)
     정렬된 두 배열 A[p...q]와 A[q+1...r]을 합쳐
     정렬된 하나의 배열 A[p...r]을 만든다.
```

정렬하고자 하는 원소의 총 수를 n이라 하자(n = r - p + 1이다).

- mergeSort()는 n = 1 또는 n = 0이면 ❶의 비교 후 아무 일도 하지 않고 바로 알고리즘을 끝낸다. n = 1이면 원소가 하나이므로 제대로 정렬한다고 말할 수 있다. n = 0이면 정렬할 원소가 없으므로 이때도 '논리적으로' 제대로 정렬한다고 말할 수 있다.
- n보다 작은 모든 문제에 대해 mergeSort()가 제대로 정렬한다고 가정하자.
- 문제 크기 n일 때 병합 정렬이 호출되면 ❷, ❸을 호출하는데 이들은 모두 크기가 n보다 작은 문제이므로 귀납적 가정에서 각각 제대로 정렬한다고 했다. 이 두 결과를 받은 ❹의 merge()는 정렬된 두 배열을 합쳐서 하나의 정렬된 배열로 만드는 일을 하므로 전체 배열은 정렬된다.

그러므로 병합 정렬은 0 이상의 모든 n에 대해 제대로 정렬한다.

병합 정렬의 약점

병합 정렬은 이론적으로 보면 완벽한 Θ(nlogn)을 보장하는 알고리즘이지만 병합 과정에서 주어진 배열 A[]에 더하여 같은 크기의 보조 배열 tmp[]가 필요하다. 이 보조 배열 tmp[]는 병합 결과를 임시로 저장한 다음, 다시 배열 A[]로 되써준다. 주어진 배열 이외에 추가로 공간을 사용하지 않는 정렬을 내부 정렬In-Place sorting이라 하는데, 병합 정렬은 내부 정렬이 아니다. 이것이 병합 정렬의 가장 큰 단점이다. 즉, 보조 배열 tmp[]로 병합했다가 다시 배열 A[]로 되써주는 과정에 시간 낭비도 생긴다.

보조 배열로 인해 추가 공간이 필요하다는 점은 피할 수 없다. 그렇지만 배열 tmp[]로 병합했다가 A[]로 되써주는 과정은 개선할 수 있다. 즉, 배열 A[]와 배열 tmp[]가 주 배열과 보조 배열의 역할을 매번 바꾸면서 요령 있게 정렬을 할 수 있다. 필자가 이 방법으로 실험해본 결과, 크기 백만일 때는 평균 25%, 크기 일억일 때는 평균 15% 정도 빨라진다.

2 퀵 정렬

앞서 배운 병합 정렬이 먼저 재귀적으로 작은 문제를 해결한 다음 후처리를 하는 데 반해, 퀵 정렬은 선행 작업을 한 다음 재귀적으로 작은 문제를 해결하면서 바로 끝난다. 퀵 정렬QuickSort은 기준 원소를 하나 잡아 기준 원소보다 작은 원소와 큰 원소 그룹으로 나누어 기준 원소의 좌우로 분할한 다음 각각을 정렬하는 방법이다. 평균적으로 좋은 성능을 보여 현장에서 많이 쓰인다.

[그림 9-8]은 퀵 정렬의 예다. 첫째 줄에 정렬해야 할 10개의 원소를 가진 배열이 주어졌다. 아무 원소나 기준 원소로 삼아도 상관없는데 여기서는 맨 뒤에 있는 원소인 15를 기준 원소로 삼았다.

(a)에서는 기준 원소인 15를 중심으로 이보다 작은 원소들을 15의 왼쪽에, 나머지 원소들을 15의 오른쪽에 재배치한다. 이 결과 8, 11, 3은 15의 왼쪽에, 31, 48, 20, 29, 65, 73은 15의 오른쪽에 오도록 재배치되었다.

(b)에서 왼쪽의 원소 3개와 오른쪽의 원소 6개를 각각 독립적으로 정렬한다. 왼쪽의 3개 원소를 정렬할 때 15의 자리는 영향을 받지 않는다. 오른쪽의 6개 원소를 정렬할 때도 역시 15의 자리는 영향을 받지 않는다. 즉, 기준 원소 15는 왼쪽과 오른쪽의 정렬을 시작하기 전에 이미 제자리를 찾은 것이다. 왼쪽과 오른쪽의 정렬이 끝나는 순간 전체 배열의 정렬이 끝난다. 왼쪽과 오른쪽의 정렬에는 퀵 정렬을 재귀적으로 사용하면 된다.

그림 9-8 퀵 정렬의 작동 예

분할할 때 기준 원소와 같은 원소는 아무 쪽에나 두어도 되는데 대소 비교의 부등호를 선택하는 것에 따라 한쪽으로 모이게 된다. 이 책에서는 오른쪽으로 모은다.

[알고리즘 9-8]은 퀵 정렬 알고리즘이다. 재귀 알고리즘인데 최초의 호출은 `quicksort(A, 0, n-1)`이다.

알고리즘 9-8 퀵 정렬

```
quickSort(A[], p, r):     ◀ A[p...r]을 정렬한다
    ❶ if (p < r)
        ❷ q ← partition(A, p, r)       ◀ 분할
        ❸ quickSort(A, p, q-1)         ◀ 왼쪽 부분 배열 정렬
        ❹ quickSort(A, q+1, r)         ◀ 오른쪽 부분 배열 정렬

partition(A[], p, r):
    배열 A[p...r]의 원소들을 기준 원소인 A[r]과의 상대적 크기에 따라
    양쪽으로 재배치하고, 기준 원소가 자리한 위치를 리턴한다
```

기준 원소를 중심으로 양쪽으로 나누고 나서(❷) 2개의 퀵 정렬을 재귀적으로 호출하고 있다(❸, ❹).

병합 정렬은 먼저 두 부분의 배열을 재귀적으로 정렬한 다음 두 배열을 합병했다. 즉, 큰 문제와 작은 문제의 관계를 처리하는 부분이 뒤쪽에 있다. 퀵 정렬은 먼저 크기가 섞이지 않는 두 배열로 나누어놓고 양쪽 배열을 재귀적으로 정렬한다. 즉, 큰 문제와 작은 문제의 관계를 처리하는 부분이 앞쪽에 있다.

기준 원소를 중심으로 분할하는 방법에는 여러 가지가 있다. 특별히 비효율적이지 않은 한 양쪽으로 나누어지기만 하면 어떤 방법을 쓰더라도 문제없다. 대표적인 분할 방법은 [알고리즘 9-9]와 같다.

알고리즘 9-9 분할 알고리즘

```
partition(A[], p, r):
    x ← A[r]                      ◀ 기준 원소
    i ← p-1                       ◀ i는 1구역의 끝 지점
    for j ← p to r-1              ◀ j는 3구역의 시작 지점
        if (A[j] < x)
            A[++i] ↔ A[j]        ◀ i값 증가 후 A[i]와 A[j]를 교환한다
    A[i+1] ↔ A[r]                ◀ 기준 원소와 2구역 첫 원소를 교환한다
    return i+1
```

[알고리즘 9-9]의 분할 알고리즘 작동 원리를 예를 통해서 살펴보자. [그림 9-9]는 [그림 9-8]과 동일한 배열을 사용해서 분할하는 예다. 배열의 맨 끝에 있는 15를 기준 원소로 잡는다. 목표는 15보다 작은 원소는 15의 왼쪽에, 15보다 크거나 같은 원소는 15의 오른쪽에 오도록 원소들을 재배치하는 것이다. 알고리즘은 배열을 다음의 네 구역으로 나누어 관리한다.

- **1구역**: 15보다 작은 원소들(그림에서 ■로 표시)
- **2구역**: 15보다 크거나 같은 원소들(그림에서 ■로 표시)
- **3구역**: 아직 정해지지 않은 원소들(그림에서 □로 표시)
- **4구역**: 15 자신(그림에서 ●로 표시)

3구역에 있는 원소를 차례로 하나씩 보면서 1구역 또는 2구역에 포함시킨다. 변수 i는 1구역의 끝을 가리킨다. 변수 j는 3구역의 시작 부분을 가리킨다. 즉, 아직 보지 않은 원소 중 가장 앞에 있는 것을 가리킨다. 따라서 2구역은 이들의 사이, 즉 1구역의 끝 바로 다음부터 3구역 시작 원소 바로 앞까지이므로 2구역을 표시하기 위해서 변수를 따로 둘 필요는 없다. 처음에는 아직 아무 원소도 보지 않았으므로 15를 제외한 모든 원소가 3구역에 속한다. for 루프를 한 번 돌 때마다 원소를 하나씩 보므로, 보지 않은 원소의 시작 위치를 나타내는 j는 항상 1씩 증가한다.

각각의 for 루프에서는 3구역의 첫 번째 원소(A[j])를 15와 비교해 15보다 크거나 같은 경우에는 2구역에 포함시켜야 하므로 2구역이 한 칸 넓어져야 한다. 이 경우에는 따로 해줄 일이 없다. for 루프가 한 번 돌았으므로 j가 '자동으로' 1 증가한다. i 값의 변동 없이 j가 1 증가하므로 2구역이 한 칸 넓어진다. (a)와 같이 각 구역이 {8}, {31, 48}, {73, 11, …, 65}, {15}로 나누어져 있는 상황에서 for 루프를 한 번 돌면 73이 15보다 크므로 그냥 두면 j가 저절로

1 증가하여 2구역이 한 칸 넓어진다. 즉, (b)에서 각 구역이 {8}, {31, 48, 73}, {11, …, 65}, {15}로 됨을 볼 수 있다.

만약 A[j]가 15보다 작으면 1구역에 속하는 원소이므로 1구역이 한 칸 넓어져야 한다. i값을 1 증가시킨 다음 2구역의 첫 번째 원소와 3구역의 첫 번째 원소를 바꾼다. j값은 for 루프가 한 바퀴 돌았으므로 당연히 1 증가한다. i와 j가 같이 1씩 증가하므로 1구역만 한 칸 넓어진다. (b)의 상황에서 시작한 for 루프는 11을 만나게 되는데, 15보다 작으므로 11과 31이 자리 바꾸고 i가 1 증가하면서 1구역이 한 칸 넓어져 (c)에서 각 구역이 {8, 11}, {48, 73, 31}, {3, …, 65}, {15}로 됨을 볼 수 있다.

3구역을 다 소진하고 나면 이제 마지막 처리만 남는다. 맨 아래에서 둘째 줄에 있는 (d)가 그 상태다. 2구역의 첫 번째 원소(73)와 15를 바꾸면 (e)처럼 {8, 11, 3}, {15}, {31, 48, …, 65, 73}이 되어 분할이 끝난다. for 루프가 모두 끝나면 보지 않은 원소가 없으므로 3구역은 없어진다. 리턴 값은 15가 위치한 장소, 즉 p+3이 된다.

이해를 돕기 위해 [알고리즘 9-9]에서 발견할 수 있는 몇 가지 성질을 정리하면 다음과 같다.

- for 루프가 한 바퀴 돌 때마다 3구역이 한 칸씩 줄어든다. (j가 1 증가)
- for 루프가 한 바퀴 돌 때마다 1구역 또는 2구역 중 하나가 한 칸 늘어난다.
- 2구역이 늘어날 때는 j만 1 증가한다. for 루프가 한 바퀴 돌 때마다 자동으로 j는 1 증가하므로 2구역을 늘리기 위해서는 아무 일도 할 필요가 없다.
- 1구역이 늘어날 때는 i와 j가 동시에 1 증가한다.

퀵 정렬의 수행 시간은 평균 $\Theta(n\log n)$이다. 최악의 경우는 한쪽이 아예 없고 다른 쪽에 다 몰리도록 분할되는 일이 계속 반복되는 경우다. 이 경우 시간이 $\Theta(n^2)$이 된다. 이렇게 한쪽이 완전히 비지 않아도 분할이 대부분 극심하게 균형이 맞지 않으면 시간은 역시 $\Theta(n^2)$이 된다. 즉, 한쪽이 완전히 비거나 이에 근접한 상태가 반복되면 이런 비효율적인 시간이 나온다. 이런 불운한 경우가 반복될 확률은 낮지만 가끔 발생한다. 어떨 때 이런 상황이 발생하는지 생각해보면 퀵 정렬에 대한 통찰을 기르는 데 도움이 될 것이다. 평균 수행 시간 분석은 가능한 모든 입력에 대해 소요되는 시간을 평균하는 것인데 고급 분석 기법에 속한다. 알고리즘 책이라면 반드시 다루어야 할 주제이나 여기서는 이 정도로 마무리한다. 퀵 정렬이 제대로 정렬한다는 것을 수학적 귀납법으로 증명할 수 있다.

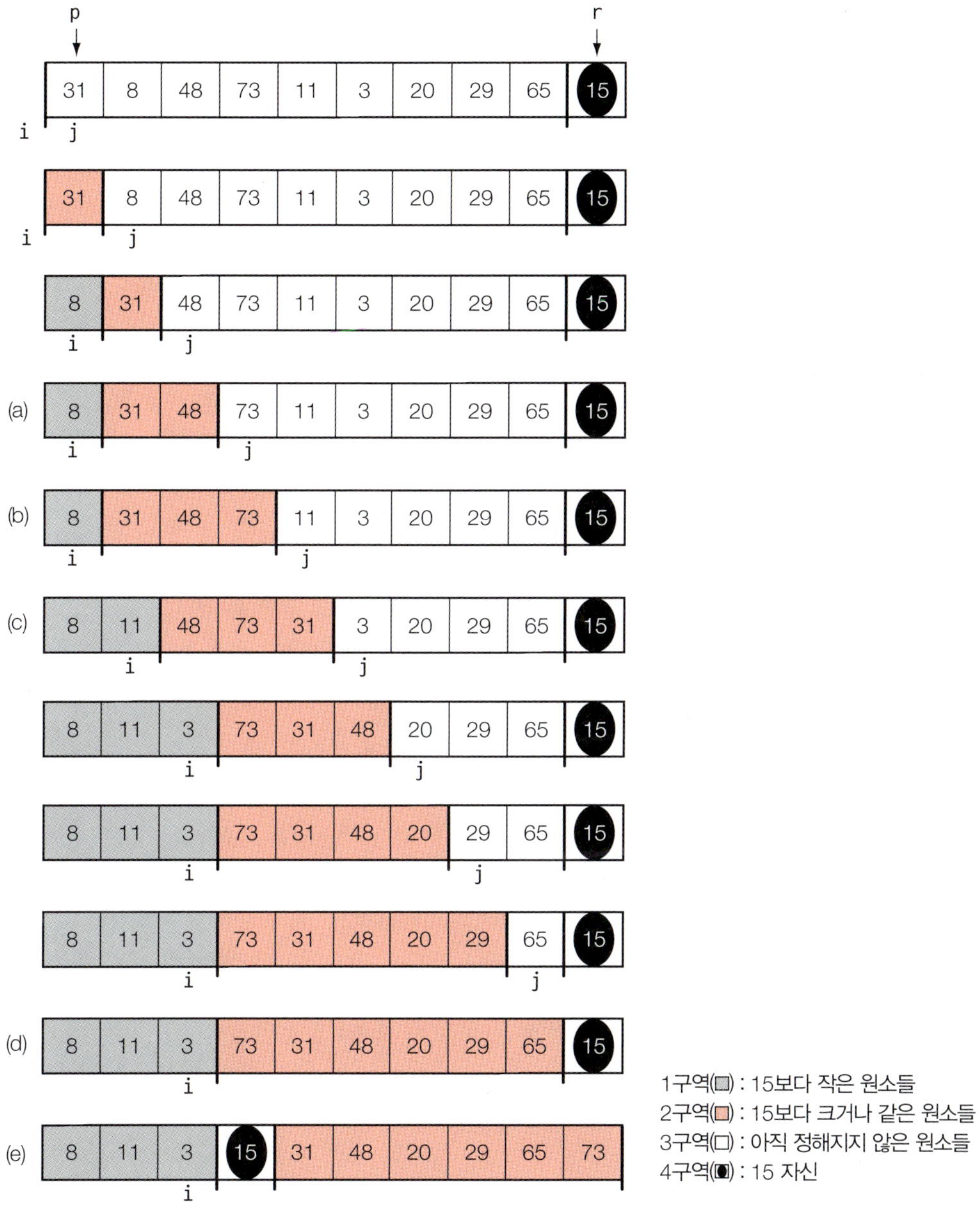

그림 9-9 분할의 작동 과정을 보이는 예

정리 2

[알고리즘 9-8]의 퀵 정렬은 제대로 정렬한다.

▶▶ **증명** 정렬하고자 하는 원소의 수 n에 대한 수학적 귀납법으로 증명하자. 이 설명을 위해 퀵 정렬 알고리즘을 다시 써보자.

```
quickSort(A[], p, r):
◀ A[p...r]을 정렬한다.
    ❶ if (p < r)
        ❷ q ← partition(A, p, r)  ◀ 분할
        ❸ quickSort(A, p, q-1)    ◀ 왼쪽 부분 배열 정렬
        ❹ quickSort(A, q+1, r)    ◀ 오른쪽 부분 배열 정렬
```

정렬하고자 하는 원소의 총 수는 n=r-p+1이다.

- n=1 또는 n=0이면 ❶의 비교 후 아무 일도 하지 않고 바로 알고리즘을 끝낸다. n=1이면 원소가 하나인 상태이므로 제대로 정렬한다고 말할 수 있다. n=0이면 정렬할 원소가 없으므로 이때도 '논리적으로' 제대로 정렬한다고 말할 수 있다.
- 크기가 n보다 작은 모든 문제에 대해 quickSort()가 제대로 정렬한다고 가정하자.
- 문제 크기 n일 때 퀵 정렬이 호출되면 ❸, ❹를 호출하는데 이들은 모두 크기가 n보다 작은 문제이므로 귀납적 가정에 의해 각각 제대로 정렬된다. 이들은 각각의 퀵 정렬 직전에 ❷의 분할을 통해 기준 원소보다 작은 것은 기준 원소 왼쪽에, 기준 원소보다 크거나 같은 것은 기준 원소 오른쪽으로 분할했으므로 ❸에서 정렬된 모든 원소는 ❹에서 정렬된 모든 원소보다 작다. 이 결과로 전체 배열은 '정렬된 왼쪽 원소들<기준 원소 ≤ 정렬된 오른쪽 원소들'이 되므로 정렬된 상태가 된다.

그러므로 퀵 정렬은 0 이상의 모든 n에 대해 제대로 정렬한다.

퀵 정렬이 아주 나쁜 경우

퀵 정렬은 매우 빨라 필드에서 가장 선호하는 정렬 알고리즘이다. 최악의 경우 $\Theta(n^2)$ 시간이 드는 단점이 있지만 그런 일은 자주 일어나지 않는다. 이런 일은 입력이 이미 정렬되어 있거

나 거의 정렬되어 있는 경우에만 일어난다. 역순으로 정렬되어 있을 때도 마찬가지다. 이 경우에는 분할이 항상 최악의 경우를 만난다. 이런 경우는 잘 발생하지 않지만 굳이 방지하고 싶다면 기준 원소를 잡을 때 맨 앞의 원소나 맨 뒤의 원소로 잡지 말고, 임의로 한 원소를 고르면 된다. 이에 맞추어 분할 알고리즘을 조금 바꿔주면 된다.

또 한 가지 퀵 정렬의 성능이 좋지 않은 경우가 있는데, 동일한 원소가 많이 존재하는 경우다. 입력의 모든 원소가 동일한 극단적인 경우라면 이미 정렬되어 있는 것처럼 분할의 균형이 항상 최악이 된다. 모든 원소가 동일하지 않더라도 중복이 무시하지 못할 정도로 있으면 그에 비례해서 성능이 떨어진다. 필자가 실험해본 결과, 크기 일억인 정렬에서 각 원소가 평균 100개씩 중복되면 시간이 1.7배 정도로 늘어나고, 평균 1,000개씩 중복되면 시간이 무려 7배로 늘어난다. 퀵 정렬을 진행하다 보면 같은 원소들은 덩어리로 모이는데 알고리즘은 이 사실을 알지 못한 채 분할을 시도한다. 덩어리의 크기가 `k`이면 `0:k-1`로 분할된다. 이런 식의 분할이 반복되어 이 덩어리를 부분 정렬하는 데 $\Theta(k^2)$의 시간이 소요된다. 이 문제는 간단한 방법으로 개선할 수 있다. 분할 알고리즘에서 기준 원소와 동일한 원소를 만나면 양쪽에 골고루 나누어주도록 변경하면 된다. [연습문제 17]에 이에 관한 문제가 있다.

3 힙 정렬

앞에서 소개한 정렬 알고리즘들은 모두 원소를 저장하고 있는 배열을 대상으로 정렬했다. 이번 절에서 소개하는 힙 정렬HeapSort은 힙 자료구조를 사용해서 정렬한다는 점이 좀 색다르다. 8장에서 배운 힙도 배열을 이용하기는 하는데, 배열을 힙 자료구조 관점에서 취급했었다.

힙 정렬은 8장에서 배운 것들을 잘 조합하면 된다. 배열 `A[0...n-1]`이 주어지면 먼저 `buildHeap()`으로 힙을 만든다. 이후 원소를 하나씩 제거하면서 `percolateDown()`으로 수선해주면 된다. 하나씩 빼주면서 차례대로 저장하면 정렬이 된다.

다음은 주어진 배열 `A[0...8]`로 힙 정렬을 하는 과정의 예다.

(a) 주어진 배열 A[0...8], 즉 완전 이진 트리다. 힙 특성은 만족하지 않는 상태다.

(b) 이를 힙으로 수선한 결과다(buildHeap()의 결과).

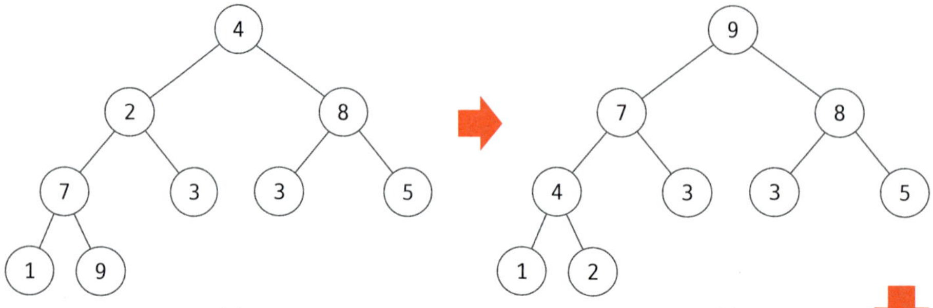

(a) (b)

(c) 마지막 원소(A[8]=2)와 루트(9)를 교환하고 A[8]이 관심 대상에서 빠진다(회색으로 표시). 여기서 맨 마지막 자리에 안착한 값 9는 전체에서 가장 큰 값이다. 따라서 A[0...8]의 정렬 결과 A[8] 자리에 갈 것이므로 제자리를 잡은 것이다.

(d) (c)의 루트로부터 스며내리기한 결과다. 루트에 있던 2가 두 단계의 맞바꾸기를 통해 맨 아래로 내려갔다. 그 결과 루트에는 8이 올라왔다. 남은 것 중에 제일 큰 값이 항상 이렇게 루트로 온다. 스며내리기가 이렇게 맨 아래까지 가는 경우도 있고, 중간에서 끝나는 경우도 있다.

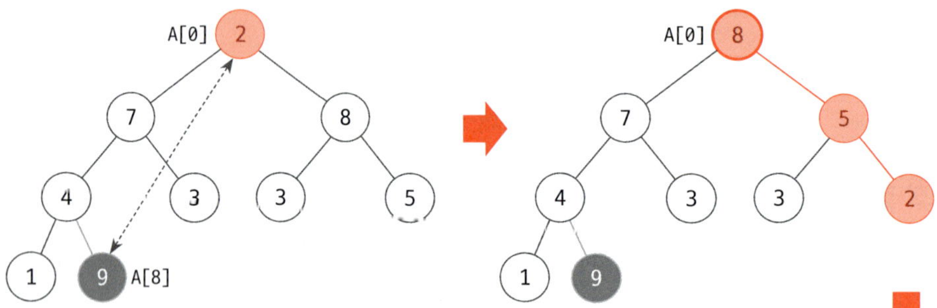

(c) (d)

(e) 루트 값 8을 맨 마지막 원소(A[7] = 1)와 맞바꾸고 A[7]이 관심 대상에서 빠진다. 루트 값이 1이 되었다.

(f) (e)의 루트로부터 스며내리기한 결과다. 루트에 있던 1이 두 번의 맞바꾸기를 통해 리프 노드까지 내려가고(그 아래에 있는 두 회색 노드는 관심 대상에서 빠졌으므로 제외함), 루트에는 7이 올라왔다.

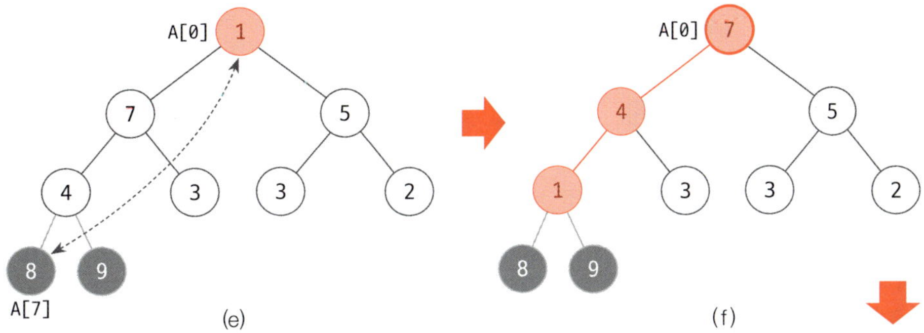

(g) 마지막 원소(A[6] = 2)와 루트(7)를 교환하고 A[6]이 관심 대상에서 빠졌다. 루트 값은 2가 되었다.

(h) (g)의 루트로부터 스며내리기한 결과다. 루트에 있던 2가 두 번의 맞바꾸기를 통해 리프 노드까지 내려가고, 루트에는 5가 올라왔다.

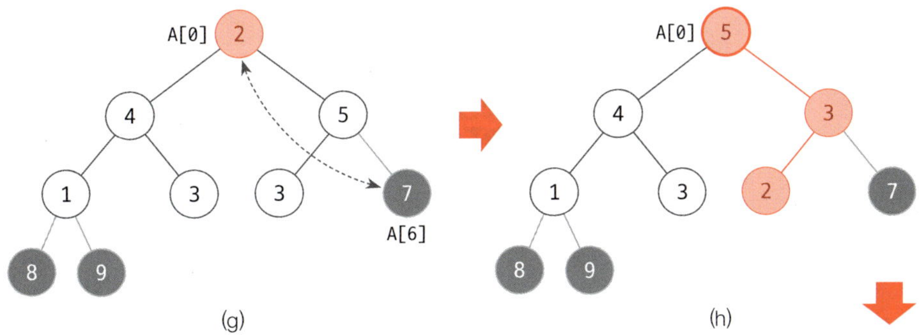

(i) 마지막 원소(A[5] = 2)와 루트(5)를 교환하고 A[5]가 관심 대상에서 빠졌다. 루트 값은 2가 되었다.

(j) (i)의 루트로부터 스며내리기한 결과다. 루트에 있던 2가 두 번의 맞바꾸기를 통해 리프 노드까지 내려가고, 루트에는 4가 올라왔다.

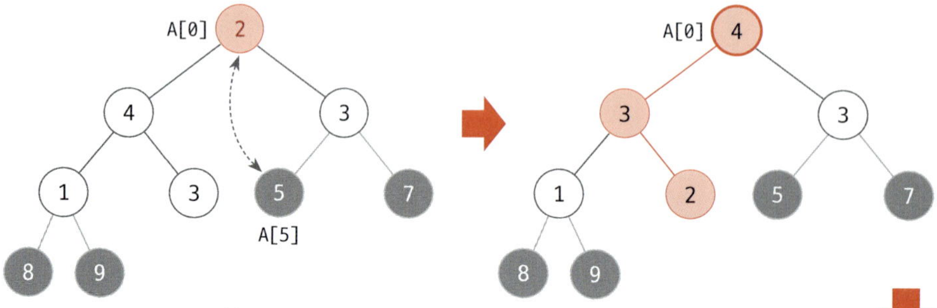

(i) (j)

(k) 마지막 원소(A[4]=2)와 루트(4)를 교환하고 A[4]가 관심 대상에서 빠졌다. 루트 값은 2가 되었다.

(l) (k)의 루트로부터 스며내리기한 결과다. 루트에 있던 2가 한 번의 교환 후 더 내려가지 않고 멈췄다. 교환 결과 3이 루트로 올라왔다. 스며내리기가 리프 노드까지 내려가지 않고 중간에 정지한 예다.

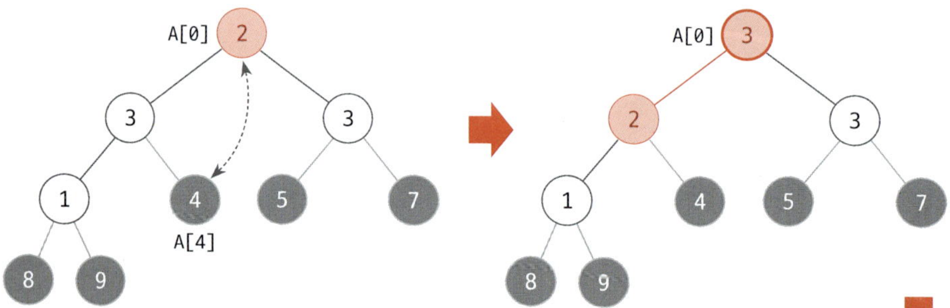

(k) (l)

(m) 마지막 원소(A[3]=1)와 루트(3)를 교환하고 A[3]가 관심 대상에서 빠졌다. 루트 값이 1이 되었다.

(n) (m)의 루트로부터 스며내리기한 결과다. 루트에 있던 1이 한 번의 맞바꾸기를 통해 바로 아래에 있는 리프 노드로 내려가고, 루트에는 3이 올라왔다.

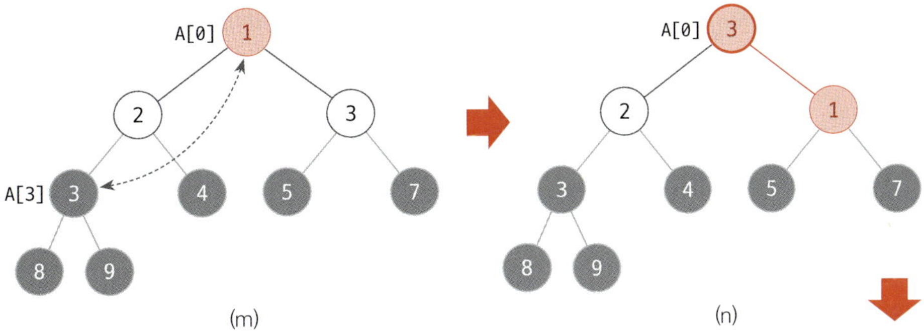

(o) 마지막 원소(A[2]=1)와 루트(3)를 교환하고 A[2]가 관심 대상에서 빠졌다. 루트 값이 1이 되었다.

(p) (o)의 루트로부터 스며내리기한 결과다. 루트에 있던 1이 한 번의 맞바꾸기를 통해 바로 아래에 있는 리프 노드로 내려가고, 루트에는 2가 올라왔다.

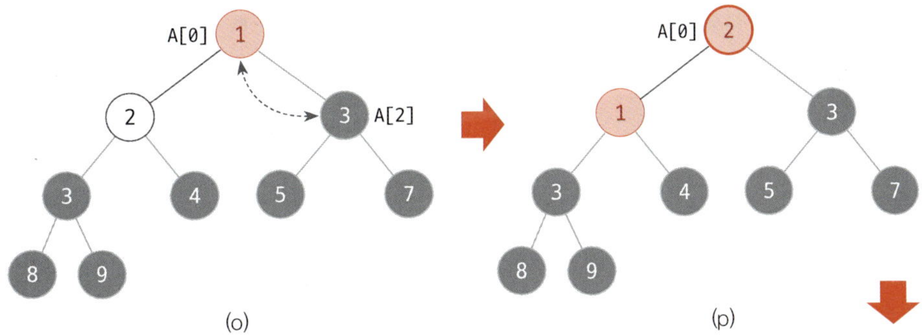

(q) 마지막 원소(A[1])와 루트를 교환하고 A[1]이 관심 대상에서 빠졌다. 원소가 하나밖에 남지 않았다.

(r) (q)의 루트로부터 스며내리기한 결과다. 원소가 하나밖에 없어 스며내리기는 아무 일도 하지 않고 그냥 끝난다.

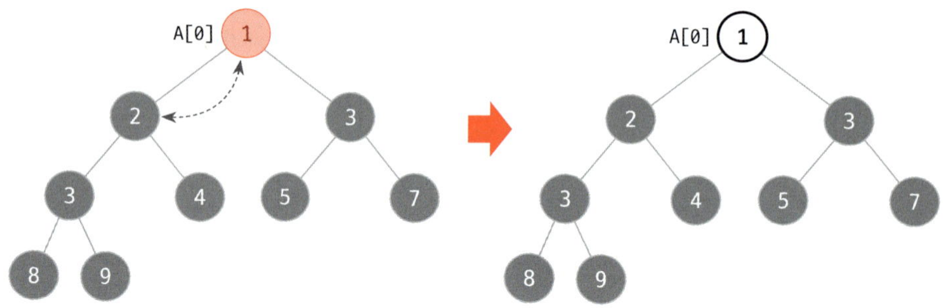

(q) (r)

이 정렬의 결과 배열 A[0...8]에는 차례로 1, 2, 3, 3, 4, 5, 7, 8, 9가 들어가 있다. 오름차순으로 정렬되었다. 만일 최대 힙 대신 최소 힙으로 같은 작업을 하면 배열 A[0...8]에서 원소들이 역순으로 정렬된다.

[알고리즘 9-10]은 힙 정렬 알고리즘이다. 주어진 배열 A[0...n−1]은 완전 이진 트리로 해석하면 되므로 힙 특성을 만족할 수 있게 buildHeap()으로 수선한다. ❶이 n−1번 반복되면서 deleteMax() 결과를 A[n−1]부터 A[1]까지 거꾸로 저장한다. for 루프가 끝나면 A[0...n−1]은 크기가 작은 순으로 정렬된 상태가 된다. deleteMax()에서 힙의 맨 마지막 원소 A[i]는 A[0]으로 이동하고 힙의 범위가 A[0...i −1]로 줄어들면서 A[i]는 버리는 공간이 되는데 A[0]에서 빠지는 최댓값을 여기에 저장하는 원리다. deleteMax()로 빠져나가는 값을 다른 곳에 차례로 저장해도 되지만 주어진 배열 A[] 안에서 해결할 수 있는데 굳이 그렇게 할 필요는 없다.

알고리즘 9-10 힙 정렬

```
◀ 배열 A[0...n-1]을 정렬한다
heapSort():
    buildHeap()
    for i ← n-1 downto 1
        ❶ A[i] ← deleteMax()
```

[알고리즘 9-10]의 heapSort()는 원소를 하나씩 삭제해가면서 정렬한다. 이때 삭제 결과를 뒤에서부터(A[n-1]부터) 차례로 저장한다. 함수 deleteMax(A)가 한 번 수행될 때마다 배열의 크기가 1씩 감소하므로 저장된 원소는 deleteMax()에서 건드리지 않는다. 알고리즘이 끝나고 나면 A[0...n-1]은 정렬되어 있다.

힙 정렬의 수행 시간은 O(nlogn)이다. 최악의 경우 수행 시간은 Θ(nlogn)이다. 가장 운이 좋은 입력이 들어오면 Θ(n) 시간에 끝난다. 예를 들면, 모든 원소가 동일한 경우다.

힙 정렬은 병합 정렬처럼 추가적인 공간을 요구하지 않으면서 최악의 경우에도 Θ(nlogn)을 넘지 않는 시간에 정렬되어 이론적으로는 완벽한 알고리즘이다. 병합 정렬도 이론적으로 완벽한 알고리즘이나 추가적인 공간을 필요로 하는 단점이 있다. 즉, 내부 정렬In-Place Sorting이 아니다. 수행 시간은 병합 정렬이 힙 정렬보다 빠르다. 필자가 임의로 생성한 입력에 대해 실험해본 결과, 크기 10만인 문제면 1.3배 정도, 크기 1억인 문제면 2.3배 정도 빠르다. 이 두 알고리즘이 이론적으로는 가장 바람직하나 실전에 들어가면 퀵 정렬보다 느리다. 병합 정렬은 힙 정렬보다는 빠르지만, 퀵 정렬보다는 느리다. 크기 10만인 문제면 퀵 정렬보다 1.2배 정도 느리고, 크기 1억인 문제면 1.5배 정도 느리다.

4 셸 정렬

삽입 정렬은 평균 $\Theta(n^2)$ 시간이 들고, 가장 운이 좋으면 Θ(n) 시간이 든다. 선택 · 버블 정렬이 항상 $\Theta(n^2)$ 시간이 드는 것과 비교하면 조금 다른 매력이 있다. 이미 정렬되어 있거나 '거의' 정렬되어 있으면 삽입 정렬의 시간은 Θ(n)이 된다. [알고리즘 9-4]의 ❷에서 끼워 넣는 비용이 거의 들지 않을 때다. 이 특성에는 중요한 의미가 있다. 끼워 넣는 비용이 많이 드는 경우는 끼워 넣는 새 원소가 자기 자리에서 멀리 앞쪽으로 가는 경우다.

셸 정렬Shell Sort은 이 특성을 잘 활용한 정렬이다. 셸 정렬은 마지막에 삽입 정렬로 끝난다. 마지막 삽입 정렬을 하기 전에 각 원소가 있어야 할 자리에서 멀리 떨어져 있을 가능성을 현저히 줄이는 작업을 한다. 이를 통해 삽입 정렬의 효율성을 높인다. 이 방법을 제안한 도널드 셸Donald Shell의 성을 따서 셸 정렬로 명명하였다.

셸 정렬의 작동 원리를 간단히 정리해보자. 먼저 배열 전체를 h_0 간격의 부분 배열들로 나눈다. 예를 들어 h_0=10이면 원소들을 10의 간격으로 뽑아서 그룹 짓는다. 10의 간격으로 그룹

지으면 A[0, 10, 20, 30, …], A[1, 11, 21, 31, …], A[2, 12, 22, 32, …], …, A[9, 19, 29, 39, …]의 10개 그룹으로 나뉜다. 이들 각각의 그룹을 삽입 정렬한다. 원소의 총 수가 h_0개보다 작지 않으면 h_0 간격의 부분 배열은 총 h_0개가 된다.

그다음에 더 좁아진 간격인 h_1로 만들어지는 h_1개의 부분 배열 각각을 삽입 정렬한다. 이렇게 간격을 h_2, h_3, …으로 좁혀나가면서 삽입 정렬을 반복하다 마지막으로 간격 1이 되면 전체가 하나의 그룹이 된다. 그러면 마지막 삽입 정렬을 하고 끝난다. 마지막 삽입 정렬에 앞서 부분 배열을 대상으로 한 삽입 정렬들이 준비 작업에 해당한다.

이 간격 수열 h_0, h_1, h_2, …을 갭 수열Gap sequence이라 한다. 갭 수열을 잡는 방법은 아주 다양하게 제안되어 있다. 예를 들면, n/2보다 작은 어딘가에서 2^k-1을 만족하는 수들을 차례로 잡는 것이다. 이 경우 31, 15, 7, 3, 1과 같이 된다. 다른 예를 들면, 처음에 $h_0=n/7$으로 잡고 $h_i= h_{i-1}/5-1$로 변화시키면서 h_i가 5보다 큰 동안 간격 h_i의 삽입 정렬을 수행한 다음, 마지막으로 전체 배열에 대해 삽입 정렬을 한다. 셸 정렬의 성능은 마지막 삽입 정렬 시간을 단축시킨 정도에 비해 앞의 준비 단계에 소모한 시간이 얼마나 더 작은가에 달려 있다.

[그림 9-10]은 15개의 원소로 이루어진 배열에 셸 정렬이 적용된 예다. 원리를 설명하기 위해 편의상 갭 수열을 7, 3, 1로 잡았다. 그림에서 (b)와 (c)가 (d)를 위한 준비 작업이다. 그림을 차례로 설명하면 다음과 같다. 그림에서 별색으로 표시된 자리는 원소 이동이 일어난 자리이고, 회색으로 표시된 자리는 원소 이동이 일어나지 않은 자리다.

(a) 주어진 배열이다.

(b) 먼저 간격이 7인 부분 배열을 삽입 정렬한다. 이런 부분 배열이 총 7개가 있다. 부분 배열 7개 각각을 별색과 회색으로 나타낸다. 7개 각 그룹은 서로 겹치는 부분이 없다. 첫 부분 배열은 원소 수가 3개이고, 나머지 6개의 부분 배열은 원소 수가 2개다. 원소 수가 2개이면 정렬은 단순히 비교 한 번으로 끝난다. 이 시간은 그리 부담스럽지 않다. (이를 다른 순서로 구현하는 방법도 있으나 원리와 결과는 동일하다.)

(c) 그다음 간격 3인 부분 배열을 삽입 정렬한다. 이런 부분 배열은 총 3개가 있고 모두 5개씩의 원소를 갖고 있다. 3개 각 그룹은 그림에서 순차적으로 정렬했지만 서로 겹치는 부분이 없어 반드시 순차적으로 할 필요는 없다. (역시 이를 다른 순서로 구현하는 방법도 있으나 원리와 결과는 동일하다.)

(d) 마지막으로 간격 1인 배열을 삽입 정렬한다. 간격이 1이니까 전체 배열이 된다.

(a) 정렬할 배열이 주어짐

15	31	65	73	8	66	11	3	20	48	29	1	33	25	4

(b) 7칸 떨어진 원소들끼리 삽입 정렬

3	31	65	73	8	66	11	4	20	48	29	1	33	25	15
3	20	65	73	8	66	11	4	31	48	29	1	33	25	15
3	20	48	73	8	66	11	4	31	65	29	1	33	25	15
3	20	48	29	8	66	11	4	31	65	73	1	33	25	15
3	20	48	29	1	66	11	4	31	65	73	8	33	25	15
3	20	48	29	1	33	11	4	31	65	73	8	66	25	15
3	20	48	29	1	33	11	4	31	65	73	8	66	25	15

(c) 3칸 떨어진 원소들끼리 삽입 정렬

3	20	48	1	1	33	29	4	31	65	73	8	66	25	15
3	1	48	11	4	33	29	20	31	65	25	8	66	73	15
3	1	8	11	4	15	29	20	31	65	25	33	66	73	48

(d) 1칸 떨어진 원소들끼리 삽입 정렬(전체 배열)

1	3	4	8	11	15	20	25	29	31	33	48	65	66	73

그림 9-10 셸 정렬의 작동 과정을 보이는 예

[그림 9-11]은 [그림 9-10]과 비교하기 위해 같은 배열로 통상적인 삽입 정렬을 한 예다. 화살표는 원소가 새로 삽입되는 것을 표시하고 별색은 이로 인해 원소 이동이 일어난 자리를 나타낸다.

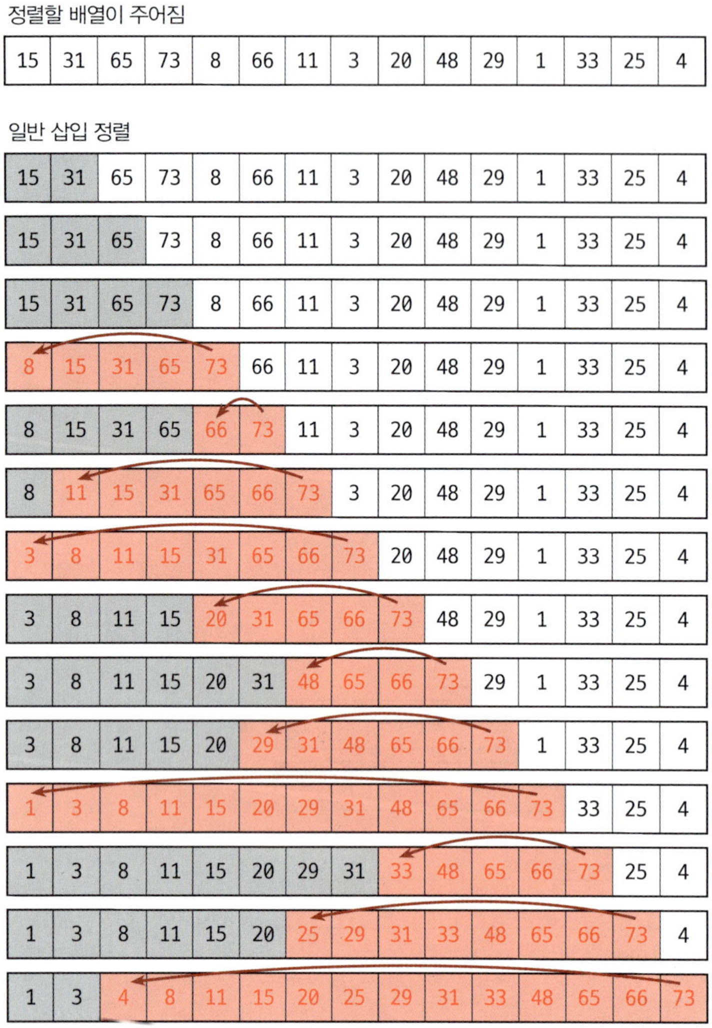

그림 9-11 15개짜리 배열에서 삽입 정렬하는 예

[알고리즘 9-11]은 셸 정렬 알고리즘이다. ❶은 미리 설정된 갭 수열의 종류만큼 순환한다. ❸은 변형된 삽입 정렬 알고리즘이다. [알고리즘 9-4]의 삽입 정렬은 배열 전체인 A[0...n-1]을 대상으로 하는데, ❸은 A[k, k+h, k+2h, …]를 대상으로 하는 점이 다르다. A[k]부터 시작해서 h 간격으로 분포하는 모든 원소를 대상으로 한다. 기본적인 삽입 정렬과 같으나 삽입할 원소의 자리를 찾기 위해 왼쪽으로 하나하나 살피는 것이 아니라 왼쪽으로 h씩 점프하면서 살핀다는 점이 다르다. ❶의 for 루프를 마지막으로 수행할 때(h=1의 값으로) stepInsertionSort(A, 0, 1)이 호출되는데 이는 [알고리즘 9-4]의 삽입 정렬과 동일하다.

다른 모든 것은 이 마지막 삽입 정렬 알고리즘을 가볍게 해주기 위한 사전 작업이다.

알고리즘 9-11 셸 정렬

```
shellSort(A[]):                      ◀ A[0...n-1]: 정렬할 배열
    ❶ for h ← h0, h1, ..., 1 ◀ h0, h1, ⋯, 1: 갭 수열
        ❷ for k ← 0 to h-1
              stepInsertionSort(A, k, h)

❸ stepInsertionSort(A[], k, h):        ◀ A[k, k+h, k+2h, ⋯]을 정렬한다
      for (i ← k+h; i ≤ n-1; i ← i+h)
          insertionItem ← A[i]
        ❹ for(j ← i - h; 0 ≤ j and insertionItem < A[j]; j ← j - h)
              A[j+h] ← A[j]
          A[j+h] ← insertionItem
```

[알고리즘 9-11]에서 shellSort()의 for 루프 2개와 stepInsertionSort()의 for 루프 2개가 수행 시간을 좌우한다. 또 3개의 for 루프가 궁극적으로 마지막 for 루프(❹)로 연결되고, for 루프 ❹를 한 번 순환하는 것은 상수 시간이 드므로 for 루프에서의 조건 비교 횟수가 시간을 좌우한다. 그래서 ❹의 총 순환 횟수가 전체 수행 시간을 결정한다.

❷에서 총 h번의 stepInsertionSort()가 수행되는데 이들을 합한 시간은 $\Omega(n)$이다. 만일 갭 수열 h_i가 $\Theta(n)$ 크기에서 시작하여 $h_i = \frac{h_{i-1}}{k} - 1$ 와 같은 방식으로 상수로 나누면서 줄어들면 이런 h_i가 $\Theta(\log n)$개 있으므로(❶의 for 루프가 $\Theta(\log n)$회 순환하므로) 전체는 $\Omega(n\log n)$이 된다. 셸 정렬의 수행 시간은 구현 방법이 다양해 분석하기가 쉽지 않다. 갭 수열에 따라 편차가있다. 지금까지 알려진 가장 좋은 상한은 $O(n^{1.25})$다.

셸 정렬은 삽입 정렬을 개선한 것이나 개선의 정도는 획기적이라 할 수 있다. 1천 개짜리 배열로 해보면 셸 정렬은 삽입 정렬보다 1.3배 정도밖에 빠르지 않으나, 10만 개짜리 배열로 해보면 100배 정도 빨라진다. 천만개가 되면 5만5천 배 정도나 빨라진다. 그렇지만 퀵 정렬에 비하면 다소 느리다. 1만 개에서 1천만 개 사이의 배열에 대해서는 1.3~1.8배 정도 느리고, 1억 개짜리 배열에 대해서는 2.3배 정도 느리다. 원시적 정렬인 삽입 정렬에 간단히 전처리한 정도임을 감안하면 이 차이는 놀라운 수준이다.

NOTE 관행적인 셸 정렬 알고리즘

셸 정렬에서 부분 배열을 삽입 정렬할 때 순서를 다르게 할 수도 있다. [그림 9-12]는 [그림 9-10]의 (b)와 (c)를 다른 순서로 수행한 것이다. 사실 이것이 일반적인 셸 정렬에서 사용하는 방법이고, [알고리즘 9-11](그림 9-10)은 이 책에서 더 직관적인 버전으로 변형한 것이다. 그림에서 흰색이 아닌 원소는 비교가 일어난 원소다. 별색으로 칠한 자리는 원소의 이동이 일어난 자리이고, 회색으로 칠한 자리는 비교는 했지만 원소가 이동하지 않은 자리를 나타낸다.

(b) 7칸 떨어진 원소들끼리 삽입 정렬

3	31	65	73	8	66	11	15	20	48	29	1	33	25	4
3	20	65	73	8	66	11	15	31	48	29	1	33	25	4
3	20	48	73	8	66	11	15	31	65	29	1	33	25	4
3	20	48	29	8	66	11	15	31	65	73	1	33	25	4
3	20	48	29	1	66	11	15	31	65	73	8	33	25	4
3	20	48	29	1	33	11	15	31	65	73	8	66	25	4
3	20	48	29	1	33	11	15	31	65	73	8	66	25	4
3	20	48	29	1	33	11	4	31	65	73	8	66	25	15

(c) 3칸 떨어진 원소들끼리 삽입 정렬

3	20	48	29	1	33	11	4	31	65	73	8	66	25	15
3	1	48	29	20	33	11	4	31	65	73	8	66	25	15
3	1	33	29	20	48	11	4	31	65	73	8	66	25	15
3	1	33	11	20	48	29	4	31	65	73	8	66	25	15
3	1	33	11	4	48	29	20	31	65	73	8	66	25	15
3	1	31	11	4	33	29	20	48	65	73	8	66	25	15
3	1	31	11	4	33	29	20	48	65	73	8	66	25	15
3	1	31	11	4	33	29	20	48	65	73	8	66	25	15
3	1	8	11	4	31	29	20	33	65	73	48	66	25	15
3	1	8	11	4	31	29	20	33	65	73	48	66	25	15
3	1	8	11	4	31	29	20	33	65	25	48	66	73	15
3	1	8	11	4	15	29	20	31	65	25	33	66	73	48

그림 9-12 [그림 9-10]을 다른 순서로 수행한 것

04 데이터 특성을 잘 이용하는 정렬 알고리즘

지금까지 기초적인 정렬 알고리즘들과 고급 정렬 알고리즘들을 소개하였다. 고급 알고리즘들은 대체로 Θ(nlogn) 시간이 든다. 이쯤에서 한 가지 질문을 던져본다.

"평균 또는 최악의 경우 Θ(n) 시간이 드는 정렬 알고리즘은 없는가?"

정렬을 하려면 모든 원소를 적어도 한 번씩은 보아야 한다. 이것만 해도 Ω(n) 시간이 든다. 즉, 정렬 시간의 하한선은 Ω(n)이다. 그러니 Θ(n) 정렬 알고리즘이란 이론적으로 더 좋아질 수 없는 하한선이다. 직관적으로는 도무지 불가능할 것 같다. 그런데 이것이 가능한 상황도 있다.

두 원소 간 비교를 기본으로 하는 작업에서는 원소 비교 횟수가 최악의 경우 Ω(nlogn)이라는 사실이 증명되어 있다. 즉, 최악의 경우에 적어도 nlogn에 비례하는 시간이 소요된다. 알고리즘 수업에서는 보통 이를 증명하는 내용이 포함된다. 그러니 최악의 경우 Θ(n)이 되는 것은 불가능하다. 이를 피하려면 '두 원소 간 비교'를 기본으로 하지 않아야 한다. 예를 들어, 자신의 값으로 '분류'하면 된다.

이 절에서는 Θ(n)을 가능하게 하는 정렬 알고리즘들을 소개한다.

1 계수 정렬

계수 정렬countingSort은 정렬하고자 하는 원소들의 값이 −O(n)~O(n)의 범위에 있는 정수인 경우에 사용할 수 있다. 예를 들어, 배열 A[0…n-1]에 있는 원소들의 값이 0~2n, −n~3n 등의 범위에 있는 정수인 경우다. 원소들의 값이 모두 0~k 사이의 정수라 하자(k ∈ O(n)). 계수 정렬은 먼저 배열에 있는 원소를 다 훑어서 1부터 k까지의 자연수가 각각 몇 번 나타나는지를 센다. 이 정보가 있으면 배열 A[]의 각 원소가 몇 번째 자리에 놓이면 되는지를 계산할 수 있다. 계수 정렬 알고리즘은 [알고리즘 9-12]와 같다.

알고리즘 9-12 계수 정렬

```
countingSort(A[], n):
◀ A[0...n-1]: 입력 배열 A[i] ∈ {0, 1, 2, ..., k}
    ❶ for i ← 0 to k
           C[i] ← 0
    ❷ for j ← 0 to n-1
           C[A[j]]++
      ◀ 이 시점에서의 C[i]: 값이 i인 원소의 총 수
    ❸ for i ← 1 to k
           C[i] ← C[i] + C[i-1]    ◀ 누적합 계산
      ◀ 이 시점에서의 C[i] : i보다 작거나 같은 원소의 총 개수
    ❹ for j ← n-1 downto 0
           B[C[A[j]]-1] ← A[j]
           C[A[j]]--
      return B
```

알고리즘에서 A[0...n-1]을 정렬한 결과가 배열 B[0...n-1]에 저장된다. 먼저 ❷의 for 루프에서 배열 C[0...k]에 정수 0부터 k 각각이 배열 A에서 몇 번 나타나는지를 세어둔다. 즉, C[i]가 값이 i인 원소의 총 개수를 갖고 있게 된다. 그런 다음, 이를 이용해 ❸의 for 루프에서 C[i]가 값이 i보다 작거나 같은 원소의 총 개수를 갖고 있도록 바꾼다. 즉, 누적합이다. 마지막으로, ❹의 for 루프에서 이 정보를 이용해 배열 A의 각 원소가 배열 B의 몇 번째 자리에 들어갈지를 계산하여 저장한다. B[0...n-1]은 정렬 결과를 갖게 된다.

[그림 9-13]은 계수 정렬에서 원소 A[i]가 최종적으로 배열 B[]의 어느 위치에 저장되는지를 나타낸 것이다. 그림에서 A[i] = y다. C[y]를 보면 값이 q다. 이것은 값이 y인 원소들이 연속적으로 저장되는 마지막 자리가 B[q-1]이라는 의미다. 여기서 B[q-1]인 이유는 결과가 B[0...n-1]에 저장되기 때문인데, 만일 결과를 B[1...n]에 저장한다면 그냥 B[q]가 된다. A[i](=y)는 B[q-1]에 저장되고 C[y] 값을 1 감소시킨다. 다음에 어떤 다른 A[j] = y이면 이 y는 방금 y를 저장한 바로 앞자리에 저장해야 하기 때문이다.

계수 정렬의 수행 시간은 당연히 Θ(n)이다. 총 4개의 for 루프가 시간을 결정하는데, ❶과 ❸의 for 루프는 각각 Θ(k), ❷와 ❹의 for 루프는 각각 Θ(n) 시간이 소요된다. k가 O(n)이므로 총 시간은 Θ(n)이다.

여기서 k가 O(n)을 초과하면 시간은 Θ(k)가 된다. 그러면 계수 정렬의 매력이 떨어진다. 정렬할 원소가 꼭 양수일 필요도 없다. 원소들이 모두 -k와 k 사이의 정수이고 k가 O(n)이기만 하면 간단히 조정한 후 여전히 계수 정렬을 사용하여 선형 시간에 정렬할 수 있다.

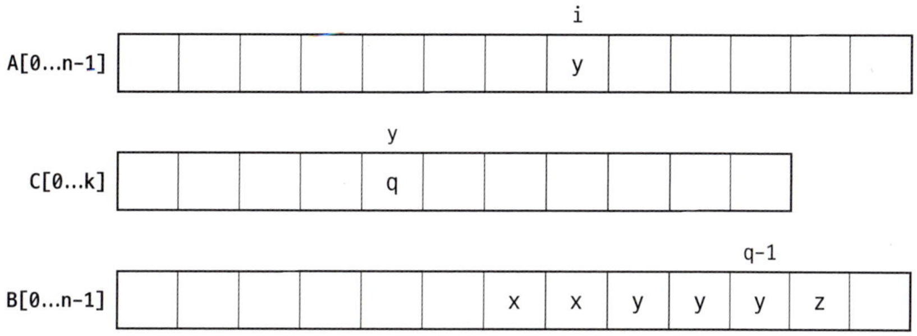

그림 9-13 계수 정렬의 카운터(C[])와 결과 배열(B[])의 관계

2 기수 정렬

기수 정렬Radix Sorting은 원소들이 모두 상수 k개 이하의 자릿수를 가진 자연수와 같은 특수한 경우에(자연수가 아닌 제한된 길이를 가진 알파벳 등도 해당한다) 사용할 수 있는 방법이며, Θ(n) 시간이 소요되는 정렬 알고리즘이다.

[그림 9-14]는 기수 정렬의 작동 과정을 보여주는 예로, 원소들이 모두 최대 4자리인 자연수다. 우선 가장 낮은 자릿수만으로 모든 수를 재배열(정렬)한다. 다음으로 둘째 자릿수를 대상으로 정렬한다. 이어서 셋째 자릿수에 대해, 마지막으로 넷째 자릿수에 대해 정렬하면서 작업이 완료된다.

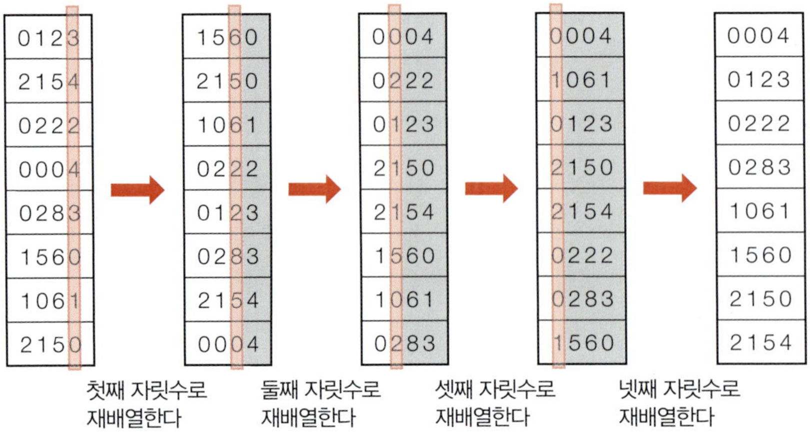

그림 9-14 기수 정렬의 작동 예

[알고리즘 9-13]은 기수 정렬 알고리즘이다.

알고리즘 9-13 기수 정렬

```
radixSort(A[], n, k):
◀ 원소들이 최대 k 자리수인 A[0...n-1]을 정렬한다
◀ 가장 낮은 자리수를 1번째 자릿수라 하자
    for i ← 1 to k
        ❶ i번째 자릿수에 대해 A[0...n-1]을 안정성을 유지하면서 정렬한다
```

여기서 "안정성을 유지하면서 정렬한다"는 사실이 매우 중요하다. 이것은 값이 같은 원소끼리는 정렬 후에 원래의 순서가 바뀌지 않는 성질을 말한다(영어로는 이 성질을 stable sort라고 한다). [그림 9-14]의 네 번째 테이블에서 2150과 2154는 네 번째 자릿수가 2로 똑같다. 세 번째 테이블에서 2150이 2154보다 앞에 있었으므로 네 번째 자리에 대해 정렬했을 때 이 순서는 유지되어야 한다. ❶에서 '정렬'하는 데 앞에서 배운 정렬 알고리즘 중 하나를 쓰면 그것만으로도 이미 Θ(n) 시간을 초과하므로 다른 방법을 사용해야 한다. 예를 들어, 0부터 9까지 표시된 10개의 버킷을 준비해놓고 각각의 수를 가진 입력을 해당 공간에 차례대로 넣어준다든지 하는 간단한 방법을 써서 이 부분을 Θ(n) 시간에 끝내야 한다. 이 부분을 Θ(n) 시간에 끝낼 수 있으면 알고리즘은 이런 일을 k번 반복하므로 시간은 Θ(kn)이 된다. 이때 k가 상수면 Θ(n)이 된다. k가 상수가 아니라면 기수 정렬은 매력이 없다.

3 버킷 정렬

버킷 정렬Bucket Sort은 정렬하고자 하는 원소들이 균등 분포Uniform Distribution할 때를 가정한 유용한 정렬 알고리즘이다. 정규 분포가 가운데에 데이터가 가장 많이 몰리고 양쪽으로 가면서 수가 적어지는 종형 분포인 데 반해, 균등 분포는 데이터가 전 영역에 걸쳐 고루 존재하는 분포다. 물론 정확히 균일한 분포라는 뜻은 아니고 전 영역의 어느 지점이나 데이터가 존재할 '확률'이 같다는 뜻이다.

[그림 9-15]는 균등 분포를 이루는 전형적인 데이터 집합의 예를 시각적으로 나타낸 것이다. 0부터 99 사이에서 균등 분포하는 100개 데이터로부터 각 수의 출현 빈도를 세어보았다. 0부터 99까지 각 수에 대한 기대 출현 횟수는 모두 1이지만 들쑥날쑥한 것을 볼 수 있다. 100개 중 35개는 한 번도 안 나왔고, 한 번 나온 것이 38개, 두 번 나온 것이 20개, 세 번 나온 것이 6개, 네 번 나온 것이 1개다. 이처럼 기댓값보다 훨씬 많이 출현하는 예도 발생한다. 골고루 분포한다는 것(균등 분포)에 대한 느낌을 가질 수 있을 것이다. 컴퓨터에서 랜덤으로 생성한 데이터는 전형적으로 이런 분포를 갖는다.

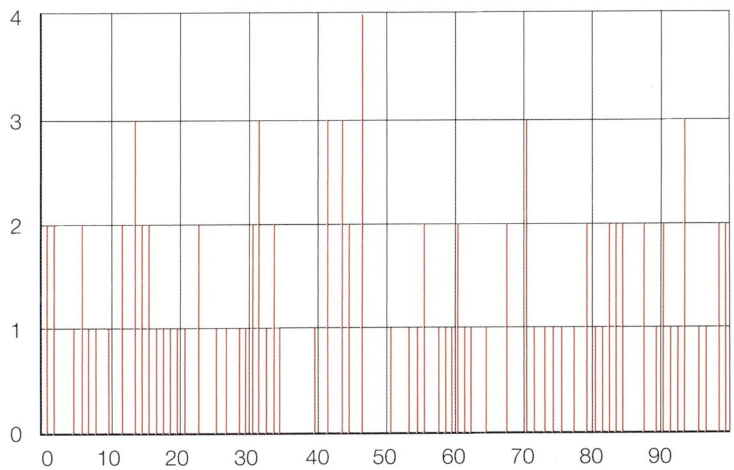

그림 9-15 균등 분포의 예

[그림 9-16]은 15개의 원소로 이루어진 배열에 대해 버킷 정렬 알고리즘을 수행하는 예다. 배열 `A[0…14]`에 15개의 원소가 저장되어 있으며 데이터는 `[0, 1]` 사이의 값들이다. 차례로 따라가보자.

(a) 정렬할 원소들이 들어 있는 배열 A[0…14]이다.

(b) 배열 A[]의 원소 각각에 배열 사이즈 15를 곱하여 소숫점 이하를 버리고 정수부만 취한다. 이 값이 각 원소가 들어갈 버킷의 번호다. 예를 들어, 맨 앞 원소 .38은 [15*0.38]=5이므로 5번 버킷의 리스트로 들어간다.

(c) (b)에서 계산된 번호의 리스트에 원소 각각을 삽입한다. (b)와 (c)를 분리해서 설명하고 있지만 (b)의 배열을 만드는 것은 아니다. A의 각 원소에 대해 (b)의 값을 계산한 직후 바로 버킷 리스트에 삽입한다.

(d) 각 리스트의 원소들 그룹별로 정렬한다.

(e) 각 리스트의 원소들을 차례로 배열 A[0…14]로 옮긴다.

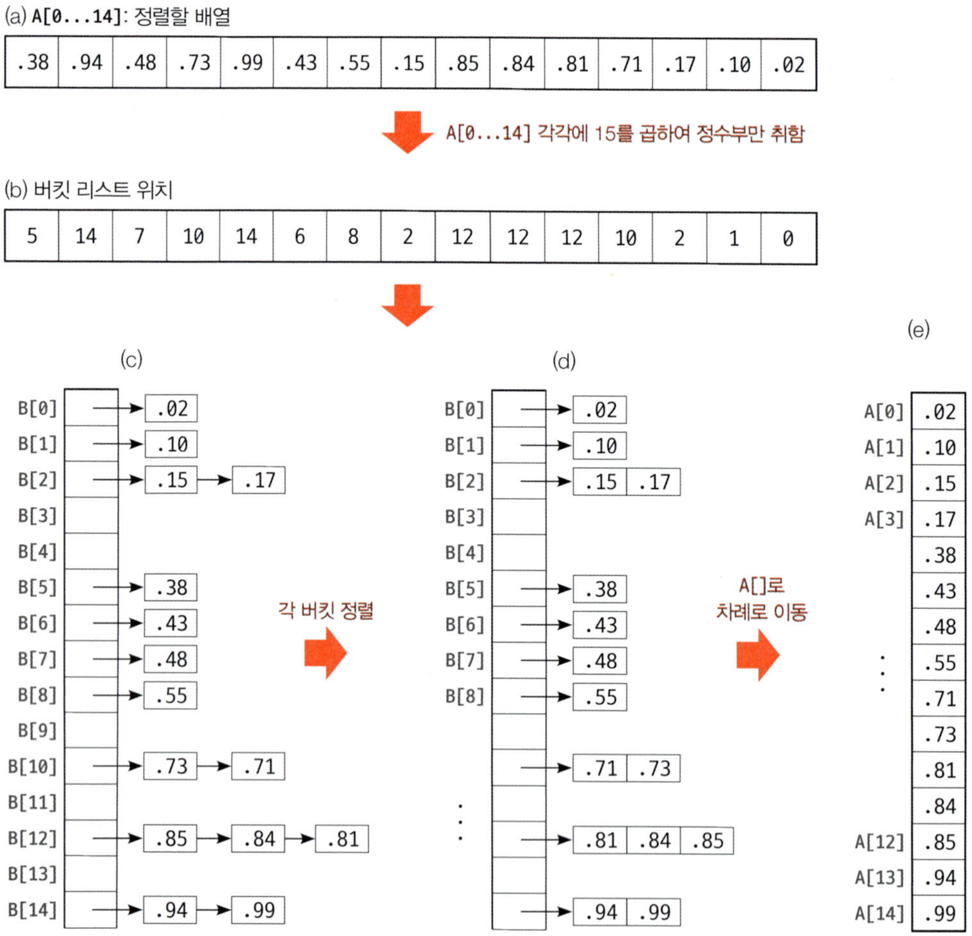

그림 9-16 버킷 정렬의 작동 과정을 보이는 예

[알고리즘 9-14]는 버킷 정렬 알고리즘이다. 여기서 정렬할 원소들을 [0, 1] 사이의 실숫값으로 가정하고 있는데 반드시 그럴 필요는 없다. 그냥 [a, b] 사이의 실숫값이면 된다. 균등 분포이기만 하면 [a, b] 사이의 값들을 [0, 1] 범위의 실숫값으로 매핑할 수 있기 때문이다. 알고리즘에서는 간명함을 위해 이렇게 변환된 데이터를 가정한다.

버킷 정렬은 먼저 n개의 리스트 배열을 준비한다. 각각에는 평균 1개의 원소가 들어오는데 확률적 편차에 따라 하나도 없을 수 있고, 여러 개가 있을 수도 있다. 영역 [0, 1]을 n개의 동일한 윈도우 크기로 자르면 그 각각에 들어 있는 원소들이 한 버킷(리스트)에 저장된다. 총 n개의 원소가 총 n개의 버킷에 들어가므로 한 버킷에 들어가는 원소 수의 기대치는 1이다. 균등 분포의 특성상 아주 많이 들어가는 리스트는 드물지만 [그림 9-15]에서 보았듯이 제법 편차가 있기는 하다. 이제 각 버킷의 원소들을 '간단히' 정렬한다. 마지막으로 정렬된 원소들을 버킷 순서대로 배열 A[0...n-1]에 내려 받으면 정렬이 끝난다. [그림 9-16]과 [알고리즘 9-14]는 기본형 버킷 정렬을 소개하고 있는데, 이를 바탕으로 개선할 수 있는 아이디어가 많다.

알고리즘 9-14 버킷 정렬

```
bucketSort(A[], n):
◀ A[0...n-1] : [0, 1) 범위의 균등 분포를 한 실숫값 배열
    for i ← 0 to n-1
        A[i]를 리스트 B[n·A[i]]에 삽입한다 ◀ B[0...n-1]: 각각이 리스트인 배열
    for i ← 0 to n-1
        리스트 B[i]에 있는 원소들을 정렬     ◀ 삽입 정렬이면 충분하다
    B[0], B[1], ..., B[n-1]의 원소들을 차례대로 A[0...n-1]로 복사한다
```

버킷 정렬은 균등 분포를 이루는 입력에 대해 이론적으로 선형 시간(Θ(n))이 소요되는 매력적인 알고리즘이다. 그렇지만 실제로 구현해보면 Θ(n)에 숨어 있는 상수 인자가 매우 크다. 필자가 실험해보니 균등 분포 데이터라도 크기 10만이면 퀵 정렬의 2배, 크기 천만이면 퀵 정렬의 5배 정도 시간이 더 든다. 버킷 리스트를 생성하고 리스트를 관리하는 오버헤드가 만만치 않기 때문이다. 버킷 정렬의 선형 시간은 이론적으로 Θ(n)이지만 실제로는 Θ(nlogn) 알고리즘보다 느리다.

또한 버킷 리스트를 만들기 위해 메모리를 동적으로 할당하게 되는데 이 부담이 상당하다. 배열이 크면 이에 관련된 공간 소모가 매우 심각한데, 정수 데이터 1억 개로 버킷 정렬을 해보면

시스템에서 정렬이 수행되는 과정에 쓸 수 있는 공간을 7.2기가 바이트 정도로 잡아도 메모리가 감당하지 못한다. 추적해보면 버킷 내에서 연결 리스트를 만들다 공간 부족에 걸린다. 이렇게 연결 리스트를 만들거나 물리적으로 버킷을 유지하지 않으면서 구현할 수 있는 아이디어가 있는데, 이 아이디어를 사용하면 퀵 정렬보다 빠르게 만들 수 있다. 이와 관련한 자세한 내용은 [연습문제 18]을 참조한다.

4 정렬 알고리즘 간 성능 비교

지금까지 총 10개의 정렬 알고리즘을 소개하면서 각 알고리즘의 점근적 수행 시간도 설명하였다. 점근적 수행 시간은 입력의 크기가 '충분히 큰' 경우에 대한 분석이므로, 현실적인 크기의 입력에서는 점근적 시간에 숨은 상수 인자로 인해 상대적 수행 시간이 반드시 점근적 시간과 일치하지 않을 수 있다. 그래서 이번에는 이 같은 예에 대한 감각을 얻는 데 도움이 될 수 있는 실험 결과를 제공하려고 한다. 입력 배열은 랜덤 넘버 생성 함수로 만들었다.

앞에서 소개한 10가지 정렬 알고리즘 중 기수 정렬과 계수 정렬은 입력이 특수한 성질을 만족해야 하기 때문에 랜덤으로 별 제한 없이 생성한 배열에 적용할 수 없다. 버킷 정렬의 경우, 입력이 균등 분포를 만족해야 한다는 조건이 있지만 랜덤으로 생성한 배열은 균등 분포로 간주할 수 있어 비교에 포함한다. 결과적으로 10개 중 기수 정렬과 계수 정렬을 제외한 8개 알고리즘의 수행 시간을 측정해보았다. 입력의 크기(정렬할 원소 수)는 천, 만, 십만, 천만, 일억이다.

[표 9-1]은 실험 결과를 정리한 것이다. 실험 결과를 보면 기초적 알고리즘 그룹(선택 정렬, 버블 정렬, 삽입 정렬)과 고급 알고리즘 그룹(병합 정렬, 퀵 정렬, 힙 정렬)이 확연히 나뉜다.

기초적 알고리즘 그룹은 평균 $\Theta(n^2)$에 어울리게 느린 것을 볼 수 있다. 이 그룹에서는 삽입 정렬, 선택 정렬, 버블 정렬 순으로 빠르다. 크기 10만인 입력에 대해서 선택 정렬은 버블 정렬보다 5배 정도 빠르고, 삽입 정렬은 선택 정렬보다 2.5배 정도 빠르다. 버블 정렬은 선택 정렬과 비슷한 아이디어에 기반한 것이지만 각 패스에서 최대 원소를 맨 오른쪽으로 보내는 작업에서 선택 정렬보다 비효율적이다. 버블 정렬은 [알고리즘 9-3]에서 ❷의 `for` 루프가 원소 교환을 한 번도 발생시키지 않는지를 체크하는 태그를 두면 경우에 따라 좀 더 빨라질 수 있다.

퀵 정렬과 힙 정렬, 병합 정렬은 평균 $\Theta(n\log n)$에 어울리게 빠른 것을 볼 수 있다. 퀵 정렬,

병합 정렬, 힙 정렬 순으로 빠르다. 1천만 크기의 입력에 대해 퀵 정렬은 병합 정렬보다 1.5배 빠르고, 힙 정렬보다 2.5배 빠르다. 입력 크기가 1억이 되면 퀵 정렬은 병합 정렬보다 1.5배 빠르고, 힙 정렬보다 3.5배 빠르다.

인상적인 것은 셸 정렬이다. 삽입 정렬의 삽입 단계에 드는 부하를 줄이고자 간단하게 개선한 알고리즘인데 크기 10만의 입력에 대해서 삽입 정렬보다 100배 이상 빠르다. 힙 정렬보다도 빠르다. (구현에 따라 좀 달라질 수는 있다.) 셸 정렬은 사실상 삽입 정렬을 여러 번 하는 것인데, 마지막 삽입 정렬에 드는 시간과 그 이전의 삽입 정렬 시간을 재어보면 마지막 삽입 정렬은 거의 시간이 들지 않는다. 앞쪽의 준비 과정에서 마지막 삽입 정렬보다 시간을 더 쓰는데, 배열의 크기가 1천이면 대략 5배에서 10배, 10만을 넘으면 대략 30배에서 100배 정도다.

이 실험에서는 입력을 랜덤하게 생성했으므로 이론적으로 균등 분포를 하는 입력이다. 균등 분포를 하는 입력에 대해서는 버킷 정렬이 점근적으로 평균 $\Theta(n)$ 시간을 소요한다. 그렇다면 실험한 8개의 알고리즘 중 버킷 정렬이 가장 빨라야 하지만 기초적인 알고리즘 3개보다는 많이 빠르고, 나머지 알고리즘들보다는 다소 느리다. 버킷 정렬의 선형 시간은 점근적으로 $\Theta(n)$이지만 상수 인자가 엄청나게 커서 실제로는 $\Theta(n\log n)$ 알고리즘들보다도 조금 더 시간을 쓴다. 버킷 리스트를 만들고 관리하는 작업 때문에 시간이 더 드는 것인데, 이 작업을 요령 있게 변형하면 퀵 정렬보다 빠르게 만들 수 있다. [연습문제 18]에서 관련 아이디어를 제시한다.

표 9-1 정렬 알고리즘 성능 비교

정렬	점근적 평균 복잡도	배열 크기 10^3 (micro sec) 1000회 평균	배열 크기 10^4 (micro sec) 1000회 평균	배열 크기 10^5 (milli sec) 100회 평균	배열 크기 10^7 (sec)100회 평균 (삽입 정렬은 5회)	배열 크기10^8 (sec) 10회 평균
선택 정렬	$\Theta(n^2)$	349	24,590	2,603	N/A	N/A
버블 정렬	$\Theta(n^2)$	850	104,195	13,328	N/A	N/A
삽입 정렬	$\Theta(n^2)$	115	9,359	982	23시간	N/A
셸 정렬	$O(n^{1+1/v})$	62	647	9.05	1.65초	23.7
병합 정렬	$\Theta(n\log n)$	67	687	8.51	1.35초	15.5
퀵 정렬	$\Theta(n\log n)$	62	593	6.95	0.93초	10.3
힙 정렬	$\Theta(n\log n)$	75	793	10.93	2.36초	35.9
버킷 정렬	$\Theta(n)$	103	739	13.6	4.62초	Overflow

05 정렬 구현

'정렬 알고리즘들을 자바에서 어떤 구조로 제공할 것인가'에 대해서는 여러 선택지가 있다. 첫 번째 선택지는 정렬 알고리즘이 필요할 때 여러 클래스의 내부에서 [그림 9-17]의 (a)와 같이 만들어 쓸 수 있도록 하는 것이다. 또 다른 선택지는 정렬 알고리즘들을 한 클래스에 모아놓고 가져다 쓸 수 있도록 하는 것이다. 그러면 (b)와 같은 구조를 갖게 된다.

(a)

```
public void quickSort(... A[]) {
    ...
}
```

(b)

```
public class Sorting {
    Comparable A[];
    public Sorting(Comparable B[]) {
        A = B;
    }
    public void selectionSort() {
        ...
    }
    ...
    public void quickSort() {
        ...
    }
    ...
}
```

그림 9-17 정렬 클래스 구현 방식

[그림 9-17]의 (b) 구조에서는 다음과 같이 배열을 클래스로 넘긴 다음 정렬 알고리즘을 부른다.

```
Sorting s = new Sorting(givenArray);
s.quickSort();
```

어느 쪽을 선택하든 상관없지만, 여기서는 [그림 9-17]의 (b) 방법을 선택하여 정렬 알고리즘들을 클래스 Sorting에 모았다. 편의상 원소는 모두 int 타입으로 하였다. (b)처럼 Comparable 타입으로 할 경우 원소의 비교 연산자 <, >를 사용한 부분을 메서드 compareTo()로 바꾸어주면 된다. int 타입으로 가정한 것은 비교 연산이 정렬의 논리 구조에서 핵심을 차지하므로 가독성을 고려한 것이다. 즉, ❶ 대신 ❷와 같은 표현을 사용한다.

❶
```
if (A[largest].compareTo(A[i]) < 0) ...
```

❷
```
if (A[largest] < A[i]) ...
```

코드 9-1 Sorting.java

```
package sorting;

public class Sorting {
   int A[];
   public Sorting(int B[]) {
       A = B;
   }

   // [알고리즘 9-1] 구현: 선택 정렬
   public void selectionSort() {
       int k; int tmp;
       for(int last = A.length-1; last >= 1; last--) {
           k = theLargest(last);     // A[0...last] 중 가장 큰 수 A[k] 찾기
           tmp = A[k]; A[k] = A[last]; A[last] = tmp;
       }
   }

```

```
private int theLargest(int last) {
    // A[0...last]에서 가장 큰 수의 인덱스를 리턴한다.
    int largest = 0;
    for(int i = 0; i <= last; i++)
        if (A[i] > A[largest]) largest = i;
    return largest;
}

// [알고리즘 9-3] 구현: 버블 정렬
public void bubbleSort() {
    int tmp = 0;
    boolean swapped;
    for (int last = A.length-1; last >= 2; last--) {
        swapped = false;
        for (int i = 0; i <= last-1; i++)
            if (A[i] > A[i+1]) {
                tmp = A[i]; A[i] = A[i+1]; A[i+1] = tmp;
                swapped = true;
            }
            if (swapped == false)
                break;
    }
    tmp = tmp;
}

// [알고리즘 9-4] 구현: 삽입 정렬
public void insertionSort() {
    for(int i = 1; i <= A.length-1; i++) {
        int loc = i-1;
        int newItem = A[i];
        while (loc >= 0 && newItem < A[loc]) {
            A[loc+1] = A[loc];
            loc--;
        }
        A[loc+1] = newItem;
    }
}

```

```java
// [알고리즘 9-6] 구현: 병합 정렬
public void mergeSort() {
    int[] B = new int[A.length];
    mSort(0, A.length-1, B);
}

private void mSort(int p, int r, int[] B) {
    if (p < r) {
        int q = (p+r)/2;
        mSort(p, q, B);
        mSort(q+1, r, B);
        merge(p, q, r, B);
    }
}

private void merge(int p, int q, int r, int[] B) {
    int i = p; int j = q+1; int t = 0;
    while (i <= q && j <= r) {
        if(A[i] <= A[j]) B[t++] = A[i++];
        else B[t++] = A[j++];
    }
    while (i <= q)        // 왼쪽 부분 배열이 남은 경우
        B[t++] = A[i++];
    while (j <= r)        // 오른쪽 부분 배열이 남은 경우
        B[t++] = A[j++];
    i = p; t = 0;
    while (i <= r)        // 결과를 A[p...r]에 저장
        A[i++] = B[t++];
}

// [알고리즘 9-8] 구현: 퀵 정렬
public void quickSort() {
        qSort(0, A.length-1);
}

```

```java
private void qSort(int p, int r) {
    if (p < r) {
        int q = partition(p, r);
        qSort(p, q-1);
        qSort(q+1, r);
    }
}

private int partition(int p, int r) {
    int x = A[r];
    int i = p-1;
    int tmp;
    for (int j = p; j <= r-1; j++) {
        if (A[j] <= x) {
            i++;
            tmp = A[i]; A[i] = A[j]; A[j] = tmp;
        }
    }
    tmp = A[i+1]; A[i+1] = A[r]; A[r] = tmp;
    return i+1;
}

// [알고리즘 9-10] 구현: 힙 정렬
public void heapSort() {
    buildHeap();
    int tmp;
    for (int i = A.length-1; i >= 1; i--) {
        tmp= A[0];
        A[0] = A[i];
        A[i] = tmp;
        percolateDown(0, i-1);
    }
}

```

```java
    public void buildHeap() {
    if (A.length >= 2)
        for (int i = (A.length-2)/2; i>=0; i--)
            percolateDown(i, A.length-1);
    }

private void percolateDown(int i, int n) {
    int child = 2*i + 1 ;          // left child
    int rightChild = 2*i + 2;     // right child
    if (child <= n) {
        if ((rightChild <= n) && (A[child] < A[rightChild])) {
            child = rightChild;   // 더 큰 자식의 인덱스
        }
        if (A[i] < A[child]) {
            int tmp = A[i];
            A[i] = A[child];
            A[child] = tmp;
            percolateDown(child, n);
        }
    }
}

// [알고리즘 9-11] 구현: 셸 정렬
public void shellSort() {
    for(int h = A.length/7; h > 5; h = h/5 - 1)
        for(int k = 0; k <= h-1; k++)
            stepInsertionSort(k, h);
    stepInsertionSort(0, 1);
}

```

```
void stepInsertionSort(int k, int h) {
    int j, insItem;
    for(int i = k+h; i <= A.length-1; i += h) {
        insItem = A[i];
        for(j=i-h; j >= 0 && A[j] > insItem; j -= h)
            A[j+h] = A[j];
        A[j+h] = insItem;
    }
}

// [알고리즘 9-12] 구현: 계수 정렬
public int[] countingSort(int K) {  // A[0...n-1] belong to integers 0~k-1
    int[] cnt = new int[K];
    for(int i = 0; i < K; i++)
        cnt[i] = 0;
    for(int i = 0; i < A.length; i++)
        cnt[A[i]]++;
    cnt[0]--; // A[0]부터 시작하므로 조정
    for(int i = 1; i < K; i++)
        cnt[i] += cnt[i-1];
    int[] B = new int[A.length];
    for(int j = A.length-1; j >= 0; j--) { // stable sorting을 만들기 위해 역순으로
        B[cnt[A[j]]] = A[j];
        cnt[A[j]]--;
    }
    return B;
}

// [알고리즘 9-13] 구현: 기수 정렬
public void radixSort() {  // A[0...n-1]은 최대 numDigits 자릿수의 양의 정수
    int[] cnt = new int[10], start = new int[10];
    int[] B = new int[A.length];
    int max = -1;
    for(int i = 0; i < A.length; i++) {
        if(A[i] > max) max = A[i];
    }
```

```
    int numDigits = (int)Math.log10(max) + 1;  // 최대 자릿수 계산
    for(int digit = 1; digit <= numDigits; digit++)
        for(int d = 0; d <= 9; d++)
            cnt[d] = 0;
        for(int i = 0; i < A.length; i++)
            cnt[(int)(A[i]/Math.pow(10, digit-1)) % 10]++;
        start[0] = 0;
        for(int d = 1; d <= 9; d++)
            start[d] = start[d-1] + cnt[d-1];
        for(int i = 0; i < A.length; i++)
            B[start[(int)(A[i]/Math.pow(10, digit-1)) % 10]++] = A[i];
        for(int i = 0; i < A.length; i++)
            A[i] = B[i];
    }
}

// [알고리즘 9-14] 구현: 버킷 정렬
public void bucketSort() {
    // A[0...]: 음이 아닌 정수 범위에서 균등 분포 배열
    intLinkedList B[];
    int numLists = A.length;
    B = new intLinkedList[numLists];
    for(int i = 0; i < numLists; i++)
        B[i] = new intLinkedList();
    int max;
    if(A[0] < A[1]) max = 1;
    else max = 0;
    for(int i = 2; i < A.length; i++)
        if(A[max] < A[i]) max = i;
    int band = A[max] + 1;
    int bucketId;
    for(int i = 0; i < A.length; i++) {
        bucketId = (int)((float)A[i]/band)*numLists;
        B[bucketId].add(0, A[i]);
    }
    int finger = 0, p, r = -1;
```

```
    for(int i = 0; i < numLists; i++) {
        for(int j = 0; j < B[i].len(); j++)
            A[finger++] = B[i].getNode(j).item;
        p = r + 1; r = finger - 1;
        rangeInsertionSort(p, r);
    }
}

private void rangeInsertionSort(int p, int r) {
    for(int i = p+1; i <= r; i++) {
        int loc = i-1;
        int x = A[i];
        while (loc >= p && x < A[loc]) {
                A[loc+1] = A[loc];
                loc--;
        }
        A[loc+1] = x;
    }
}
}
```

[코드 9-2]는 클래스 Sorting을 사용하는 예다. 정렬 중 퀵 정렬을 사용했다.

코드 9-2 클래스 Sorting의 사용 예(SortingDemo.java)

```
public class SortingDemo {
    static final int NUM_SCALE = 10000;

    public static void prepare(int A[]) {
        for (int i = 0; i < A.length; i++) {
            A[i] = (int) (NUM_SCALE * Math.random());
        }
    }
    static final int SIZE = 1000;
    public static void main(String[] args) {
        int[] A = new int[SIZE];
        prepare(A);
        Sorting s = new Sorting(A);
        // s.selectionSort();
        // s.bubbleSort();
        // s.insertionSort();
        // s.shellSort();
        // s.mergeSort();
        s.quickSort();
        // s.heapSort();
        // A = s.countingSort(NUM_SCALE);
        // s.radixSort();
        // bucketSort();
    }
}
```

연습문제

01 n개의 원소가 정렬되지 않은 상태로 배열에 저장되어 있다. 이를 대상으로 다음의 정렬 작업을 수행할 때 최악의 경우 소요되는 시간을 O-표기법으로 밝히시오.

① 선택 정렬

② 버블 정렬

③ 삽입 정렬

④ 병합 정렬

⑤ 퀵 정렬

⑥ 힙 정렬

02 **01**번 문제에 대해 최악의 경우 소요되는 시간을 Ω-표기법으로 밝히시오.

① 선택 정렬

② 버블 정렬

③ 삽입 정렬

④ 병합 정렬

⑤ 퀵 정렬

⑥ 힙 정렬

03 **01**번 문제에 대해 가장 운이 좋은 경우(최선의 경우) 소요되는 시간을 Θ-표기법으로 밝히시오.

① 선택 정렬

② 버블 정렬

③ 삽입 정렬

④ 병합 정렬

⑤ 퀵 정렬

⑥ 힙 정렬

04 n개의 원소가 정렬되지 않은 상태로 배열에 저장되어 있다. 이를 대상으로 다음의 정렬 작업을 수행할 때 평균적으로 소요되는 시간을 Θ-표기법으로 밝히시오.

① 선택 정렬

② 버블 정렬

③ 삽입 정렬

④ 병합 정렬

05 원소들이 다음 순서로 배열에 저장되어 있다.

```
12 70 30 20 55 25
```

① 위 원소들로 선택 정렬이 수행되는 과정을 보이시오.

② 위 원소들로 버블 정렬이 수행되는 과정을 보이시오.

③ 위 원소들로 삽입 정렬이 수행되는 과정을 보이시오.

06 원소들이 다음 순서로 배열에 저장되어 있다.

```
12 70 30 20 55 25 40 50
```

① 위 원소들로 병합 정렬이 수행되는 과정을 보이시오.

② 위 원소들로 힙 정렬이 수행되는 과정을 보이시오.

07 **06**번 문제의 원소들로 퀵 정렬을 수행하는 과정을 보이시오.

① 먼저 partition(A, 0, 7)이 수행되는 과정을 보이시오.

② 퀵 정렬이 수행되는 전체 과정을 보이시오.

08 이미 정렬된 배열이 입력으로 들어올 때 다음 중 어떤 정렬 알고리즘이 가장 효율적인가?

① 선택 정렬

② 버블 정렬

③ 삽입 정렬

④ 병합 정렬

⑤ 퀵 정렬

⑥ 힙 정렬

09 이미 정렬된 배열이 입력될 때 다음 중 상대적으로 비효율적인 알고리즘 3개를 고르시오.

① 선택 정렬

② 버블 정렬

③ 삽입 정렬

④ 병합 정렬

⑤ 퀵 정렬

⑥ 힙 정렬

10 배열 `A[0...n-1]`이 임의의 정렬 알고리즘의 입력으로 들어온다. 이때 배열이 정렬하고자 하는 순서의 역순으로 정렬된 상태일 때 다음 각 정렬 알고리즘의 수행 시간을 a. 최선의 경우, b. 평균적인 경우, c. 최악의 경우 각각에 대해 Θ-표기법으로 밝히시오. (물론 정렬 알고리즘은 이렇게 정렬되어 있다는 사실을 전혀 모르고 수행된다.)

① 선택 정렬

② 버블 정렬

③ 삽입 정렬

④ 병합 정렬

⑤ 퀵 정렬

11 n개의 원소가 정렬되지 않은 상태로 배열에 저장되어 있다. 이를 대상으로 다음 작업들을 수행할 때 소요되는 시간을 O-표기법으로 밝히시오.

① 가장 큰 원소 찾기

② 가장 큰 원소와 작은 원소를 동시에 찾기

12 [알고리즘 9-4] 삽입 정렬의 ❷는 `A[0]`부터 `A[i-1]`이 정렬된 상태에서 `A[i]`가 들어갈 자리를 찾는다. 이를 위해 `A[i-1]`부터 시작해 왼쪽으로 차례로 훑어나간다. 이렇게 하면 평균적으로 `(i-1)/2`번의 비교가 필요하다. 그런데 `A[0...i-1]`이 이미 정렬되어 있으므로 이진 탐색을 이용하면 `(i-1)/2`번 대신 $\log_2 i$번의 비교로 자리를 찾을 수 있다. 이렇게 하면 삽입 정렬의 수행 시간이 절약될 것 같지만 그렇지 않다. 그 이유가 무엇인가?

13 [알고리즘 9-13] 기수 정렬의 ❶에서 사용하는 정렬이 안정성을 유지하는 정렬이 아니면 어떻게 되는가?

14 이 장에서 소개한 다음 정렬 알고리즘들은 안정성을 유지하는 정렬인가?

① 선택 정렬 ② 버블 정렬 ③ 삽입 정렬

④ 병합 정렬 ⑤ 퀵 정렬 ⑥ 힙 정렬

⑦ 기수 정렬 ⑧ 계수 정렬

15 정렬할 원소들이 모두 -k와 k 사이의 정수이고 k가 O(n)일 경우에도 여전히 계수 정렬을 사용하여 선형 시간에 정렬할 수 있다. 본문에서 소개한 계수 정렬 알고리즘을 어떻게 수정하면 되겠는가?

16 [코드 1]과 같이 정렬 알고리즘을 모은 클래스를 만들었다. 수행 예에서는 메서드 `prepare()`를 통해 정수 배열을 생성한 정렬을 수행하면서 소요 시간을 측정했다. 아래 표는 정렬 소요 시간을 측정한 결과다. 결과를 보면 퀵 정렬이 빠르다는 상식과 많이 다르다. 코드를 보고 무엇 때문에 다음 ①, ②의 현상이 발생했는지 추정해보시오.

① 첫 번째 퀵 정렬 수행은 $N=10^5$과 $N=10^7$에 대해 힙 정렬보다 형편없이 못하다.

② 두 번째 퀵 정렬 수행은 모든 경우에 시간이 현저히 많이 걸릴뿐더러 심지어 $N=10^5$과 $N=10^7$에 대해서는 메모리 오버플로우가 발생했다.

	N=100	N=1000	$N=10^5$	$N=10^7$
힙 정렬	116	611	22,375	2,566,990
첫 번째 퀵 정렬	73	480	354,92	82,255,699
두 번째 퀵 정렬	323	3,566	StackOverflow	StackOverflow

코드 1

```
public class Sorting {
    int A[], B[];
    public Sorting(int n) {
        A = new int[n]; B = new int[n];
    }
    public void quickSort() {
        quickS(0, A.length-1);
    }
    private void quickS(int p, int r) {
        if (p < r) {
            int q = partition(p, r);
            quickS(p, q-1); quickS(q+1, r);
        }
    }
```

```
    private int partition(int p, int r) {
        int x = A[r]; int i = p-1; int tmp;
        for (int j = p; j <= r-1; j++)
            if (A[j] <= x) {
                i++;
                tmp = A[i]; A[i] = A[j]; A[j] = tmp;
            }
        tmp = A[i+1]; A[i+1] = A[r]; A[r] = tmp;
        return i+1;
    }
    public void prepare() {
        for (int i = 0; i < A.length; i++)
            B[i] = (int)(1000*Math.random()); // Math.random(): 0과 1 사이의 실수 생성
    }
    public void copy() {
        for (int i = 0; i < A.length; i++)
            A[i] = B[i];
    }
    public void heapSort() {
        ...
    }
    ...
}
```

수행 예

```
int N = 10000000;
Sorting s = new Sorting(N);
long start, finish, elapsedTime;
final long FOR_MICRO = 1000, FOR_MILI = 1000000, FOR_SEC = 1000000000;
long scale = FOR_MILI;
s.prepare(); // 정수 배열 생성

// heapSort()
s.copy();
start = System.nanoTime();
s.heapSort();
finish = System.nanoTime(); elapsedTime = (finish - start)/scale;
System.out.println("Elapsed Time = " + elapsedTime);

// 첫 번째 quickSort()
s.copy();
start = System.nanoTime();
s.quickSort();
finish = System.nanoTime();
elapsedTime = (finish - start)/scale;
System.out.println("Elapsed Time = " + elapsedTime);

// 두 번째 quicksort(). copy() 없이 시작함!
start = System.nanoTime();
s.quickSort();
finish = System.nanoTime();
elapsedTime = (finish - start)/scale;
System.out.println("Elapsed Time = " + elapsedTime);
```

17 퀵 정렬 알고리즘이다. 이 알고리즘은 동일한 원소가 많이 존재할 때 그만큼 성능이 떨어진다. 동일한 원소가 많이 존재할 때도 성능에 영향을 받지 않도록 다음 분할 알고리즘(partition())을 바꾸어보시오.

```
quickSort(A[], p, r):
    ◀ A[p...r]을 정렬한다.
    if (p < r)
        q ← partition(A, p, r)       ◀ 분할
        quickSort(A, p, q-1)         ◀ 왼쪽 부분 배열 정렬
        quickSort(A, q+1, r)         ◀ 오른쪽 부분 배열 정렬

partition(A[], p, r):
    x ← A[r]                ◀ 기준 원소
    i ← p-1                 ◀ i는 1구역의 끝 지점
    for j ← p to r-1        ◀ j는 3구역의 시작 지점
    if (A[j] ≤ x)
        A[++i] ↔ A[j]       ◀ i값 증가 후 A[i]와 A[j]를 교환한다
    A[i+1] ↔ A[r]           ◀ 기준 원소와 2구역의 첫 원소를 교환한다
    return i+1
```

18 [알고리즘 9-14]의 버킷 정렬은 버킷 리스트를 만드는 과정에서 공간과 시간을 많이 소모한다. 그런데 버킷 리스트를 사용하지 않고도 버킷 정렬을 구현할 수 있다. 대략적인 아이디어는 다음과 같다. 이 방식으로 버킷 정렬 알고리즘을 작성해보시오.

> 각 버킷에 들어가는 원소의 수를 세는 것은 간단하다. 이를 기반으로 각 버킷의 원소들이 들어갈 배열 A[]의 범위를 알 수 있다. 앞에서 배운 계수 정렬의 아이디어를 차용한 것인데, 계수 정렬이 특정 원소의 수를 센다면 버킷 정렬에서는 특정 범위의 수를 센다(전체 구간을 n개로 나누어 각 구간에 들어갈 원소의 수를 센다). 이를 기반으로 버킷 대신 A[0... n−1]에 바로 집어넣어 후속 처리를 하면 된다.

19 병합 정렬은 병합 과정에서 주어진 배열 A[]에 더하여 같은 크기의 보조 배열 tmp[]가 필요하다. 이 보조 배열 tmp[]는 병합의 결과를 임시로 저장한 다음 다시 배열 A[]로 되써준다. 이로 인해서 보조 배열 tmp[]로 병합했다가 다시 배열 A[]로 되써주는 과정에 시간 낭비가 생긴다.

보조 배열로 인해 추가 공간이 필요하다는 점은 피할 수 없다. 그렇지만 배열 tmp[]로 병합했다가 A[]로 되써주는 과정은 개선할 수 있다. 즉, 배열 A[]와 배열 tmp[]가 주 배열과 보조 배열의 역할을 매번 바꾸면서 요령 있게 정렬할 수 있다. 이렇게 하면 크기 백만일 때는 평균 25%, 크기 일억일 때는 평균 15% 정도 빨라진다. 병합 정렬을 이런 방식으로 수정해보시오.

Chapter

10

색인과 이진 검색 트리

학습목표

- 일상 환경에서 쓰는 색인과 컴퓨터 환경에서 다루는 색인의 유사성을 이해한다.
- 색인의 추상적 구조를 이해한다.
- 색인이 사용되는 환경과 구조에 대한 느낌을 갖도록 한다.
- 이진 검색 트리의 구조와 원리를 이해한다.
- 이진 검색 트리에서 수행하는 작업의 원리를 이해한다.
- 이진 검색 트리의 자바 구현을 연습한다.

01 색인

1 색인이란

데이터 홍수의 시대다. 정확한 수치는 아무도 모르지만 전 세계에서 매일 250경($2.5*10^{18}$) 바이트쯤 되는 데이터가 생성되고 있다고 한다. 1테라 바이트 하드 디스크 250만 개 분량이다. 생성해놓은 데이터라도 찾을 수 없으면 의미가 없다. 어마어마한 양의 데이터 홍수 속에서 자신에게 필요한 데이터를 찾는 일은 자료구조와 알고리즘의 핵심 역할 중 하나다. 데이터를 잘 찾으려면 잘 저장해야 하는데, 이때 나중에 데이터를 잘 찾을 수 있도록 색인을 만드는 작업이 중요하다.

색인이 없는 경우를 생각해보자. 어떤 키워드를 가진 사이트를 찾으려는데 색인이 없으면 거대한 인터넷의 연결망 속에서 사이트마다 일일이 들어가 뒤져야 한다. 어떤 키워드를 포함한 파일을 찾으려는데 색인이 없으면 자신이 접근 가능한 모든 파일을 열어 일일이 확인할 수밖에 없다. 이런 식의 찾기는 장난감 수준을 넘어서는 데이터를 감당하기 힘들다.

책의 맨 뒷부분에는 찾아보기가 있다. 본문에서 어떤 내용을 찾아보고자 할 때 찾아보기에서 핵심적인 키워드가 들어간 페이지 정보를 확인할 수 있다. 이런 찾아보기를 다른 말로 '색인'이라 하며, 영어로는 Index라고 한다. 색인을 만들어놓으면 어떤 키워드를 가진 사이트나 파일이 어디 있는지, 데스크톱 PC에서 어떤 이름의 파일이 어디 있는지 색인 검색을 통해 알 수 있다. 엄청난 양의 웹 페이지와 문서들을 빠른 시간에 검색해주는 구글과 같은 엔진이 색인 응용의 대표적인 예다. 인터넷 로봇이 쉴 새 없이 인터넷을 순회하면서 새로 만들어진 사이트나 데이터를 확인하고 색인을 계속 수정한다. 데이터의 저장과 검색은 자료구조와 알고리즘 분야에서 가장 중요한 주제 중 하나이고, 이 작업을 위한 핵심 인프라가 색인이다.

서구에서 출판된 도서들을 보면 교양서들에도 대부분 색인이 있다. 우리나라의 경우 전공서에는 대부분 색인이 있으나 교양서에는 대부분 없다. 이 점은 우리나라 출판 문화에서 가장 부족하다고 생각되는 부분 중 하나다. 찾아보기가 없는 책에서 언젠가 본 내용을 찾느라 시간을 허비해본 경험이 있을 것이다. 어떤 키워드와 관련된 내용이 있는지 알고 싶을 때도 많다. 찾아보기 작업은 책 편집이 거의 마무리되는 단계에서 하기 마련인데 이때쯤 되면 저자는 책을 쓰고 교정하느라 지친 상태다. 그래서 남들도 대부분 하지 않는 색인 작업이니 나도 피하고 싶다는 유혹을 받을 수 있다. 하지만 내 책을 산 독자가 필요할 때 필요한 부분을 찾아보면서 오래 보길 바라는 저자라면 색인을 만들지 않겠다는 생각은 어울리지 않는다. 이런 부분은 정신적 끈질김과 상관 있고 다른 일을 할 때도 은유적으로 연결된다.

10~12장은 저장된 데이터를 검색하기 좋도록 색인을 만들고 사용하는 방법에 관한 내용이다. 좋은 색인을 만들려면 적절한 자료구조와 알고리즘이 필요하다.

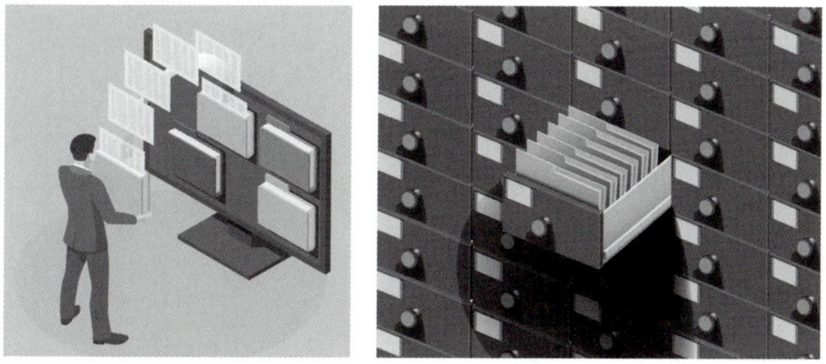

그림 10-1 생활 속 색인

2 레코드, 키와 색인의 관계

레코드Record에는 개체에 대한 모든 정보가 들어 있다. 사람 레코드라면 주민 번호, 이름, 집 주소, 직장 주소, 집 전화번호, 직장 전화번호, 휴대폰 번호, 최종 학력, 연소득, 가족 상황 등의 정보가 포함될 수 있다. 이들 각각의 정보를 나타내는 부분을 필드Field라고 한다.

색인은 개체의 레코드를 검색하기 위한 것이다. 색인에 레코드를 다 저장할 수도 있으나 그러면 색인이 아니라 데이터베이스가 된다. 색인은 해당 레코드를 대표할 수 있는 필드로 만든다. 사람 레코드의 경우, 주민 번호만 있으면 그 레코드를 대표할 수 있으므로 주민 번호를 대표 필드로 삼아 색인을 만들 수 있다. 학생이라면 학번으로도 색인을 만들 수 있다. 이렇게 다른 레코드와 중복되지 않으면서 각 레코드를 구분할 수 있는 필드를 색인에 사용하는데 이를 검색 키Search Key 또는 키Key라고 한다. 키는 필드 하나로 이루어질 수도 있고, 여러 필드로 이루어질 수도 있다. 이름과 생년월일을 사용하면 2개의 필드로 이루어지는 키가 될 수 있다.

이름을 쓴다면 반드시 동명이인에 대한 처리가 포함되어야 한다. 색인을 통해 어떤 레코드에 접근하기 위해서는 그 레코드의 '키'와 '레코드가 저장된 위치'에 관한 정보가 있으면 된다. 검색은 궁극적으로 레코드(또는 파일, 사이트 등)에 빨리 접근하기 위한 것이라는 기술적 문맥을 잊지 말자.

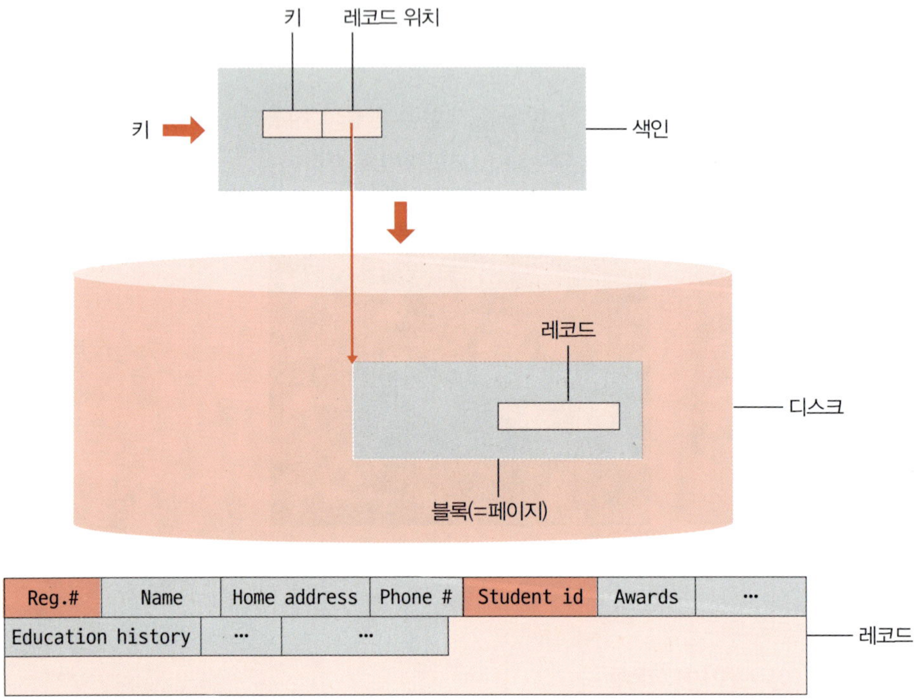

그림 10-2 레코드, 키, 색인

우리나라에서는 국민들에게 주민 번호를 부여하기 때문에 각각의 사람을 이 주민 번호로 구분할 수 있다. 국세청 홈택스 시스템에서 5월에 종합소득세 신고를 해보면 주민 번호에 연동되어 근로 소득, 기타 소득, 배당금, 이미 낸 세금, 기부금, 가족 관계, 신용 카드 사용 내역 등 거의 모든 정보가 나타난다. 하드 카피로 증빙 자료를 첨부할 일이 거의 없으며 대개 30분이 채 안 되는 시간에 신고를 완료할 수 있다. 이런 일이 가능한 것은 그 하부에 색인을 포함하는 효율적인 자료구조가 구축되어 있기 때문이다. 주민센터에서 주민등록등본을 발급받을 때 5천만 국민의 레코드 속에서 내 정보를 순식간에 찾아주는 일은 색인이 되어 있기 때문에 가능한 것이다. 이러한 국민 통제 시스템은 사생활 보호 측면에서는 취약하지만 효율성 면에서는 거의 세계 최고의 시스템이라 할 수 있다.

이웃나라인 일본만 해도 우리처럼 모든 행정에서 공통적으로 사용하는 개인 식별 번호가 없다. 이 때문에 일본에서는 어떤 의료 관련 작업에서 국민 5백만 명이 누락되는 사태가 발생하기도 했다. 미국에는 국민이나 임시 거주민들을 구분하는 사회보장번호라는 것이 있다. 영국엔 국가보험번호가 있어 일부 행정에 사용되지만 이용이 엄격하게 제한되어 국민에 대한 관리가 느슨하다. 이런 시스템으로 인해 선거인 명부도 없다. 선거 때는 각자 투표소를 방문하여 선거 자격이 있는 국민이라고 등록하면 된다고 한다. 그래서 외국인이 가서 등록해도 그냥 통과가 된다고 한다. 이런 문제를 방지하기 위해 철저한 관리 시스템을 택할 수 있겠지만 그들은 효율성보다 개인의 프라이버시를 중요하게 여기는 문화다.

가장 원시적으로 색인을 만든다면 배열에 키를 정렬시켜 색인으로 삼을 수 있다. 이러면 색인이 될 수는 있지만 아주 비효율적이다. n개의 키가 정렬된 상태로 이루어진 배열 인덱스는 검색에 평균 $\Theta(\log n)$, 삽입과 삭제에 평균 $\Theta(n)$ 시간이 들어 색인의 크기가 충분히 크면 못 쓴다.

이진 검색 트리는 이보다 개선된 저장 방법으로 검색 트리의 기본이라 할 수 있으며, 평균 $\Theta(\log n)$ 시간에 검색, 삽입, 삭제를 할 수 있는 자료구조다. 이진 검색 트리는 평균적으로 쓸 만한 성능을 보이지만 운이 나쁘면 아주 비효율적일 수도 있다.

이 책에서는 이진 검색 트리, 다진 검색 트리, AVL-트리, 레드-블랙 트리, B-트리 등 다양한 검색 트리를 다룬다. 이들은 이진 트리인가, 메인 메모리에 있는가, 트리의 균형이 잡혀 있는가에 따라 분류된다.

먼저 이 장에서는 이진 검색 트리를 소개하고, 다음 장에서는 이진 검색 트리의 단점을 보완하는 트리들을 소개한다. 이는 트리의 균형과 관련된 것인데 AVL-트리와 레드-블랙 트리가 이에 해당한다.

색인을 메인 메모리에 올려놓고 사용하는 경우가 많지만 색인이 어떤 응용 프로그램에게 허용된 메인 메모리 공간에 비해 크다면 디스크에 넣어두고 사용해야 한다. 메인 메모리에 올려놓고 쓰는 색인을 내장 색인Internal Index, 메모리 바깥에 놓고 쓰는 색인을 외장 색인External Index이라 한다. 외장 색인의 대표적인 예가 B-트리다.

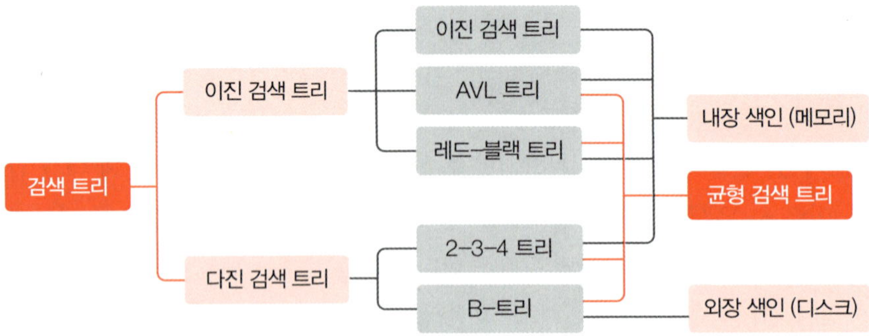

그림 10-3 이진 검색 트리, AVL-트리, 레드-블랙 트리

3 추상 데이터 타입 색인

'색인' 또는 '찾아보기'의 정의를 추상적으로 정리해보자. ADT 색인은 다음과 같은 작업의 집합으로 표현할 수 있다. ADT 색인에서 요구하는 작업의 집합이 유일하지는 않다. 필요에 따라서 가감할 수 있다. 이 작업들 중 앞의 3개가 색인의 핵심 작업이고, 뒤의 2개는 거의 모든 자료구조에 공통으로 들어가는 작업이다.

```
색인에 키 x를 삽입한다
색인에서 키 x를 검색한다
색인에서 키 x를 삭제한다
색인이 비어 있는지 확인한다
색인을 깨끗이 비운다
```

그림 10-4 ADT 색인

02 이진 검색 트리

1 검색 트리

이 장에서는 개체의 레코드를 색인하기 위한 검색 트리를 다룬다. [그림 10-5]의 (a)는 이진 검색 트리의 한 예다. 각 노드는 최대 2개까지 가지를 칠 수 있다. 맨 위에 있는 노드를 루트 Root라 하며, 우리말로 '뿌리'란 뜻이다. (a)를 뒤집어 나무 이미지를 하나 겹쳐본 그림이 (b)다. 값 40을 가진 노드가 나무의 뿌리에 해당하는 자리에 있다. (b)를 보면 이진 검색 트리에 트리(나무)와 루트(뿌리)란 단어가 붙은 유래를 짐작할 수 있다. 이 나무는 한 분기점에서 최대 2개까지만 분기할 수 있는 나무다. 나중에 나오겠지만 3개 이상 분기할 수 있는 나무도 있는데, 이를 다진 검색 트리라 한다. 2개로 분기한다는 것은 2개의 자식 노드를 갖는다는 뜻이고, k개로 분기한다는 것은 k개의 자식 노드를 갖는다는 뜻이다. k진 검색 트리라 하면 자식을 최대 k개까지 가질 수 있는 검색 트리를 말한다.

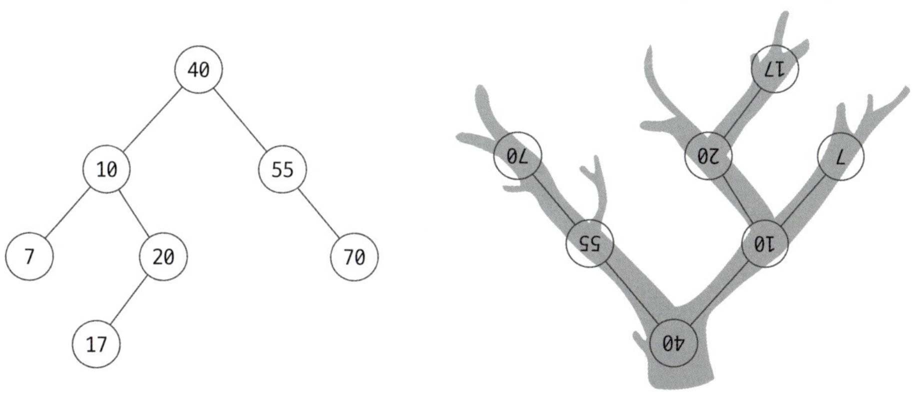

(a) 트리 예　　(b) 그림 (a)를 뒤집은 형태

그림 10-5 이진 검색 트리와 트리라는 이름의 유래

검색 트리는 저장되는 장소에 따라 내장 검색 트리와 외장 검색 트리로 나뉜다. 내장 검색 트리는 검색 트리가 메인 메모리 내에 존재하는 것이고, 외장 검색 트리는 검색 트리가 외부(주로 디스크)에 존재하는 것이다. 메인 메모리에서 검색 트리 전체를 수용할 수 있으면 메인 메모리에 한 번만 탑재한 후 내장 검색 트리로 사용할 수 있다. 어떤 프로그램이든 메인 메모리 전체를 검색 트리에 사용할 수는 없다. 기본적으로 시스템에서 사용하는 공간이 있고, 다른 프로그램들도 메인 메모리를 사용하므로 한 프로그램은 메인 메모리의 일부만 사용할 수 있다. 그래서 검색 트리 전체를 메인 메모리에 올려놓고 쓸 수 없는 경우가 발생한다. 그러면 디스크 공간에 저장된 상태로 검색해야 한다. 이런 외장 검색 트리의 경우에는 대부분 디스크 접근 시간이 검색의 효율을 좌우한다.

2 이진 검색 트리

이진 검색 트리에는 다음과 같은 특성이 있다.

❶ 각 노드는 킷값을 하나씩 갖는다. 각 노드의 킷값은 모두 다르다.
❷ 최상위 레벨에 루트 노드가 있고, 각 노드는 최대 2개의 자식 노드를 갖는다.
❸ 임의 노드의 킷값은 자신의 왼쪽 아래에 있는 모든 노드의 킷값보다 크고, 오른쪽 아래에 있는 모든 노드의 킷값보다 작다.

[그림 10-6]은 이진 검색 트리의 두 예다. (a)에서 킷값이 30인 노드가 루트 노드다. 30보다 작은 모든 키들(10, 20, 25)은 노드 30의 왼쪽에 있고, 30보다 큰 모든 키들(35, 40, 45)은 노드 30의 오른쪽에 있는 것을 볼 수 있다. (b)는 (a)와 같은 키들의 집합으로 만들어진 다른 이진 검색 트리인데 킷값이 40인 노드가 루트 노드다. 키 40이 전체 7개의 키 중 여섯 번째로 작아 노드 40의 왼쪽에 5개, 오른쪽에 1개의 키가 분포하고 있다. (a)는 균형이 잘 잡혀 있고, (b)는 그다지 균형 잡힌 상태가 아니다. 그 결과 (a)의 트리는 높이가 3이고, (b)의 트리는 높이가 4다. 나중에 보겠지만 검색 트리의 높이는 효율성에 큰 영향을 미친다.

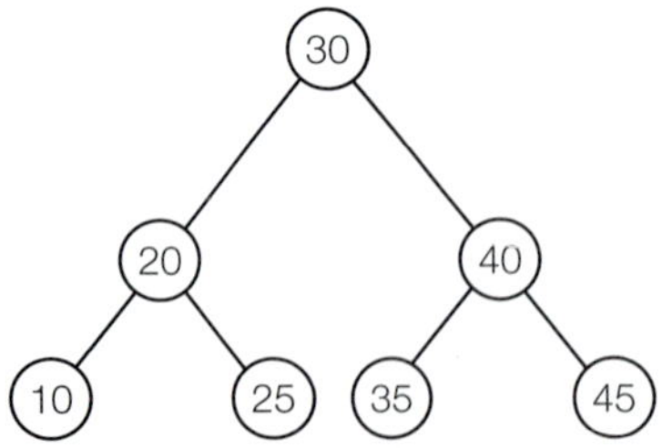

(a) 킷값이 30인 노드가 루트

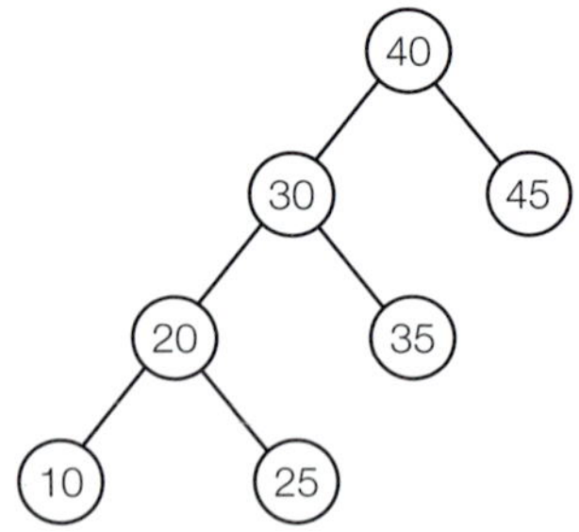

(b) 킷값이 40인 노드가 루트

그림 10-6 이진 검색 트리의 예

검색 트리 내에 존재하는 부분적인 트리들을 서브 트리라 한다. [그림 10-7]은 서브 트리의 예다. (a)의 이진 검색 트리에서 노드 r의 왼쪽에 매달린 서브 트리와 오른쪽에 매달린 서브 트리를 각각 (b)와 (c)에서 보여주고 있다.

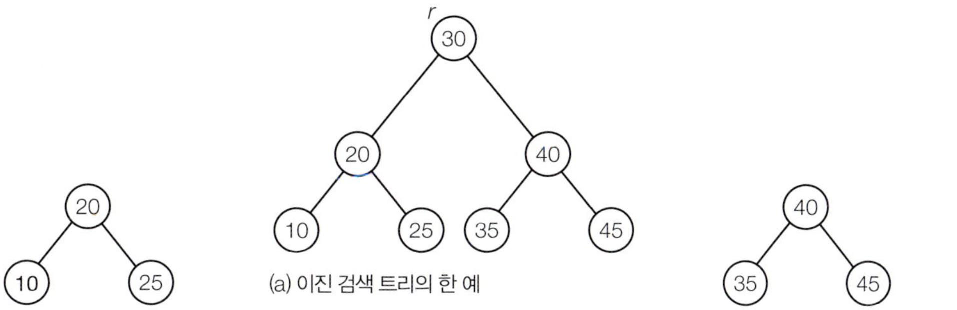

(a) 이진 검색 트리의 한 예

(b) 노드 r의 왼쪽 서브 트리

(c) 노드 r의 오른쪽 서브 트리

그림 10-7 서브 트리의 예

3 노드 객체의 구조

이진 검색 트리에서 사용할 노드를 객체로 만들어보자. [그림 10-7]에서 동그라미로 표현된 각각이 노드다. [그림 10-8]은 이 책에서 채택한 이진 검색 트리 노드 객체의 구조다. 노드의 필드로 `item`, `left`, `right`가 있다. 필드 `item`은 키를 저장하고, 필드 `left`와 `right`는 노드의 왼쪽 자식과 오른쪽 자식을 가리킨다. 보통은 (a)의 구조로 설명하지만 실제로는 (b)와 같은 구조다. 검색 트리에서 검색이 성공했을 때 해당 키를 가진 레코드에 접근할 수 있는 정보가 있어야 한다. 그래서 이진 검색 트리의 노드는 (b)와 같이 레코드의 위치에 관한 정보를 가져야 하지만, 레코드 접근은 단순한 일인 데다 검색 트리를 만들고 키로 검색하는 과정에 레코드 접근 정보는 사용되지 않아 대부분 편의상 (a)의 약식 구조로 설명한다. 이 책에서도 마찬가지다. 그렇지만 색인은 궁극적으로 레코드에 접근하기 위한 목적으로 쓰인다는 점, 레코드의 위치 정보는 설명의 편의상 나타내지 않았을 뿐이라는 점을 염두에 두기 바란다.

이 책의 초고에서는 [그림 10-9]와 같은 노드 객체 구조를 채택했다가 [그림 10-8]과 같이 노드의 필드를 열어놓는 구조로 바꾸었다. 객체 지향 철학을 따르자면, 외부에서 필드에 직접 접근할 수 없고 함수들을 통해서만 접근할 수 있도록 한 [그림 10-9]가 더 바람직하지만, 코드의 가독성이나 효율성 면에서는 [그림 10-8]이 더 좋다. 검색 트리의 거의 모든 작업에서 노드 필드에 대한 접근이 가장 빈번하게 일어나기 때문이다. 5장에서도 비슷한 선택을 한 바 있다.

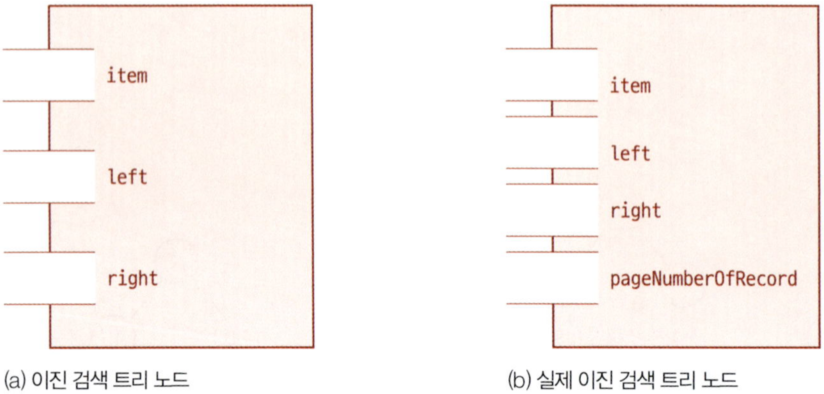

그림 10-8 이진 검색 트리의 노드 구조

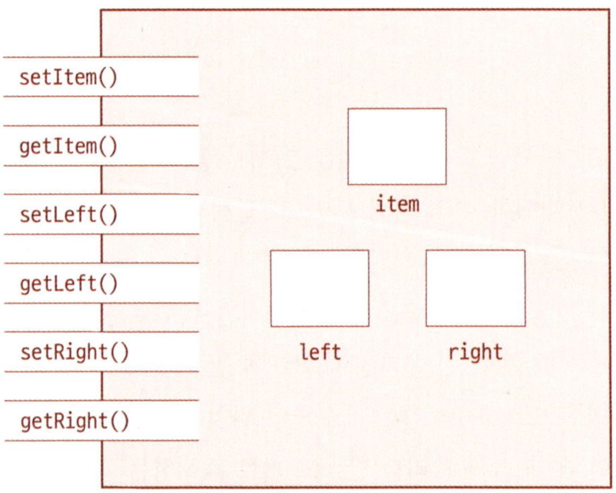

그림 10-9 객체 지향에 최대한 충실한 이진 검색 트리의 노드 구조

이제 이진 검색 트리 객체를 설계할 준비가 되었다. [그림 10-10]은 이진 검색 트리 객체의 구조다. 이진 검색 트리에 대한 접근은 루트 노드로부터 시작한다. 원소를 찾을 때, 새 원소를 삽입할 때, 원소를 삭제할 때 등 모든 작업은 일단 이진 검색 트리의 루트 노드로부터 시작한다. 루트 노드의 값에 따라 나머지 노드가 좌측에 위치할지 우측에 위치할지가 결정되므로 루트를 거치지 않고 아래로 내려갈 수는 없다. 루트 노드를 밟은 다음 링크(`left` 또는 `right`)

를 타고 다음, 다음 노드들에 접근하게 된다. 이진 검색 트리 객체는 트리의 노드들을 저장할 필요가 없고 트리의 루트 노드에 접근할 수 있는 레퍼런스만 갖고 있으면 된다. 이진 검색 트리에 총 몇 개의 원소가 있는지에 대한 필드(numItems) 같은 것도 필요하면 더할 수 있다. 이진 검색 트리의 핵심 작업은 검색, 삽입, 삭제다.

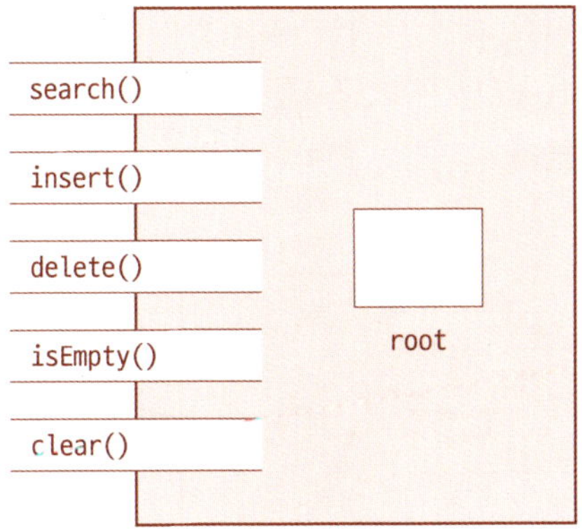

그림 10-10 이진 검색 트리 객체

[그림 10-10]에서 각 필드와 작업의 의미는 다음과 같다.

```
root        ◀ 이진 검색 트리의 루트 노드

search(x)   ◀ 이진 검색 트리에서 원소 x를 검색한다.
insert(x)   ◀ 이진 검색 트리에 원소 x를 삽입한다.
delete(x)   ◀ 이진 검색 트리에서 원소 x를 삭제한다.
isEmpty()   ◀ 이검색 트리에 키가 하나도 없이 비어 있는가?
clear()     ◀ 이진 검색 트리를 깨끗이 비운다.
```

나중에 이 구조를 구현할 자바 코드는 대략 다음과 같은 골격을 가질 것이다.

```
public class BinarySearchTree {
    private TreeNode root;

    // 생성자
    public BinarySearchTree() {
        root = null;
    }

    // 메서드
    public TreeNode search(...) { ... }
    public void insert(...) { ... }
    public void delete(...) { ...}
    ...
}
```

이진 검색 트리는 BinarySearchTree 객체 하나와 TreeNode 객체들로 만들어지는데 [그림 10-11]은 그 구조를 시각적으로 표현한 것이다. BinarySearchTree 객체 하나가 이진 검색 트리의 루트를 레퍼런스하고, 이진 검색 트리의 다른 노드들은 이 루트에서 링크로 연결된다.

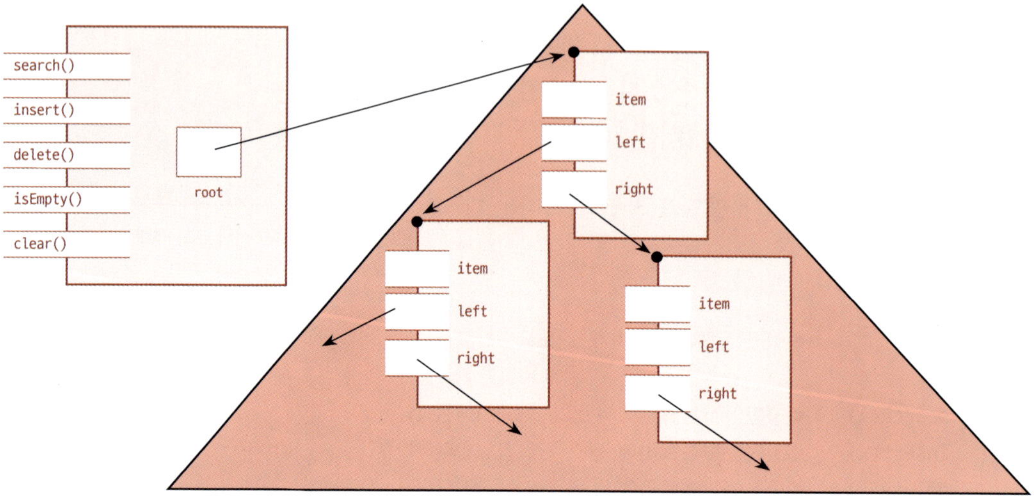

그림 10-11 BinarySearchTree 객체와 TreeNode 객체들을 이용한 이진 검색 트리의 관계

[그림 10-11]의 이진 검색 트리는 보통 [그림 10-12]와 같이 간단하게 그린다.

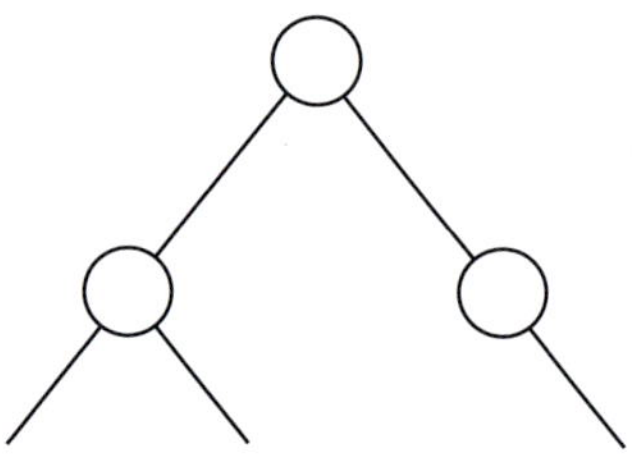

그림 10-12 통상적인 이진 검색 트리 시각화

03 이진 검색 트리 알고리즘과 구현

지금부터 이진 검색 트리의 핵심 작업인 검색, 삽입, 삭제 알고리즘을 살펴보자. 이 작업들은 클래스 BinarySearchTree의 메서드에 해당하는 것들이다.

1 검색

이진 검색 트리에서 키가 x인 노드를 검색하고자 한다. 만약 트리에 키가 x인 노드가 존재하면(성공적인 검색) 해당 노드를 리턴하고, 존재하지 않으면(실패하는 검색) null을 리턴한다. 여기서는 키 x가 들어 있는 노드를 리턴하는데, 필요에 따라 노드 안에 있는 특정 정보를 리턴하도록 할 수도 있다. 예를 들면, x를 키로 하는 레코드의 디스크 블록 번호를 리턴할 수도 있다. 이진 검색 트리의 대표적 용도가 궁극적으로 레코드에 효율적으로 접근하기 위한 색인이라는 사실을 잊지 말자.

[알고리즘 10-1]은 이진 검색 트리의 검색 알고리즘이다. 어떤 노드의 왼쪽 자식과 오른쪽 자식은 이 장에서 자주 언급될 텐데 각각 '왼자식'과 '오른자식'으로 줄여 부르기로 한다. 왼쪽 서브 트리와 오른쪽 서브 트리는 각각 좌서브 트리와 우서브 트리로 부르기로 한다.

알고리즘 10-1 이진 검색 트리의 검색

```
search(t, x):
◀ t: (서브) 트리의 루트 노드 레퍼런스,  x: 검색하고자 하는 키
    ❶ if (t = null || t.item = x)
            return t
    ❷ else if (x < t.item)
            return search(t.left, x)      ◀ t.left: t의 왼자식
    ❸ else
            return search(t.right, x)     ◀ t.right: t의 오른자식
```

알고리즘의 입력으로는 검색할 트리의 루트 노드 레퍼런스 t와 검색하고자 하는 키 x가 주어진다. 루트 노드 t의 킷값과 x를 비교해 x가 더 작으면 t의 좌서브 트리로 가서 x를 찾는다(❷). x가 더 크면 t의 우서브 트리로 가서 x를 찾는다(❸). 만일 운 좋게 루트 노드의 킷값이 x와 일치하면 루트 노드가 답이라고 알린다(❶). t가 null이면 null을 리턴한다(❶). 검색이 성공하든 실패하든 반드시 ❶을 통해서 끝나는데, 검색이 실패하면 null을 리턴하고 검색이 성공하면 검색한 킷값을 갖고 있는 노드의 레퍼런스가 리턴된다.

[그림 10-13]은 이진 트리 검색의 t 주변 상황을 관계적 관점에서 나타낸 것이다. 루트 노드 t에서 왼자식 t.left로 분기하는 것이 ❷의 search(t.left, x)다. 이 작업은 t.left가 새로운 루트가 되었을 뿐 앞의 search(t, x)와 똑같은 작업이다. 즉, 루트 노드의 킷값과 x의 대소를 비교하는 수고를 하고 나면 자신과 성격은 똑같으면서 크기만 더 작은 문제를 만난다. 재귀적 구조다.

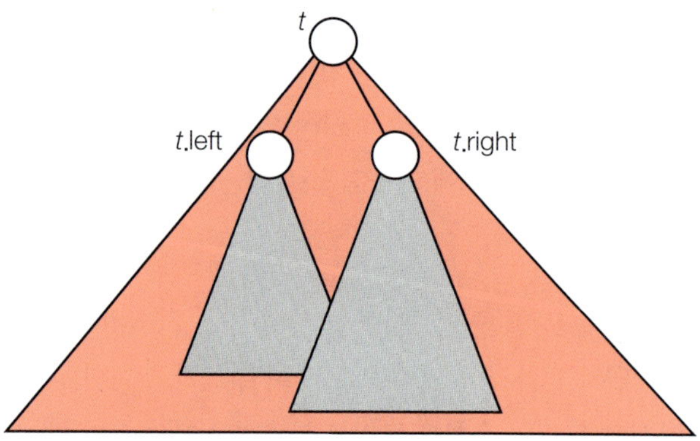

그림 10-13 재귀적 관점으로 본 이진 트리 검색

[그림 10-14]는 이진 트리에서 검색이 성공하는 경우와 실패하는 경우를 직관적으로 그린 것이다. (a)는 성공적인 검색을 보여주는 예로 search(*, x)를 재귀적으로 수행하다 x를 가진 노드를 만나면 해당 노드의 레퍼런스(그림의 r)를 리턴한다. 여러 번의 자기호출 끝에 search(r, x)가 호출되는 순간 루트인 r의 킷값과 x가 일치하여 [알고리즘 10-1]의 ❶에서 r을 리턴하고 끝난다. (b)는 실패하는 검색을 보여준다. 두 가지 케이스를 보이는데, 첫번째 예는 리프 노드까지 간 후에 실패라 판정하는 것이고, 두 번째 예는 내부 노드Internal Node에서 실패라 판정하는 것이다. 둘 다 분기를 거듭하다 분기하려는 방향의 자식이 null이면 실패라 판정하게 된다. 위 알고리즘에서는 마지막 분기에서 search(null, x)가 호출되자마자 루트 노드가 null이므로 ❶에서 null을 리턴하고 끝난다.

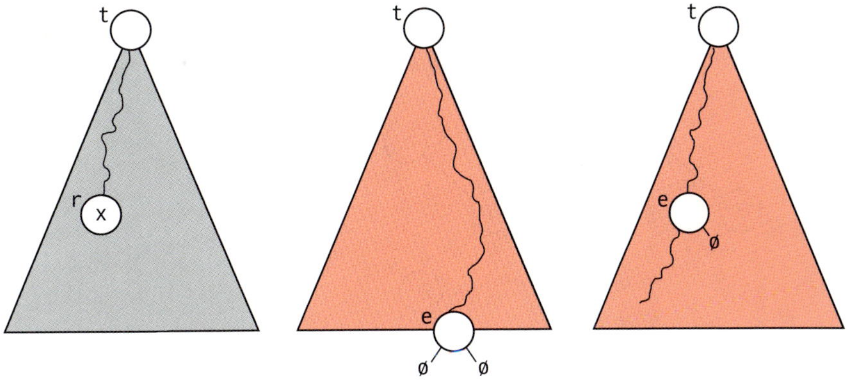

(a) 성공적인 검색 (b) 실패한 검색

그림 10-14 성공적인 검색과 실패하는 검색

2 삽입

원소 x를 이진 검색 트리에 삽입하려면 우선 이진 검색 트리에 x를 킷값으로 가진 노드가 없어야 한다. 원소 x를 삽입할 자리를 찾는 것은 실패하는 검색을 한 번 수행하는 것과 같다. 즉, 루트 노드로부터 x에 대한 검색(검색과 똑같은 과정)을 수행해 임의의 리프 노드에 이르러 더 이상 내려갈 곳이 없다는 것이 확인되면 x를 그 리프 노드의 자식으로 매단다. 예를 들어, 앞에서 [그림 10-14]의 (b)처럼 `null`을 만나게 되면 x는 `null` 자리에 매달리게 된다.

이진 검색 트리의 모양은 원소들이 어떤 순서로 삽입되었는지에 따라 결정된다. [그림 10-5]의 (a)에서 가장 먼저 삽입된 원소는 40이다. 두 번째로 삽입된 원소는 10 또는 55다. [그림 10-6]의 (a)에서 가장 먼저 삽입된 원소는 30이다. [그림 10-15]는 30, 20, 25, 40, 10, 35의 순서로 원소가 삽입되어 이진 검색 트리가 만들어지는 과정을 보여준다. 그림을 단계별로 설명하면 다음과 같다.

(a) 아무것도 없는 상태에서 30이 삽입되면 30 하나만으로 이루어진 트리가 만들어진다.
(b) 20이 입력되면 30보다 작으므로 30의 왼쪽에 매달린다.
(c) 25가 입력되면 30보다 작으므로 30의 왼쪽으로 간다. 20보다는 크므로 20의 오른쪽에 매달린다.
(d) 40이 입력되면 30보다 크므로 30의 오른쪽에 매달린다.

(e) 10이 입력되면 30보다 작으므로 왼쪽으로 간다. 20보다도 작으므로 20의 왼쪽에 매달린다.
(f) 35가 입력되면 30보다 크므로 오른쪽으로 간다. 40보다는 작으므로 40의 왼쪽에 매달린다.

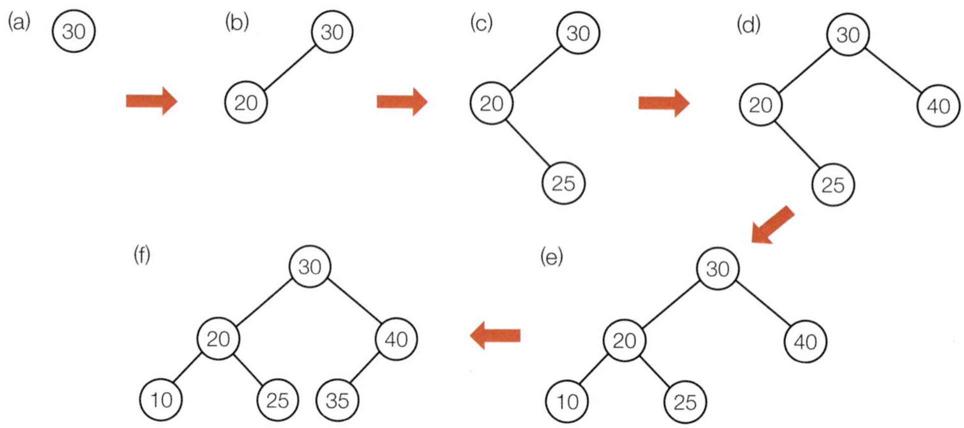

그림 10-15 이진 검색 트리의 삽입 과정을 보이는 예

[알고리즘 10-2]는 이진 검색 트리에서 삽입의 개요를 스케치한 것이다. 알고리즘의 골격은 검색과 거의 같음을 볼 수 있다. ❶은 검색이 실패했음을 알게 되는 부분이다. 검색 알고리즘인 [알고리즘 10-1]의 ❶에서는 검색이 성공하는 경우도 있지만 삽입에서는 같은 킷값이 트리 내에 없어야 삽입할 수 있으므로 검색이 실패하는 경우밖에 없다. ❷와 ❸은 검색의 경우와 완전히 동일하다. 즉, 성공적인 검색이 없는 것만 다르고 나머지는 구조적으로 검색 알고리즘과 동일하다.

알고리즘 10-2 이진 검색 트리의 삽입 알고리즘(스케치)

```
insertSketch(t, x):
◀ t: (서브) 트리의 루트 노드,  x: 삽입하고자 하는 키
   ❶ if (t = null)
         x를 키로 하는 노드를 t의 부모 밑에 매달고 끝낸다
   ❷ else if (x < t.item)
         insertSketch(t.left, x)
   ❸ else
         insertSketch(t.right, x)
```

위 스케치는 이해를 돕기 위해 대강의 과정을 묘사한 것이다. 이 스케치의 ❶에서 "노드를 t의 부모 밑에 매달고" 부분을 구현하는 것이 자명하지가 않다. 부모 노드에서 insertSketch()를

호출했지만 insertSketch() 안에서는 부모 노드가 누구인지 모른다. 이러면 x를 부모 밑에 매달 수가 없다. 그렇다면 insertSketch()에서 insertSketch(t, t.left, x)와 같이 파라미터를 하나 더 만들어 이를 호출한 부모 노드의 레퍼런스를 포함시키면 되지만 알고리즘이 지저분해진다.

[알고리즘 10-3]은 [알고리즘 10-2]를 좀 더 구체적으로 묘사한 알고리즘으로 부모 노드의 레퍼런스 정보 갱신을 재귀 함수의 리턴 값을 이용해 처리한다(❶과 ❷). ❶의 "t.left ← insertItem()"을 통해 t.left가 함수 insertItem()의 리턴 값을 기다리고 있다. 이렇게 함으로써 [알고리즘 10-2]에서 x의 노드를 부모 노드에 매달아주기 위해 발생하는 어려움을 해소할 수 있다. 즉, 부모 노드에서 자식에 대한 레퍼런스를 갱신하기 위해 기다리고 있고, insertItem()은 새 노드의 레퍼런스를 리턴하면 된다. 새 노드가 아닌 경우(검색 과정에서 지나가는 노드)에는 그냥 그 노드의 레퍼런스를 리턴하고, 부모 노드에서는 기존 링크를 그대로 써준다. 알고리즘에 포함된 3개의 return문 중 하나를 통해 자신을 호출한 함수 insertItem()이나 insert()에서 기다리고 있는 레퍼런스 값을 채우게 된다. 알고리즘에서 번거롭게 insertItem() 이외에 insert()가 앞에 하나 더 있는 것은 원소가 아무것도 없는 빈 트리일 경우(즉, 첫 삽입) null로 되어 있는 루트의 레퍼런스를 갱신해주기 위해서다.

알고리즘 10-3 이진 검색 트리의 삽입(재귀적 버전)

```
insert(x):
    root ← insertItem(root, x)          ◀ root: 트리의 루트 노드 레퍼런스

insertItem(t, x):
◀ t: (서브) 트리의 루트 노드, x: 삽입하고자 하는 키
◀ 작업 완료 후 루트 노드의 레퍼런스를 리턴한다
    if (t = null)
          r.item ← x; r.left ← null; r.right ← null  ◀ r: 새 노드
          return r
    else if (x < t.item)
        ❶ t.left ← insertItem(t.left, x)
          return t
    else
        ❷ t.right ← insertItem(t.right, x)
          return t
```

강의를 하다 보면 [알고리즘 10-3]을 쉽게 받아들이지 못하는 학생들을 만나곤 한다. [알고리즘 10-3]에는 장단점이 있다. 우선, 분기해서 내려갈 때 부모 노드를 기억해둘 필요가 없다는 장점이 있다. insertItem()을 호출하면서 리턴 값을 저장하기 위해 기다리고 있어 알맞은 리턴 값만 리턴하면 된다. 단점은 ❶과 ❷에서 맨 마지막 단계를 제외하고는 기존 링크를 그대로 다시 써주게 된다는 점이다. (새로 매달아주는 노드를 위한) 마지막 링크 고치기 한 건을 위해 이렇게 내려가는 경로상의 모든 링크를 다시 써주는 것이 번거로워 보일 수도 있다. 그렇지만 재귀적 사고에 익숙해지면 대개 [알고리즘 10-3]이 깔끔하다고 느낀다.

만약 [알고리즘 10-3]이 쉽게 받아들여지지 않으면 같은 일을 하는 [알고리즘 10-4]와 같은 비재귀적 버전을 사용해도 된다. 이 알고리즘은 실패하는 검색이 끝날 때까지 매 분기마다 부모 노드를 기억하면서 내려간다. 맨 마지막에 null을 만나면서 (실패하는) 검색이 끝나는데 이때 기억해둔 부모 노드 p가 새 노드를 매달 리프 노드다. 여기에 새 노드를 매달아주고 끝난다.

알고리즘 10-4 이진 검색 트리의 삽입(비재귀적 버전)

```
◀ root: 트리의 루트 노드 레퍼런스
insert(x):    ◀ x: 삽입하고자 하는 키
    r.item ← x; r.left ← null; r.right ← null   ◀ r: 새 노드
    if (root = null)
        root ← r
    else
        t ← root
        while (t ≠ null)
            parent ← t
            if (x < t.item) t ← t.left
            else t ← t.right
        if (x < parent.item) parent.left ← r
        else parent.right ← r
```

[그림 10-15]의 이진 검색 트리는 결과적으로 좌우의 균형이 잘 잡힌 검색 트리다. 이렇게 균형이 잘 맞으면 검색 효율이 높다. 검색 트리의 효율은 검색 트리의 깊이와 밀접한 상관이 있기 때문이다. 하지만 트리의 균형이 잘 맞지 않는 경우도 발생한다.

[그림 10-16]은 10, 20, 25, 30, 40, 45의 순서로 원소가 삽입될 경우에 만들어지는 이진 검색 트리다. 트리의 모양이 극단적으로 오른쪽으로 치우쳐 있다. 이 트리에서 45를 검색할 경우에는 10, 20, 25, 30, 40, 45의 순서로 트리의 모든 원소와 비교해야 한다. 40을 검색한다면 10, 20, 25, 30, 40의 순서로 다섯 번 비교해야 한다. 이런 검색 트리는 검색 효율이 나쁘다. 검색 트리를 만들기 위해 들인 수고를 감안하면 배열이나 연결 리스트보다 못하다고 할 수 있다.

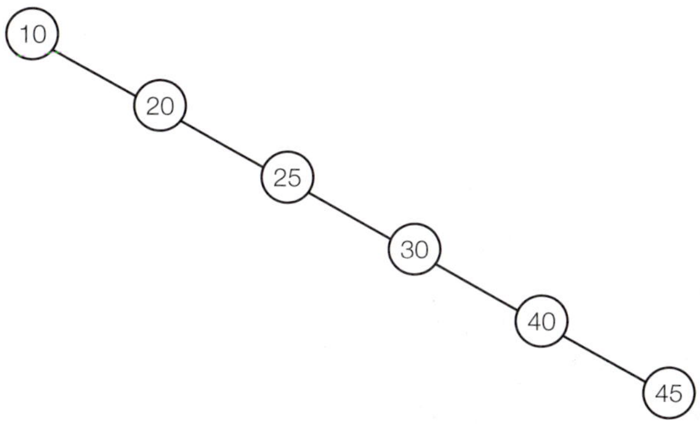

그림 10-16 균형이 맞지 않는 이진 검색 트리의 예

n개의 원소로 이진 검색 트리를 만들 때, 이진 검색 트리가 가장 이상적으로 균형이 잡히면 최악의 경우라 하더라도 검색 시간은 $\Theta(\log n)$이다. 가장 나쁘게 기울면 평균 검색 시간이 $\Theta(n)$이 된다. 가능한 모든 삽입 순서에 따른 이진 검색 트리를 전부 고려하면 평균 검색 시간은 $\Theta(\log n)$이다. 삽입은 실패하는 검색 후 상수 시간의 후처리를 하므로 점근적 수행 시간은 검색과 동일하다.

3 삭제

이진 검색 트리의 삽입은 노드가 삽입될 자리만 정해지면 간단하다. 삽입은 항상 트리의 아랫부분인 리프 노드에서 행해지기 때문이다. 반면 삭제는 트리의 전 영역에서 발생한다. 삭제는 삭제할 노드가 정해진 이후에 일이 더 많다. 이진 검색 트리에서 노드 r을 삭제한다면 다음 세 가지 경우에 따라 각각 다르게 처리해주어야 한다.

- **Case 1**: r이 리프 노드인 경우(자식이 없는 경우)
- **Case 2**: r의 자식 노드가 1개인 경우
- **Case 3**: r의 자식 노드가 2개인 경우

Case 1과 Case 2는 처리가 간단하고 Case 3은 이들보다는 복잡하다. [알고리즘 10-5]는 삭제 알고리즘의 간략한 골격을 보여준다.

알고리즘 10-5 이진 검색 트리의 삭제 알고리즘(스케치)

```
deleteSketch(r):       ◀ r: 삭제하고자 하는 노드
    if (r이 리프 노드)                    ◀ Case 1
        그냥 r을 버린다
    else if (r의 자식이 하나만 있음)       ◀ Case 2
        r의 부모가 r의 자식을 직접 가리키도록 한다
    else                                  ◀ Case 3
        r의 오른쪽 서브 트리의 최소 원소 노드 s를 찾는다
        s를 r자리로 복사하고 s를 삭제한다
```

Case 1에서 r은 리프 노드이므로 자식이 없어 r이 삭제되어도 r의 아래쪽에는 영향을 미치지 않는다. 단지 r의 부모 노드에서 r을 가리키고 있던 링크를 null로 바꿔주기만 하면 된다. 무자식 상팔자란 말이 여기에 딱 어울린다. [그림 10-17]은 삭제 Case 1의 한 예다.

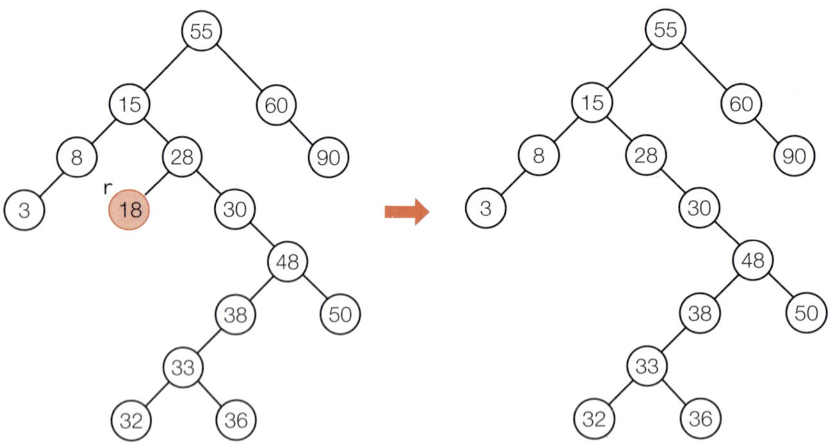

(a) r의 자식이 없음 (b) 단순히 r을 제거함

그림 10-17 이진 검색 트리의 삭제 Case 1

[그림 10-18]은 삭제 Case 2의 한 예다. Case 2에서는 단순히 r을 제거하면 r의 자식 노드로 가는 연결이 끊어져버린다. (b)는 이 상황을 나타낸다. 이때는 r의 부모 노드에서 r을 가리키고 있던 링크를 r의 자식을 가리키도록 바꾸어주면 된다. (c)가 이 상황을 나타낸다.

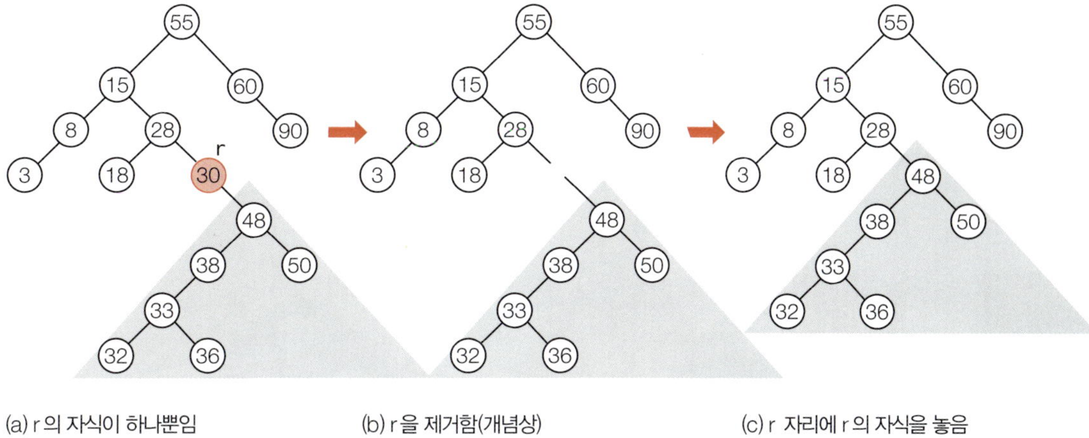

그림 10-18 이진 검색 트리에서의 삭제 Case 2

Case 3은 Case 2보다 복잡하다. r을 제거하면 r의 자식들로 가는 연결이 끊어지는 것은 Case 2와 같다. Case 2에서는 r의 자식이 하나뿐이라 r의 부모가 r을 가리키고 있던 링크를 단순히 r의 (유일한) 자식을 가리키도록 바꿔주면 해결됐다. 그렇지만 이번에는 r의 자식이 둘이다. r의 부모가 r을 가리키던 링크는 하나다. 두 자식 중 하나만 이 링크를 사용하고 나머지 하나는 연결을 끊을 수도 없는 일이다. 따라서 r 주변의 구조는 그대로 유지해야 한다. 우선 r 자리에 옮겨놓아도 이진 검색 트리의 성질을 전혀 깨지 않는 원소를 찾는다. 이런 원소는 좌서브 트리의 원소들보다 크고 우서브 트리의 원소들보다 작아야 하므로 트리 전체에서 딱 2개 있다. 바로 r의 좌서브 트리에서 가장 큰 원소(크기순으로 r의 직전 원소)와 r의 우서브 트리에서 가장 작은 원소(크기순으로 r의 직후 원소)다. 둘 중 하나를 택해 키를 r 자리로 옮긴다. 여기서는 직후 원소를 택하기로 한다. 그런 다음 직후 원소가 들어 있던 노드를 삭제한다. 다행히 직후 원소는 절대 왼자식을 가질 수 없다(r의 오른자식에서 시작하여 왼쪽으로 분기할 수 있는 곳까지 분기하다가 더 이상 왼쪽으로 분기할 수 없으면 그것이 r의 직후 원소다). 그러므로 이 직후 원소의 삭제는 앞의 Case 1이나 Case 2가 되어 비교적 간단한 삭제 작업이 된다.

[그림 10-19]는 삭제 Case 3의 한 예다. 먼저 r의 직후 원소를 가진 노드 s를 찾는다(그림 (a)). 그런 다음 노드 s의 키 30을 r 자리로 옮기고(그림 (b)와 (c)), s의 부모 노드가 s의 오른 자식을 가리키도록 링크를 바꾸어줌으로써(그림 (d)) s가 삭제된다.

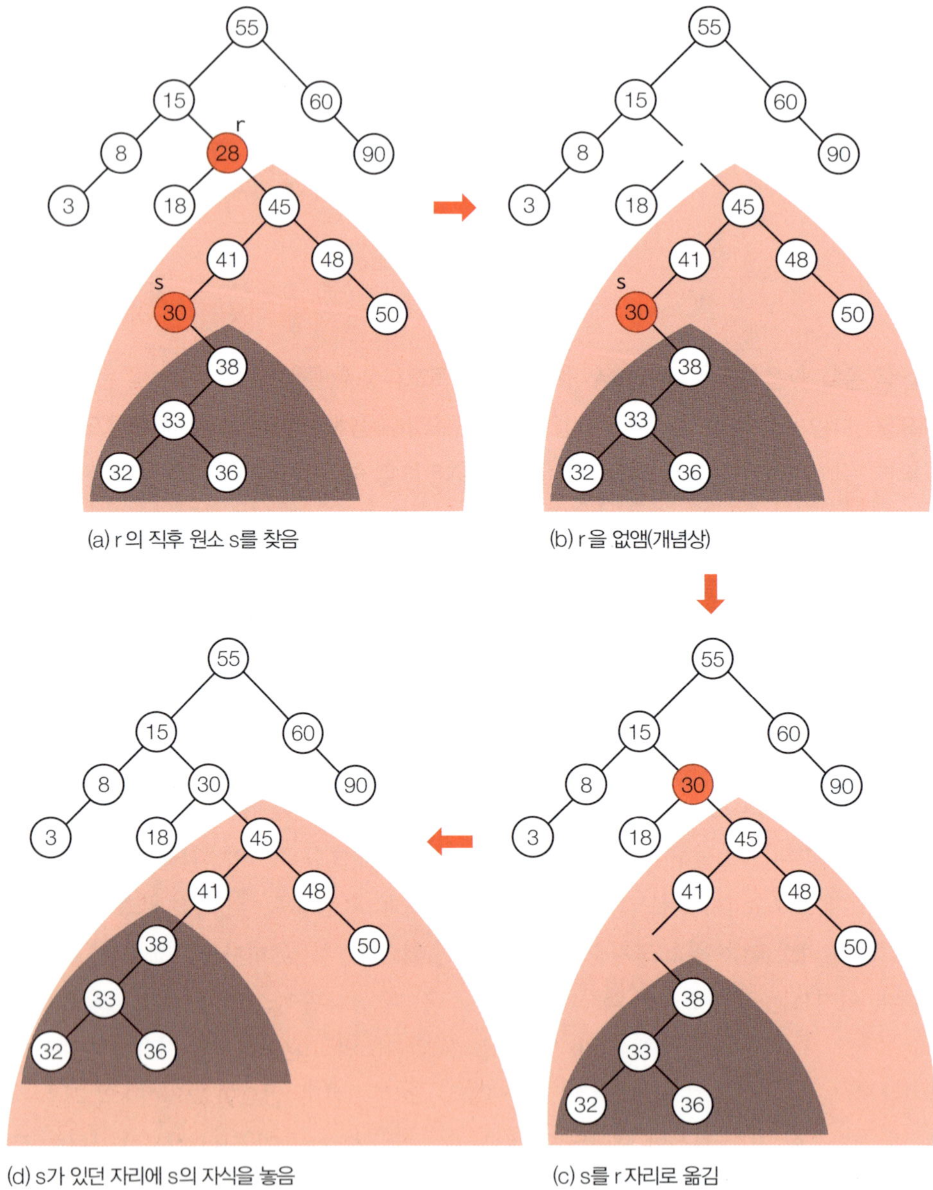

그림 10-19 이진 검색 트리의 삭제 Case 3

[알고리즘 10-6]은 삭제할 노드가 주어진 상태에서 노드를 삭제하는 알고리즘이다. 함수 delete()에서 deleteNode()를 호출하면서 root, p.left, 또는 p.right가 리턴 값을 기다리고 함수 deleteNode()에서는 노드 r의 부모 노드에서 기다리고 있는 링크를 리턴한다. 실제로 구현할 때는 좀 더 해야 할 작업이 남아 있다. 함수 delete()에서는 삭제하고자 하는 노드 r의 부모 노드가 (파라미터로) 주어진다고 가정했다. 그런데 이것이 일반적이지 않다. 단순히 앞에서 배운 search() 알고리즘과 같은 방법으로 삭제할 키를 가진 노드를 검색했다면 해당 키를 가진 노드는 찾지만 그 노드의 부모 노드에 대한 정보는 갖고 오지 못한다. 이 문제를 해결하려면 다음 두 가지 방법 중 하나를 선택해야 한다.

❶ 어떻게든 명시적으로 부모 노드를 알려주는 것

❷ 부모 노드가 필요로 하는 링크 정보를 리턴하도록 하는 것

알고리즘 10-6 이진 검색 트리의 삭제(비재귀적 버전)

```
◀ root: 트리의 루트 노드
delete(r, p):   ◀ r: 삭제하고자 하는 노드,   p: r의 부모 노드
    ◀ r이 루트 노드인 경우
    if (r = root)
        root ← deleteNode(root);
    ◀ r이 루트 노드가 아닌 경우
    else if (r = p.left)
        p.left ← deleteNode(r) ◀ r이 p의 왼쪽 자식
    else
        p.right ← deleteNode(r)◀ r이 p의 오른쪽 자식

deleteNode(r):
    if (r.left = r.right = null) return null                  ◀ Case 1
    else if (r.left = null and r.right ≠ null) return r.right ◀ Case 2-1
    else if (r.left ≠ null and r.right = null) return r.left  ◀ Case 2-2
    else                                                      ◀ Case 3
        s ← r.right
        while (s.left ≠ null)
            parent ← s; s ← s.left
        r.item ← s.item         ◀ 내용 복사
        if (s = r.right) r.right ← s.right
        else parent.left ← s.right
        return r
```

앞에서 언급한 바와 같이, 부모 노드의 정보를 복원할 수 있도록 관리하면 코드가 좀 지저분해진다. [알고리즘 10-6]은 삭제할 노드가 정해진 상태에서 시작하기 때문에 삭제 노드의 부모를 갖고 있어야 해서 이런 진행이 불가피한 면이 있다. 삭제할 원소를 가진 노드를 찾는 작업부터 시작한다면 루트에서 시작하게 되어 부모 노드에서 리턴 값을 기다리는 방식으로 코딩할 수 있다. [알고리즘 10-7]은 이런 방식의 재귀 알고리즘이다. 부모 노드의 정보를 갖고 내려가는 대신 부모 노드에서 함수의 리턴 값을 기다리는 방식이다. 아래쪽에서는 자신을 호출한 함수에서 기다리는 리턴 값을 잘 맞추어주면 된다. 삽입을 위한 [알고리즘 10-3]에서도 이렇게 호출하면서 기다리는 방식을 사용했었다.

[알고리즘 10-7]의 ❶에서 2개의 값을 쌍으로 받고 있는데, 이는 t의 직후 원소 값을 가져오는 작업과 직후 원소 삭제 관련 작업을 동시에 하기 때문이다. 보통은 두 작업을 따로 하는데 그 편이 이해하기는 더 쉬울 것이다. 대신 직후 원소를 찾기 위해 우서브 트리를 한 번 내려갔다 오고, 직후 원소 삭제와 관련한 링크 조정을 위해 한 번 더 내려갔다 오는 번거로움이 있다. [알고리즘 10-7]은 이를 한 번만 내려갔다 오도록 한 것이다. `deleteMinItem()`의 리턴 값은 (아이템, 노드) 쌍이다. 이 중 아이템은 우서브 트리의 최솟값 아이템으로 삭제 노드에 복사하기 위해 변하지 않고 위로 전달된다. 반면 노드는 변하면서(경로를 반영하면서) 위로 전달된다. [코드 10-3]에서 이를 구체적으로 구현한 자바 코드를 소개한다.

알고리즘 10-7 이진 검색 트리의 삭제(재귀적 버전 + 삭제할 원소가 주어지는 버전)

```
delete(t, x):     ◀ t: (서브) 트리의 루트 노드, x: 삭제 원소
    if (t = null)
        에러("item not found!")
    else if (x = t.item)
        t ← deleteNode(t)
        return t
    else if (x < t.item)
        t.left ← delete(t.left, x)
        return t
    else
        t.right ← delete(t.right, x)
        return t

deleteNode(t):
    if (t.left = null && t.right = null)
        return null                ◀ case 1
```

```
    else if (t.left = null)
        return t.right                          ◀ case 2 (오른자식뿐)
    else if (t.right = null)
        return t.left                           ◀ case 2 (왼자식뿐)
    else                                        ◀ case 3 (두 자식이 다 있음)
      ❶ (minItem, node) ← deleteMinItem(t.right)
        t.item ← minItem
        t.right ← node
        return t                                ◀ t survived but changed

deleteMinItem(t):
    if (t.left = null)
        return (t.item, t.right)                ◀ found minimum at t
    else                                        ◀ branch left, then backtrack
        (minItem, node) = deleteMinItem(t.left)
        t.left ← node
        return (minItem, t)
```

삭제 작업의 수행 시간을 살펴보자. 일단 원소를 가진 노드를 찾아야 하므로 검색에 소요되는 시간만큼 든다. 노드를 찾은 후 노드의 삭제 시간을 보면, Case 1과 Case 2는 상수 시간이 든다. Case 3은 노드 r의 직후 원소를 찾는 데 서브 트리의 높이에 비례하는 시간이 든다. 직후 원소를 찾은 다음 직후 원소 노드를 삭제하는 작업은 Case 1 또는 Case 2에 해당되므로 상수 시간이 든다. 이후 삭제 노드까지 거슬러 올라가는 과정도 서브 트리의 높이에 비례한다. 삭제 노드를 검색하는 과정에서 노드 r을 찾아 내려오는 과정과 노드 r의 직후 원소를 찾기 위해 내려갔다 올라가는 과정을 합하면 루트에서 직후 원소까지 내려가는 시간과 비례한다. 따라서 삭제 작업을 위한 시간은 트리의 최대 깊이를 상한으로 한다. 이것은 트리의 좌우 균형 상태에 따라 O(logn)이 될 수도 있고 O(n)이 될 수도 있다. 이어서 이진 검색 트리의 효율과 관련한 몇 가지 사실을 소개한다.

4 이진 검색 트리의 성질

임의의 이진 트리의 높이는 루트에서 가장 깊은 리프 노드까지의 거리로 결정된다. 노드 하나로 이루어진 이진 트리는 높이가 1이다. 아무것도 없는 빈 트리인 null 트리는 높이가 0이다.

이진 트리에서 리프에 이르기까지 모든 노드에 자식이 둘씩 꽉 채워져 있다면 포화 이진 트리Fuil Binary Tree라 한다. 포화 이진 트리가 되면 모든 리프는 맨 아래 레벨에 자리하고, 맨 아래 레벨에는 빈 자리 없이 리프 노드로 꽉 채워진다. 포화 이진 트리가 되려면 노드 수가 2^k-1이어야 한다(k는 음이 아닌 정수). 즉, 포화 이진 트리의 노드 수는 0, 1, 3, 7, 15, 31, ... 와 같은 수열을 이룬다.

팩트 1 **정수 $h \geq 1$에 대해, 높이 h인 포화 이진 트리의 리프 노드의 총 수 $l(h)$는 2^{h-1}이다.**

▶▶ **증명** 굳이 증명하지 않아도 자명하지면 연습 삼아 증명해보자. 고등학교에서 배우는 전형적인 수학적 귀납법 증명 방식이다.

i) (베이스 케이스) h=1이면 리프 노드가 1개이므로 $l(1)=2^{1-1}=2^0=1$이 만족된다.

ii) (귀납적 가정) h=k인 포화 이진 트리의 리프 노드 수 $l(k)=2^{k-1}$이라 가정하자.

iii) (귀납적 전개) 이제 $l(k+1)=2^k$임을 증명하면 된다. 높이 k+1인 포화 이진 트리는 루트의 두 서브 트리가 각각 높이 k인 포화 이진 트리다. 총 리프 노드 수는 $l(k+1)=2 \cdot l(k)=2 \cdot 2^{k-1}=2^k$이 되어 증명이 완료된다.

팩트 2 **정수 $h \geq 0$에 대해, 높이 h인 포화 이진 트리의 총 노드 수 $n(h)$는 2^h-1이다.**

▶▶ **증명** 이 역시 굳이 증명하지 않아도 자명하지만 연습 삼아 증명해보자. [팩트 1]의 증명 구조와 조금 다르지만 마찬가지로 많이 쓰는 수학적 귀납법 증명 방식이다.

i) (베이스 케이스) h=0이면 비어 있는 이진 트리다. 포화 이진 트리에 속한다. 노드 수는 0이다. $n(0)=2^0-1=0$이 성립한다.

ii) (귀납적 가정) 모든 $0 \leq k<h$에 대해 노드 수 $n(k)=2^k-1$이라 가정하자.

iii) (귀납적 전개) 이제 $n(h)=2^h-1$임을 증명하면 된다. 앞의 귀납적 가정에 의해 높이 h−1인 포화 이진 트리의 노드 수 $n(h-1)=2^{h-1}-1$이다. 높이 h인 포화 이진 트리는 루트의 두 서브 트리가 높이 h−1인 포화 이진 트리이므로 총 노드 수는 $n(h)=1+2 \cdot n(h-1)=1+2(2^{h-1}-1)=2^h-1$이 되어 증명이 완료된다. (여기서 1을 더하는 것은 루트 노드를 더한 것)

팩트 3 **정수 $h \geq 0$에 대해, 높이 h인 이진 트리는 2^h-1개 이하의 노드를 갖는다.**

▶▶ **증명** 높이 h인 이진 트리 중 가장 많은 노드 수를 갖는 것은 포화 이진 트리다. 높이 h인 포화 이진 트리는 2^h-1개의 노드를 가지므로([팩트 2]), 높이 h인 모든 이진 트리는 기껏해야 2^h-1개의 노드를 가진다.

팩트 4 총 n개의 노드를 가진 이진 트리의 높이는 적어도 $h \geq \lceil \log_2(n+1) \rceil$이다.

▶▶ **증명** 이진 트리의 높이가 h라면 해당 이진 트리의 노드 수는 [팩트 3]으로부터 $n \leq 2^h-1$이 된다. 변환하면 $h \geq \log_2(n+1)$이다. 높이 h는 정수이므로 $h \geq \lceil \log_2(n+1) \rceil$가 된다. 즉, 총 n개의 노드를 가진 이진 트리의 높이는 $\Omega(\log n)$로 표현할 수 있다.

팩트 5 총 n개의 노드를 가진 이진 트리의 최대 높이는 n이다.

▶▶ **해설** [그림 10-16]과 같은 일자형 이진 트리가 이 케이스다. 이보다 더 높아질 수는 없다.

팩트 6 이진 검색 트리의 삽입에 드는 점근적 시간은 검색에 드는 시간과 동일하다.

▶▶ **해설** 삽입은 검색 트리에 없는 원소를 집어넣는 것이므로 삽입할 자리를 찾는 것은 실패하는 검색을 하는 것과 같다. 검색에 실패하고 리턴하는 자리에 새 노드를 매달아주는 작업만 더 든다. 이 작업은 상수 시간에 불과하므로 점근적 시간은 검색과 동일하다.

팩트 7 n개의 노드를 가진 이진 검색 트리의 점근적 평균 검색 시간은 $\Theta(\log n)$이다.

▶▶ **해설** 이 정리를 증명하려면 O-와 Ω- 개념의 수학적 정의를 이용하고 몇 가지 테크닉을 사용해야 한다. 따라서 이 주제는 알고리즘을 본격적으로 다루는 책에서 설명하는 것이 적합하다. 다만 이 정리의 결론은 꼭 기억해둘 필요가 있다. 이진 검색 트리는 삽입 순서에 따라 모양이 결정된다. 키가 총 n개라면 키의 절댓값은 중요하지 않고 키들의 상대적인 크기에 따라 트리 모양이 결정된다. n개의 키가 만들 수 있는 상대적인 순서는 모두 n!가지다. 가능한 모든 순서 각각에 대한 검색 시간을 평균하므로 증명이 단순하지는 않다. 이 평균의 결과가 $\Theta(\log n)$이 된다. 즉, 평균적으로 $\log n$에 비례하는 시간이 든다는 것이다. 임의로 만들어진 이진 검색 트리라 해도 쓸 만하다는 의미다.

5 순회

이진 검색 트리에서 모든 노드를 방문해야 하는 경우가 있다. 이를 순회Traversal라 한다. 순회 방법 중 대표적인 방법 3개가 있는데 전위 순회, 중위 순회, 후위 순회다. 이들은 연산의 표현 방법에 대해 2장에서 소개한 전위 표현, 중위 표현, 후위 표현과 유사한 관계다.

전위 순회Preorder Traversal 알고리즘은 루트부터 방문한 다음 좌서브 트리를 방문하고, 마지막으로 우서브 트리를 방문한다. 좌서브 트리와 우서브 트리 각각에서는 재귀적으로 처리한다.

[알고리즘 10-8]은 전위 순회 알고리즘이다. 여기서 작업 ❶ 대신에 다른 일을 할 수도 있다. 모든 노드를 방문하면서 무언가 작업을 할 텐데 가장 단순한 예로 방문했다는 표식을 한 것이다.

알고리즘 10-8 전위 순회

```
preOrder(r):
    if (r != null)
   ❶ r.visited = true
        preOrder(r.left)
        preOrder(r.right)
```

중위 순회Inorder Traversal 알고리즘은 좌서브 트리를 먼저 방문한 다음 루트를 방문하고, 마지막으로 우서브 트리를 방문한다.

알고리즘 10-9 중위 순회

```
inOrder(r):
    if (r != null)
        inOrder(r.left)
        r.visited = true
        inOrder(r.right)
```

후위 순회Postorder Traversal 알고리즘은 좌서브 트리, 우서브 트리를 방문한 다음 마지막으로 루트를 방문한다.

알고리즘 10-10 후위 순회

```
postOrder(r):
    if (r != null)
        postOrder(r.left)
        postOrder(r.right)
        r.visited = true
```

[그림 10-20]은 임의의 이진 트리에 대해 전위 순회, 중위 순회, 후위 순회를 하는 예다. 노드에 표시된 숫자는 킷값이 아니고 전위 순회 과정에서 방문하는 노드의 순서를 나타낸다. (a)

의 전위 순회에서는 모든 노드 중 루트를 제일 먼저 방문한다. (b)의 중위 순회에서는 루트를 다섯 번째 방문하는데, 좌서브 트리와 우서브 트리 사이에 방문한다. (c)의 후위 순회에서는 루트를 맨 마지막에 방문한다. 이 원리가 모든 서브 트리에도 재귀적으로 적용된다.

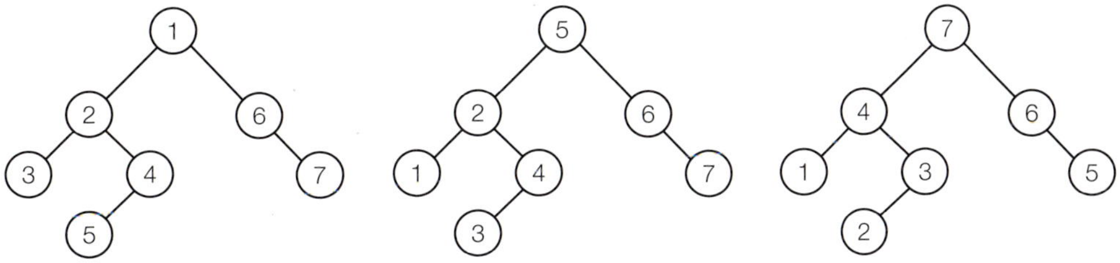

(a) 전위 순회 (b) 중위 순회 (c) 후위 순회

그림 10-20 이진 트리에서 전위, 중위, 후위 순회를 하는 예

6 이진 검색 트리의 구현

인터페이스 IndexInterface<T>를 아래와 같이 선언한다. ADT 인덱스를 인터페이스로 정의한 것이다.

코드 10-1 IndexInterface.java

```
package BST;

public interface IndexInterface<T> {
   public T search(Comparable x);
   public void insert(Comparable x);
   public void delete(Comparable x);
   public boolean isEmpty();
   public void clear();
}
```

[코드 10-1]의 인터페이스를 따르는 클래스에서 메서드 insert(), search(), delete()는 파라미터로 비교 가능한Comparable 타입을 쓰고, 메서드 search()의 리턴 타입은 제네릭 타입 T로 해두었다. 색인을 구현하는 다양한 자료구조가 있으므로 검색의 결과로 리턴하는 것은 가변적이다. 실제로 이 장의 이진 검색 트리에서는 T로 TreeNode 타입을 사용하고, 11장의 AVL-트리에서는 T로 AVLNode 타입을 사용한다. 색인의 키인 x를 비교 가능한 타입을 의미

하는 Comparable로 해두는 것은 범용성이 있다. 8장에서는 인터페이스에서 키 타입을 제네릭 타입 E로 해두고 E가 인터페이스 Comparable을 만족하도록 구현했는데, 여기서는 바로 Comparable 타입으로 선언하였다. 11장에서는 이진 검색 트리가 동적으로 균형을 잘 유지하는 AVL-트리를 구현하는데, 빈 노드를 나타내는 레퍼런스로 null 대신 NIL이란 레퍼런스를 사용한다. 이때 노드를 제네릭 타입으로 디자인하면 구조상 에러가 나는 문제가 있기도 해서 바로 Comparable을 타입으로 사용하였다. 이런 이유가 아니더라도 인터페이스를 타입으로 사용하는 이 같은 방식을 알아두면 도움이 된다.

클래스 BinarySearchTree의 선언부에서 타입의 파라미터를 [그림 10-21]의 (a)와 같이 결정해 선언하면 T에 TreeNode가 대응되어 (b)와 같은 인터페이스를 따르는 효과를 낸다.

(a)

```
public class BinarySearchTree implements IndexInterface<TreeNode> {
    ...
}
```

(b)

```
public interface IndexInterface {
    public void insert(Comparable x);
    public TreeNode search(Comparable x);
    public void delete(Comparable x);
    public boolean isEmpty();
    ppublic void clear();
}
```

그림 10-21 제네릭 인퍼페이스의 효과

11장에서 소개할 AVL-트리는 [그림 10-22]의 (a)와 같이 TreeNode 대신 AVLNode를 쓰는데, 이때는 인터페이스의 파라미터를 AVLNode로 바꾼다. 이러면 AVLNode가 T에 대응되어 (b)의 인터페이스를 따르는 효과를 낸다.

[코드 10-2]는 이진 검색 트리의 노드를 만들기 위한 클래스다.

(a)

```
public class AVLTree implements IndexInterface<AVLNode> {
    ...
}
```

(b)

```
public interface IndexInterface {
    public void insert(Comparable x);
    public AVLNode search(Comparable x);
    public void delete(Comparable x);
    public boolean isEmpty();
    public public boolean isEmpty();
}
```

그림 10-22 제네릭 인퍼페이스의 효과

코드 10-2 TreeNode.java

```
package BST;

public class TreeNode {
  public Comparable key;
  public TreeNode left;
  public TreeNode right;
  public TreeNode(Comparable newKey) {
      key = newKey;
      left = right = null;
  }
  public TreeNode(Comparable newKey, TreeNode leftChild, TreeNode rightChild) {
      key = newKey;
      left = leftChild; right = rightChild;
  }
}
```

[코드 10-3]은 [그림 10-10]의 객체 구조에 기반해서 만든 이진 검색 트리 클래스다. 메서드 search(), insert(), delete()는 각각 본문에서 소개한 코드보다 메서드를 하나 더 쓰고 있다. 예를 들어, 본문의 search()에서는 파라미터로 서브 트리의 루트 노드 레퍼런스를 받는데, 클래스 BinarySearchTree에서는 트리의 루트 노드 레퍼런스 root가 private으로 선언되어 사용자 프로그램에서 직접 접근할 수 없다. 그래서 사용자 프로그램에서 search(root, x) 형태의 호출을 할 수 없다. 그러므로 바깥에서 일단 search(x)를 불러 놓고 객체 안으로 들어간 다음 searchItem(root, x)를 호출한다. 이런 구조이므로 번거롭지만 루트를 인자로 받는 메서드를 하나 더 만드는 것이 불가피하다. 필드 root를 public으로

선언하고, 바깥에서 루트를 메서드의 인자로 넘겨 메서드를 한 단계 줄일 수도 있다. 하지만 메서드를 하나 줄이자고 root를 공개로 바꾸고 사용자가 search() 호출 시 root까지 인자로 명시하는 것은 내키지 않는 일이다.

코드 10-3 BinarySearchTree.java

```
package BST;

public class BinarySearchTree implements IndexInterface<TreeNode> {
    private TreeNode root;
    public BinarySearchTree() { // 생성자
        root = null;
    }

    // [알고리즘 10-1] 구현 : 검색
    public TreeNode search(Comparable searchKey) {
        return searchItem(root, searchKey);
    }

    private TreeNode searchItem(TreeNode tNode, Comparable searchKey) {
        if (tNode == null)
            return null;  // 검색 실패
        else if (searchKey.compareTo(tNode.key) == 0)
            return tNode;
        else if (searchKey.compareTo(tNode.key) < 0)
            return searchItem(tNode.left, searchKey);
        else
            return searchItem(tNode.right, searchKey);
    }

    // [알고리즘 10-3] 구현 : 삽입
    public void insert(Comparable newKey) {
        root = insertItem(root, newKey);
    }

    private TreeNode insertItem(TreeNode tNode, Comparable newItem) {
        if (tNode == null)  // insert after a leaf  (or into an empty tree)
            tNode = new TreeNode(newItem);
```

```
    else  if (newItem.compareTo(tNode.key) < 0)      // branch left
        tNode.left = insertItem(tNode.left, newItem);
    else                                             // branch right
        tNode.right = insertItem(tNode.right, newItem);
    return tNode;
}

// [알고리즘 10-3] 구현 : 삭제
public void delete(Comparable searchKey) {
    root = deleteItem(root, searchKey);
}

private TreeNode deleteItem(TreeNode tNode, Comparable searchKey) {
    if (tNode == null) return null;    // key not found!
    else {
        if (searchKey == tNode.key)    // key found at tNode
            tNode = deleteNode(tNode);
        else if (searchKey.compareTo(tNode.key) < 0)
            tNode.left = deleteItem(tNode.left, searchKey);
        else
            tNode.right = deleteItem(tNode.right, searchKey);
        return tNode;
    }
}

private TreeNode deleteNode(TreeNode tNode) {
// 3가지 case
    //    1. tNode이 리프 노드
    //    2. tNode이 자식이 하나만 있음
    //    3. tNode이 자식이 둘 있음
    if ((tNode.left == null) && (tNode.right == null))  // case 1(자식이 없음)
        return null;
    else if (tNode.left == null)       // case 2(오른자식뿐)
        return tNode.right;
    else if (tNode.right == null)      // case 2(왼자식뿐)
            return tNode.left;
    else {                             // case 3(두 자식이 다 있음)
```

```
                returnPair rPair = deleteMinItem(tNode.right);
                tNode.key = rPair.key; tNode.right = rPair.node;
                return tNode;
            }
    }

    private returnPair deleteMinItem(TreeNode tNode) {
        if (tNode.left == null)
            return new returnPair(tNode.key,tNode.right);
        else {
            returnPair rPair = deleteMinItem(tNode.left);
            tNode.left = rPair.node;
            rPair.node = tNode;
            return rPair;
        }
    }

    private class returnPair {
        private Comparable key;
        private TreeNode node;
        private returnPair(Comparable it, TreeNode nd) {
            key = it;
            node = nd;
        }
    }

    // 기타
    public boolean isEmpty() {
        return root == null;
    }

    public void clear() {
        root = null;
    }
}
```

[코드 10-4]는 [코드 10-3]의 클래스 `BinarySearchTree`를 사용하는 예다.

코드 10-4 클래스 BinarySearchTree 사용 예

```
BinarySearchTree bst1 = new BinarySearchTree();
bst1.insert(10);
bst1.insert(20);
bst1.insert(5);
bst1.insert(80);
bst1.insert(90);
bst1.insert(75);
bst1.insert(30);
bst1.insert(77);
bst1.insert(15);
bst1.insert(40);
Integer del1 = 20;
bst1.delete(del1);
Integer del2 = 20;
bst1.delete(del2);
```

연습문제

01 다음 이진 검색 트리에 대해 답하시오.

① 이 이진 검색 트리의 리프 노드는 총 몇 개인가?

② 현재 높이 4를 유지하면서 키를 추가한다면 가능한 리프 노드의 최대 개수는 몇 개인가?

③ 높이 4인 이진 검색 트리가 포화 이진 트리의 모양이 되면 리프 노드와 리프 노드를 제외한 나머지 노드(내부 노드라 한다)의 수는 몇 개나 차이가 나는가?

④ 위 ③의 성질은 높이가 h(h는 양의 정수)인 모든 포화 이진 트리에 대해 성립하는가?

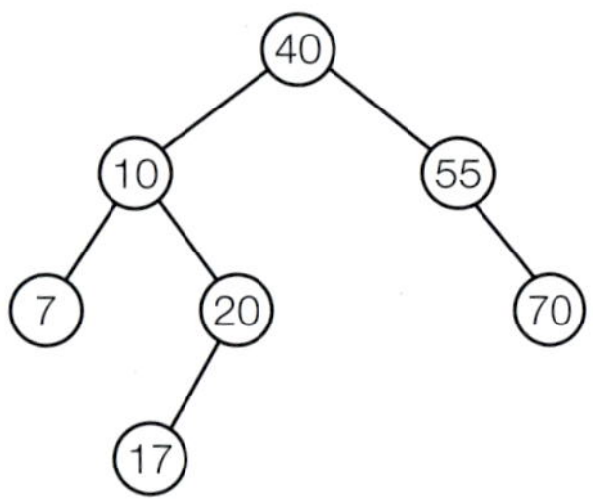

02 임의의 완전 이진 트리에 대한 다음 물음에 답하시오.

① 트리의 총 노드 수가 n이면 리프 노드의 수는 몇 개인가?

② 위 ①에서 리프 노드의 수와 내부 노드의 수는 어떤 관계인가?

03 다음 이진 검색 트리에 대해 답하시오.

① 이 검색 트리를 전위 순회 방식으로 순회할 때 노드의 방문 순서를 나열하시오. 순서는 노드에 있는 킷값으로 적으시오.

② 이 검색 트리를 중위 순회 방식으로 순회할 때 노드의 방문 순서를 나열하시오.

③ 이 검색 트리를 후위 순회 방식으로 순회할 때 노드의 방문 순서를 나열하시오.

④ 중위 순회는 모든 이진 검색 트리에 대해 항상 키를 정렬된 순서로 방문한다는 사실을 증명하시오.

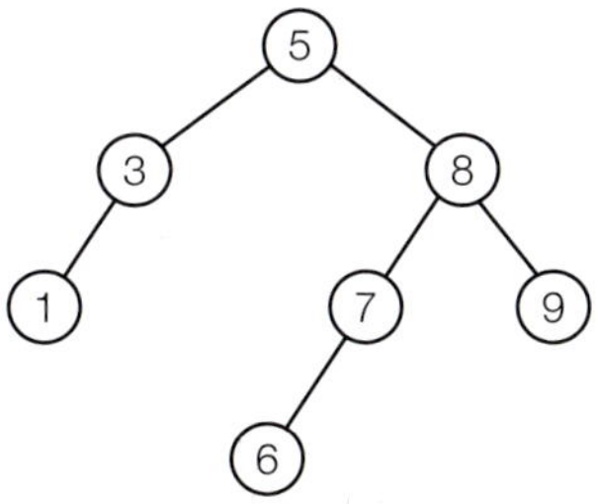

04 다음 이진 검색 트리에서 키 30을 검색하는 과정을 순서대로 설명하시오.

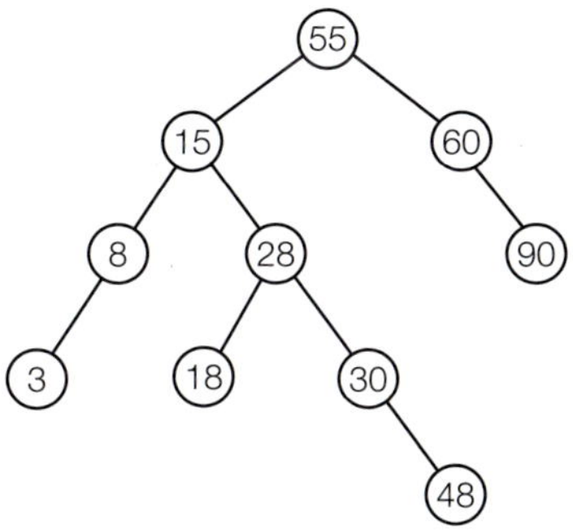

05 04번 문제의 이진 검색 트리에서 키 16이 삽입된 후의 모양을 그리시오.

06 다음 이진 검색 트리에서 키 38을 삭제한 후의 모양을 그리시오.

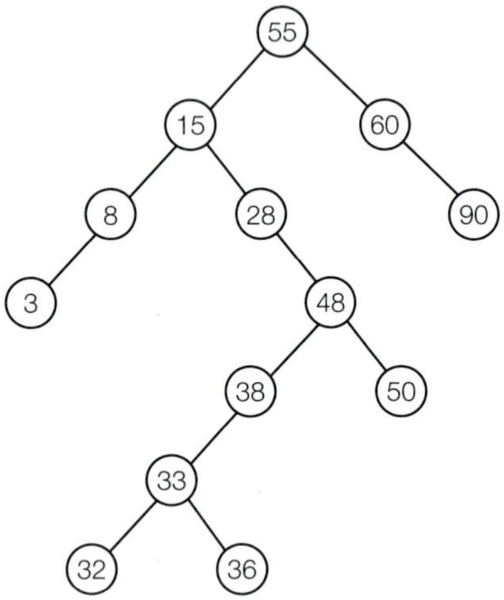

07 06번 문제에서 주어진 이진 검색 트리에서 키 3을 삭제한 후의 모양을 그리시오.

08 06번 문제에서 주어진 이진 검색 트리에서 키 15를 삭제한 후의 모양을 그리시오.

09 n개의 원소로 구성되는 이진 검색 트리의 가능한 최대 높이와 최소 높이는 어떻게 되는가?

Chapter

11

균형 검색 트리

학습목표

- 검색 트리에서 균형이 필요한 이유를 이해하도록 한다.
- 균형 이진 검색 트리인 AVL 트리의 구조와 작업 원리를 이해한다.
- 균형 이진 검색 트리인 레드-블랙 트리의 구조와 작업 원리를 이해한다.
- 균형 다진 검색 트리인 B-트리의 구조와 작업 원리를 이해한다.
- 균형 트리들의 수행 시간을 이해한다.
- AVL 트리의 자바 구현을 연습한다.

01 균형 검색 트리란

이진 검색 트리는 검색과 삽입, 삭제에 평균 Θ(logn) 시간이 소요되지만 운이 나쁘면 트리 모양이 균형을 잘 이루지 못한다. 균형이 많이 깨지면 [그림 11-1]과 같은 트리가 될 수도 있는데, 트리 모양이 이와 같거나 이와 유사한 경우 작업 시간은 Θ(n)이 될 수도 있다. 이런 경우는 드물지만 만일에 발생하면 배열로 색인을 만드는 것보다 더 큰 참사다. 그래서 고안해낸 것이 균형 이진 검색 트리다. 균형 이진 검색 트리는 최악의 경우에도 이진 트리의 균형이 잘 맞도록 유지해서 작업들이 항상 O(logn) 시간을 보장한다. 대표적인 균형 이진 검색 트리로 AVL 트리와 레드-블랙 트리가 있으며 2~3절에서 자세히 소개한다.

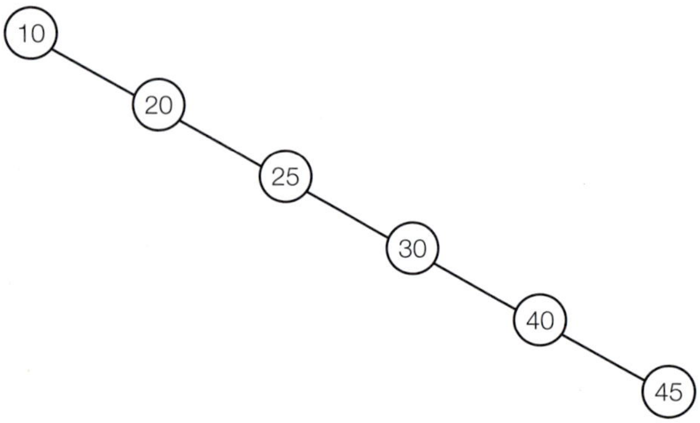

그림 11-1 균형이 맞지 않는 이진 검색 트리의 예

이진 검색 트리에서는 분기할 때 최대 2개로 제한되는데 이보다 더 많이 분기할 수 있는 트리들도 있다. 이들을 다진 검색 트리라 하는데, 다진 검색 트리에서는 균형이 더 중요하다. 4절에서 균형 다진 검색 트리의 대표라 할 수 있는 B-트리를 소개한다.

02 AVL 트리

1 AVL 트리란

AVL 트리는 Adelson-Velskii와 Landis 두 사람이 고안한 트리로, 이진 검색 트리가 항상 균형을 유지하도록 운영하는 대표적인 예다. AVL 트리는 트리 내의 어떤 노드도 좌서브 트리와 우서브 트리의 높이 차가 1보다 크지 않은 상태로 유지되는 이진 검색 트리다. ('높이 차'는 문맥에 따라 '깊이 차'로 표현하는 것이 더 어울릴 때도 있다.) [그림 11-2]는 이를 직관적으로 보여준다. 트리 내의 어떤 노드 `t`의 좌서브 트리(`t.left`를 루트로 하는 서브 트리)와 우서브 트리(`t.right`를 루트로 하는 서브 트리)의 높이 차가 1 이하다. 트리 내의 모든 노드에 대해 이 성질을 만족하면 AVL 트리다.

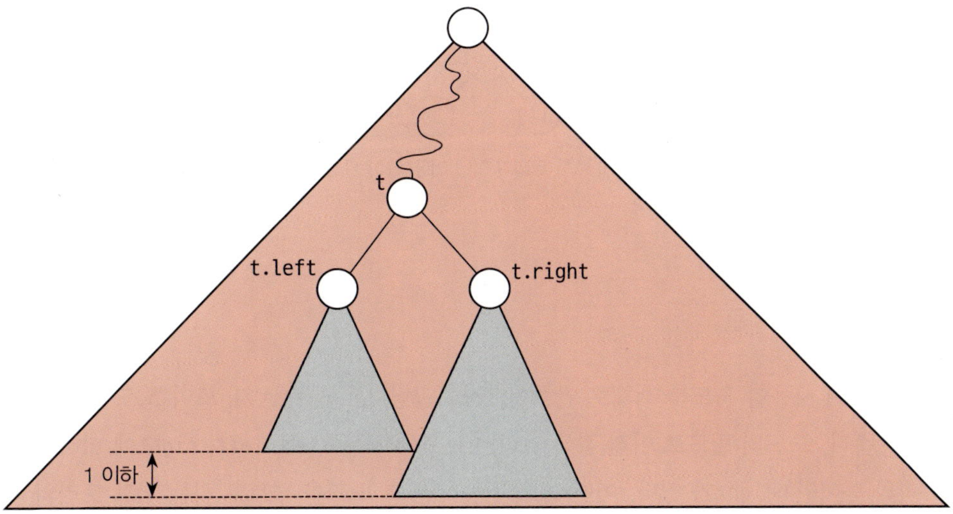

그림 11-2 AVL 트리의 요구 조건

[그림 11-3]의 (a)는 AVL 트리의 예이고, (b)는 (a)의 트리에서 각 노드 기준으로 좌우 서브 트리의 높이 차를 표시한 것이다. 모든 모드에 대해 좌서브 트리와 우서브 트리의 높이 차가 `0` 또는 1이다.

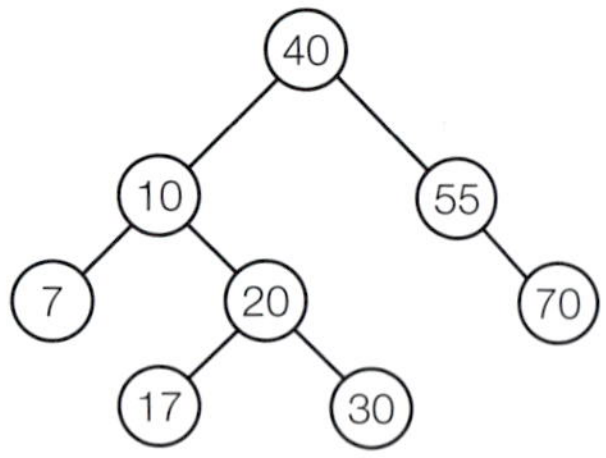

(a) AVL 트리의 예

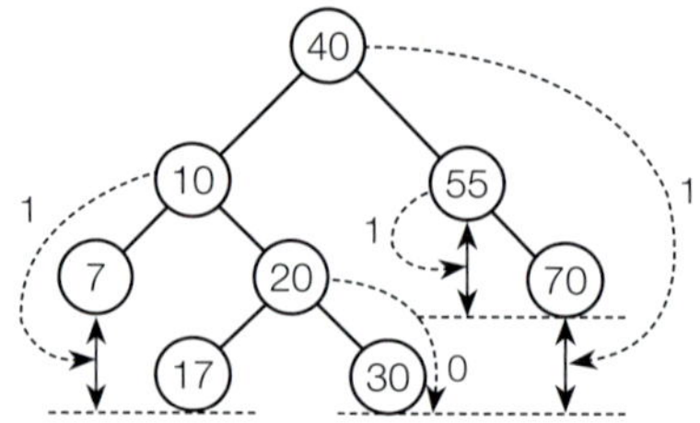

(b) 서브 트리의 높이 차

그림 11-3 AVL 트리의 예와 서브 트리의 높이 차

[그림 11-4]의 (a)는 AVL 트리가 아닌 예이고, (b)는 그 이유를 설명한 것이다. [그림 11-3]에서 키 `7`이 빠져 있다. 이로 인해서 키 `10`을 루트로 하는 서브 트리의 좌우 높이 차가 `2`가 되어 AVL 트리의 조건을 위반한다. 이후로는 '키 `10`을 루트로 하는 서브 트리'라는 긴 표현보다 가독성이 좋은 '서브 트리 `10`'이나 '트리 `10`'으로 부르기로 한다. 검색 트리에는 동일한 키가 없으므로 키로 그에 대응하는 서브 트리를 구분해도 무방하다

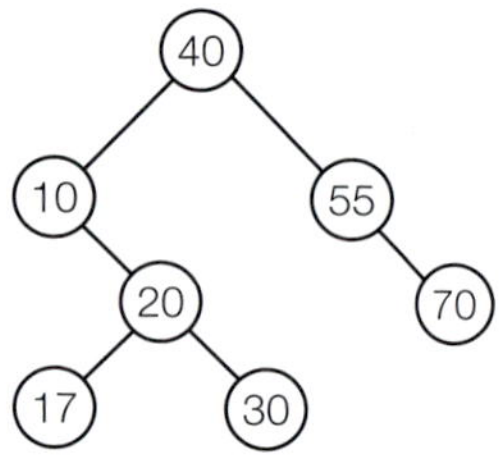

(a) AVL 트리가 아닌 예

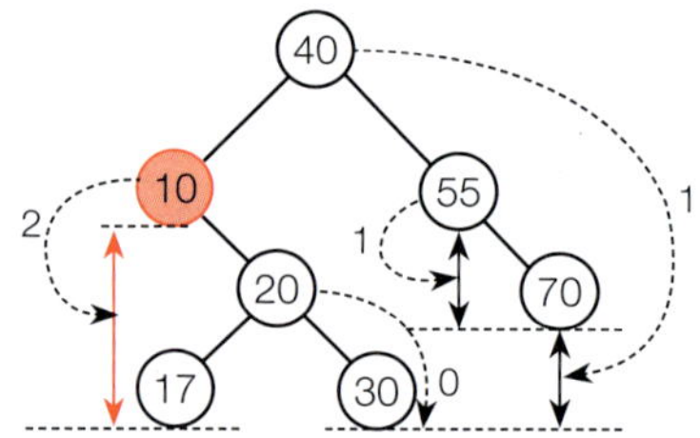

(b) AVL 트리가 아닌 이유: 높이 차 2

그림 11-4 AVL 트리가 아닌 예와 그 이유

2 노드 객체의 구조

AVL 트리에서 사용할 노드를 객체로 만들어보자. [그림 11-5]는 AVL 트리 노드 객체의 구조를 보여준다. 노드의 필드로 이진 검색 트리의 노드에 있는 `item`, `left`, `right`에 더하여 서브 트리의 높이인 `height`가 있다. 어떤 노드의 높이란 그 노드를 루트로 하는 서브 트리의 높이를 말한다.

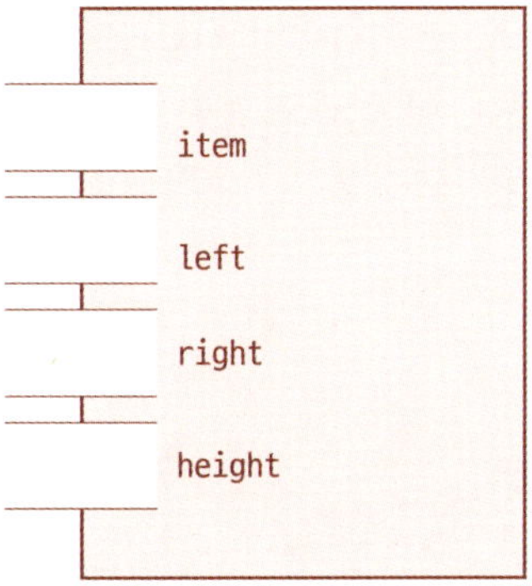

그림 11-5 AVL 트리의 노드 객체 구조

3 균형이 깨진 AVL 트리의 수선

AVL 트리의 균형이 깨지면 즉시 수선 과정에 들어간다. AVL 트리의 균형이 깨지는 서브 트리는 앞에 제시한 그림처럼 하나일 수도 있지만 둘 이상이 될 수도 있다. AVL 트리인 상태에서 삽입이나 삭제 직후에 균형이 깨질 때 전혀 관계없는 두 곳 이상에서 균형이 깨지는 경우는 없다. 어떤 서브 트리에서 균형이 깨지면 그 서브 트리를 포함하는 위쪽의 서브 트리도 균형이 깨질 수 있다. 이런 현상이 두 단계 이상에서 발생할 수도 있다. [그림 11-6]의 (a)는 서브 트리 1개(트리 10)에서 균형이 깨진 예이고, (b)는 서브 트리 2개(트리 10과 트리 40)에서 균형이 깨진 예다. 키 35가 삽입되면서 트리 10에서 균형이 깨졌고, 그 영향으로 바로 위의 트리 40도 균형이 깨진 것이다. 이처럼 여러 서브 트리에서 균형이 깨진 경우, 균형이 깨진 서브 트리 중 가장 낮은 곳에 있는 것부터 수선을 시작한다. (b)의 경우, 트리 10에서부터 수선을 시작한다.

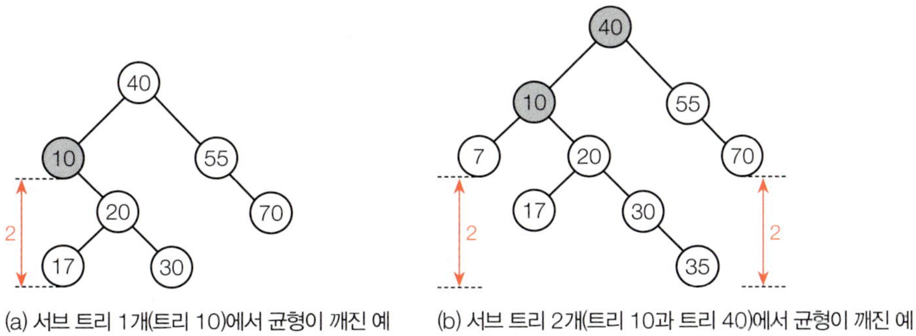

그림 11-6 서브 트리에서 균형이 깨진 예

[그림 11-7]은 [그림 11-6]의 (a)를 수선하는 과정을 보여준다. 수선 기준이 되는 노드(키 10)를 중심으로 한 번 회전시켰다. 즉, 서브 트리 10을 좌회전했다. 이 결과로 불균형이 해소되었다. 그림에서 별색은 연결 관계에 변화가 생긴 노드를 뜻한다.

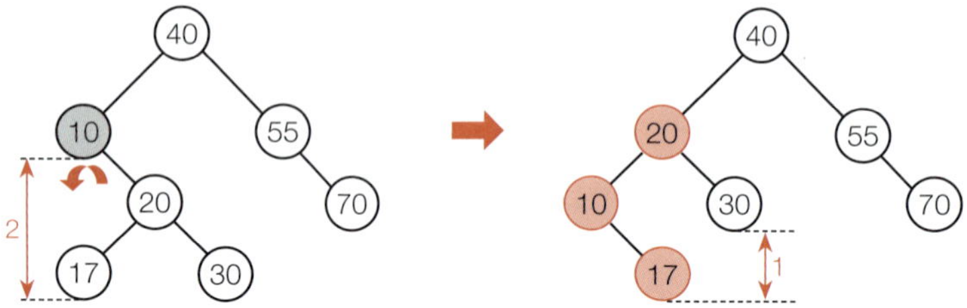

그림 11-7 좌회전으로 균형을 맞추는 예

좌회전 로직은 [알고리즘 11-1]과 같다. 서브 트리의 루트 노드를 t라 하자. 나중에 보겠지만 좌회전할 때 t.right가 null인 경우는 없다. 우회전할 때는 left, right만 바뀔 뿐 [알고리즘 11-1]과 동일하며, t.left가 null인 경우는 없다. 우회전 로직은 [알고리즘 11-2]와 같다.

알고리즘 11-1 AVL 트리의 좌회전

```
좌회전(t): ◀ t: 회전의 중심 노드
    RChild ← t.right
    RLChild ← RChild.left
    RChild.left ← t
    t.right ← RLChild
    RChild.height ← max(RChild.right.height, RChild.left.height) + 1
    t.height ← max(t.right.height, t.left.height) + 1
```

알고리즘 11-2 AVL 트리의 우회전

```
우회전(t): ◀ t: 회전의 중심 노드
    LChild ← t.left;
    LRChild ← LChild.right;
    LChild.right ← t;
    t.left ← LRChild;
    LChild.height ← max(LChild.right.height, LChild.left.height) + 1;
    t.height ← max(t.right.height, t.left.height) + 1;
```

[그림 11-8]은 서브 트리 두 곳에서 문제가 생긴 [그림 11-6]의 (b)를 수선하는 과정을 보여준다. 서브 트리 10을 좌회전하니 그 위에 있는 서브 트리 40의 불균형도 해결되었다.

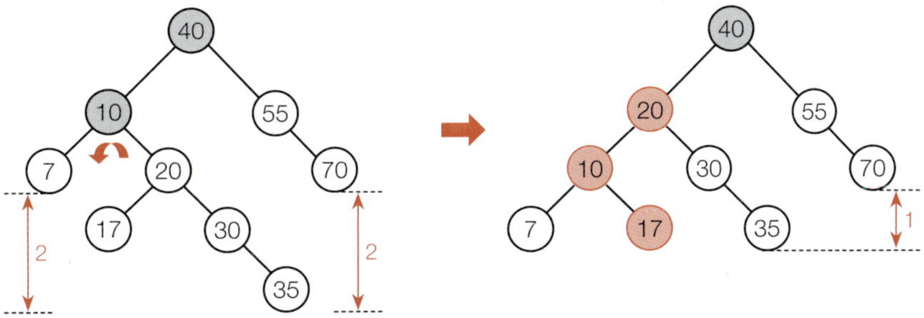

그림 11-8 좌회전으로 두 곳의 불균형을 해결하는 예

한 번의 회전으로 불균형이 해소되지 않은 경우도 있다. [그림 11-9]는 AVL 트리 상태에서 키 35가 삽입되어 균형이 깨진 상황을 보여준다. 단순히 높은 서브 트리(좌서브 트리) 쪽에서 낮은 서브 트리(우서브 트리) 쪽으로 우회전을 했는데 불균형이 해소되지 않았다.

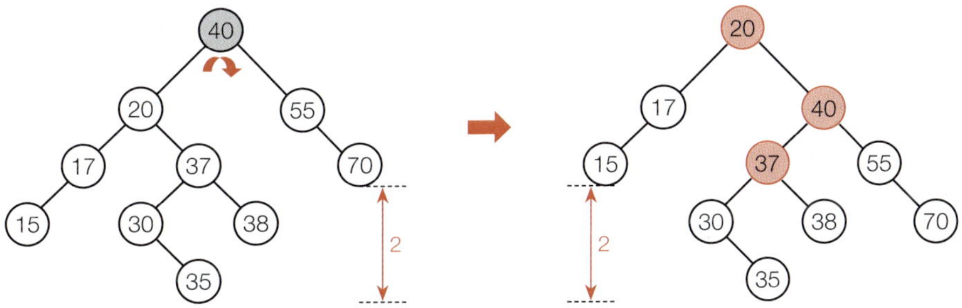

그림 11-9 단순한 회전으로 해결이 안 되는 예

[그림 11-10]은 [그림 11-9]를 다시 그린 것이다. 왼쪽 그림에서 색으로 칠한 트리 20의 두 서브 트리의 변화를 관찰해보자. 서브 트리 40을 우회전하면 노드 20의 우서브 트리(트리 37)는 부모만 바뀔 뿐 깊이는 그대로 유지된다. 반면 좌서브 트리(트리 17)는 노드 20이 위로 올라갈 때 따라 올라가 깊이가 1만큼 얕아진다. 결과적으로 노드 20의 우서브 트리와 좌서브 트리의 깊이 차가 1에서 2로 커지면서 이 깊이차는 새로 만들어진 트리 20의 균형을 깬다.

만일 [그림 11-11]의 왼쪽 그림과 같이 회색 트리와 별색 트리의 위치가 좌우로 바뀐 상황이라면 회전한 후 깔끔하게 해결된다. 우회전할 때 회전의 중심이 되는 노드(이 경우 노드 40)의 왼자식의 좌서브 트리(이를 LL 서브 트리라 하자)는 깊이가 한 칸 낮아지고, 왼자식의 우서브 트리(이를 LR 서브 트리라 하자)는 깊이가 그대로 유지되는 성질 때문에 이런 차이가 발생한다. 그러므로 우회전할 때는 항상 LL 서브 트리가 LR 서브 트리보다 깊이가 더 얕지 않도록 해야 한다. 만일 LR 서브 트리가 더 깊으면 자식 노드(여기서는 노드 20)를 기준으로 좌회전을 한 번 해서 LL 서브 트리가 더 깊도록 만들어놓고 우회전한다.

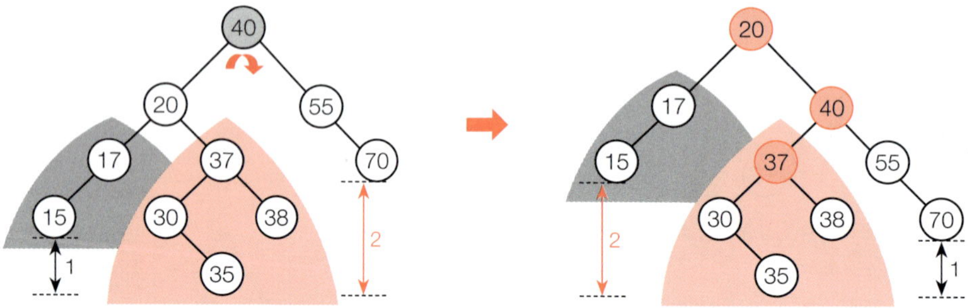

그림 11-10 회전이 서브 트리들의 높이에 주는 영향

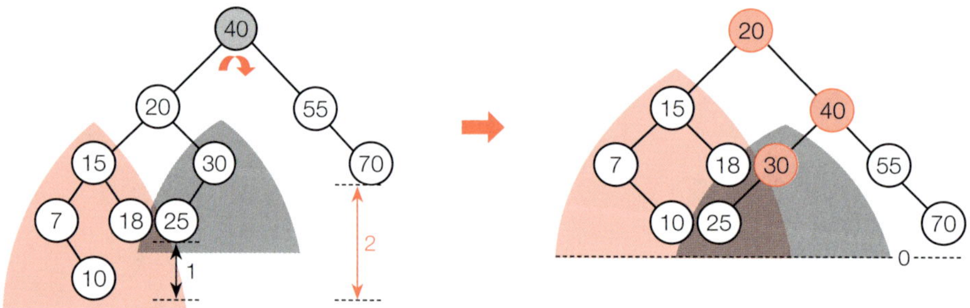

그림 11-11 한 번의 회전으로 균형이 해결되는 예

그래서 불균형이 생기면 우선 타입을 파악해야 한다. 기준 노드의 LL 서브 트리가 더 깊으면 LL 타입, LR 서브 트리가 더 깊으면 LR 타입이라 한다. LL 타입이라면 단순히 우회전하면 해결되고, LR 타입이라면 좌회전을 한 번 한 후에 우회전한다. [그림 11-9](=[그림 11-10])에서 해결이 안 된 이유는 LR 타입인데 바로 우회전을 했기 때문이다.

기준 노드의 우서브 트리가 더 깊은 상태에서 균형이 깨졌으면 이때는 RR, RL 두 타입이 있다. RR 타입이면 단순히 좌회전하면 해결되고, RL 타입이면 우회전을 한 번 한 후에 좌회전한다. 기준 노드의 좌서브 트리가 더 높은 경우의 작업은 앞 경우와 좌우만 바뀔 뿐 사실상 동일하다.

[그림 11-12]는 [그림 11-9](=[그림 11-10])의 트리를 수선하는 과정을 보여준다. LR 타입이므로 노드 20의 우서브 트리가 더 깊다. 먼저 (a)에서 좌회전하여 (b)와 같이 LL 타입으로 만든다. 그 결과 서브 트리 37의 균형이 깨졌는데 이것은 중간 단계에서 일시적으로 생긴 불균형이므로 신경쓰지 않아도 된다. 다음 단계에서 바로잡힌다. 이제 (b)에서 우회전하면 (c)와 같이 근사하게 균형이 맞는다.

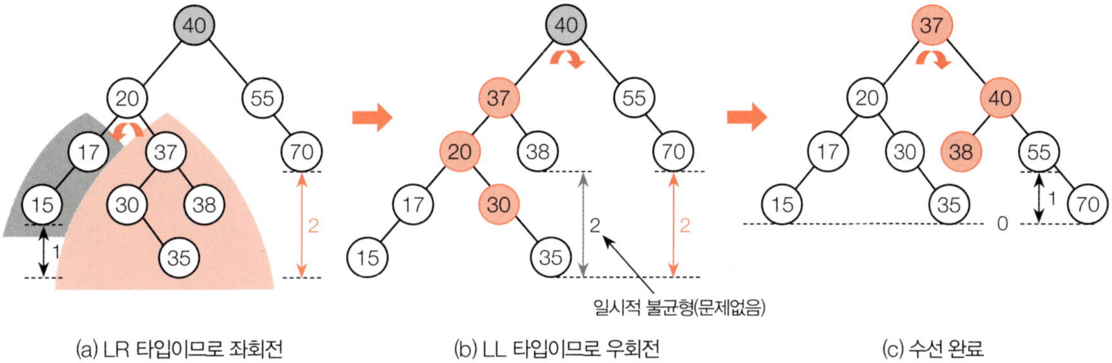

그림 11-12 좌회전 후 우회전으로 균형이 해결되는 예

정리하면, t를 루트로 하는 트리 수선 작업은 t의 네 손자 서브 트리 중 가장 깊은 것에 따라 다음 네 가지 유형으로 나뉜다.

- **LL**: t.left.left가 가장 깊음
- **LR**: t.left.right가 가장 깊음
- **RR**: t.right.right가 가장 깊음
- **RL**: t.right.left가 가장 깊음

유형별 처리 방법은 다음과 같다. 각 그림에서 별색으로 표시된 노드는 링크의 내용에 변화가 생긴 것이다.

■ LL 유형의 해결

t를 기준으로 우회전한다. 내용에 변화가 생겨 별색으로 테두리한 2개의 노드와 2개의 링크를 볼 수 있다.

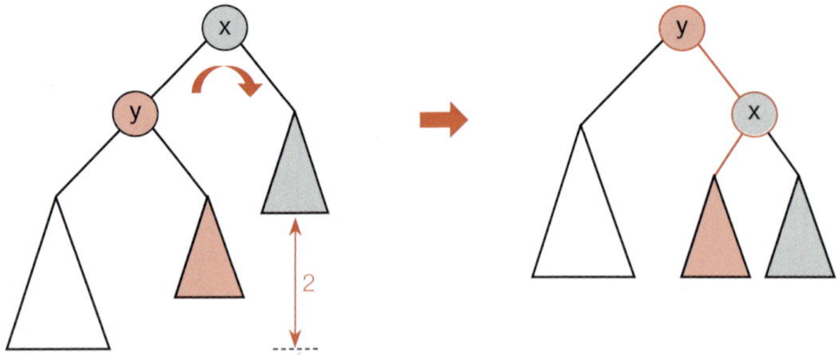

그림 11-13 LL 유형의 해결

■ LR 유형의 해결

t.left를 기준으로 좌회전해서 LL 유형으로 만든 다음, t를 기준으로 우회전한다. [그림 11-14]의 맨 오른쪽 그림을 보면 결과적으로 모든 서브 트리의 깊이가 똑같아졌는데 모든 LR 타입이 이런 것은 아니다. [그림 11-15]는 조금 다른 모양의 LR 타입이 수선되는 예다.

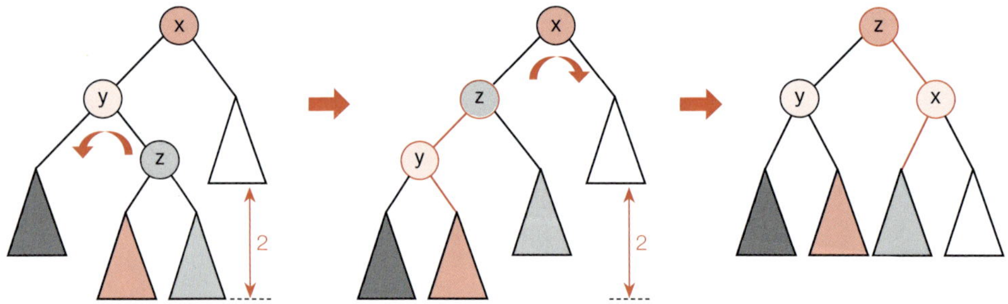

그림 11-14 LR 유형의 해결

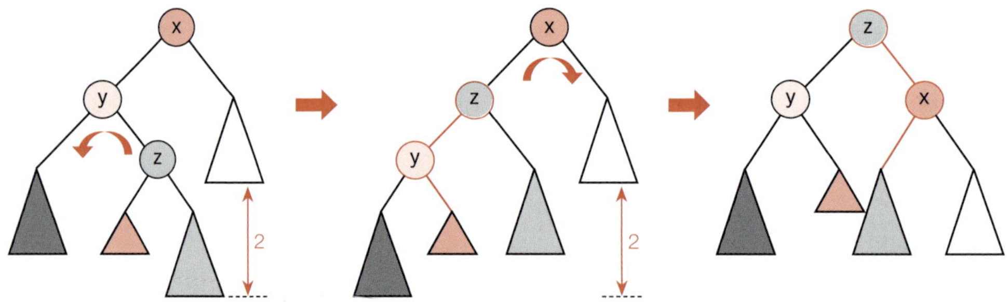

그림 11-15 LR 유형 해결의 다른 모양

■ **RR 유형의 해결**

t를 기준으로 좌회전한다. LL 타입과 정확히 좌우 대칭으로 동일한 원리가 적용된다.

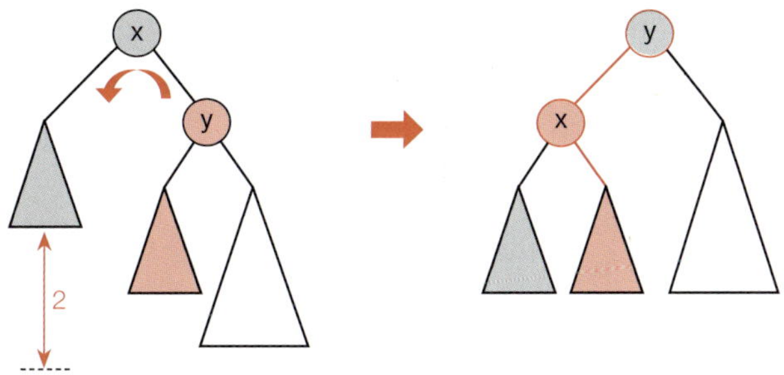

그림 11-16 RR 유형의 해결

■ **RL 유형의 해결**

t.left를 기준으로 우회전해서 RR 유형으로 만든 다음, t를 기준으로 좌회전한다. LR 타입과 정확히 좌우 대칭으로 동일한 원리가 적용된다.

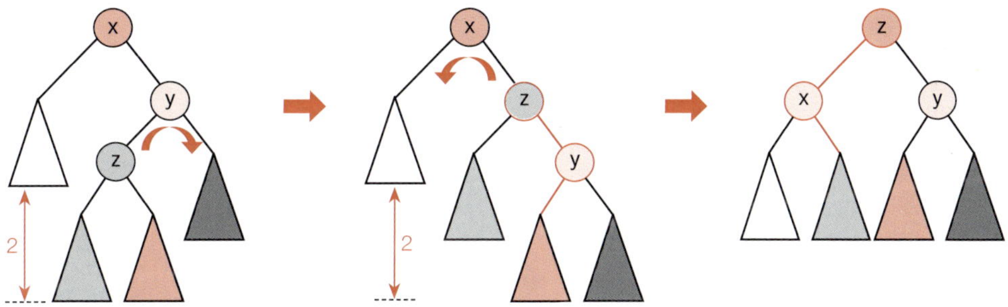

그림 11-17 RL 유형의 해결

이 네 유형의 트리 수선 작업을 정리하면 [알고리즘 11-3]과 같다. 이 알고리즘에서 'switch type:'은 type 값에 따라 그 아래에 있는 case들 중 하나를 수행한다는 의미다. 여러 케이스 중 최대 한 경우만 해당되는 것으로 가정한다. (C, 자바처럼 break가 없으면 다음 케이스로 흘러 내려가는 상황은 고려하지 않는다.)

알고리즘 11-3 AVL 트리 균형 잡기(스케치)

```
balanceAVL(t, type):
      switch type:
          case LL: 우회전(t)
          case LR: 좌회전(t.left)
                   balanceAVL(t, LL)
          case RR: 좌회전(t)
          case RL: 우회전(t.right)
                   balanceAVL(t, RR)
```

[알고리즘 11-3]은 균형의 문제가 생긴 서브 트리 t에 관한 한 해결을 한 것이다. 때로는 이 알고리즘에서 서브 트리 t의 균형을 해결한 결과로 t의 상위 트리에서 새롭게 균형이 깨질 수 있다. [그림 11-18]이 이에 해당하는 예다. 트리 20에서 균형이 깨진 상태이고 균형이 깨진 다른 곳은 없다. RR 타입이라 좌회전을 하려고 한다.

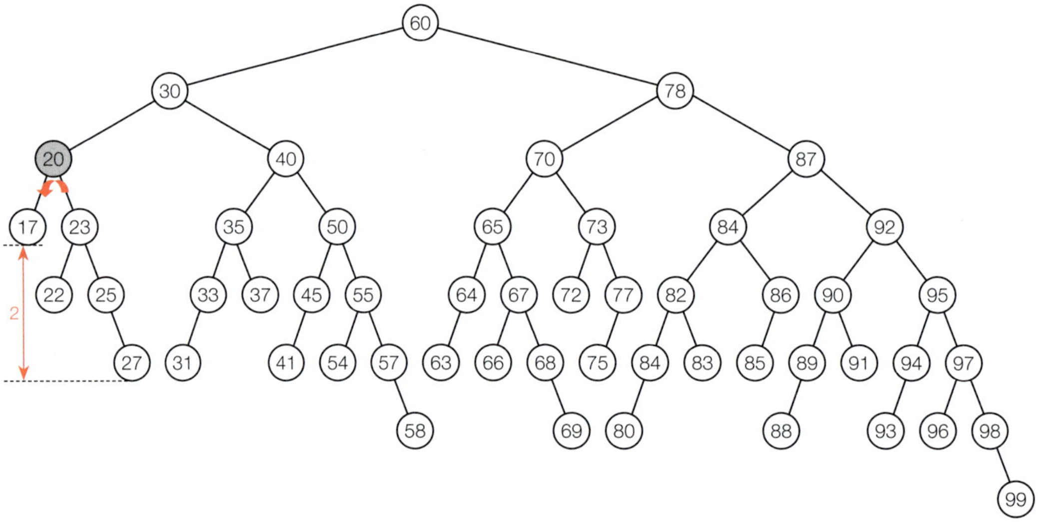

그림 11-18 RR 타입으로 균형이 깨진 예

[그림 11-19]는 트리 20에서 좌회전한 후의 모습이다. 서브 트리 20의 균형은 해결되었지만 직전에 균형 문제가 없었던 트리 30의 균형이 깨졌다. 역시 RR 타입이므로 좌회전한다.

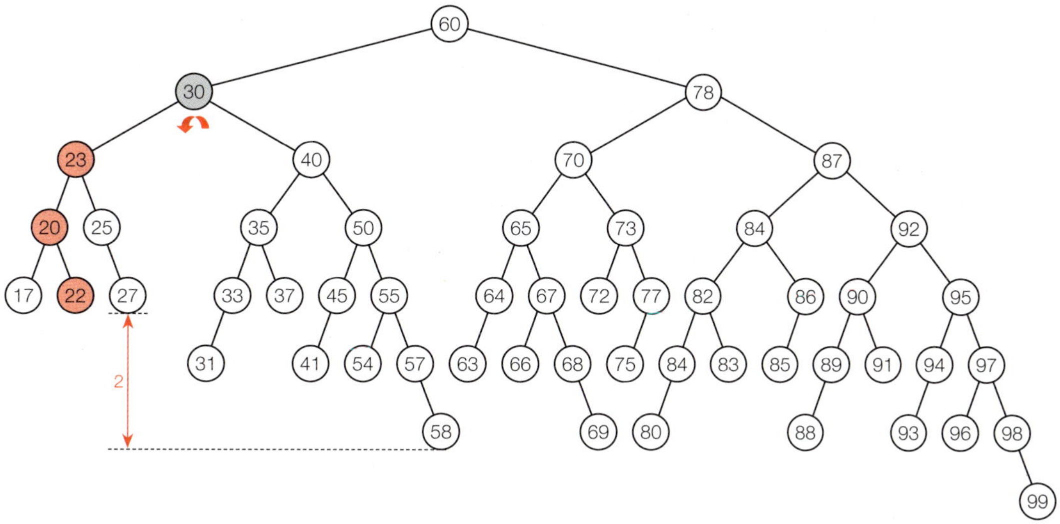

그림 11-19 한 번의 좌회전 후 상위 서브 트리에서 새롭게 균형이 깨진 상태

[그림 11-20]은 트리 30에서 좌회전한 후의 모습이다. 직전에 균형 문제가 없었던 트리 60의 균형이 깨졌다. 역시 RR 타입이므로 좌회전한다.

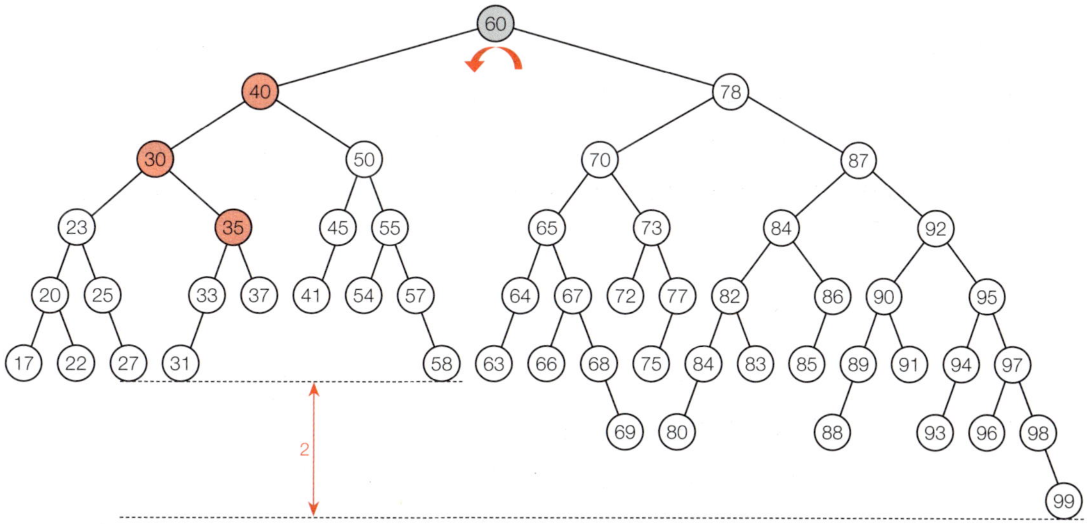

그림 11-20 두 번의 좌회전 후 상위 서브 트리에서 새롭게 균형이 깨진 상태

[그림 11-20]의 트리 60을 좌회전해서 [그림 11-21]과 같이 문제가 해결되었다. 운이 나쁘면 이처럼 아래쪽에서 생긴 균형 문제가 재귀적으로 루트까지 반복하여 발생할 수 있다. 이런

일은 삭제 직후에만 발생한다. 삽입을 하면 깊이가 깊어져서 문제가 발생하는데, 이때는 해당 타입에 대해 한 번만 수선하면 깊이가 얕아지므로 추가 문제가 발생하지 않는다. 반면 삭제를 하면 깊이가 얕아지면서 문제가 발생하는데, 수선한 후 서브 트리 전체의 깊이가 낮아질 수 있어 상위 트리에서 균형이 깨질 수 있다.

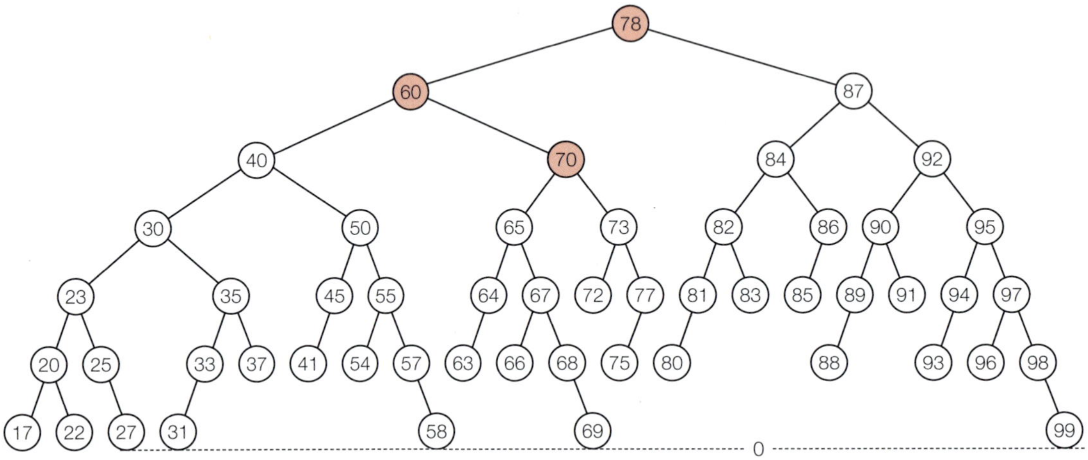

그림 11-21 세 번의 좌회전 후 균형이 해결된 상태

[알고리즘 11-3]의 `balanceAVL(t, type)`은 노드 t를 루트로 하는 서브 트리에 관해서만 수선을 보장한다. 즉, [그림 11-18]과 같은 상황일 때 `balanceAVL()`은 트리 20에 관해서만 수선을 보장한다. [그림 11-19]~[그림 11-21]에 제시한 추가 수선은 다음 절의 자바 코드에서 메서드 `deleteItem()`이 재귀적으로 루트까지 되돌아 올라가는 동안 거쳐가는 노드들에 대해 진행된다. 경우에 따라 메서드 `deleteMinItem()`에서 되돌아 올라가는 과정에서도 이런 수선 작업이 일어난다. 모든 수선은 `balanceAVL()` 호출을 통한다.

4 AVL 트리의 구현

여기서는 자바로 AVL 트리를 구현한다. 이진 검색 트리 구현을 기본으로 하여 AVL 트리에서 추가로 필요한 기능들을 더한 것이다. 핵심 원리는 삽입과 삭제 과정에서 높이에 변화가 생길 가능성이 있는 모든 곳에서 AVL 균형을 체크하고, 만일 균형이 깨지면 균형 맞추기 작업을 수행하는 것이다.

NOTE 유용한 알고리즘 일반화 기술 한 가지

본 구현에서 레퍼런스가 null인 경우 자바의 상수인 null을 쓰지 않고 [그림 11-22]와 같이 AVLNode 타입의 노드 NIL을 생성하여 모든 null 레퍼런스가 이 노드를 가리키도록 하였다. 이렇게 한 이유는 서브 트리의 높이 계산을 위한 필드 height를 쉽게 처리하기 위해서다.

NIL 노드를 사용하지 않고 일반적인 방법인 null을 사용하면, 어떤 노드 x의 높이를 참조하고자 할 때 x.height를 사용할 수 없다. x가 null이면 x.height는 존재하지 않는 필드라 에러가 난다. 이런 경우를 해결하려면 일일이 x가 null이 아닌지 확인한 다음 처리하거나, heightOf(x)란 메서드를 두어 x가 null이 아니면 x.height를 리턴하고, x가 null이면 0을 리턴한다. AVL 트리의 높이에 관한 기본 조건을 만족하는지 확인하기 위해 양쪽 서브트리의 높이를 확인하고자 할 때 하나의 코드로 처리가 안된다.

null 대신 null을 의미하는 노드 NIL을 사용하므로 노드 x가 null이라 해도 NIL.height가 존재하여 다른 노드들과 (높이 관련 작업을) 동일하게 처리할 수 있다. 노드 NIL의 필드 NIL.height의 값은 0으로 초기화해둔다. 이런 방식으로 사용하는 노드를 흔히 경계 노드(sentinel)라 한다. 흔히 임의의 타입 객체를 대상으로 하는 알고리즘을 진행하다 null을 만나면 객체가 아니므로 특별 처리를 하는 불편을 감수하게 되는데, 이처럼 null 대신 경계 노드를 사용하면 null도 정상 노드처럼 처리할 수 있어 코드의 일반성이 높아진다. 이 장의 AVL 트리 구현에서는 높이를 0으로 세팅한 경계 노드가 유용하게 쓰였고, 레드-블랙 트리에서도 (이 책에서 구현하지 않았지만) 색깔을 블랙으로 세팅한 경계 노드가 유용하게 쓰인다.

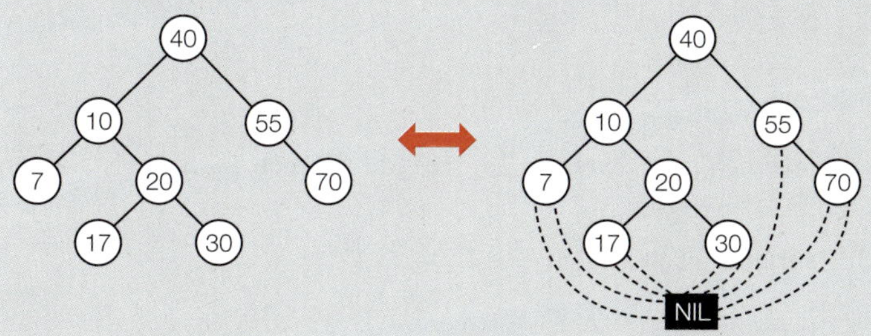

그림 11-22 null 대신 경계 노드 NIL로 처리하면 일반성이 높아진다

인터페이스는 이진 검색 트리에서 사용한 [코드 10-1]의 `IndexInterface`를 그대로 사용한다. 하지만 노드는 이진 검색 트리에서 사용한 노드를 그대로 쓰면 트리의 높이에 대한 정보가 없어 균형을 체크할 때마다 높이를 재기 위해 트리의 리프 노드까지 내려갔다 와야 한다. 이것은 용납하기 힘든 비효율을 초래한다. 그래서 이진 검색 트리에서 사용한 노드에 높이를 저장하는 필드 `height`를 하나 추가한다. `height`는 해당 노드를 루트로 하는 서브 트리의 높이를 저장한다.

코드 11-1 AVLNode.java

```
package BST;

public class AVLNode {
   public Comparable item;
   public AVLNode left, right;
   public int height;

   public AVLNode(Comparable newItem) {
       item = newItem;
       left = right = AVLTree.NIL;
       height = 1;
   }

   public AVLNode(Comparable newItem, AVLNode leftChild, AVLNode rightChild) {
       item = newItem;
       left = leftChild; right = rightChild;
       height = 1;
   }

   public AVLNode(Comparable newItem, AVLNode leftChild, AVLNode rightChild, int h) {
       item = newItem;
       left = leftChild; right = rightChild;
       height = h;
   }
}
```

외부에서 AVL 트리에 접근하기 위해 필요한 작업 목록은 이진 검색 트리와 동일하다. 여기에 추가하여 트리의 균형이 맞지 않을 때 수선하는 작업이 필요한데, 이 작업들은 내부 작업이므로 바깥에서 접근할 필요가 없다.

삽입이나 삭제로 인해 링크의 변화가 생기면 즉시 균형이 깨지지 않았는지 체크한다. 핵심 원리는 삽입과 삭제 과정에서 높이에 변화가 생길 가능성이 있는 모든 곳에서 AVL 균형을 체크하고, 만일 균형이 깨지면 균형 맞추기 작업을 수행하는 것이다. 코드 중 `needBalance()`가 균형을 체크한다. 균형 맞추기 작업은 메서드 `balanceAVL(AVLNode tNode, …)`에서 하는데, 이 메서드는 tNode를 루트로 하는 서브 트리에 관해서만 균형을 맞추어준다. balanceAVL()에서 수선한 결과 위쪽 서브 트리의 균형이 깨질 수도 있다. 이에 관해서는 deleteMinItem()과 deleteItem()에서 위쪽으로 되돌아 올라가는 동안 체크하고, 필요하면 balanceAVL()을 호출하여 수선한다. 삽입 시에는 insertItem()에서 균형을 체크하면서 올라가는데 삭제의 경우와 다른 점이 있다. 메서드 insertItem()의 로직상 되돌아 올라가는 과정에서 루트에 이를 때까지 계속 균형을 체크하게 되는데, 중간에 한 번 balanceAVL()이 호출되어 수선되었다면 더 이상 balanceAVL()이 호출되지 않는다.

주 골격인 이진 검색 트리 코드를 기본으로 로직이 변화된 부분을 따로 표시했다.

코드 11-2 AVLTree.java

```
package BST;

public class AVLTree implements IndexInterface<AVLNode>{
    private AVLNode root;
    static final AVLNode NIL = new AVLNode(null, null, null, 0);

    public AVLTree() {
        root = NIL;
    }

    // [알고리즘 10-1] 구현 : 검색
    public AVLNode search(Comparable x) {
        return searchItem(root, x);
    }
    private AVLNode searchItem(AVLNode tNode, Comparable x) {
            if (tNode == NIL) return NIL;
            else if (x.compareTo(tNode.item) == 0) return tNode;
            else if (x.compareTo(tNode.item) < 0)
                return searchItem(tNode.left, x);
            else
                return searchItem(tNode.right, x);
    }

```

```
// [알고리즘 10-3] 구현 : 삽입
public void insert(Comparable x) {
        root = insertItem(root, x);
}

private AVLNode insertItem(AVLNode tNode, Comparable x) {
    if (tNode == NIL) { // insert after a leaf  (or into an empty tree)
        tNode = new AVLNode(x);
    } else  if (x.compareTo(tNode.item) < 0) { // branch left
        tNode.left = insertItem(tNode.left, x);
        tNode.height = 1 + Math.max(tNode.right.height, tNode.left.height);
        int type = needBalance(tNode);
        if(type != NO_NEED)
            tNode = balanceAVL(tNode, type);
    } else { // branch right
        tNode.right = insertItem(tNode.right, x);
        tNode.height = 1 + Math.max(tNode.right.height, tNode.left.height);
        int type = needBalance(tNode);
        if(type != NO_NEED)
            tNode = balanceAVL(tNode, type);
    }
    return tNode;
}
// [알고리즘 10-3] 구현 : 삭제
public void delete(Comparable x) {
    root = deleteItem(root, x);
}

private AVLNode deleteItem(AVLNode tNode, Comparable x) {
    if (tNode == NIL) return NIL;
    else {
        if (x.compareTo(tNode.item) == 0) {
            tNode = deleteNode(tNode);
        } else if (x.compareTo(tNode.item) < 0) {
            tNode.left = deleteItem(tNode.left, x);
            tNode.height = 1 + Math.max(tNode.right.height, tNode.left.height);
```

```java
                int type = needBalance(tNode);
                if(type != NO_NEED)
                    tNode = balanceAVL(tNode, type);
        } else {
                tNode.right = deleteItem(tNode.right, x);
                tNode.height = 1 + Math.max(tNode.right.height, tNode.left.height);
                int type = needBalance(tNode);
                if(type != NO_NEED)
                    tNode = balanceAVL(tNode, type);
        }
    return tNode;
    }
}

private AVLNode deleteNode(AVLNode tNode) {
    // 3가지 case
    //    1. tNode이 리프 노드
    //    2. tNode이 자식이 하나만 있음
    //    3. tNode이 자식이 둘 있음
        if ((tNode.left == NIL) && (tNode.right == NIL))  // case 1(자식이 없음)
            return NIL;
        else if (tNode.left == NIL )   // case 2(오른자식뿐)
            return tNode.right;
        else if (tNode.right == NIL)   // case 2(왼자식뿐)
            return tNode.left;
        else {                         // case 3(두 자식이 다 있음)
            returnPair rPair = deleteMinItem(tNode.right);
            tNode.item = rPair.item; tNode.right = rPair.node;
            tNode.height = 1 + Math.max(tNode.right.height, tNode.left.height);
            int type = needBalance(tNode);
            if(type != NO_NEED)
                tNode = balanceAVL(tNode, type);
            return tNode;
        }
}

```

```java
private returnPair deleteMinItem(AVLNode tNode) {
    int type;
    if (tNode.left == NIL) {
        return new returnPair(tNode.item,tNode.right);
    } else {
        returnPair rPair = deleteMinItem(tNode.left);
        tNode.left = rPair.node;
        tNode.height = 1 + Math.max(tNode.right.height, tNode.left.height);
        type = needBalance(tNode);
        if(type != NO_NEED)
            tNode = balanceAVL(tNode, type);
        rPair.node = tNode;
        return rPair;
    }
}

private class returnPair {
    private Comparable item;
    private AVLNode node;
    private returnPair(Comparable it, AVLNode nd) {
        item = it;
        node = nd;
    }
}

// 균형 잡기
private AVLNode balanceAVL(AVLNode tNode, int type) {
    AVLNode returnNode = NIL;
    switch (type) {
    case LL:
        returnNode = rightRotate(tNode);
        break;
    case LR:
        tNode.left = leftRotate(tNode.left);
        returnNode = rightRotate(tNode);
        break;
```

```
    case RR:
        returnNode = leftRotate(tNode);
        break;
    case RL:
        tNode.right = rightRotate(tNode.right);
        returnNode = leftRotate(tNode);
        break;
    default:
        System.out.println("Impossible type! Should be one of LL, LR, RR, RL");
        break;
    }
    return returnNode;
}

// [알고리즘 11-1] 구현 : 좌회전
private AVLNode leftRotate(AVLNode t) {
    AVLNode RChild = t.right;
    if(RChild == NIL)
        System.out.println(t.item + "'s RChild shouldn't be NIL!");
    AVLNode RLChild = RChild.left;
    RChild.left = t;
    t.right = RLChild;
    t.height = 1 + Math.max(t.left.height, t.right.height);
    RChild.height = 1 + Math.max(RChild.left.height, RChild.right.height);
    return RChild;
}

// [알고리즘 11-1] 구현 : 우회전
private AVLNode rightRotate(AVLNode t) {
    AVLNode LChild = t.left;
    if(LChild == NIL)
        System.out.println(t.item + "'s LChild shouldn't be NIL!");
    AVLNode LRChild = LChild.right;
    LChild.right = t;
    t.left = LRChild;
    t.height = 1 + Math.max(t.left.height, t.right.height);
    LChild.height = 1 + Math.max(LChild.left.height, LChild.right.height);
```

```
    return LChild;
}

private final int LL = 1, LR =2, RR = 3, RL = 4, NO_NEED = 0, ILLEGAL = -1;
private int needBalance(AVLNode t) {
    int type = ILLEGAL;
    if (t.left.height + 2 <= t.right.height) {            // R 유형
        if ((t.right.left.height) <= t.right.right.height) // RR 유형
            type = RR;
        else                                              // RL 유형
            type = RL;
    } else if ((t.left.height) >= t.right.height + 2) {    // L 유형
        if ((t.left.left.height) >= t.left.right.height)   // LL 유형
            type = LL;
        else                                              // LR 유형
            type = LR;
    } else
        type = NO_NEED;
    return type;
}

// 기타
public boolean isEmpty() {
    return root == NIL;
}

public void clear() {
    root = NIL;
 }
}
```

[코드 11-3]는 [코드 11-2]의 클래스 AVLTree를 사용하는 예다.

코드 11-3 클래스 AVLTree의 사용 예 (AVLTreeDemo.java)

```
AVLTree avl = new AVLTree();
System.out.println("isEmpty(): " + avl.isEmpty());
avl.insert(10);
avl.insert(20);
avl.insert(5);
avl.insert(80);
avl.insert(90);
avl.delete(80);
```

03 레드-블랙 트리

1 레드-블랙 트리란

레드-블랙 트리Red-Black Tree는 AVL 트리와 함께 균형을 맞추면서 운영하는 대표적인 균형 이진 검색 트리다. 레드Red와 블랙Black 두 색을 사용해서 균형을 맞춘다고 해서 Red-Black 트리라고 하는데, 줄여서 RB 트리로 부른다. 레드-블랙 트리는 노드에 두 가지 색을 칠해서 균형을 맞춘다. 다음 절에서 B-트리를 소개할 텐데, RB 트리는 B-트리의 한 계열인 2-3-4 트리(최대 4개까지 분기할 수 있는 균형 트리)와 사실상 같은 것이다.

RB 트리는 우선 `null` 리프 노드를 가정한다. 통상적인 이진 검색 트리에서 자식이 없으면 해당 링크를 `null` 값으로 둔다. RB 트리는 이 `null` 각각을 리프 노드로 간주한다. 즉, RB 트리에서는 통상적인 리프 노드 다음에 `null` 리프 노드가 한 층 더 있다고 가정한다. RB 트리에서 리프 노드라 하면 이 `null` 리프를 가리킨다. 코딩을 한다면 이 `null`은 2절의 AVL 트리처럼 `NIL` 노드 하나를 가리키도록 하는 것이 효율적이다. 그렇지만 이 절에서는 RB 트리의 코드를 구현하지 않으므로 그냥 `null` 리프로 처리한다.

RB 트리는 모든 노드에 레드 또는 블랙의 색상을 칠한다. 단, 다음과 같은 성질을 만족하도록 색을 칠해야 하는데, 이를 RB 특성이라 한다.

❶ 루트는 블랙이다.

❷ 모든 리프 노드는 블랙이다.

❸ 루트로부터 임의의 리프 노드에 이르는 경로에 레드 노드 2개가 연속으로 출현하지 못한다.

❹ 루트 노드에서 임의의 리프 노드에 이르는 경로에서 만나는 블랙 노드의 수는 모두 같다.

[그림 11-23]의 (b)는 (a)의 이진 검색 트리를 RB 트리로 만든 예다. 모든 `null` 값이 가상의 리프 노드(`null` 리프)로 처리되어 있음을 볼 수 있다. 루트 노드는 블랙으로 색칠되어 RB 특성 ❶을 만족한다. 또한 모든 `null` 리프가 블랙으로 칠해져 특성 ❷를 만족한다. 루트에서 내려

가는 경로 상에 레드 노드가 2개 연속으로 출현하지 않아 특성 ❸을 만족한다. 루트에서 모든 리프 노드에 이르는 경로에서 만나는 블랙 노드의 수는 3개로 똑같아 특성 ❹를 만족한다.

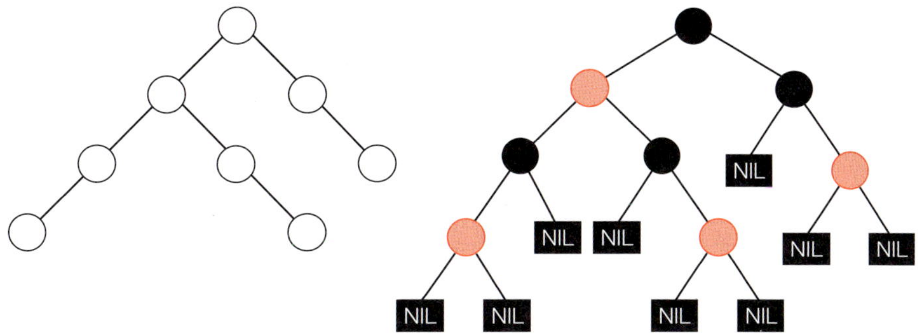

(a) 이진 검색 트리의 예 (b) (a)를 RB 트리로 만든 예

그림 11-23 이진 검색 트리를 RB 트리로 만든 예

2 레드-블랙 트리의 수선

RB 트리에서 하는 검색은 트리 내용을 변경하지 않으므로 이진 검색 트리에서 하는 검색과 동일하다. 삽입과 삭제도 기본적으로 이진 검색 트리와 동일하나 삽입이나 삭제 후 RB 특성을 위반하는 경우가 발생할 수 있다. 이때는 적절한 작업을 통해 RB 특성을 만족하도록 바로잡아주어야 한다. 이 책에서는 삽입 시 균형이 깨지는 경우의 수선만 소개한다.

RB 트리에서 노드를 삽입할 때는 먼저 이진 검색 트리의 삽입 알고리즘에 따라 삽입한 다음 새 노드의 색상을 일단 레드로 칠한다. 이 노드를 x라 하자. 삽입에서 새 노드는 항상 맨 아래쪽에 매달린다. 먼저 x의 부모 노드 p가 블랙일 경우를 살펴보자. [그림 11-24]는 x의 부모 노드가 블랙일 때 가능한 주변 상황을 모두 나열한 것이다. 어떤 경우든 x에 레드를 칠한 것으로 인해 특성 ❸이나 ❹를 깨지 않는다. 즉, 이때는 x의 색상을 레드로 칠하면 삽입이 완료된다.

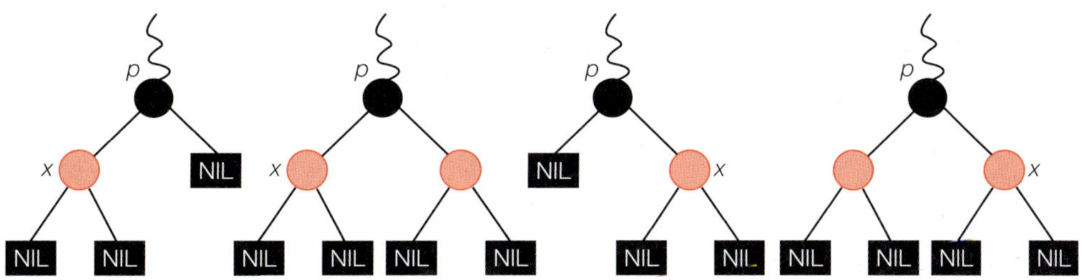

그림 11-24 x의 부모가 블랙일 때 가능한 x의 주변 상황

그러므로 부모 노드 p가 레드인 경우만 해결하면 된다. [그림 11-25]는 x의 부모 p가 레드일 때 가능한 주변 상황을 모두 그린 것이다. x가 삽입되기 전에 x 자리에는 null 리프가 있었으므로 특성 ❸과 ❹에 따라 x의 형제 노드도 반드시 null 리프여야 한다.

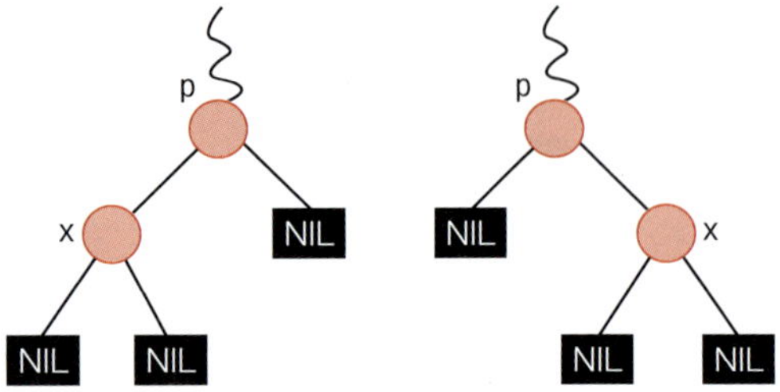

그림 11-25 x의 부모가 레드일 때 가능한 x의 주변 상황

p, x가 연속으로 레드이므로 특성 ❸을 위반한다. 그런데 삽입 전에는 RB 트리였으므로 특성 ❸에 의해 p의 부모 노드는 반드시 블랙이다. 이를 p^2이라 하자. 마찬가지로 특성 ❸에 의해 x의 형제 노드도 반드시 블랙이다. x 주변에서 레드나 블랙 두 가지가 다 가능한 것은 p의 형제 노드 s뿐이다. s의 색상에 따라 다음 두 가지 경우로 나뉜다.

- Case 1: s가 레드
- Case 2: s가 블랙
  - Case 2-1: x가 p의 오른자식
  - Case 2-2: x가 p의 왼자식

NOTE p가 p^2의 왼자식인지 오른자식인지에 따라 두 가지 경우로 나뉘는데 이 두 경우는 서로 정확히 대칭이므로 여기서는 p가 p^2의 왼자식인 경우만 설명한다.

[그림 11-26]은 각 경우에 대한 처리 작업을 보여준다. 각 경우에 대한 처리 작업을 구체적으로 설명하면 다음과 같다. 단, Case 1과 Case 2는 삽입 직후의 상황일 수도 있고, 삽입 후 수선이 진행되는 도중의 상황일 수도 있다.

Case1

p와 *s*의 색상을 레드에서 블랙으로 바꾸고, p^2의 색상을 블랙에서 레드로 바꾼다. 만약 p^2이 루

트이면 p^2의 색상을 다시 블랙으로 바꾸고 끝난다. p^2이 루트가 아니면 p^2의 부모 색상을 확인해야 한다. p^2의 부모 색상이 블랙이면 RB 특성이 모두 만족된다. p^2의 부모 색상이 레드이면 RB 특성 ❸이 위반되어 처음과 똑같은 문제가 발생한다. 이것은 원래 x에 대해서 발생했던 문제와 똑같은 문제가 p^2에 대해서 발생했음을 뜻한다. p^2을 문제 발생 노드로 하여 재귀적으로 다시 시작한다.

Case 2

■ Case 2–1

p를 중심으로 좌회전한다. 여전히 RB 특성 ❸을 위반한다. Case 2-2로 변한다.

■ Case 2–2

p^2을 중심으로 우회전하고 p와 p^2의 색상을 맞바꾼다.

Case 2를 만나면 Case 2–2의 수선을 마지막으로 상황이 종료된다. Case 1을 만나면 상황이 끝날 수도 있고 똑같은 상황이 다른 노드에서 다시 시작될 수도 있다. 이런 상황이 재귀적으로 반복되어 루트까지 올라갈 수도 있다.

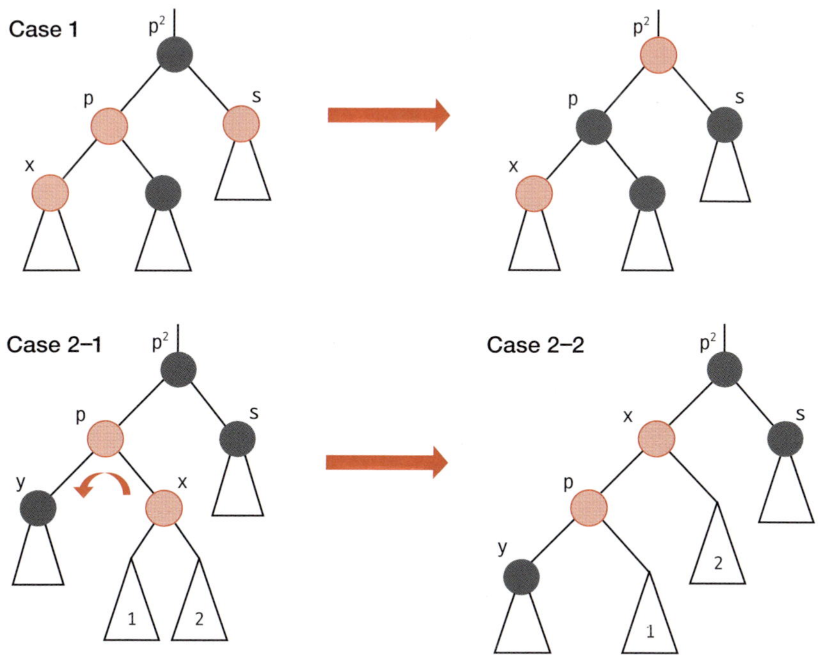

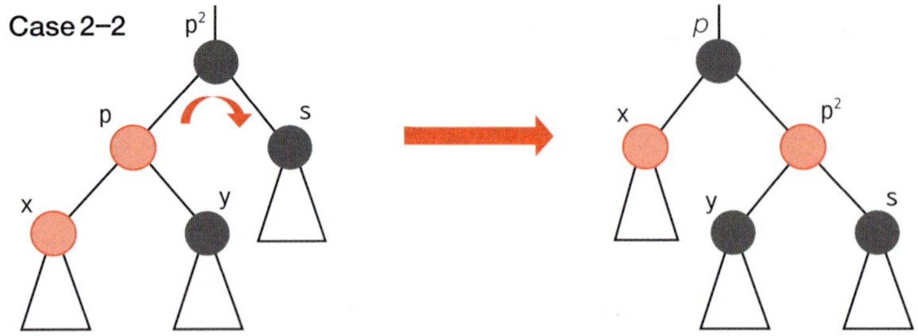

그림 11-26 RB 트리에서 각 경우에 따른 삽입 또는 수선 작업

레드와 블랙의 색상을 통해 트리의 균형을 유지하는 RB 트리는 최악의 경우에도 깊이가 O(logn)으로 제한된다. 이유는 간단히 추론할 수 있다. 키의 총 수가 n이라면 색상을 고려하지 않을 때 가장 이상적으로 꽉 채워진 트리의 깊이는 대략 logn이다(정확히 말하면 $\lfloor \log_2 n \rfloor + 1$인데 여기서는 결론을 도출하는 데 지장이 없는 logn으로 쓰기로 하자). 그러므로 RB 트리가 아무리 잘 만들어져도 루트에서 임의의 리프 노드에 이르는 경로에 존재하는 블랙 노드의 개수는 logn을 넘을 수 없다. 특성 ❸에 의해 루트에서 임의의 리프에 이르는 경로상에서 레드 노드의 수가 블랙 노드의 수보다 많을 수 없다. 그러므로 가장 긴 경로라 해도 2logn을 넘지 않는다. 그러므로 깊이는 O(logn)으로 제한된다.

따라서 검색 시간은 당연히 O(logn)이다. 삽입과 삭제도 O(logn) 시간이 보장된다. 삽입의 경우만 보면, Case 2는 상수 시간에 끝난다. Case 1은 Case 1을 재귀적으로 호출할 수 있으므로 루트 노드까지 올라갈 수도 있다. 이것이 최악의 경우인데, 깊이가 O(logn)이므로 상수 시간이 드는 작업을 O(logn)번 하면 O(logn) 시간이 든다.

04 B-트리

1 B-트리란

디스크 접근은 메인 메모리 접근에 비해 엄청난 시간이 든다. CPU의 속도에 따라 다르지만 디스크 한 블록을 읽어오는 데 걸리는 시간은 대략 십만 개에서 백만 개 정도의 기계어 명령을 처리하는 시간과 맞먹는다고 한다. 우리가 볼 때는 파일을 순식간에 읽어오는 것 같지만 CPU 입장에서 볼 때는 엄청난 낭비다.

디스크에 있는 데이터를 읽고 쓰기 위해서는 블록 단위로 접근을 한다. 단 한 바이트만 읽거나 쓰고 싶어도 한 블록을 통째로 읽어오거나 써야 한다. 쉴 새 없이 고속으로 회전하는 디스크에서 단 한 바이트만 집어 오는 것은 가능하지도 않을뿐더러 한 바이트를 읽는 것이나 한 블록을 읽는 것이나 시간은 마찬가지다. 어차피 암Arm을 해당 트랙 위로 물리적으로 이동해야 하기 때문이다(즉, 디스크는 전자·기계적 작업이고, CPU 명령어 수행은 전자적 작업이다). 예전에는 디스크 한 블록의 표준이 512바이트였으나 요즘은 4K바이트가 표준이 된 듯하다. 그렇지만 이것은 물리적 블록이고 파일 시스템이나 응용 프로그램에서 얼마든지 더 큰 사이즈의 논리적 블록을 쓸 수 있다. 32K바이트나 64K바이트 블록도 가능하다. 이 블록을 소프트웨어 레벨에서는 보통 페이지Page라고 부른다.

앞에서 배운 이진 검색 트리는 모두 메모리에 올려서 사용한다고 가정했다. 이런 색인을 내장 색인Internal Index이라고 한다. 실제로 색인이 중요한 작업인 응용에서는 검색 트리 같은 색인을 메인 메모리에 올려놓고 사용한다.

그렇지만 색인의 규모가 너무 크면 불가피하게 디스크에 두고 사용할 수밖에 없다. 메인 메모리가 충분하지 않을 때도 마찬가지다. 설사 메인 메모리가 충분하더라도 어떤 응용 프로그램 하나가 메모리를 다 쓸 수는 없다. 시스템 프로그램들과 다른 응용 프로그램들도 메모리를 나누어 써야 하기 때문이다. 디스크에 색인을 두어야 한다면 디스크의 특성을 최대한 활용하여 디스크 접근 시간으로 인한 비효율을 최대한 줄여야 한다. 이런 동기에서 나온 대표적인 색인이 B-트리다. 이렇게 메인 메모리 외부에 놓고 사용하는 색인을 외장 색인External Index이라고 한다.

검색 트리의 분기 수를 늘리면 검색 트리의 기대 깊이를 낮출 수 있다. 예를 들어, 10억 개 내외의 키를 관리하는 이진 검색 트리가 균형을 완벽하게 이루고 있다면 가장 이상적인 경우 트리의 깊이가 30 정도 된다. 한 노드에서 1,000개의 분기가 가능하다면 가장 이상적인 경우 트리의 깊이가 4 정도 된다. 검색 트리의 각 노드가 디스크에 자유로이 흩어져 있다면 전자는 디스크에 최대 30번 접근해야 하고, 후자는 최대 4번이면 된다.

디스크에 있는 상태로 사용되는 검색 트리를 외장 검색 트리External Search Tree라 한다. 그리고 분기의 수가 2개를 넘으면 다진 검색 트리Multi-Way Search Tree라 한다. B-트리는 디스크 환경에서 사용하기에 적합한 외장 다진 검색 트리다. B-트리의 한 노드에는 최대 k개까지의 키가 크기순으로 저장되어 있다. [그림 11-27]은 다진 검색 트리에 k개의 키가 있는 예다. 키가 k개 있으면 이 노드는 k+1개의 자식을 가진다. 이들 각각에 대응되는 서브 트리를 T_0, T_1, T_2, …라 하면 서브 트리 T_i의 모든 키들은 key_{i-1}보다 크고 key_i보다 작다.

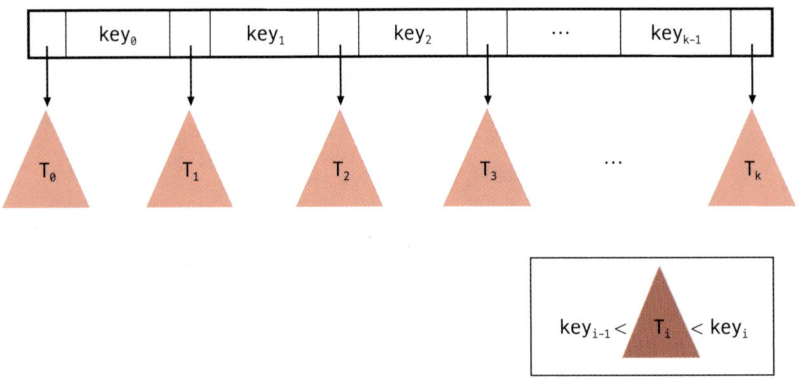

그림 11-27 다진 검색 트리에 키가 k개 있는 예

B-트리는 균형 다진 검색 트리로 다음 성질을 만족한다.

❶ 루트를 제외한 모든 노드는 $\left\lfloor \frac{k}{2} \right\rfloor$ ~ k개의 키를 갖는다.

❷ 모든 리프 노드는 같은 깊이를 가진다.

B-트리는 분기의 수를 가능하면 늘리되 노드의 활용도를 높이기 위해 각 노드가 채울 수 있는 최대 허용량에서 반 이상의 키를 채우도록 강요한다(성질 ❶). B-트리에서 k 값은 키를 표현하기 위한 바이트 수와 분기를 위한 레퍼런스에 필요한 바이트 수를 반영하여 디스크의 한 블록이 수용할 수 있는 한도 내에서 최댓값을 잡는다. [그림 11-27]에서 편의상 키와 분기를 위한 포인터만 표시했지만, 임의의 키가 검색키와 일치했을 때 해당 키를 가진 레코드에 접근할 수 있는 페이지 번호가 같이 있어야 한다. 부모 노드의 레퍼런스도 하나 필요하다. 위의 요소를 모두 반영한 B-트리의 노드 구조는 [그림 11-28]과 같다.

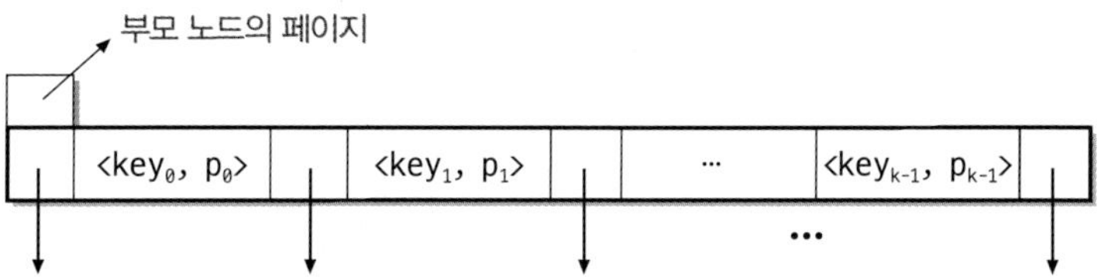

그림 11-28 B-트리의 노드 구조

위에서 자식 노드의 레퍼런스, 부모 노드의 레퍼런스, p_i들은 모두 페이지 번호로 나타낸다. 예를 들어, 디스크의 한 블록이 4,096바이트이고, 키의 크기가 16바이트, 페이지 번호가 4바이트를 차지한다면, 각 블록은 최대 170개의 키를 가질 수 있다. 즉, B-트리의 한 노드가 최대 170개의 키를 가질 수 있다. 이 경우 각 노드는 B-트리의 성질 ❶에 의하여 85~170개의 키를 가져야 한다. 이렇게 디스크 블록의 크기와 노드의 크기를 일치시키는 이유는 디스크에서 정보를 읽어올 때 블록(페이지) 단위로 읽어오기 때문에 최대한 효율을 높이기 위해서다.

위에서 p_i들은 디스크에서 레코드의 구체적인 위치가 아닌, 해당 레코드가 저장된 페이지의 번호다. [그림 11-29]는 이 구조를 보여준다. p_i를 이용해서 페이지 p_i를 통째로 메인 메모리로 가져온 후 그 안에서 해당 레코드를 찾아 처리한다. 메인 메모리에서 해당 레코드를 찾으려면 간단한 프로그램이 필요하지만 이 작업을 하는 데 걸리는 시간은 디스크에서 가져오는 시간에 비하면 무시할 수 있을 정도로 작다. 레코드의 위치를 나타내기 위해 추가로 페이지 내의 위치까지 나타낼 수도 있겠지만 이를 위한 공간이 더 필요하기 때문에 감수할 만한 가치는 없다.

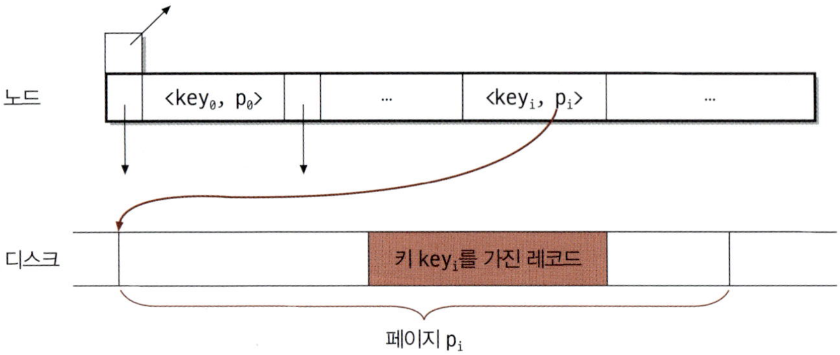

그림 11-29 레코드에 접근하는 절차를 보이는 구조

2 B-트리 알고리즘

검색

B-트리에서 키 x에 대한 검색은 기본적으로 이진 검색 트리의 검색과 같다. 이진 검색 트리에는 각 노드에 키가 하나밖에 없지만 B-트리는 최대 k개의 키를 가질 수 있다. 이진 검색 트리에서는 검색 키가 노드의 유일한 키와 일치하는지 확인하는 반면, B-트리에서는 노드의 여러 키 중 검색 키와 일치하는 것이 있는지 본다. 이진 검색 트리는 유일한 키와 비교하여 왼쪽 또는 오른쪽 분기를 정하는 반면, B-트리는 노드에서 $key_i-1 < x < key_i$인 두 키 key_{i-1}과 key_i를 찾아 분기해야 할 자식 노드를 찾는다. 자식으로 분기하고 나면 깊이만 하나 내려간 똑같은 검색 문제가 된다. 이것은 이진 검색 트리에서처럼 재귀적이다.

삽입

B-트리에서 키 x를 삽입하는 작업의 개략적인 골격은 다음과 같다.

❶ x를 삽입할 리프 노드 r을 찾는다.
❷ 노드 r에 공간의 여유가 있으면 키를 삽입하고 끝낸다.
❸ 노드 r에 여유가 없으면 형제 노드에 공간의 여유가 있는지 살펴본다. 형제 노드에 공간의 여유가 있으면 키를 하나 넘기고 끝낸다.
❹ 형제 노드에 여유가 없으면 노드를 2개로 분리한다. 분리 작업은 부모 노드로 키를 하나 넘기는 작업을 포함한다.

[알고리즘 11-4]는 B-트리의 삽입 알고리즘을 스케치한 것이다.

알고리즘 11-4 B-트리의 삽입(스케치)

```
BTreeInsert(t, x):
◀ t: 트리의 루트 노드, x: 삽입하고자 하는 키
    x를 삽입할 리프 노드 r을 찾는다
    x를 r에 삽입 시도한다
    if (r에 오버플로우 발생) clearOverflow(r)

clearOverflow(r):
    if (r의 형제 노드 중 여유가 있는 노드가 있음)
        r의 남는 키를 넘긴다
    else
        r을 둘로 분할하고 가운데 키를 부모 노드로 넘긴다
        if (부모 노드 x에 오버플로우 발생) clearOverflow(x)
```

오버플로우가 발생하면 우선 키를 넘겨줄 수 있는 형제 노드가 있는지 본다. 만약 그런 노드가 있으면 키를 넘겨주고 끝낸다. 그렇지 않으면 노드를 분할해야 한다. 분할은 한 노드를 둘로 만드는 것이다. 원래는 부모 노드에 이 노드를 가리키는 하나의 레퍼런스가 있었는데 노드가 둘로 나누어지므로 부모 노드에서 이들을 구분하여 분기하려면 키가 하나 더 필요하다. 따라서 분할 시 노드에 있는 키 중 하나를 부모 노드로 넘긴 다음 나머지로 분할한다. 부모 노드로 넘기는 키는 분할하는 노드의 키들 중 중앙값으로 한다. 중앙값이 2개인 경우에는 이 중 하나를 선택하는 규칙을 정해놓는다. 예를 들면, 두 중앙값 중 큰 것을 넘긴다. 이 분할의 결과로 인해 키가 하나 늘어난 부모 노드에서 오버플로우가 발생할 수 있다. 앞에서 발생한 오버플로우와 성격은 같지만 발생 장소만 다르므로 재귀적으로 처리할 수 있다.

다음 예는 일련의 삽입 작업을 보여준다. 그림에서 오렌지색으로 표시된 노드는 해당 작업에서 변화가 생긴 노드를 뜻한다. 각 노드가 최대 5개의 키를 가질 수 있다고 가정한다. 이 경우 B-트리의 성질 ❶에 의해 루트를 제외한 모든 노드는 2~5개의 키를 가져야 한다.

1 주어진 B-트리다.

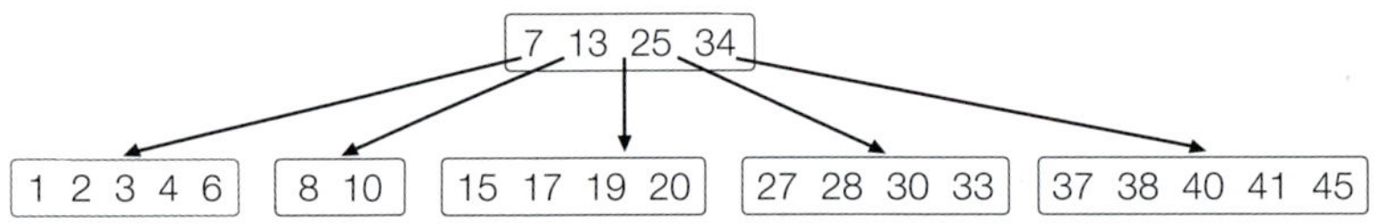

2 **9, 31 삽입**: 노드에 추가로 키를 받아들일 여유가 있으므로 9와 31을 해당 리프 노드에 넣는다.

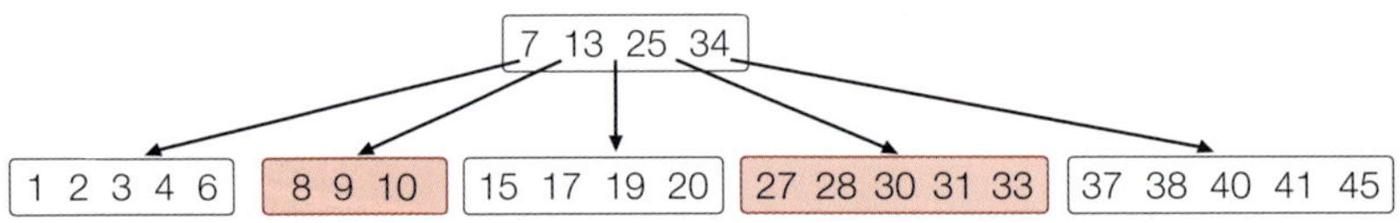

3 **5 삽입**: 5를 해당 리프 노드에 삽입하면 오버플로우가 발생한다. 바로 오른쪽의 형제 노드에 공간의 여유가 있으므로 키를 하나 넘긴다. 이때 맨 오른쪽의 6을 형제 노드에 바로 넘기면 검색 트리의 성질이 깨지므로 부모 노드에 있는 7을 넘기고 그 자리에 6을 놓는다. 이런 작업을 재분배Redistribution라 한다.

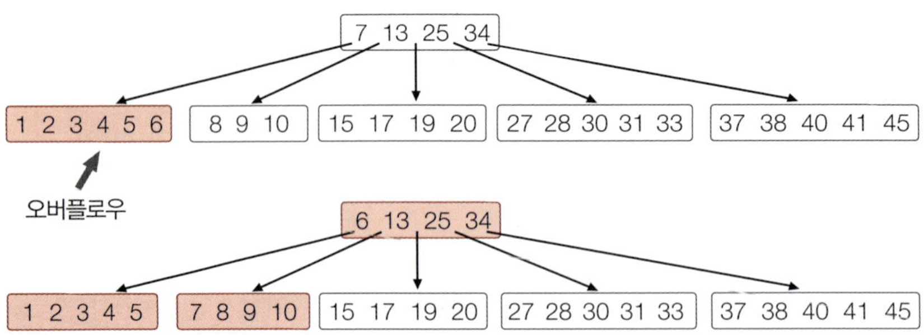

❹ **39 삽입**: 39를 해당 리프 노드에 삽입하면 오버플로우가 발생한다. 바로 옆의 형제 노드에 공간의 여유가 없으므로 노드를 분할해야 한다. 가운데 키 40을 부모 노드로 넘기고 나머지는 2개로 분할한다(하나의 노드가 둘로 나뉘므로 부모 노드에 분기를 위한 키가 하나 더 필요하다).

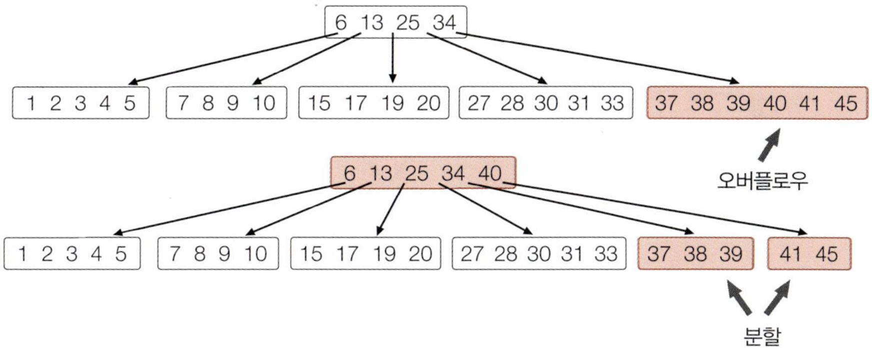

❺ **23, 35, 36 삽입**: 해당 리프 노드에 여유가 있으므로 23, 35, 36을 각 리프 노드에 넣는다.

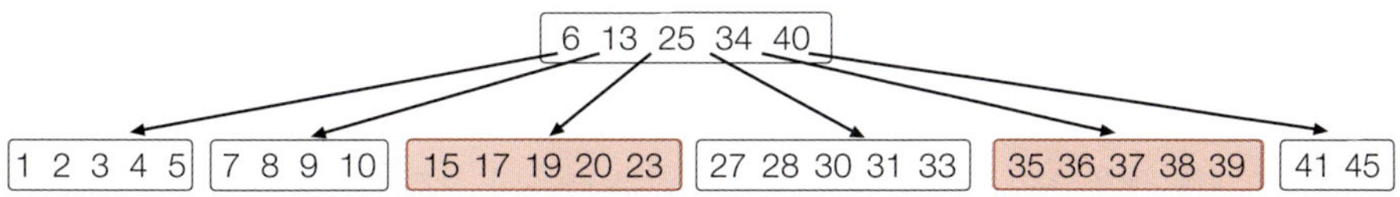

❻ **32 삽입**: 32를 해당 리프 노드에 삽입하면 오버플로우가 발생한다. 양쪽의 형제 노드 모두 공간의 여유가 없으므로 분할한다. 가운데 키인 31을 부모 노드로 넘기고 노드를 둘로 분할한다. 키를 넘겨받은 부모 노드에 다시 오버플로우가 발생했다. 바로 아래에서 생겼던 오버플로우와 같은 상황이다. 재귀적으로 처리한다. 이 노드가 루트 노드이므로 키를 추가로 받을 형제 노드가 아예 없다. 노드를 둘로 나누고 가운데 키 31로 새로운 노드를 만들면 이것이 새 루트 노드가 된다.

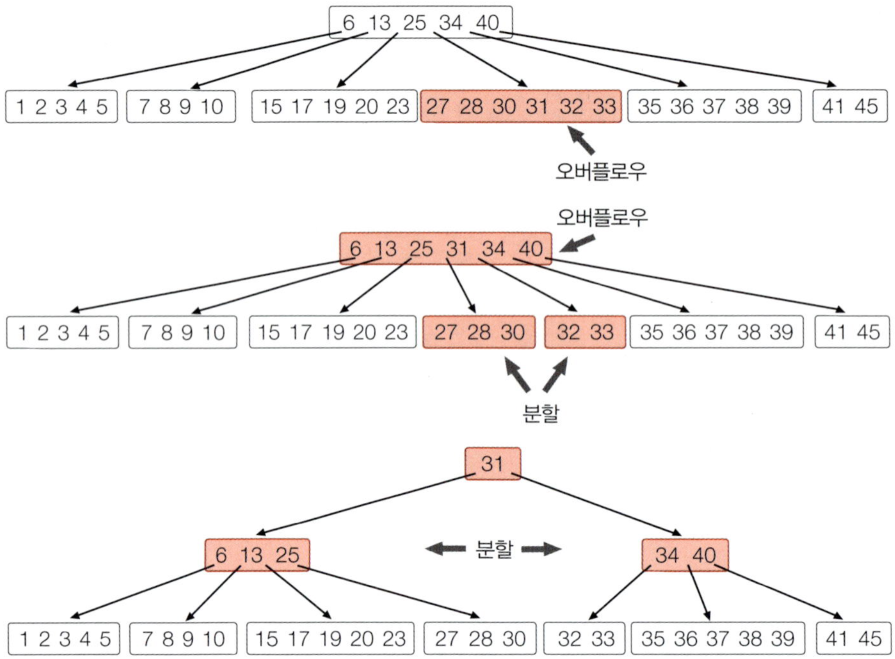

삭제

B-트리에서 키 x를 삭제하는 작업의 개략적인 골격은 다음과 같다.

❶ x를 키로 갖고 있는 노드를 찾는다.

❷ 이 노드가 리프 노드가 아니면 x의 직후 원소 y를 가진 리프 노드 r을 찾아 x와 y를 맞바꾼다.(직후 원소 y는 반드시 리프 노드에 있다.)

❸ 리프 노드 r에서 x를 제거한다.

❹ x를 제거한 후 노드에 언더플로우가 발생하면 적절히 해소한다.

언더플로우가 발생할 때는 우선 키를 가져올 수 있는 형제 노드가 있는지 본다(삽입할 때 오버플로우가 발생하면 자신의 남는 키를 받을 수 있는 형제 노드를 본 것과 정확히 반대다). 그런 노드가 있으면 가져다 채우고 끝낸다. 그렇지 않으면 형제 노드와 병합해야 한다. 병합은 두 노드를 하나로 합치는 것이므로 이들을 분기시켰던 부모 노드의 키가 필요 없어진다. 이 필요 없는 키와 두 노드를 합쳐 하나의 노드로 만든다. 이 병합의 결과 키가 하나 줄어든 부모 노드에서 언더플로우가 발생할 수 있다. 앞에서 발생한 언더플로우와 성격은 같지만 발생 장소만 다르므로 재귀적으로 처리할 수 있다.

[알고리즘 11-5]는 B-트리의 삭제 알고리즘을 스케치한 것이다.

알고리즘 11-5 B-트리의 삭제(스케치)

```
BTreeDelete(t, x, r):
◀ t: 트리의 루트 노드, x: 삭제하고자 하는 키, r: x를 갖고 있는 노드
    if (x가 리프 노드 아님)
        x의 직후 원소 y를 가진 리프 노드를 찾는다
        x와 y를 맞바꾼다
    리프 노드에서 x를 제거하고 이 리프 노드를 r이라 한다
    if (r에서 언더플로우 발생) clearUnderflow(r)

clearUnderflow(r):
    if (r의 형제 노드 중 키를 하나 내놓을 수 있는 여분을 가진 노드가 있음)
        r이 키를 넘겨받는다
    else
        r의 형제 노드와 r을 병합하고 부모의 키 하나를 넘겨받는다
        if (부모 노드 p에 언더플로우 발생) clearUnderflow(p)
```

다음 예는 일련의 삭제 작업을 보여준다. 삽입 예와 마찬가지로 각 노드가 최대 5개의 키를 가질 수 있다고 가정한다.

1 주어진 B-트리다.

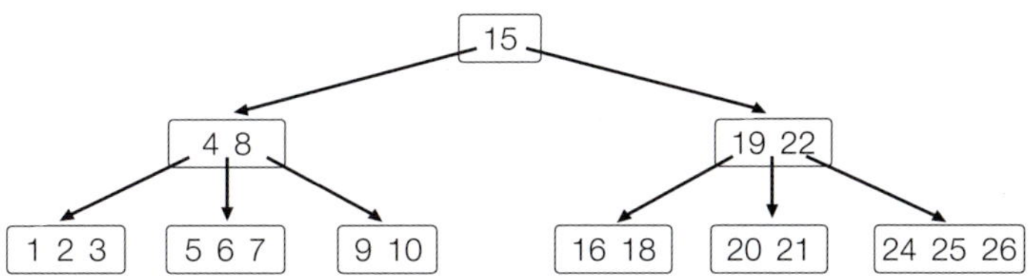

2 **7 삭제**: 키 7을 가진 리프 노드에 3개의 키가 있으므로 하나를 삭제해도 B-트리의 성질을 만족한다.

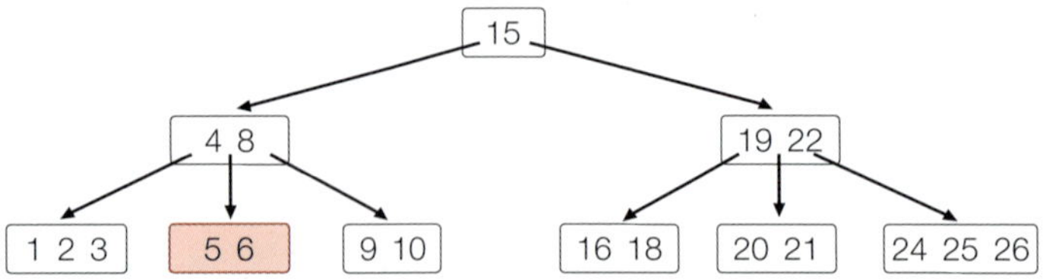

3 **4 삭제**: 4가 리프 노드에 없으므로 4의 바로 다음 원소(직후 원소)를 갖고 있는 리프를 찾는다. 4의 다음 원소는 5다. 4와 5를 교환한다. 4를 제거하면 해당 리프에서 6 하나만 남아 언더플로우가 발생했다. 형제 노드 중 키를 내놓을 수 있는 여분이 있는 노드가 있는지 본다. 왼쪽의 노드에 여분이 있으므로 키 3을 가져온다. 키 3을 바로 6 옆에 놓을 수 없으므로 부모 노드에 있는 5를 끌어내리고 그 자리에 3을 놓는다. 즉, 재분배한다.

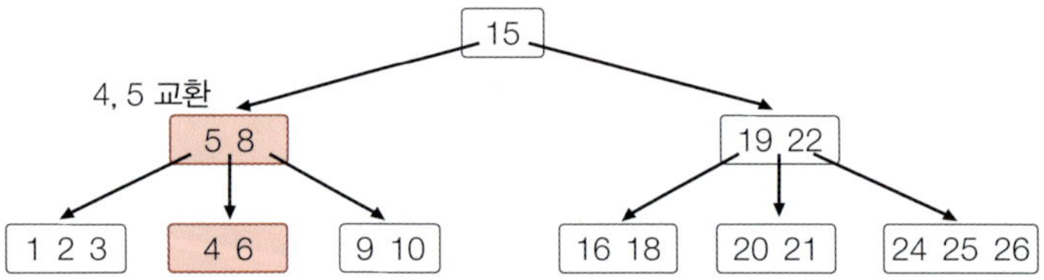

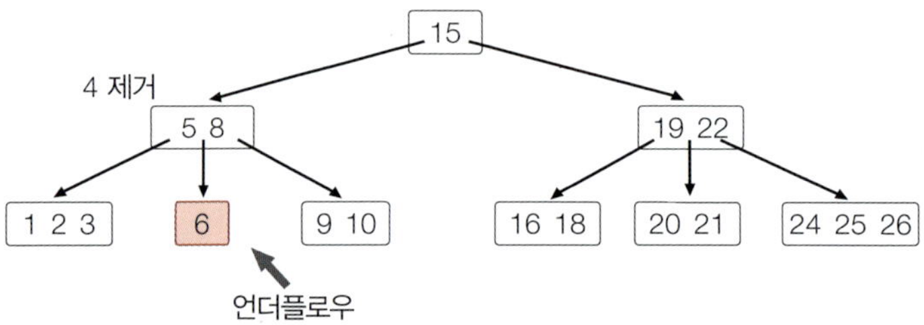

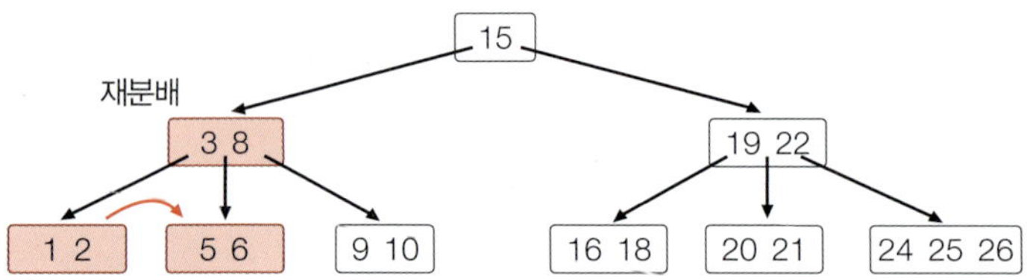

4 **9 삭제**: 9를 리프 노드에서 제거하니 언더플로우가 생겼다. 바로 옆의 형제 노드가 키를 내놓을 여유가 없으므로 병합한다. 부모 노드의 키 하나(8)를 내려받아 형제 노드와 병합한다. 병합에 키 8을 내준 부모 노드에 다시 언더플로우가 생겼다. 먼저 발생한 언더플로우와 똑같은 문제가 발생했으므로 재귀적으로 처리한다. 그 결과 또 병합하게 되는데 부모 노드가 루트 노드이고 키가 하나밖에 없으므로 루트 노드는 키를 넘겨주고 없어진다. 병합된 노드가 새로운 루트 노드가 된다.

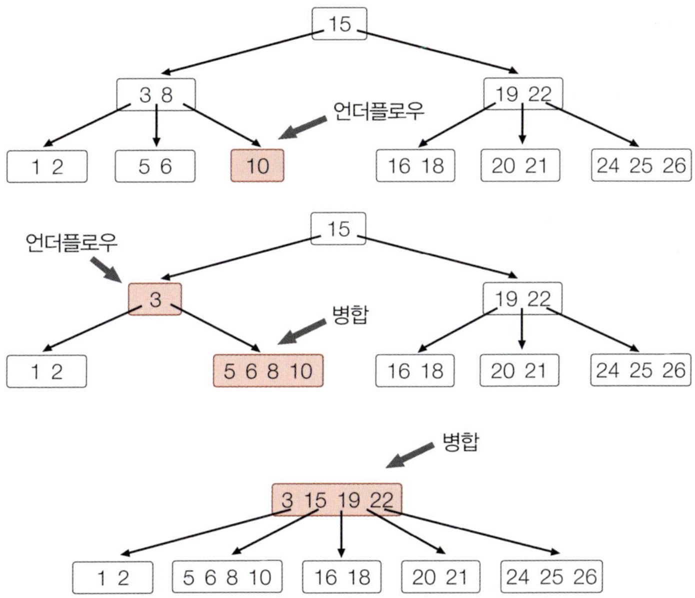

3 B-트리의 작업 성능

이진 검색 트리가 균형을 아주 잘 맞추면 높이가 $\log_2 n$에 근접할 수 있다. 마찬가지로 d진 검색 트리가 균형을 아주 잘 맞추면 높이가 $\log_d n$에 근접할 수 있다. B-트리에서 임의의 노드가 최대 d개의 자식을 가질 수 있다면(d-1개의 키) 최소한 $\left\lfloor \frac{d-1}{2} \right\rfloor$+1개(대략 $\left\lfloor \frac{d}{2} \right\rfloor$개)의 자식을 가져야 한다(루트만 예외). 그러므로 B-트리의 깊이는 최악의 경우에도 '대략' $\log_{d/2} n$보다 깊을 수는 없다. $\log_d n$과 $\log_{d/2} n$ 중간 어디선가 결정될 것이다. 즉, 높이는 $O(\log n)$이다(점근적 표현에서 log의 밑이 어떤 상수이건 상관없이 모두 동일하다).

B-트리의 작업 수행 시간은 디스크 접근 횟수를 기준으로 한다. 노드를 메인 메모리에 가져온 다음 수행하는 작업에 소요되는 시간은 디스크 접근 시간에 비하면 무시할 수 있을 정도로 작기 때문에 여기서는 고려하지 않는다.

B-트리의 검색 시간은 당연히 O(logn)이다. 삽입 작업은 일단 실패하는 검색을 한 번 수행하므로 O(logn) 시간이 든다. 오버플로우가 발생하지 않으면 트리의 맨 아래에 원소 하나를 추가할 때 상수 시간이 든다. 오버플로우가 반복적으로 발생해서 루트 노드까지 파급될 수도 있으므로 트리의 높이에 비례하는 시간이 들 수 있다. 이것이 최악의 경우인데, 검색과 오버플로우 처리를 합하여 삽입 작업은 O(logn) 시간이 든다. 삭제 작업은 삭제 원소 검색과 직후 원소를 찾는 작업에 O(logn) 시간이 든다. 언더플로우가 발생하지 않으면 노드에서 단순히 키 하나를 제거할 때 상수 시간이 든다. 언더플로우가 반복적으로 발생해서 루트 노드까지 파급될 수 있으므로 트리의 높이에 비례하는 시간이 들 수 있다. 이것이 최악의 경우인데, 직후 원소 찾기와 언더플로우우 처리를 합하여 삭제 작업은 O(logn) 시간이 든다.

B-트리의 작업 시간은 모두 '점근적'으로는 O(logn)으로 통칭되지만 이진 검색 트리의 O(logn)에 비해 상수 인자가 상당히 작다.

01 이진 검색 트리에서 균형이 맞지 않으면, 최악의 경우 점근적 검색 시간과 최선의 경우 점근적 검색 시간은 어떻게 되는가?

02 AVL 트리의 균형은 삽입 또는 삭제 직후에 깨질 수 있다. 다음은 AVL 트리의 균형이 깨진 예다. 그림처럼 균형이 깨진다면 삽입과 삭제 중 어느 한쪽의 작업을 한 후인가, 아니면 둘 다 가능한가?

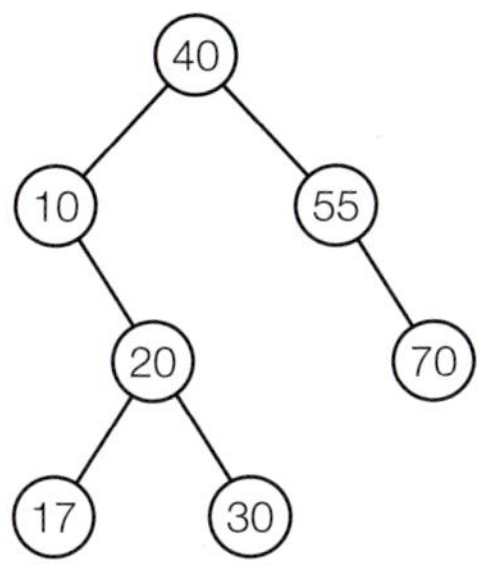

03 다음과 같이 AVL 트리의 균형이 깨진 상태라면, 삽입과 삭제 중 어느 한쪽의 작업을 한 후인가, 아니면 둘 다 가능한가?

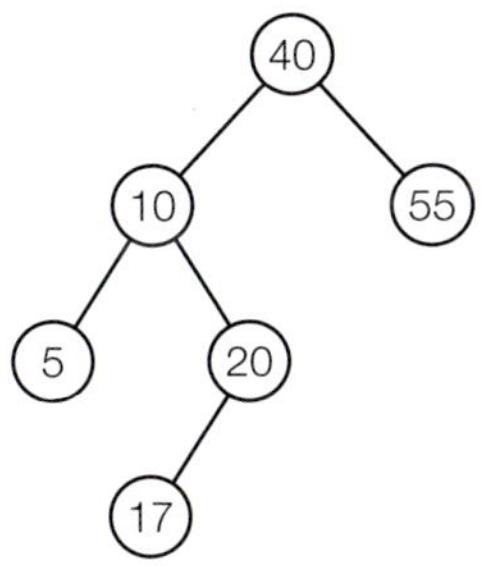

04 **03**번 문제의 트리가 AVL 트리가 되도록 수선하시오.

05 AVL 트리는 균형이 깨진 스타일을 LL, LR, RR, RL의 네 가지 케이스 중 하나로 처리한다. 이들 중 한 번의 회전으로 균형이 맞추어지지 않는 경우는 어느 것인가?

06 다음은 맞는 주장인가?

> AVL 트리에서 균형이 맞지 않아 수선하고 난 후 수선 전에 비해 AVL 트리의 높이가 반드시 낮아진다.

07 네 가지 타입에 맞추어 AVL 트리를 수선한 후 여전히 균형이 맞지 않아 부모 노드에 대해 수선해줘야 하는 경우가 있다. 이렇게 위로 올라가면서 3회 이상 수선이 필요한 경우가 발생할 수 있는가?

08 다음 RB 트리에서 키 7이 삽입되고 균형을 맞춘 후의 모양과 노드의 색상을 그리시오. 편의상 RB 트리에서 사용하는 블랙 리프들은 그리지 않았다.

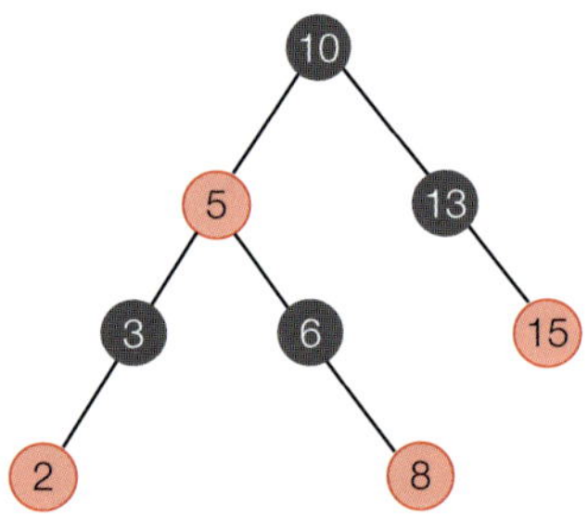

09 RB 트리에서 리프 노드에 새 키를 삽입하고 레드를 칠하니 성질 ❸이 깨졌다. 이를 수선하는 과정에서 최악의 경우에는 루트까지 영향을 미칠 수도 있다. 루트까지 영향을 미치는 상황을 설명해보시오. 삽입이 일어난 노드를 p라 할 때 적어도 p^6까지는 어떤 일이 일어나는지 보여야 한다. 여기서 p^6은 p에서 루트로 가는 경로에서 다섯 번째 만나는 조상 노드, 즉 p의 고고조할아버지가 된다.

10 다음 B-트리에서 키 18을 삽입한 후의 모양을 그리시오. (각 노드는 최대 5개의 키를 가질 수 있다고 가정한다.)

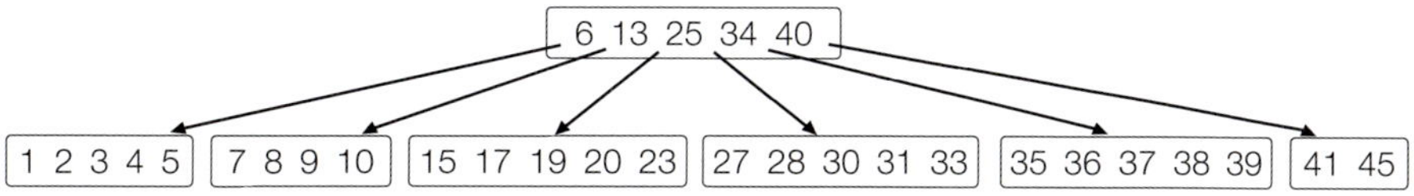

11 **10**번 문제의 결과로 만들어진 B-트리에서 키 16을 삽입한 후의 모양을 그리시오.

12 다음 B-트리에서 키 22를 삭제한 후의 모양을 그리시오. (각 노드는 최대 5개의 키를 가질 수 있다고 가정한다.)

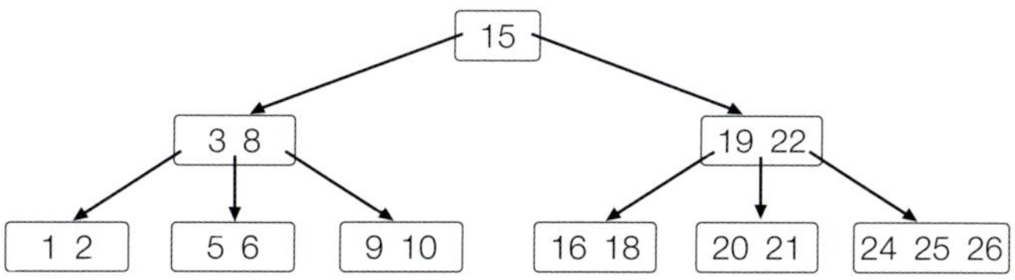

13 **12**번 문제의 결과로 만들어진 B-트리에서 키 19를 삭제한 후의 모양을 그리시오.

14 B-트리에서 리프가 아닌 노드에 있는 원소의 직후 원소는 항상 리프 노드에 있다. 왜 그런가?

15 디스크의 한 블록이 8,192바이트, 키의 크기가 20바이트, 페이지 번호가 4바이트를 차지한다면, B-트리의 한 노드는 최대 몇 개의 키를 가질 수 있도록 설계하겠는가?

16 각 노드가 최대 k개의 키를 가질 수 있는 B-트리에서 리프 노드에 들어 있는 키의 수와 내부 노드에 들어 있는 키의 수는 어떤 관계가 있는가?

17 B-트리에서 언더플로우가 일어나 자신의 형제 노드와 병합할 때 두 노드의 키들을 모두 합치고 부모 노드에서 추가로 1개의 키를 가져온다. 이렇게 다 합치면 병합으로 만들어진 노드에서 오버플로우가 생기는 경우는 없는가?

18 B-트리의 각 노드가 담을 수 있는 최대 키 수가 2,000개인 예에서 1조 개의 키로 인덱싱을 하면 B-트리의 높이의 범위는 어떻게 되는가? 단, 하나의 노드로 이루어진 트리의 높이를 1로 정의한다.

19 B-트리 인덱스는 기본적으로 디스크에 인덱스가 저장된 상태로 검색하는 것을 전제로 한다. 현장에서 사용할 때 트리의 모양을 바꾸지 않으면서 실용적으로 디스크 접근 횟수를 줄일 수 있는 아이디어를 말해보시오.

Chapter

12

해시 테이블

학습목표

- 해시 테이블이 유용한 기술적 문맥을 이해한다.
- 해시 테이블의 원리를 최상위 레벨에서 이해한다.
- 해시 함수의 종류와 만드는 법을 이해한다.
- 해시 테이블에서 충돌이 일어났을 때 이를 해결하는 다양한 방법을 이해한다.
- 해시 테이블의 효율성에 대한 직관적인 느낌을 갖도록 한다.

01 해시 테이블

배열에 n개의 키를 저장한다면 키를 검색 · 삽입 · 삭제하는 데 평균 $\Theta(n)$ 시간이 든다(자료를 정렬된 형태로 저장하느냐 아니냐에 따라 차이가 나지만 어떤 경우든 작업 중 하나 이상은 $\Theta(n)$ 시간이 걸린다). 이 문제를 개선한 것이 10장과 11장에서 소개한 검색 트리다. 일반적인 검색 트리는 키를 검색 · 삽입 · 삭제하는 데 평균 $\Theta(\log n)$ 시간이 들고, 최악의 경우에는 $\Theta(n)$ 시간이 든다. 최악의 경우에도 $\Theta(\log n)$ 시간이 되도록 만든 것이 균형 검색 트리이며, 대표적인 예로 AVL 트리, 레드-블랙 트리, B-트리가 있다. 이렇게 최악의 경우에도 $\Theta(\log n)$ 시간이 드는 것으로 충분히 효율적인 것 같지만 사람의 욕심은 끝이 없다. 저장된 자료의 양에 상관없이 평균 상수 시간 작업이 가능하게 할 수는 없을까? 이 꿈을 실현한 것이 해시 테이블이다. 해시 테이블은 자료를 검색 · 삽입 · 삭제하는 데 평균 $\Theta(1)$ 시간(상수 시간)이 가능하게 하여 극단적 효율에 다다른 자료구조다.

검색 트리는 검색 또는 저장하려는 키와 검색 트리에 있는 키 간 비교를 기본 연산으로 한다. 키 비교를 기본으로 하는 한 평균 $\Omega(\log n)$ 시간은 피할 수 없다. 해시 테이블은 완전히 다른 발상이다. 키끼리 비교해 자리를 찾는 것이 아니라 키 자신의 값에 따라 자리가 결정된다.

1 해시 테이블이란

검색 트리는 키가 저장될 자리를 이미 트리에 존재하는 키와 '비교'하여 상대적으로 결정하는 반면, 해시Hash 테이블은 키가 저장될 자리를 키의 '값'으로 결정하는 자료구조다. 즉, 저장된 자료와 비교하여 자리를 찾지 않고 단 한 번 계산하여 자기 자리를 찾는 것을 목표로 한다. 달리 표현하면, 남과 비교하지 않고 자기 자신의 값에 의해 자리를 결정한다.

임의의 키를 해시 테이블에 저장하려면 먼저 해당 키의 해싯값을 계산해야 한다. 해싯값은 해시 함수에 의해 계산된다. 해시 테이블이 총 m개의 키를 저장할 수 있다면 테이블의 각 자리는

0부터 m−1의 주솟값을 갖고, 해시 함수는 임의의 킷값을 입력으로 받아 주소 0, 1, 2, ..., m−1 중 한 값을 리턴한다. 이 리턴 값이 바로 해당 키를 저장하는 자리다. 가장 간단한 방법은 킷값이 x라면 x를 m으로 나눈 나머지를 해싯값으로 삼는 것이다. [그림 12−1]은 설명을 위해 만든 해시 테이블에 5개의 키가 차례로 저장되는 모습이다. 그림에서 해시 테이블의 크기는 13이고, 각 자리는 0부터 12까지의 주솟값을 갖는다. 해시 함수는 h(x) = x % 13이다. 즉, 13으로 나눈 나머지다. 따라서 해시 함숫값은 0, 1, ..., 12 중 하나가 된다.

입력 : 25, 13, 16, 15, 7

0	13
1	
2	15
3	16
4	
5	
6	
7	7
8	
9	
10	
11	
12	25

그림 12−1 해시 테이블 예

[그림 12−1]은 25, 13, 16, 15, 7을 차례로 저장한 예인데 각각의 해싯값은 h(25) = 12, h(13) = 0, h(16) = 3, h(15) = 2, h(7) = 7이다. 따라서 해시 테이블상의 12, 0, 3, 2, 7번 주소에 각 키가 저장되었다. 저장한 후에 검색할 때도 해당 키의 해싯값을 계산해 그곳을 보면 된다. 예를 들어, 25를 검색하고 싶으면 h(25) = 12, 즉 12번 주소에 25가 있는지 알아보면 된다. 해시 테이블은 이런 식으로 키를 저장할 위치를 '단번에'(상수 시간에) 계산한다.

해시 테이블은 이처럼 저장 주소를 단번에 계산할 수 있지만 한 가지 중요한 장애물이 있다. [그림 12−1]의 예처럼 5개의 키가 들어 있는 상태에서 28이 입력으로 들어오면 h(28) = 2가 되는데 2번 주소에는 이미 키 15가 들어 있다. 그러므로 28을 해싯값이 가리키는 자리에 넣을 수가 없다. 이런 상황을 충돌Collision이라 한다. 충돌 처리는 해시 테이블 이론의 핵심이며, 충돌을 처리하는 방법에는 여러 가지가 있다. 2절에서 해시 함수 만드는 방법을 알아본 후, 3절에서 충돌 처리 방법을 차례로 알아본다.

해시 테이블에 원소가 차 있는 비율은 해시 테이블의 성능에 매우 중요한 영향을 미친다. 이 비율을 적재율Load Factor이라 한다. 해시 테이블의 크기가 m이고, 저장된 키의 총 수가 n이면 적재율은 $\frac{n}{m}$이고 보통 α로 표기한다. [그림 12−1]의 예에서 적재율은 $\frac{5}{13}$다. 적재율이 높을수록 충돌 확률은 높아져 해시 테이블의 성능이 나빠진다.

2 해시 테이블의 객체 구조

먼저 해시 테이블 객체를 설계해보자. [그림 12-2]는 해시 테이블 객체의 구조를 나타낸다. 필드로는 해시 테이블로 사용하는 배열 `table[]`과 해시 테이블에 총 몇 개의 원소가 있는지를 모니터링하는 `numItems`가 있다. 해시 테이블에 접근하려면 메서드 `insert()`, `search()`, `delete()`, `isEmpty()`, `clear()`를 통해야 한다. 앞의 ADT 색인에서 요구하는 필수 메서드들이다. 이 장에서 크게 두 가지 스타일의 해시 테이블 구현 방식을 배울 텐데 둘 다 같은 모양의 객체를 가진다. 다만, 키를 저장하는 배열 `table[]`의 타입이 다르고 운용 방식이 다르다.

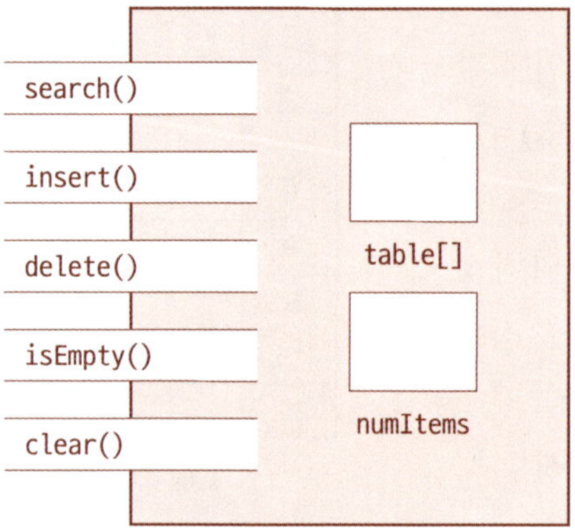

그림 12-2 해시 테이블 객체 구조

[그림 12-2]에서 각 필드와 작업의 의미는 다음과 같다.

```
table[]      ◀ 해시 테이블로 사용하는 배열
numItems     ◀ 해시 테이블의 원소 개수

search(x)    ◀ 해시 테이블에서 원소 x를 검색한다.
insert(x)    ◀ 해시 테이블에 원소 x를 삽입한다.
delete(x)    ◀ 해시 테이블에서 원소 x를 삭제한다.
isEmpty()    ◀ 해시 테이블이 빈 상태인지 알려준다.
clear()      ◀ 해시 테이블을 깨끗이 청소한다.
```

02 해시 함수

해시 함수는 킷값을 입력으로 받아 해시 테이블상의 주소를 리턴한다. 해시 함수는 다음 성질을 가지도록 만들어야 한다.

> 입력 키를 해시 테이블 전체에 고루 분산시켜 저장해야 한다.

두 키가 상대적으로 비슷하다고 해서 다른 키들보다 상대적으로 해싯값이 더 비슷하지 않아야 한다. 이 성질을 잘 만족해야 서로 다른 두 키가 한 주소를 놓고 충돌할 확률이 낮아진다.

여기서는 해시 함수를 만드는 대표적인 방법인 나누기 방법과 곱하기 방법을 소개한다.

1 나누기 방법

나누기 방법Division Method은 앞 절에서 예로 제시한 다음과 같은 모양의 해시 함수다.

$$h(x) = x \% m$$

여기서 m은 해시 테이블의 크기다. %는 대부분의 프로그래밍 언어에서 공통으로 사용하는 나머지 연산이다. 해시 테이블에 있는 m개의 자리가 0부터 m − 1의 주솟값을 가지므로 m으로 나눈 나머지 연산을 사용하는 것이 매우 자연스럽다. 해시 테이블 크기 m은 2의 멱수에 가깝지 않은 소수素數를 택하는 것이 좋다. 예를 들어, 해시 테이블의 크기를 1,601로 잡았다고 하자. 1,601은 2^{10}과 2^{11}에 근접하지 않은 소수 중 하나다. 여기에 키 1,025,390에 대한 해싯값은 1,025,390 % 1,601 = 750이 된다. 그리고 충돌이 일어나지 않으면 키 1,025,390은 해시 테이블의 주소 750에 저장된다.

만일 $m = 2^p$이라면 입력 키의 하위 p비트에 의해 해싯값이 결정되므로 해싯값을 분산시키기에 그리 이상적이지 않다. 예를 들어, "김철수"와 "이철수"의 뒤쪽 두 기호가 다른 키들보다 비슷하여 이 둘이 더 인접한 자리에 위치하는 경향이 있다면 좋은 해시 함수가 아니다. 해싯값은 입력 키의 모든 비트를 이용하는 것이 확률적으로 좋은 분포를 갖도록 하는 데 유리하다.

2 곱하기 방법

나누기 방법은 해시 테이블 크기보다 큰 수를 해시 테이블 크기 범위에 들어오도록 수축시킨다. 곱하기 방법은 이와 반대다. 곱하기 방법Multiplication Method에서는 먼저 입력 값을 0과 1 사이의 소수小數로 대응시킨 다음 해시 테이블 크기 m을 곱하여 0부터 m−1 사이로 팽창시킨다. 이 방법에서는 해시 함수의 특성을 결정짓는 $0<A<1$ 범위의 상수 A를 미리 준비해놓아야 한다. 임의의 키 x에 대해 다음과 같은 과정을 거쳐 x의 주소를 결정한다.

- x에 A를 곱한 다음 소수부만 취한다.
- 방금 취한 소수부에 m을 곱하여 그 정수부를 취한다.

해시 함수는 다음과 같다.

$$h(x) = \lfloor m(xA \% 1) \rfloor$$

[그림 12-3]은 곱하기 방법으로 키 x의 주소를 결정하는 과정을 시각적으로 보여준다. 예를 들어, 크기 m이 65,536인 해시 테이블에서 A = 0.6180339887로 정해져 있다고 하자. 키 1,025,390의 해싯값을 구해보자. 먼저 xA = 1,025,390 * 0.6180339887 = 633,725.871673093이 된다. 이 값에서 소수부만 추출하면 0.871673093이 되고, 이 값에 해시 테이블 크기 65,536을 곱하면 57,125.967…이 된다. 이 수에서 정수부만 취하면 57,125가 되어 키 1,025,390에 대한 해시 주소는 57,125가 된다.

곱하기 방법은 나누기 방법과 달리 해시 테이블의 크기 m을 아무렇게나 잡아도 상관없다. 따라서 컴퓨터의 이진수 환경에 맞게 $m = 2^p$으로 잡는 것이 자연스럽다. 컴퓨터 시스템에서 어떤 목적으로 메모리를 할당할 때 흔히 2의 멱수 크기로 할당하기 때문에 소수 크기로 할당하는 나누기 방법에 비해 낭비 요인이 적다. 대신 상수 A를 어떻게 잡느냐에 따라 해싯값 분포가 영향을 받는다. 크누스는 잘 작동하는 A 값으로 $\frac{\sqrt{5}-1}{2}$을 제안하였는데, 이는 바로 앞의 예에서 사용한 값인 0.6180339887…이다.

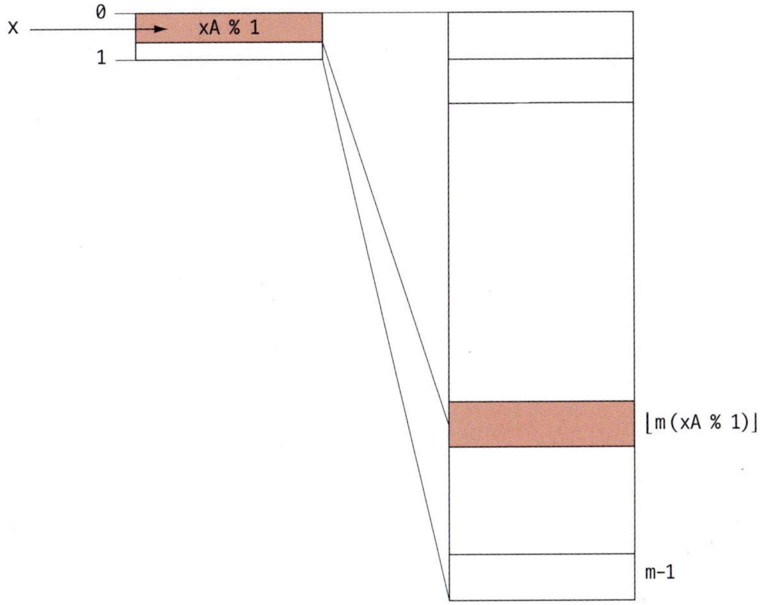

그림 12-3 곱하기 방법의 작동 원리

03 충돌 해결

어떤 키가 이미 자리 잡고 있는 상태에서 다른 키가 삽입을 시도하는 것을 충돌이라고 한다. 즉, 동일한 주소에 2개 이상의 키가 해싱되는 상황을 말한다. 충돌 해결Collision Resolution에는 체이닝과 개방 주소 방법이 있다. 체이닝은 충돌을 일으킨 키들을 연결 리스트로 관리하는 방법이다. 해시 테이블의 각 주소가 리스트의 헤더 역할을 하고, 여기에 해당 주소로 들어오는 키들이 연결 리스트Linked List에 매달린다. 개방 주소 방법은 체이닝처럼 추가 공간을 사용하지 않고 어떻게든 해시 테이블 안에서 충돌을 해결하는 방법이다. 개방 주소 방법에서는 충돌이 일어나면 키가 원래 들어갈 자리가 아니더라도 테이블의 다른 자리를 찾아 들어간다.

1 체이닝

체이닝이란

체이닝Chaining에서는 같은 주소로 해싱되는 키를 모두 하나의 연결 리스트에 매달아서 관리한다. 해시 테이블 크기가 m이면 최대 m개의 연결 리스트가 존재할 수 있다. 크기가 13인 해시 테이블에 키들이 55, 13, 42, 70, 43, 44, 3, 94, 47, 74, 39, 86, 76, 40의 순서로 저장된다고 하자. [그림 12-4]는 체이닝을 이용해 이 키들을 저장한 예다. 해시 함수는 h(x) = x % 13을 사용했다.

[그림 12-4]를 보면, 총 13개의 주소 중 5개는 비었고 8개에는 키가 1개 이상 있다. 같은 주소로 들어온 키들은 해당 헤더 다음에 연결 리스트로 매달려 있다. 체이닝에서 임의의 키를 삽입할 때는 해싯값이 가리키는 연결 리스트에 삽입한다. 이때 리스트의 맨 앞에 삽입하는 것이 좋다. 연결 리스트의 맨 끝에 삽입할 수도 있지만 번거롭다. 그림에서 주소 3에는 4개의 키가 연결되어 있다. 키를 검색할 때는 해당 연결 리스트의 키들을 차례로 지나가면서 찾는다. 예를 들어, 94를 검색한다면 h(94)에 해당하는 3번 주소의 연결 리스트로 들어가자마자 성공적으로 찾게 된다. 42를 검색한다면 3번 주소의 94, 3을 탐색한 후에 42를 찾게 된다. 키를 삭

제할 때도 해당 키의 해싯값이 가리키는 연결 리스트에서 해당 키를 찾아 삭제한다.

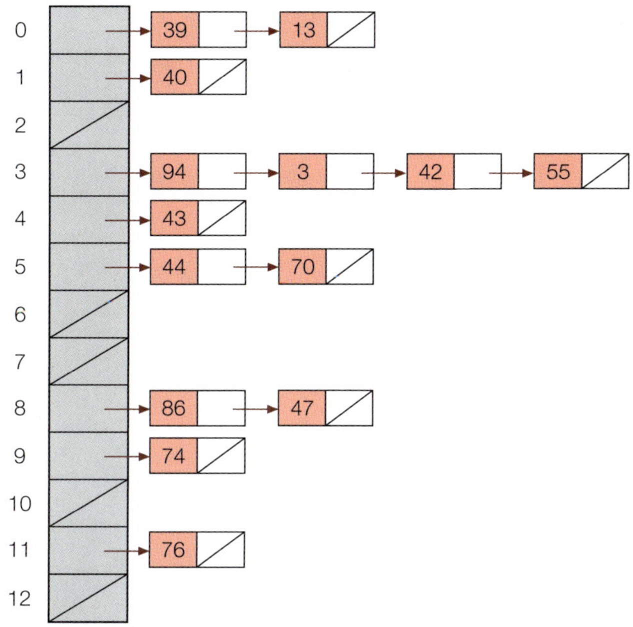

그림 12-4 체이닝을 이용한 충돌 해결의 예

[알고리즘 12-1]은 체이닝을 사용하는 해시 테이블의 삽입, 검색, 삭제 알고리즘을 간단히 표현한 것이다.

알고리즘 12-1 체이닝을 사용하는 해시 테이블의 작업

```
◀ table[]: 해시 테이블
insert(x): ◀ x: 삽입 키
    리스트 table[h(x)]의 맨 앞에 x를 삽입한다

search(x): ◀ x: 검색 키
    리스트 table[h(x)]에서 x값을 가지는 키를 검색한다

delete(x): ◀ x: 삭제 키
    리스트 table[h(x)]에서 x의 노드를 삭제한다
```

체이닝은 적재율이 1을 넘어도 사용할 수 있다는 장점이 있다.

체이닝 해시 테이블의 구현

[코드 12-1]은 체이닝을 이용하는 해시 테이블을 자바로 구현한 것이다. [그림 12-2]의 객체에서 해시 테이블을 나타내는 배열 `table[]`의 각 원소는 연결 리스트를 하나씩 가리키게 된다. 즉, 각 `table[i]`는 연결 리스트의 헤드 노드에 대한 레퍼런스다. 키 타입은 `Integer`로 잡았다.

코드 12-1 ChainedHashTable.java

```
package hashTable;
import list.LinkedList;
import list.Node;
import BST.IndexInterface;

public class ChainedHashTable implements IndexInterface<Node> {
   private LinkedList<Integer>[] table;
   int numItems = 0;

   public ChainedHashTable(int n) {
       table = (LinkedList<Integer>[]) new LinkedList[n];
       for (int i = 0; i < n; i++)
           table[i] = new LinkedList<>();
       numItems = 0;
   }

   private int hash(Integer x) {
       return x % table.length; // 간단한 예
   }

   // [알고리즘 12-1] 구현: 검색, 삽입, 삭제
   public void insert(Integer x) {
       int slot = hash(x);
       table[slot].add(0, x);
       numItems++;
   }

   public Node search(Integer x) {
       int slot = hash(x);
       if (table[slot].isEmpty()) return null; // null list
```

```
    else {
        int i = table[slot].indexOf(x);
        if (i == Linkedlist.NOT_FOUND) return null; // not exist
        else return table[slot].getNode(i);
    }
}

public void delete(Integer x) {
    if (isEmpty()) { /* 에러 처리 */ }
    else {
        int slot = hash(x);
        if table[slot].removeItem(x);
           numItems--;
    }
}

// 기타
public boolean isEmpty() {
    return numItems == 0;
}

public void clear() {
    for (int i = 0; i < table.length; i++)
        table[i] = new LinkedList<>();
    numItems = 0;
}
```

[코드 12-2]는 클래스 ChainedHashTable을 사용하는 예다. 크기를 장난감 사이즈인 11로 잡은 해시 테이블이다.

코드 12-2 클래스 ChainedHashTable의 사용 예

```
ChainedHashTable h = new ChainedHashTable(11);
h.insert(10);
h.delete(20);
h.insert(20);
```

```
h.insert(5);
h.insert(80);
h.insert(90);

h.delete(20);
h.delete(44);

Node<Integer> nd = h.search(80);
if (nd == null) {
    System.out.println("Search Failed!");
} else {
    System.out.println("Found " + nd.item(slot));
}
```

```
Found 80
```

2 개방 주소 방법

개방 주소 방법이란

개방 주소Open Addressing 방법은 체이닝과 달리 추가 공간을 사용하지 않는다. 충돌이 일어나더라도 어떻게든 주어진 테이블 공간에서 해결한다. 이 때문에 모든 키가 반드시 자신의 해싯값과 일치하는 주소에 저장된다는 보장은 없다.

개방 주소 방법에서 임의의 키를 해시 테이블에 삽입하는 과정을 살펴보자. 먼저 해시 함수를 계산한다. 계산된 주소에 다른 키가 없으면 그 자리에 넣는다. 그 자리에 다른 키가 있으면 충돌이 일어난 것이다. 정해진 규칙에 의해 다음 자리를 찾는데 빈자리가 나올 때까지 계속 찾는다. 이것을 순차적인 해시 함수로 볼 수 있다. 즉, 처음 계산한 해시 함수를 0번 해시 함수, 충돌이 일어나서 다음 주소를 계산하는 것을 1번 해시 함수, 또 충돌이 일어나서 다음 주소를 계산하는 것을 2번 해시 함수, …로 볼 수 있다. 이를 $h_0(x)$, $h_1(x)$, $h_2(x)$, …로 표현하며, 이 중 $h_0(x)$는 $h(x)$를 뜻한다.

이를 알고리즘으로 기술하면 [알고리즘 12-2]와 같다. 체이닝이 단순히 해시 테이블에서 자리를 한 번 계산한 다음 해당 연결 리스트에서 작업하는 데에 반해, 개방 주소 방법은 충돌이 일어난 경우 다음 해시 함수를 계속 계산해서 다른 자리를 확인한다. `repeat-until` 루프가 다음 자리를 찾기 위한 것이다. 함수 `insert()`, `search()`, `delete()` 모두 이 루프가 있다.

알고리즘 12-2 개방 주소 방법

```
◀ table[]: 해시 테이블
insert(x):
    i ← 0
    repeat
        j ← h_i(x)
        if (table[j] = null or table[slot] = DELETED)
            table[j] ← x
            return j
        else i++
    until (i = m)
    error "테이블 오버플로우"

search(x):
    i ← 0
    repeat
        j ← h_i(x)
        if (table[j] = x) return j
        else i++
    until (table[j] = null or i = m)
    return NOT_FOUND ◀ search failed!

delete(x):
    i ← 0
    repeat
        j ← h_i(x)
        if (table[j] = x)
            ❶ table[j] ← DELETED;
            break;
        else i++
    until (table[j] = null or i = m)
```

개방 주소 방법은 테이블에 주어진 공간만 사용할 수 있으므로 적재율이 1을 넘을 수 없다. 적재율이 어느 정도 이상 높아지면 효율이 급격히 떨어지므로 적당한 임계점을 설정한 후 그 임계점을 넘으면 해시 테이블의 크기를 2배로 키우는 것이 일반적이다. 테이블 크기가 바뀌면 해시 함수가 바뀌므로 모든 키를 다시 해싱한다.

마지막으로 개방 주소 방식에서 조심해야 할 점이 있는데, 키를 삭제했을 경우다. [그림 12-5]의 예를 보자.

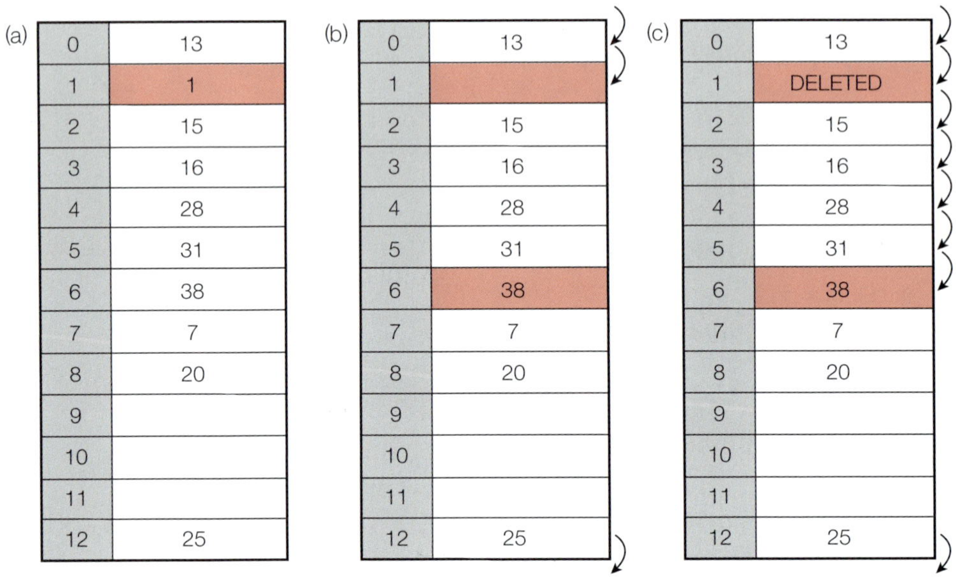

그림 12-5 해시 테이블에서 자료가 삭제될 경우의 처리법

해시 함수는 h(x) = x % 13을 사용했다. 편의상 충돌이 일어나면 바로 다음 자리를 보는 가장 간단한 방법을 가정한다(이것은 충돌 해결 방법 중 하나인 '선형 탐색'에 해당한다). (a)는 키들이 저장된 상태다. 여기서 키 1이 삭제되어 (b) 상태가 되었다. 여기서 키 38을 검색하면 주소 12에 매핑되는데 키 25가 이미 자리 잡고 있어 충돌이 일어난다. 빈자리가 보일 때까지 계속 바로 다음 자리를 보는데 주소 12, 0을 거쳐 주소 1에 이르면 빈자리를 발견하게 되어 키 38은 없다고 판단한다. 그런데 키 38은 주소 6에 존재한다. 키 38을 저장할 때 주소 12, 0, 1, 2, 3, 4, 5를 거쳐 주소 6에 저장했으므로 검색할 때도 이와 똑같은 과정을 밟을 수밖에 없다. 그런데 중간에 있는 주소 1에서 키가 삭제되어 버렸으므로 1을 거쳐갈 수가 없어 이런 문제가 생기는 것이다. 이런 상황이 발생하지 않도록 키를 삭제할 때 원래는 키가 있던 자리였음을 표시해주어야 한다. (c)의 주소 1 자리에 DELETED라는 상숫값을 저장하여 삭제된 자리임을 표시하였다. [알고리즘 12-2]의 ❶이 이 작업을 한다. 이제는 키 38을 검색하면 주소 1의 자리에서 멈추지 않고 주소 6까지 이르게 된다. 이렇게 삭제된 자리들마다 실제 키가 아닌 상수 DELETED가 저장되어 있으면 공간 사용의 효율이 떨어지지 않는지 궁금할 수 있다. 이후 삽입 과정에서 상수 `DELETED`를 만나면 그 자리에 키를 넣으면서 `DELETED`가 없어지기 때문에 우려할 정도는 아니다.

개방 주소 방법의 충돌 해결 방법

개방 주소 방법에서 충돌이 일어났을 때 다음 주소를 정하는 방법은 다양한데 여기서는 대표적인 세 가지 방법을 소개한다.

■ 선형 탐색

선형 탐색Linear Probing은 가장 간단한 충돌 해결 방법으로, 충돌이 일어난 바로 뒷자리를 보는 것이다. (엄밀하게 말하면 충돌이 일어난 자리에서 i에 관한 일차함수의 보폭으로 점프한다. 흔히 일차함수의 대표로 그냥 i를 쓴다.) 이렇게 하면 i번째 해시 함수 $h_i(x)$는 h(x)로부터 i만큼 떨어진 자리가 된다. 테이블의 경계를 넘어갈 경우에는 맨 앞으로 가면 된다. [그림 12-6]은 선형 탐색 방법의 예다. [그림 12-5]가 이 그림에 나타난 과정을 통해 만들어졌다. 이 예에서는 아래 해시 함수를 사용했다.

```
h(x) = x % 13
```

크기가 13인 해시 테이블에 10개의 키를 차례대로 삽입할 때 세 키에 대해 충돌이 일어났다. 그림에서는 10개 키의 삽입 과정을 충돌이 일어나는 시점들을 경계로 하여 3개 그림으로 나누었다. 화살표는 다음 자리 보는 것을 나타낸다.

(a) 키 25, 13, 16, 15, 7은 충돌 없이 단 한 번에 각각 자리를 찾았다. 키 28은 해싱된 주소 2에 15가 들어 있어 충돌이 일어났다. 그다음 주소 3을 보니 16이 들어 있어 또 충돌이 일어났다. 다시 그다음 주소 4를 보니 비어 있어 그 자리에 저장되었다.

(b) 키 31은 충돌 없이 바로 자리를 찾았다. 키 20은 해싱된 주소 7에서 충돌이 일어나 그다음 주소 8에 저장되었다.

(c) 키 1은 충돌 없이 바로 자리를 찾았다. 키 38은 해싱된 주소 12를 보니 키 25가 자리 잡고 있어 충돌이 일어났다. 주소 12는 마지막 자리이므로 주소 0이 다음 주소가 된다. 주소 0에는 13이 들어 있어 다음을 보는데, 계속 충돌이 일어나 주소 1, 2, 3, 4, 5까지 탐색한 다음 주소 6에 이르러서야 비로소 빈 공간을 만나 저장되었다.

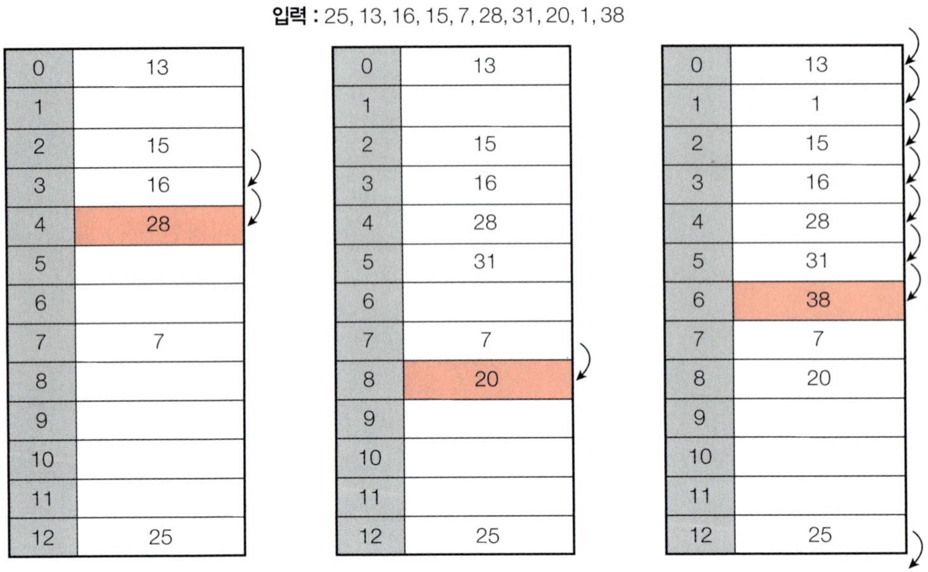

(a) 키 25, 13, 16, 15, 7, 28 삽입 (b) 키 31, 20 삽입 (c) 키 1, 38 삽입

그림 12-6 선형 탐색의 예

정리하면, 선형 탐색에서 i번째 해시 함수는 다음과 같다.

$$h_i(x) = (h(x) + ai + b) \ \% \ m, \qquad i = 0, 1, 2, \cdots$$

이 책에서 상수 a와 b의 대표로 1과 0을 사용한다. [그림 12-6]도 a = 1, b = 0을 사용한 예다. 첫 해시 함숫값 $h(x) = h_0(x)$이다. 선형 탐색의 경우 특정 영역에 키가 몰릴 때는 치명적으로 성능이 떨어진다. 이런 현상을 1차 군집Primary Clustering이라 한다. [그림 12-7]의 (a)는 1차 군집의 예인데, 키가 많이 몰려 있는 영역을 별색으로 표시하였다. 이 상태에서 삽입할 새 키가 주소 2부터 6 사이로 해싱되면 해당 주소부터 차례로 훑어 주소 7에 이르러 삽입하게 되므로 탐색 횟수가 많아진다. 탐색 횟수는 주소 6으로 해싱되면 두 번, 주소 5로 해싱되면 세 번, …, 주소 2로 해싱되면 여섯 번이 된다. 그리고 영역이 커질수록 해당 영역으로 해싱될 확률(충돌 확률)이 커지므로 군집이 심하지 않은 영역에 비해 영역의 크기가 빨리 커진다. 그림에서 주소 2부터 6 사이에 한 키가 해싱될 확률은 5/13다. 주소 2부터 6 사이에 한 키가 해싱되면 영역은 1만큼 넓어지고, 이후에 6/13의 확률로 주소 2부터 7 사이에 한 키가 해싱되면 영역은 또 1만큼 넓어진다. 이러다가 2개의 군집된 영역이 붙으면 영역은 갑자기 커지기도 한다.

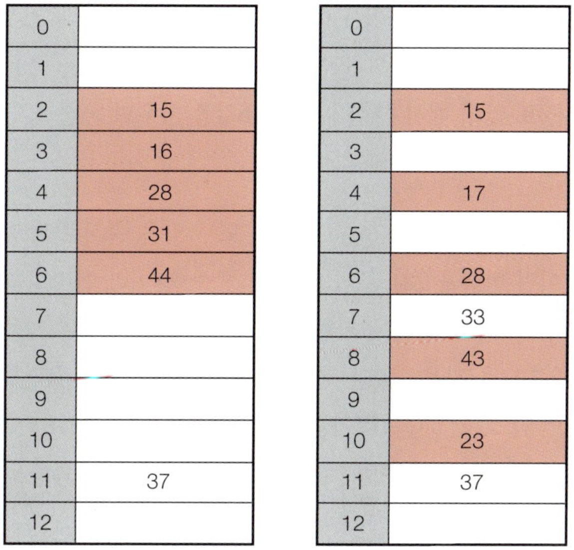

(a) a = 1, b = 0인 경우 (b) a = 2, b = 0인 경우

그림 12-7 1차 군집의 예

a = 1, b = 0이 아닌 경우에도 1차 군집 현상은 존재한다. a = 1일 때 키들이 연속으로 붙어 1차 군집을 형성하지만, a = 1이 아니면 a 간격으로 연속해서 채워진 키들이 1차 군집을 이룬다. [그림 12-7]의 (b)는 a = 2, b = 0인 경우의 1차 군집 예다. 이 경우 충돌이 생기면 a = 2, 즉 두 칸씩 뒤를 보므로 이렇게 두 칸 간격으로 군집을 이루게 되어 (a)와 마찬가지로 비효율적으로 된다.

■ 이차원 탐색

이차원 탐색Quadratic Probing은 바로 뒷자리를 보는 대신 보폭을 이차 함수에 의해 넓혀가면서 본다. 예를 들면, i번째 해시 함수를 h(x)로부터 i^2만큼 떨어진 자리로 삼을 수 있다. 즉, h(x), h(x)+1, h(x)+4, h(x)+9, h(x)+16, …과 같이 볼 수 있다.

이차원 탐색 방법의 i번째 해시 함수는 다음과 같은 모양이 된다.

$$h_i(x) = (h(x) + ai^2 + bi + c) \ \% \ m, \qquad i = 0, 1, 2, \cdots$$

이 책에서 이차 함수 $ai^2 + bi + c$의 대표로 i^2을 사용한다. 이렇게 이차 함수를 쓰면 1차 군집이 생겨 특정 영역에 키가 몰려도 그 영역을 빨리 벗어날 수 있다. [그림 12-8]은 [그림

12-7]의 (a)에서 본 1차 군집 영역을 이차원 탐색 방법을 이용해서 벗어나는 예다. 주소 3에 한 키가 해싱될 경우 선형 탐색 방법이라면 네 번 만에 군집 영역을 벗어나지만 i^2을 사용하면 두 번 만에 군집 영역을 벗어난다. 또 앞의 해시 함수에서 a와 b값을 키우면 군집 영역을 더 빨리 벗어날 수도 있다.

그러나 여러 개의 키가 동일한 초기 해시 함숫값($h_0()$)을 가지면 모두 같은 순서로 탐색하게 되므로 비효율을 피할 수 없다. 이런 현상을 2차 군집Secondary Clustering이라 한다. [그림 12-9]는 2차 군집의 예다. 그림에서 별색으로 표시된 키들은 모두 주소 2로 해싱된 키들이다. 해시 함수로는 $h_i(x) = (h(x)+i^2)\ \%\ 13$을 사용하였다. 키 28은 두 번 만에 빈자리를 찾았고, 키 41은 세 번 만에, 키 67은 네 번 만에, 키 54는 (테이블 경계를 지나서) 다섯 번 만에 빈자리를 찾았다. 보폭은 점점 넓어지지만 최초의 해싯값이 같은 키들은 이차원 탐색으로 인해 이득을 보지 못한다.

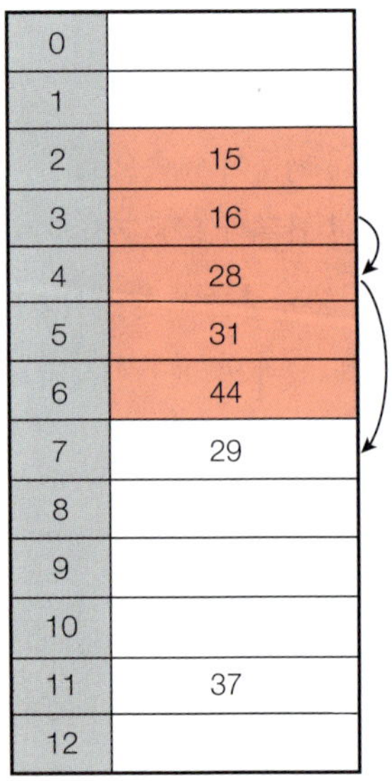

그림 12-8 1차 군집을 빨리 벗어나는 예

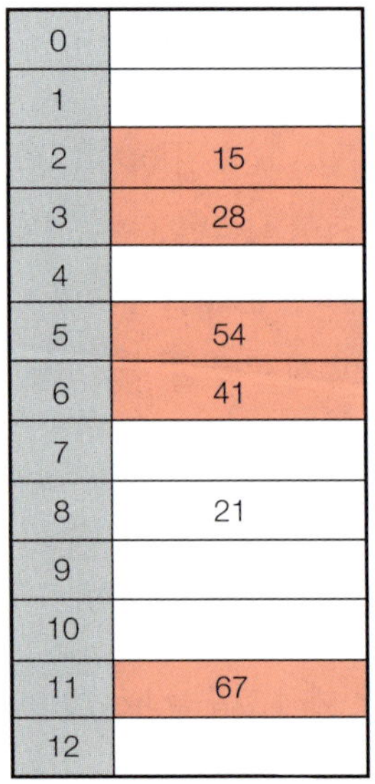

그림 12-9 2차 군집의 예

■ 더블 해싱

세 번째 충돌 해결 방법은 더블 해싱Double Hashing으로, 2개의 함수를 사용한다. 더블 해싱에서 i번째 해시 함수는 다음과 같다.

$$h_i(x) = (h(x) + i \cdot f(x))\ \%\ m, \qquad i = 0, 1, 2, \ldots$$

여기서 h(x)와 f(x)는 서로 다른 해시 함수다. 이 방법에서는 충돌이 생겨 다음에 볼 주소를 계산할 때 두 번째 해시 함숫값만큼씩 점프한다. 두 키의 첫 번째 해싯값이 같더라도 두 번째 함숫값이 같을 확률은 매우 작으므로 서로 다른 보폭으로 점프하게 된다. 그러므로 2차 군집 문제는 발생하지 않는다. [그림 12-10]은 이차원 탐색을 사용하면 [그림 12-9]처럼 2차 군집이 발생하지만 더블 해싱을 사용하면 문제가 되지 않는 예다. 키 15, 28, 41, 67이 모두 주소 2로 해싱되지만(h(x)=2), 두 번째 함숫값이 모두 달라(f(28)=7, f(41)=9, f(67)=2) 두 번째 탐색하는 주소가 모두 달라진다. 따라서 모두 두 번 만에 빈자리를 찾았다.

$h(x) = x \% 13$
$f(x) = 1 + (x \% 11)$
$h_i(x) = (h(x) + i \cdot f(x)) \% 13$

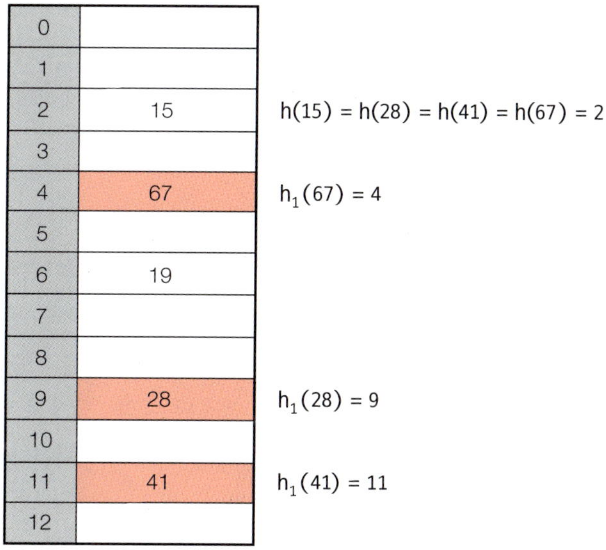

그림 12-10 2차 군집에서 해방된 예

2개의 해시 함수를 정할 때 권장하는 방법은 소수 m에 대하여 h(x)=x % m으로 잡고, m보다 조금 작은 소수 m'에 대해 f(x)=1+(x% m')로 잡는 것이다. [그림 12-10]의 예도 이 원리를 따른 것이다(m = 13, m'= 11). 좀 더 큰 예로, 해시 테이블 크기를 m = 1601이라 할 때 m'= 1597로 잡으면 키 x = 10025에 대해 h(10025) = 419, f(10025) = 444가 되어 탐색 순서는 419, (419 + 444) %1601, (419 + 2 * 444) %1601, …이 된다. 다른 키 y=8424에 대해서는 h(8424) = 419, f(8424) = 440이 되어 탐색 순서는 419, (419 + 440) % 1601, (419 + 2 * 440) % 1601, …이 된다. h(x)와 h(y) 값은 같지만 f(x)와 f(y)는 서로 달라 두 번째 보는 자리는 서로 달라진다.

더블 해싱에서 조심할 점은 두 번째 해시 함숫값 f(x)가 해시 테이블 크기 m과 서로 소인 값이어야 한다는 것이다. 만일 f(x)와 m이 1보다 큰 최소공약수 d를 가지면 x의 자리를 찾기 위해 해시 테이블 전체 중에 기껏해야 1/d밖에 보지 못하게 된다(연습문제 9번 참고). 위의 예처럼 해시 테이블 크기 m을 소수로 잡으면, f(x)의 값이 양수이기만 하면 이들은 항상 서로소가 되므로 이 조건은 만족시키기 어려운 조건은 아니다.

개방 주소 해시 테이블의 구현

[코드 12-3]은 개방 주소를 사용하는 해시 테이블을 자바로 구현한 것이다. 체이닝을 이용하는 해시 테이블과 객체 구조는 동일하다. 다만 체이닝의 경우 배열 table[]의 원소가 각 연결 리스트의 레퍼런스인 반면, 개방 주소 방식의 경우 키가 직접 들어간다. 키 타입은 체이닝 해시 테이블을 구현할 때와 마찬가지로 Integer로 잡는다.

체이닝 기반의 해시 테이블과 제네릭 인터페이스의 파라미터 타입은 서로 다르다. 체이닝 방식에서는 IndexInterface<Node<Integer>>로 하였는데 여기서는 IndexInterface<Integer>로 되어 있다. 연결 리스트를 사용하는 체이닝 방식에서는 메서드 search()의 결과로 연결 리스트의 노드 레퍼런스를 리턴하고, 개방 주소 방식에서는 메서드 search()의 결과로 배열의 인덱스를 리턴한다. 제네릭 파라미터가 문맥에 따라 다르게 설정된 예다. 궁극적으로 search(x)는 x를 키로 하는 레코드의 페이지 번호를 알기 위한 것이지만, 여기서는 색인이 설명의 편의상 레코드 번호 없이 키만 저장하고 있으므로 이렇게 리턴한다.

코드에서 2개의 상수 DELETED와 NOT_FOUND를 쓰고 있는데, 이들은 각각 −12345, −1로 설정되었다. (앞에서도 언급한 바 있지만, 클래스 Integer 타입인 두 상수는 원칙적으로 new Integer(−12345), new Integer(−1)과 같이 만들어 할당해야 하지만 자바가 자동으로 변환해줄뿐더러 자바 버전 9부터는 권장하지 않고 오히려 경고를 준다.)

코드 12-3 ArrayHashTable.java

```
package hashTable;
import BST.IndexInterface;

public class ArrayHashTable implements IndexInterface<Integer>{
  private Integer table[];
  int numItems;
  static final Integer DELETED = -12345, NOT_FOUND = -1;

  public ArrayHashTable(int n) {
      table = new Integer[n];
      numItems = 0;
      for(int i = 0; i < n, i++) table[i] = null;
  }

  private int hash(int i, Integer x) {
      return (x + i) % table.length;
  }

  public void insert(Integer x) {
      int slot;
      if (numItems == table.length) { /* 에러 처리 */ }
      else {
          for (int i = 0; i < table.length; i++) {
              slot = hash(i, x);
              if (table[slot] == null || table[slot] == DELETED) {
                  table[slot] = x;
                  numItems++;
                  break;
              }
          }
      }
  }

```

```
public Integer search(Integer x) {
    int slot;
    for (int i = 0; i < table.length; i++) {
        slot = hash(i, x);
        if (table[slot] == null) return NOT_FOUND; // search failed
        if (table[slot].compareTo(x) == 0)
            return slot;
    }
    return NOT_FOUND;
}

public void delete(Integer x) {
    int slot = 0;
    for (int i = 0; i< table.length; i++) {
        slot = hash(i, x);
        if (table[slot] == null) break; // 필요 시 에러 처리
        if (table[slot].compareTo(x) == 0) {
                table[slot] = DELETED;
                numItems--;
                break;
        }
    }
}

public Integer getItem(Integer i) {
    return table[i];
}
}
```

[코드 12-4]는 클래스 ArrayHashTable를 사용하는 예다. 크기를 장난감 사이즈인 11로 잡은 해시 테이블이다.

코드 12-4 클래스 ArrayHashTable의 사용 예

```
ArrayHashTable h = new ArrayHashTable(11);
h.insert(10);
h.delete(20);
h.insert(20);
h.insert(5);
h.insert(80);
h.insert(90);

h.delete(20);
h.delete(44);

int slot = h.search(80);
if (slot == ArrayHashTable.NOT_FOUND) {
    System.out.println("Search Failed!");
} else {
    System.out.println("Found " + h.getItem(slot));
}
```

```
Found 80
```

3 검색 시간

마지막으로 체이닝과 개방 주소 방법으로 검색할 때의 기대 시간에 대해 간단히 소개한다. 결론에 대한 증명은 알고리즘 과목에서 다룰 만한 내용이므로 여기서는 비교를 위해 결론만 제시한다.

체이닝 방법을 이용하는 해싱에서 적재율이 α일 때, 탐색 횟수의 기대치는 α에 비례한다. 적재율이 α이면 각 리스트에 저장된 키 수의 기댓값은 α이기 때문이다.

개방 주소 방법의 이론적인 성능은 체이닝보다 못하다. 체이닝의 경우 각 키가 자신이 해시된 주소에만 저장되므로 다른 주소에는 전혀 영향을 미치지 않지만, 개방 주소 방법에서는 자신이 해시되지 않은 주소에 저장될 수도 있으므로 복잡해진다. 적재율 α인 개방 주소 해싱에서 검색이 실패할 경우 탐색 횟수의 기대치는 $\frac{1}{1-\alpha}$ 이하다. $0 \le \alpha \le 1$임을 기억하자. 검색이 성공할 경우 탐색 횟수의 기대치는 $\frac{1}{\alpha}\log\frac{1}{1-\alpha}$ 이하다. 여기서 이 값들에 대한 증명은 하지 않지만 의미는 짚고 넘어갈 필요가 있다. $\frac{1}{1-\alpha}$은 α 값이 1에 가까워질수록 급속히 커진다.

$\frac{1}{\alpha}\log\frac{1}{1-\alpha}$ 도 α 값이 1에 가까워질수록 부담스러운 크기가 된다. 이들이 의미하는 것은 α 값이 적절한 범위에서 통제되지 않으면 성능이 아주 좋지 않을 수 있다는 것이다. 극단적인 예로 $\alpha = 0.99$이면 $\frac{1}{1-\alpha} = 100$이 된다.

이론적으로는 체이닝이 개방 주소 방식보다 좋다. 개방 주소 방식의 경우 자신과 (최초) 해싯값이 같지 않은 키라도 검색 과정에서 방해를 할 수 있다. 충돌이 일어나면 자신의 (최초) 해싯값이 아닌 다른 주소에 어떻게든 자리를 잡기 때문이다. 이에 반해서 체이닝은 충돌을 일으킨 키만 같은 연결 리스트에 매달아, 충돌을 일으키지 않은 키끼리는 검색에 지장을 주지 않는다. 그렇지만 이렇게 이론적 성질이 조금 낫다고 해서 체이닝이 더 매력적인 것은 아니다. 체이닝은 우선 각 연결 리스트마다 헤드를 하나씩 두어야 하고, 연결 리스트를 만들기 위해 각 키마다 연결을 위한 공간이 필요하다. 따라서 적재율이 그리 높지 않을 때는(예를 들면, 1/2 이하) 개방 주소 방법이 더 선호된다.

개방 주소 방법은 적재율이 절대로 1을 넘지는 못하는 반면, 체이닝은 제한이 없다. 그렇지만 어떤 경우든 적재율이 높으면 해싱의 효율이 떨어지기 때문에 적절하게 낮은 적재율을 유지할 필요가 있다. 개방 주소 방법은 $\frac{1}{1-\alpha}$의 분모 $1-\alpha$ 때문에 α 값이 1에 가까워질수록 급격히 효율이 떨어진다. 그래서 보통 개방 주소 방법에서는 적재율의 상한을 정해놓고 이를 넘으면 해시 테이블 크기를 2배 가까이 키워서 다시 해싱하여 저장하는데, 흔히 $\alpha = 1/2$을 경계치로 설정한다. 해시 테이블은 저장과 검색 시 궁극적으로 상수 시간을 지향하므로 α 값이 너무 커지지 않도록 통제하는 것이 좋다.

01 해시 테이블 크기를 1,024로 잡고 해시 함수로 h(x) = x % 1024를 사용하였다. 어떤 결점이 있는가?

02 한 학생이 "다음과 같이 해시 함수를 만들면 확률적으로 고른 분포를 보이는 좋은 함수가 되지 않을까요?"라고 물었다. 단, random(0, 10)은 0보다 크고 10 이하인 임의의 실수를 생성한다.

```
h(x) = x * random(0, 10) % m
```

이것은 해시 함수가 될 수 없다. 이유를 설명하시오.

03 해시 테이블 크기가 10,000이다. 해시 테이블에 들어갈 키 $x \in \{0, 1, \cdots, 10000\}$이다. 해시 함수를 다음과 같이 만들면 어떨지 의견을 말하시오. 단, random(x, 0, 1)은 0 이상 1 미만의 실수를 생성하되 x값이 같으면 같은 값을 생성한다.

```
h(x) = x * random(x, 0, 1)
```

04 크기가 13인 해시 테이블이 해시 함수로 h(x) = x % 13을 사용한다. 충돌 해결은 개방 주소 방법의 선형 탐색 $h_i(x)$ = (h(x) + i) % 13, i = 0, 1, 2, …을 택한다. 키 10, 20, 30, 40, 33, 46, 50, 60이 차례로 저장된 후 해시 테이블의 모양은 어떻게 되는가?

05 04번 문제에서 선형 탐색 대신 해시 함수 $h_i(x)$ = (x + i^2) % 13을 사용하는 이차원 탐색을 택할 경우 최종적인 해시 테이블 모양은 어떻게 되는가?

06 04번 문제에서 선형 탐색 대신 더블 해싱 $h_i(x)$ = (h(x) + i·f(x)) % 13을 사용할 때 최종적인 해시 테이블 모양은 어떻게 되는가? (단, h(x) = x % 13, f(x) = 1 + (x % 11))

07 체이닝을 사용하는 충돌 해결 방법에서 각 연결 리스트에 새로운 키가 삽입될 때 리스트의 맨 앞에 삽입하지 않고 맨 뒤에 삽입한다면 효율성 면에서 어떤 변화가 생기는가?

08 체이닝을 사용하는 충돌 해결 방법에서 각 연결 리스트를 정렬된 형태로 유지한다면 효율성 면에서 어떤 변화가 생기는가? (삽입, 삭제, 성공적인 검색, 실패하는 검색의 경우로 나누어 생각하시오.)

09 더블 해싱에서 두 번째 해시 함숫값 f(x)와 해시 테이블 크기 m이 1보다 큰 최소공약수 d를 가지면 x의 자리를 찾기 위해 해시 테이블 전체 중에 기껏해야 1/d밖에 보지 못하게 되는 이유를 설명하시오.

10 좋지 않은 선택이지만 문제를 만들기 위해 해시 테이블 크기를 100이라 하고, 해시 함수 h(x) = x % 100을 사용한다. 충돌 해결은 선형 탐색을 사용한다. 키 50개가 다음 순서로 저장되었다면 나중에 이들을 검색할 때 각 키당 평균 몇 번의 탐색이 필요한가?

100, 200, ..., 1000, 101, 201, ..., 1001, 102, 202, ..., 1002, 103, 203, ..., 1003, 104, 204, ..., 1004

Chapter

13

그래프

학습목표

- 그래프의 사용 환경에 대한 직관적인 느낌을 갖도록 한다.
- 그래프의 표현법을 익힌다.
- 전통적인 그래프 표현법들의 장단점을 이해하고, 이들의 개선 방법을 익힌다.
- 너비 우선 탐색과 깊이 우선 탐색의 원리를 이해한다.
- 신장 트리의 의미와 최소 신장 트리를 구하는 두 가지 알고리즘을 이해한다.
- 위상 정렬의 의미와 위상 정렬 알고리즘을 이해한다.
- 두 가지 다른 환경에서의 최단 경로 알고리즘들과 이들의 원리를 이해한다.
- 각 알고리즘의 수행 시간을 분석할 수 있도록 한다.

01 그래프란

이 세상은 관계로 묶인 대상들로 가득하다. 사람들 사이에는 교류 관계가 있고, 인터넷 사이트에는 하이퍼 링크를 통한 관계가 있고, 기업들 간에는 거래 관계가 있고, 소비자들 사이에는 행동 패턴의 유사성 관계가 있다. 동물의 뇌를 구성하는 뉴런들도 시냅스 연결의 강도로 관계를 반영하고 있다. 이처럼 어떤 대상 간의 관계는 오랜 옛날부터 사회 각 분야에서 중요한 주제로 다뤄지곤 했지만 빅데이터 시대를 맞아 더욱 중요해졌다. 데이터가 부가가치를 창출하는 핵심 요인은 그 속에 존재하는 다양한 관계들이다.

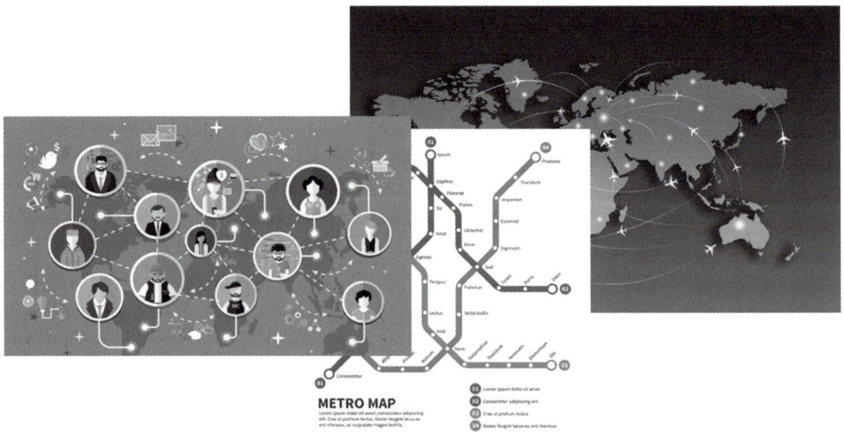

그림 13-1 생활 속의 그래프

그래프는 현상이나 사물을 정점과 간선으로 표현한 것으로, 정점Vertex은 대상이나 개체를 나타내고 간선Edge은 이들 간의 관계를 나타낸다. 예를 들어, 사람 간의 친밀도를 그래프로 나타내고 싶다면 [그림 13-2]와 같이 각 사람을 하나씩 정점으로 표시하고 서로 친밀한 사람 간에는 간선을 두면 된다. 간선은 두 도시를 연결하는 도로의 존재 여부, 인터넷 사이트들 간의 하이퍼 링크 여부, 사람들 간의 행동 패턴의 유사성, 뇌세포 간의 연결성 등을 나타낼 수 있다.

[그림 13-2]의 (a)는 사람들 간의 친밀함이 존재하는지 여부만 나타낸 것이고, (b)는 친밀도의 크기까지 표시한다. 즉, 간선에 가중치를 주어 친밀감의 정도를 보여준다. 도시 간의 거리, 두 지점 사이에 묻힌 가스 파이프의 용량, 두 공항 사이의 비행 시간 등을 이런 가중치로 나타낼 수 있다.

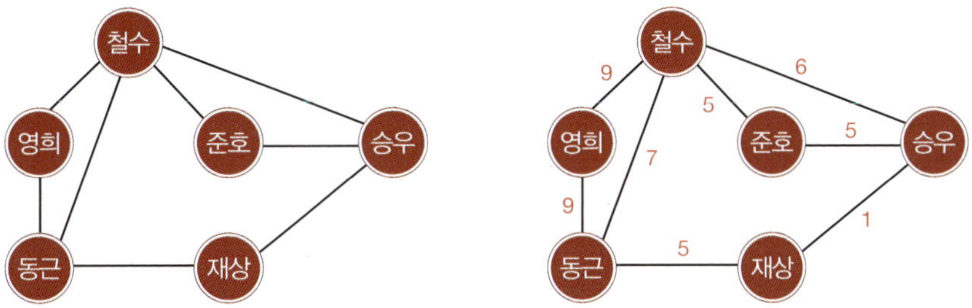

(a) 친밀도의 존재 여부 표시 (b) 친밀도의 크기까지 표시

그림 13-2 사람들 간의 친분 관계를 나타낸 그래프

[그림 13-3]은 간선이 방향을 갖는 예다. [그림 13-2]와 비교해 간선에 방향성의 개념이 들어간 것만 다르다. 즉, 각 사람이 다른 사람에게 호감이 있는지를 표시했다. 호감의 유무는 상호 대칭적이지 않기 때문에 방향을 가진 간선으로 나타낼 수 있다. 방향을 가진 간선은 기업 간의 제품 공급 관계, 제품 생산 공정의 선후 관계, 인터넷 사이트에서 하이퍼 링크의 방향, 뇌세포의 신호 흐름 방향 등을 나타낼 수 있다. [그림 13-2]와 같은 그래프로는 나타낼 수 없는 일방통행 도로의 존재를 나타낼 수도 있다. 이러한 그래프를 방향 그래프Directed Graph 또는 유향 그래프라고 한다. 반면, 간선의 방향이 없는 그래프를 무향 그래프Undirected Graph 또는 무방향 그래프라고 한다. 단순히 그래프라 하면 대개 무향 그래프를 의미한다.

[그림 13-3]의 (a)는 다른 사람에게 호감이 있는지만 나타낸 것이고, (b)는 호감의 크기까지 나타낸다. 서울과 LA 간의 비행기 노선처럼 가는 데 걸리는 시간과 오는 데 걸리는 시간이 다른 경우를 나타낼 수도 있다.

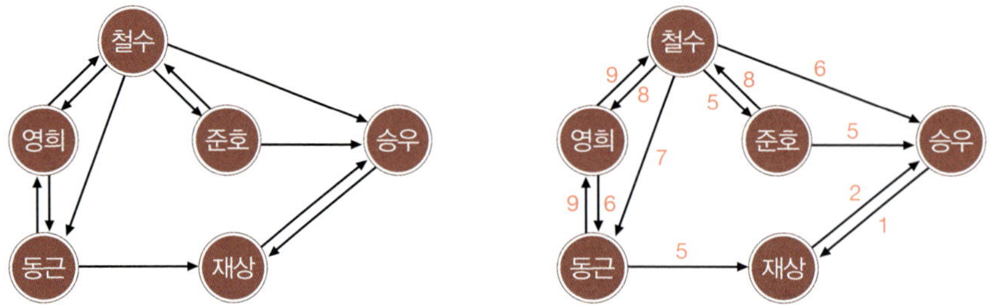

(a) 호감 여부 표시　　　　(b) 호감의 크기까지 표시

그림 13-3 방향을 고려한 친분 관계 그래프

이 장에서는 이러한 다양한 그래프를 이용해 문제를 해결하는 알고리즘들을 소개한다. 정점 집합 V와 이들 사이에 존재하는 간선 집합 E로 구성된 그래프 G를 보통 G = (V, E)로 표시한다. 정점의 총 수 |V|는 흔히 소문자 n으로 표기한다.

정점 u와 정점 v를 잇는 간선은 보통 {u, v} 또는 (u, v)로 나타낸다. 관행적으로 {u, v}는 주로 무방향 간선을 나타낼 때 쓰이고, (u, v)는 방향 간선을 나타낼 때 쓰인다. 이 책에서는 좀 더 직관적인 표현을 쓰기로 한다. 무방향 간선은 (u−v)로, 방향 간선은 (u → v)로 표기하기로 한다.

02 그래프의 표현

그래프를 이용해서 알고리즘이나 프로그램을 제작하려면 우선 컴퓨터가 이해할 수 있는 형태로 그래프를 표현해야 한다. 이 절에서는 컴퓨터에서 그래프를 표현하는 방법을 소개한다. 전통적인 그래프의 표현법에는 행렬을 이용하는 방법과 리스트를 이용하는 방법이 있다.

1 인접 행렬

우선 [그림 13-2]처럼 방향성도, 가중치도 없는 단순 관계 그래프를 표현하는 방법에 대해 알아보자.

그래프 `G = (V, E)`에서 정점의 총수가 `n`이라 하자. 우선 `n×n` 행렬을 준비한다. 정점 `i`와 정점 `j` 사이에 간선이 있으면 행렬의 `(i, j)` 원소나 `(j, i)` 원소의 값을 `1`로 할당한다. 간선으로 연결된 두 정점을 인접한Adjacent 정점이라고 한다. 이런 식으로 모든 간선에 대해서 간선에 대응되는 자리에 `1`을 할당하고, 나머지 자리에는 `0`을 할당한다. [그림 13-4]의 (a)는 단순 관계 그래프를 인접 행렬Adjacency Matrix로 표현한 것이다. 행렬에서 `0`이 아닌 원소의 수는 간선 총수의 2배다. (b)는 가중치가 있는 경우의 예다. 행렬의 각 원소에 `1` 대신 가중치를 저장한다는 점이 (a)와 다르다. 무향 그래프를 인접 행렬로 나타내면 이처럼 대각선을 기준으로 대칭 행렬이 된다.

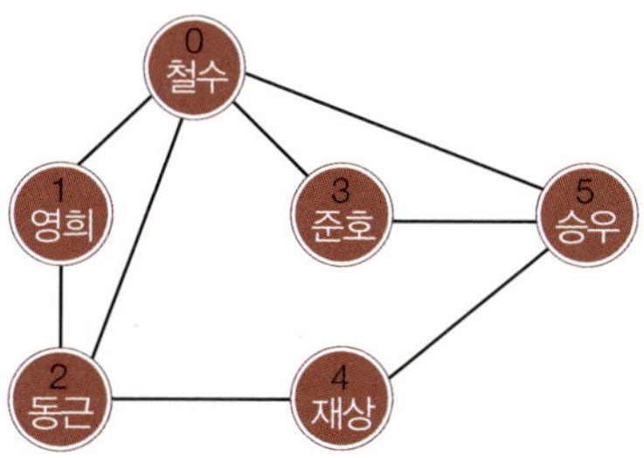

	0	1	2	3	4	5
0	0	1	1	1	0	1
1	1	0	1	0	0	0
2	1	1	0	0	1	0
3	1	0	0	0	0	1
4	0	0	1	0	0	1
5	1	0	0	1	1	0

(a) 가중치가 없는 경우

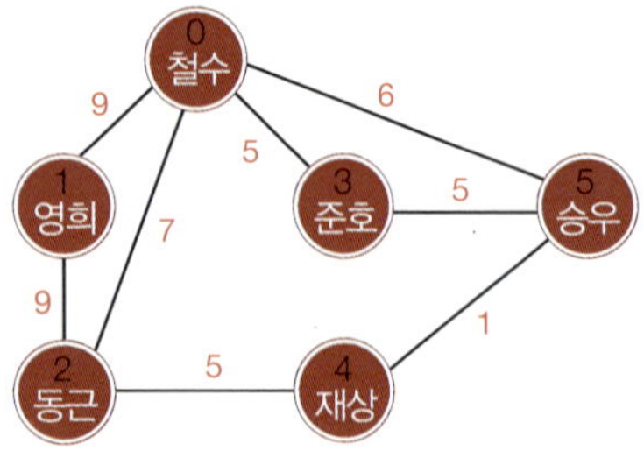

	0	1	2	3	4	5
0	0	9	7	5	0	6
1	9	0	9	0	0	0
2	7	9	0	0	5	0
3	5	0	0	0	0	5
4	0	0	5	0	0	1
5	6	0	0	5	1	0

(b) 가중치가 있는 경우

그림 13-4 무방향 그래프와 인접 행렬 표현

[그림 13-5]는 방향 그래프를 인접 행렬로 표현한 예다. 간선에 방향이 있으므로 인접 행렬은 [그림 13-4]와 달리 대칭이 아니다. 행렬에서 `0`이 아닌 원소의 수는 간선 총 수와 같다. (b)는 (a)에 가중치가 더해진 그래프를 인접 행렬로 표현한 예다.

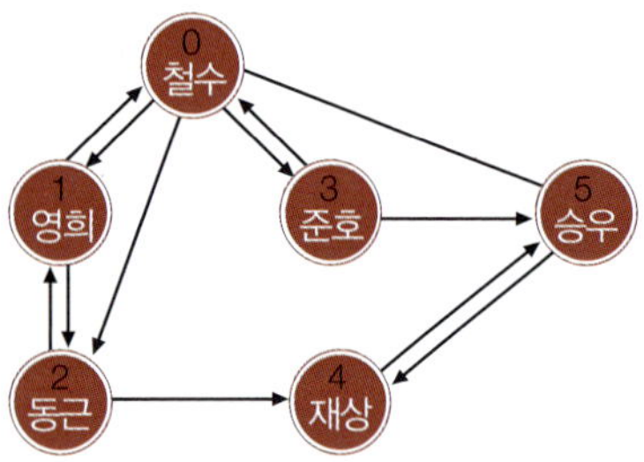

	0	1	2	3	4	5
0	0	1	1	1	0	1
1	1	0	1	0	0	0
2	0	1	0	0	1	0
3	1	0	0	0	0	1
4	0	0	0	0	0	1
5	0	0	0	0	1	0

(a) 가중치가 없는 경우

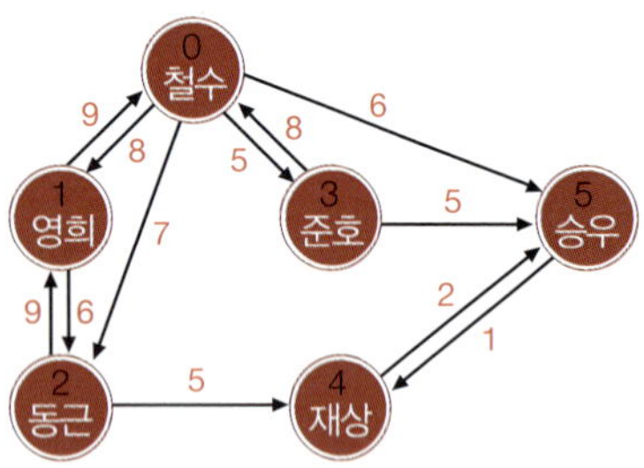

	0	1	2	3	4	5
0	0	8	7	5	0	6
1	9	0	6	0	0	0
2	0	9	0	0	5	0
3	8	0	0	0	0	5
4	0	0	0	0	0	2
5	0	0	0	0	1	0

(b) 가중치가 있는 경우

그림 13-5 방향 그래프와 인접 행렬 표현

행렬 표현법은 이해하기 쉽고 간선의 존재 여부를 즉각 알 수 있다는 장점이 있다. 정점 i와 정점 j의 인접 여부는 행렬의 (i, j) 원소나 (j, i) 원소의 값만 보면 알 수 있기 때문이다. 대신 $n \times n$ 행렬이 필요하므로 n^2에 비례하는($\Theta(n^2)$) 공간이 필요하고, 행렬의 준비 과정에서 행렬의 모든 원소를 채우는 데만 n^2에 비례하는 시간이 든다. 그러므로 n^2 미만의 시간이 소요되는 알고리즘이 필요한 경우에 행렬 표현법을 사용하면 행렬의 준비 과정에서만 $\Theta(n^2)$의 시간을 소모해버려 적절하지 않다.

간선의 밀도가 아주 높은 그래프에서는 인접 행렬 표현이 적합하다. 예를 들어, 전체 (i, j)쌍에서 둘 중 하나 꼴로 간선이 있다면 행렬을 사용하는 것이 그리 아깝지 않다. 그렇지만 100만 개의 정점을 가진 방향 그래프에서 간선이 총 200만 개밖에 없는 경우에 행렬 표현을 쓰면 시간과 공간이 많이 낭비된다. 이때 행렬의 총 원소 수는 1조 개인데 이 중 고작 5십만 분의 1인 200만 개만 1로 채워지고 나머지는 0이기 때문이다.

2 인접 리스트

인접 리스트Adjacency List는 각 정점에 인접한 정점들을 리스트로 표현하는 방법이다. 각 정점마다 리스트를 하나씩 만드는데, 전통적으로 연결 리스트Linked List를 쓴다. 각 정점마다 인접한 정점들을 하나의 연결 리스트에 매다는 것이다. 존재하지 않는 간선은 리스트에 나타나지 않는다.

[그림 13-6]은 단순 관계 그래프를 인접 리스트로 표현한 것이다. 간선 하나에 대하여 노드가 2개씩 만들어진다. 각 노드는 〈정점 번호, 다음 정점으로 가는 링크〉로 구성된다. 이와 같은 무방향 그래프를 위한 인접 리스트 표현에서 필요한 총 노드 수는 총 간선 수의 2배다. 정점 i와 정점 j가 인접하면 정점 i의 연결 리스트에 정점 j가, 정점 j의 연결 리스트에 정점 i가 포함되어 한 간선당 노드가 2개씩 만들어지기 때문이다. 방향 그래프에서는 간선 하나당 노드가 하나씩 존재한다. (b)는 (a)에 가중치가 더해진 그래프를 인접 리스트로 표현한 예다. 각 노드에는 정점 번호, 다음 노드로 가는 링크와 함께 해당 간선의 가중치를 저장하는 부분이 추가된다. 즉, 각 노드는 〈정점 번호, 가중치, 다음 정점으로 가는 링크〉로 구성된다. 그림에서 가중치 부분을 별색으로 표시하였다.

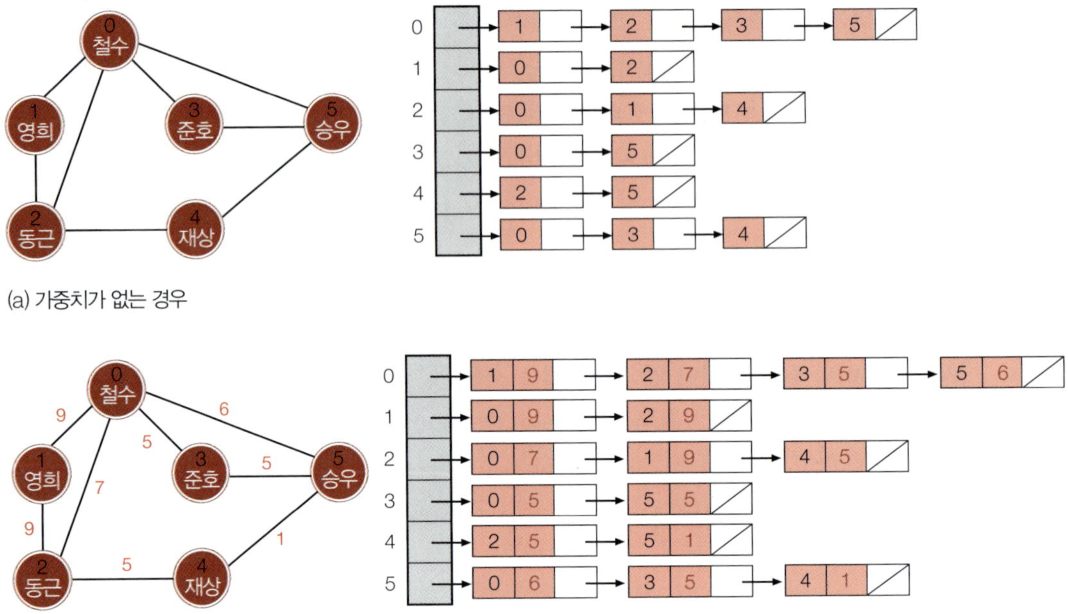

(a) 가중치가 없는 경우

(b) 가중치가 있는 경우

그림 13-6 무방향 그래프와 인접 리스트 표현

인접 리스트는 공간이 간선의 총 수에 비례하는 양만큼만 필요하므로 대체로 행렬 표현에 비해 공간의 낭비가 거의 없다. 모든 가능한 정점 쌍에 비해 간선의 수가 적을 때(이를 희소 그래프Sparse Graph라 한다) 특히 유용하다. 그렇지만 거의 모든 정점 쌍에 대해 간선이 존재하는 경우에는 오히려 연결 리스트의 링크 정보를 표현하기 위한 오버헤드만 더 든다. 인접 리스트에서는 정점 i와 정점 j 간에 간선이 존재하는지를 알아볼 때 리스트에서 차례대로 훑어야 하므로 인접 행렬 표현보다 시간이 많이 걸린다. 특히 간선이 많다면 인접성을 한 번 체크하는 데만 최악의 경우 n에 비례하는 시간이 들 수도 있다. 이런 경우에는 알고리즘의 성능에 치명적인 영향을 미칠 수 있다. 그래서 간선의 밀도가 아주 높은 경우라면 인접 리스트 표현법은 그리 적합하지 않다. 이 경우에는 인접 행렬 표현법을 쓰는 것이 좋다.

3 인접 배열

앞서 설명했듯이, 인접 행렬과 인접 리스트 표현법 둘 다 장단점이 있다. 연결이 그리 촘촘하지 않은 그래프라 하더라도 크기가 크면 인접 리스트를 쓰기가 만만치 않다. 특히 두 정점 간의 간선 존재 여부를 체크하는 일이 잦으면 수행 시간에 큰 부담을 준다. 다행히 인접 리스트처럼 간선의 수에 비례하는 공간을 쓰면서 인접 리스트보다 간선의 존재 여부를 훨씬 빨리 체크할 수 있는 방법이 있다.

각 정점에 연결된 정점들을 연결 리스트로 저장하는 대신 배열로 저장하면 연결 리스트의 링크를 위한 공간을 절약할 수 있을뿐더러 노드들이 메모리에 흩어져서 존재하는 불안감으로부터도 벗어날 수 있다. 이론적으로는 메모리 공간에 분산된 대상을 링크로 관리하면 되지만 이는 메모리 사용의 효율성을 떨어뜨리는 요인이 되기도 한다. 또한 분산된 대상들로 인해 의도치 않은 문제가 일어날 수도 있어 프로그래머 생활을 오래 하다 보면 메모리에 대상이 흩어져 있는 상태는 그리 개운하지 않다.

그래프는 대부분 알고리즘 시작부에서 주어지거나 한번 만들어지면 변하지 않는 경우가 많다. 즉, 알고리즘 입장에서 보면 정적Static이다. 이럴 경우에는 연결 리스트 대신 배열을 사용하면 효율적이다. 두 정점의 인접 여부를 체크하는 시간도 대폭 줄일 수 있다. 배열도 일종의 리스트이므로 인접 리스트로 분류하고, 인접 리스트를 인접 연결 리스트와 인접 배열 리스트로 나눌 수도 있다. 전통적으로 인접 리스트라 하면 연결 리스트를 가정해왔기 때문에 여기서 인접 배열로 따로 분류하였다. [그림 13-7]은 [그림 13-6]의 연결 리스트 표현을 배열로 대체한 예다. 정점 j가 정점 i에 인접한지를 체크하려면 정점 i의 인접 배열에서 j의 존재를 확인하면 된다. 배열을 정렬된 형태로 만들면 이진 탐색을 쓸 수 있어 임의의 정점에 인접한 정점수가 k라면 $\lfloor \log_2 k \rfloor+1$번 이내의 비교로 j의 존재를 확인할 수 있다. 인접 배열의 크기가 100일 때 인접 리스트를 쓰면 최악의 경우 100번의 비교가 필요하지만 인접 배열을 쓰면 7번 이하면 충분하다. 크기가 1,000일 때 인접 리스트를 쓰면 최악의 경우 1,000번의 비교가 필요하지만 인접 배열을 쓰면 10번 이하면 충분하다.

각 정점의 인접 배열 헤더에 인접 정점이 몇 개인지 표시해두면 쉽게 탐색할 수 있다. [그림 13-7]을 보면 6개의 정점이 각각 4, 2, 3, 2, 2, 3개의 정점과 인접함을 표시하고 있다.

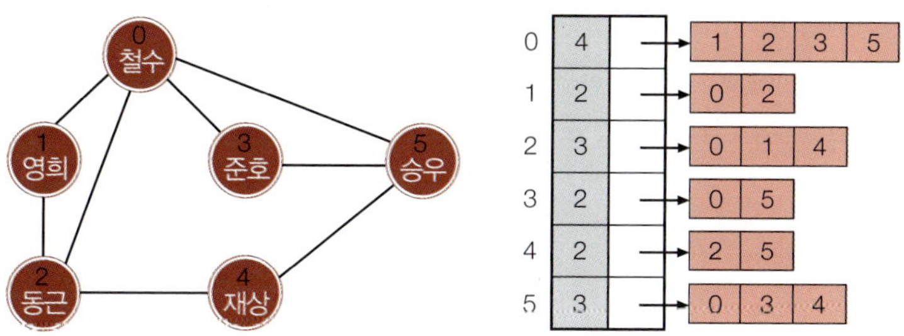

그림 13-7 무방향 그래프와 인접 배열 표현

[그림 13-7]처럼 각 정점의 인접 배열을 위해 공간을 따로 할당받을 수도 있고, 공간을 깔끔하게 사용하기 위해 하나의 배열을 할당받아 다음과 같이 사용할 수도 있다(공간 할당은 가능하다면 붙어 있는 쪽이 좋다). 우선 각 인접 배열 크기를 다 더해 필요한 전체 배열 크기(총 간선 수)를 계산한 다음 하나의 배열을 할당받는다. 각 헤더에는 자신의 인접 배열이 끝나는 자리를 표시해둔다.

[그림 13-8]은 [그림 13-7]을 하나의 배열로 처리한 예다. 각 헤더에는 각각 3, 5, 8, 10, 12, 15라는 자리가 표시되어 있다. 이 배열을 A[]라 하자. 임의의 정점에 대한 인접 배열은 바로 앞 정점의 배열이 끝난 다음 자리부터 자신의 헤더에 표시된 자리까지다. 정점 0은 A[0…3]에, 정점 1은 A[4…5]에, …, 정점 5는 A[13…15]에 저장되어 있음을 뜻한다.

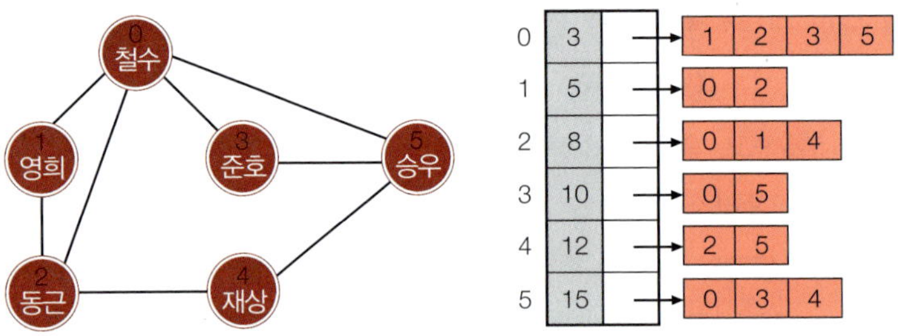

그림 13-8 하나의 배열로 인접 배열을 다 처리한 예

4 인접 해시 테이블

인접 배열 정도면 인접 (연결) 리스트보다 공간이 덜 들고 검색 시간은 대폭 줄어 매우 실용적이다. 그러나 이것도 만족스럽지 못할 수 있다. 다루어야 할 그래프가 엄청난 크기면 이진 탐색을 한다고 해도 자주 하기가 만만치 않다. 예를 들어, 아주 큰 그래프에서 정점당 인접 배열의 평균 크기가 1백만이라면 이진 탐색을 해도 최대 20회의 비교가 필요하다. 평균은 얼핏 10회 정도로 생각할 수 있는데 19회다. 따라서 검색을 자주 한다면 부담스러울 수도 있다. 그렇다면 인접 배열 각각을 해시 테이블로 대체하는 방법도 있다. 각 인접 배열 크기의 2배 정도 되는 공간을 할당하여 적재율을 0.5로 만들면 평균 2번의 비교로 가능하다.

[그림 13-9]는 그래프를 인접 해시 테이블Adjacency Hash Table로 표현한 예다. 원소 집합이 고정된(정적) 해시 테이블이므로 어느 정도 충돌이 일어나는지 미리 확인하고 만족스럽지 않으면 해시 함수를 바꿀 수도 있다. 적재율을 마음대로 미리 정할 수 있으며, 공간도 인접 리스트에 준하는 크기다.

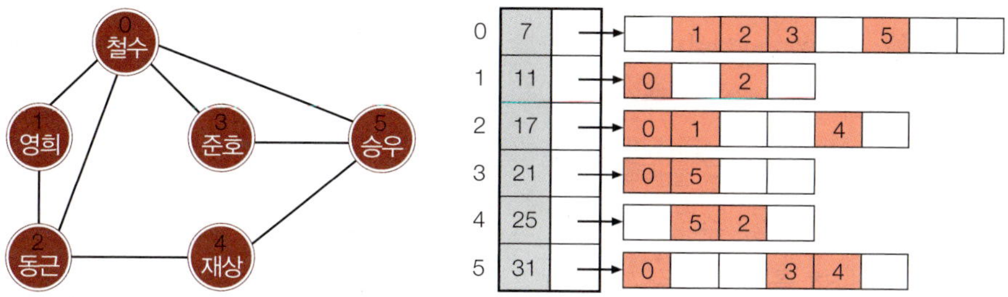

그림 13-9 무방향 그래프와 인접 해시 테이블 표현

해시 테이블을 위한 공간을 할당받을 때도 인접 배열의 경우와 마찬가지다. 정점별로 따로 할당받을 수도 있고, 하나의 배열에 인접 배열 전체 크기의 2배를 할당받아 [그림 13-8]과 같은 방법으로 나누어 쓸 수도 있다. [그림 13-9]는 인접 해시 테이블을 후자로 처리한 예다. 여기서는 각 정점에 인접한 정점들을 위해 연결된 정점 수의 2배 크기에 해당하는 공간을 할당해서 이 크기로 나눈 나머지를 사용하는 선형 탐색 방법을 사용했다. 나머지 연산을 사용하는 해시 테이블은 보통 소수 크기의 공간을 할당받는데 여기서는 그냥 연결된 정점 수의 2배를 할당했다. 이 경우 정점의 인덱스가 `0`부터 `n-1` 범위에서 고루 분포하므로 해시 테이블 크기로 짝수를 사용해도 무방해 보인다. 만일 나누기 방법의 해시 함수가 좋지 않으면 곱하기 방법으로 바꾸면 된다.

해시 테이블을 쓴다면 임의의 정점에 인접한 모든 다른 정점에 순차적으로 접근해야 하는 경우 다소 불편이 따른다. 하지만 불가능한 것은 아니다. 해시 테이블의 빈 공간을 훑어 지나가야 하는 불편함을 감수하면(적재율 0.5면 둘 중 하나가 빈 공간이다) 순차적 접근도 할 만하다.

03 너비 우선 탐색과 깊이 우선 탐색

그래프에서 모든 정점을 방문해야 할 때가 자주 있다. 모든 정점을 방문하는 방법은 다양하지만, 대표적인 방법은 너비 우선 탐색BFS, Breadth-First Search과 깊이 우선 탐색DFS, Depth-First Search이다. 두 방법은 매우 간단하지만 그래프 알고리즘에서 핵심적인 위치를 차지한다. 그러므로 이 두 탐색 방법에 대해 깊은 직관을 가질 필요가 있다.

우선, 직관적인 이해를 돕기 위해 트리를 대상으로 하여 두 탐색 방법을 설명해보겠다. 루트를 시작으로 탐색한다면 너비 우선 탐색은 먼저 루트의 자식을 차례로 방문한다. 다음으로 루트 자식의 자식, 즉 루트에서 2개의 간선을 거쳐서 도달할 수 있는 정점을 방문한다. 다음으로 루트로부터 3개의 간선을 거쳐서 도달하는 정점들, … 순으로 방문한다. 이에 반해 깊이 우선 탐색은 루트의 자식 정점을 하나 방문한 다음, 아래로 내려갈 수 있는 곳까지 내려간다. 더 이상 내려갈 수가 없으면 위로 되돌아오다가 내려갈 곳이 있으면 즉각 내려간다. [그림 13-10]은 트리를 대상으로 한 너비 우선 탐색BFS과 깊이 우선 탐색DFS의 예다. 노드에 표기한 수는 방문되는 순서를 나타낸다. BFS는 옆으로(너비로) 쭉 훑어나가고, DFS는 아래로(깊이로) 갈 수 있는 데까지 갔다가 막히면 되돌아와서 다시 내려간다. 너비 우선 탐색과 깊이 우선 탐색이라고 부르는 이유를 짐작할 수 있을 것이다. DFS에 기반한 탐색 방법을 백트래킹Backtracking으로 총칭하기도 한다.

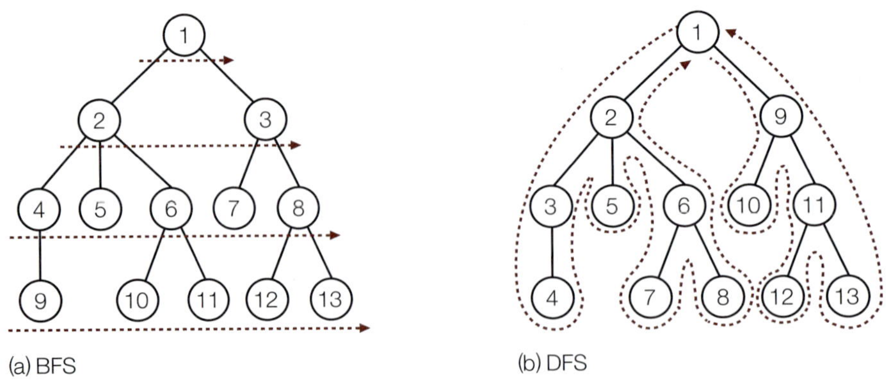

그림 13-10 트리를 대상으로 한 BFS와 DFS

이제는 일반적인 그래프 G = (V, E)에 대해 BFS와 DFS를 적용해보자.

1 BFS

[그림 13-11]은 무방향 그래프에 대해 BFS를 수행하는 예다. 차례로 살펴보자.

(a) 시작 정점으로 정해진 정점을 방문한다(1로 표시했다).

(b) 정점 1에 인접한 정점을 모두 방문한다(각각 2, 3, 4로 표시했다).

(c) 정점 2에 인접한 정점 중 방문하지 않은 정점은 없다. 정점 3에 인접한 정점 중 방문하지 않은 정점을 모두 방문한다. 하나밖에 없다(5로 표시했다). 정점 4에 인접한 정점 중 방문하지 않은 정점을 모두 방문한다. 2개가 있다(각각 6, 7로 표시했다).

(d) 정점 5에 인접한 정점 중 방문하지 않은 정점은 없다. 정점 6에 인접한 정점 중 방문하지 않은 정점을 모두 방문한다. 하나밖에 없다(8로 표시했다). 정점 7에 인접한 정점 중 방문하지 않은 정점은 없다.

마지막으로 정점 8에 인접한 정점 중 방문하지 않은 정점이 없어 더 이상 갈 곳이 없으므로 끝낸다.

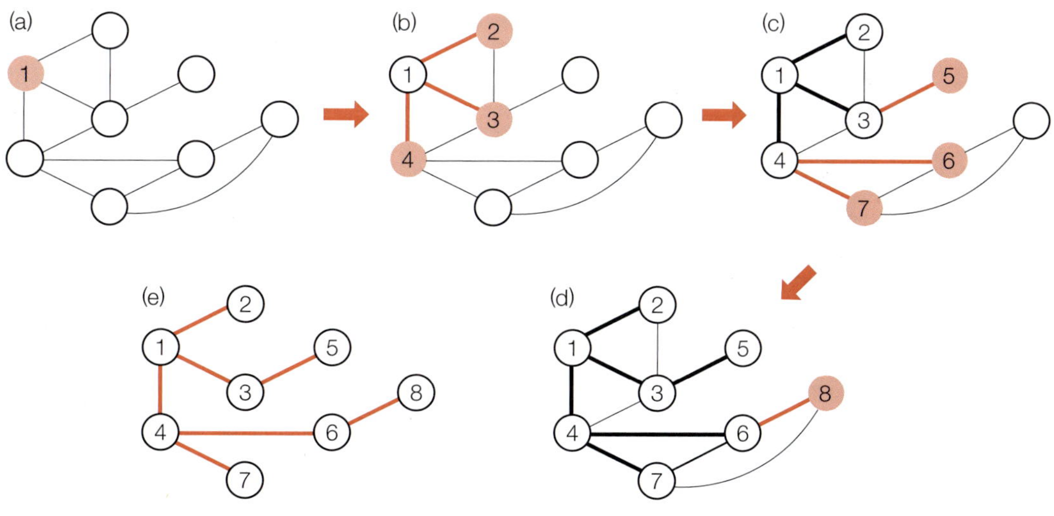

그림 13-11 BFS의 작동 예

[그림 13-11]에서 별색으로 표시한 정점들은 방금 방문한 정점을 뜻한다. (b)~(d)에서 별색의 굵은 간선들은 각 정점을 처음으로 방문할 때 사용한 간선들이다. 첫 방문에 사용한 후에는 그 사실을 기록하기 위해 검은색의 굵은 간선으로 표시했다. 각 정점을 처음 방문할 때 사용하는 간선은 하나이므로 시작점을 제외한 나머지 n-1개 정점 각각에 대해 첫 방문에 사용한 간선을 모으면 n-1개가 된다. 그래프에서 이 간선들만 남기면 (e)와 같은 트리가 되는데 이 트리를 너비 우선 트리[BFS 트리]라 한다. 위의 예와 같이 작동하는 BFS 알고리즘을 기술하면 [알고리즘 13-1]과 같다.

알고리즘 13-1 BFS 알고리즘

```
BFS(G, s):
    for each v ∈ V-{s}
        v.visited ← NO
    s.visited ← YES         ◀ s: 시작 정점
    enqueue(Q, s)           ◀ Q: 큐
    while (Q ≠ ø)
        u ← dequeue(Q)
        for each v ∈ u.adj        ◀ u.adj: 정점 u의 인접 정점 집합
            if (v.visited = NO)
                v.visited ← YES
                enqueue(Q, v)
```

이 알고리즘에서는 큐 자료구조를 활용한다. 먼저 시작 정점을 제외한 모든 정점을 "방문하지 않았다"(v.visited ← NO)로 표시한다. 큐의 맨 앞[front]에 있는 정점을 빼내고 이에 인접한 정점 중 방문하지 않은 정점을 모두 "방문하였다"(v.visited ← YES)로 표시하고 큐에 넣는다. 이 작업을 계속 반복한다. BFS()가 수행되는 동안 정점 s에서 도달 가능한 모든 정점은 euqueue()와 dequeue()를 통해 각각 한 번씩 큐에 들어갔다 나온다.

BFS는 문맥에 따라 시작 정점으로부터 방문할 수 있는 모든 정점을 방문하는 것을 목표로 할 수도 있고, 그래프의 모든 정점을 방문하는 것을 목표로 할 수도 있다. 여기서는 후자를 선택한다. 경우에 따라서는 [알고리즘 13-1]의 BFS()를 여러 번 수행해야 할 수도 있다.

[알고리즘 13-1]은 항상 그래프 G의 모든 정점을 방문하는 것은 아니고, 시작 정점 s로부터 간선을 타고 방문할 수 있는 모든 정점을 방문한다. 그래프 G가 2개 이상으로 끊겨 있으면

한 번의 BFS()로 끝나지 않는다. 그 경우에는 아직 방문되지 않은 정점 중 아무거나 골라 새 BFS()를 시작한다. 여러 개로 끊겨 있으면 덩어리의 개수만큼 BFS()를 수행한다.

BFS의 수행 시간은 Θ(V+E)이다. BFS()를 여러 번 수행해야 할 경우까지 고려해서 이들을 모두 합한 시간이다. 혼동의 염려가 없으면 정점의 수 |V| 대신 V를, 간선의 수 |E| 대신 E를 사용하기도 한다. 즉, Θ(V+E)는 Θ(|V|+|E|)를 의미한다.

2 DFS

이번에는 DFS를 살펴보자. [그림 13-12]는 무방향 그래프에 대해 DFS를 수행하는 예다.

(a) 시작 정점으로 정해진 정점을 방문한다(1로 표시했다).

(b) 정점 1에 인접한 정점 중 하나를 방문한다(2로 표시했다).

(c) 정점 2에 인접하면서 방문하지 않은 정점은 총 3개다. 이 중 하나를 방문한다(3으로 표시했다).

(d) 정점 3에 인접한 정점 중 방문하지 않은 정점은 2개다. 이 중 하나를 방문한다(4로 표시했다).

(e) 정점 4에 인접한 정점 중 방문하지 않은 정점은 하나뿐이다. 이곳을 방문한다(5로 표시했다). 5에 인접한 정점 중 방문하지 않은 정점은 없다. 따라서 왔던 길로 되돌아간다. 정점 4, 3, 2로 되돌아가는 과정에 정점 4, 3에 인접한 정점 중 방문하지 않은 정점은 없다.

(f) 정점 2로 되돌아오면 이에 인접한 정점 중 방문하지 않은 정점이 하나 있다. 이곳을 방문한다(6으로 표시했다).

(g) 정점 6에 인접한 정점 중 방문하지 않은 정점은 2개다. 이 중 하나를 방문한다(7로 표시했다).

(h) 정점 7에 인접한 정점 중 방문하지 않은 정점은 없다. 정점 6으로 돌아간다. 정점 6에 인접한 정점 중 방문하지 않은 정점이 하나 있다. 이곳을 방문한다(8로 표시했다). 정점 8에서 인접한 정점 중 방문하지 않은 정점은 없다. 정점 6으로 돌아간다. 정점 6에서도 인접한 정점 중 방문하지 않은 정점은 없다. 정점 2로 돌아간다. 정점 2에서도 방문하지 않은 인접 정점은 없다. 정점 1로 돌아간다. 정점 1에서도 방문하지 않은 인접 정점은 없다. 시작 정점(정점 1)에서 더 이상 갈 곳이 없으므로 끝낸다.

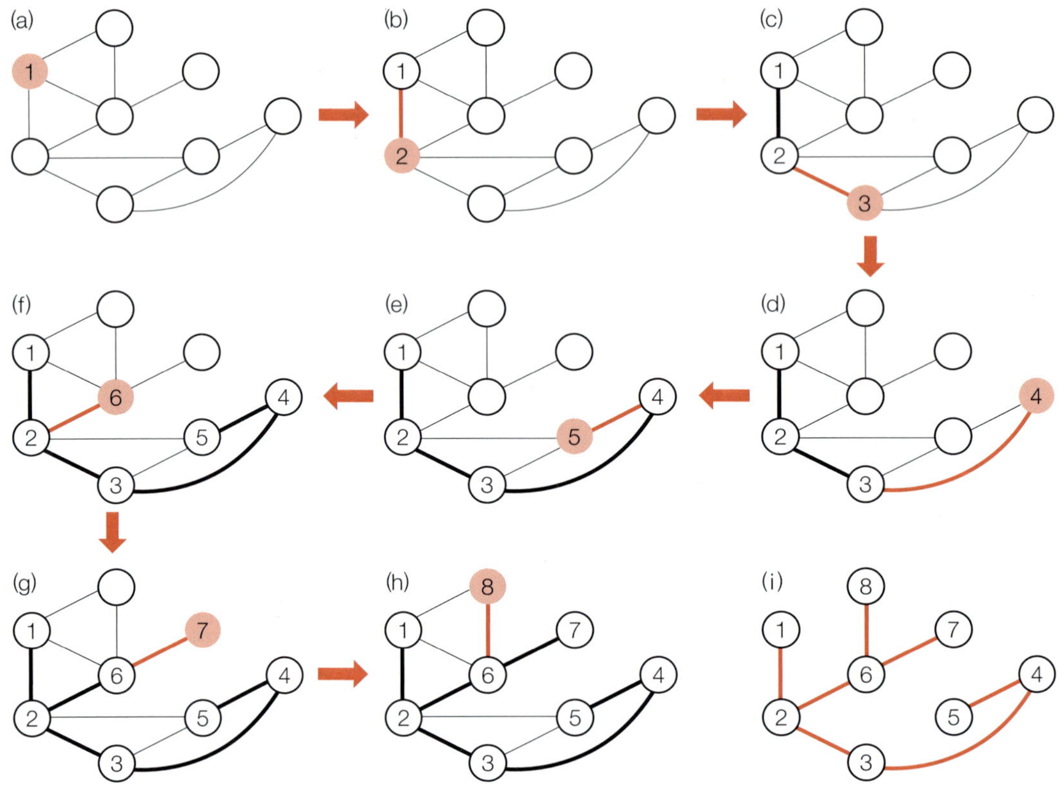

그림 13-12 DFS의 작동 예

[그림 13-12]에서 별색으로 표시된 정점은 방금 방문한 정점을 뜻한다. (a)~(h)에서 별색의 굵은 간선은 각 정점을 처음으로 방문할 때 사용된 간선이다. 첫 방문에 사용한 후에는 그 사실을 기록하기 위해 검은색의 굵은 간선으로 표시했다. 각 정점을 처음 방문할 때 사용하는 간선은 하나이므로 시작점을 제외한 나머지 n-1개 정점 각각에 대해 첫 방문에 사용한 간선을 모으면 n-1개가 된다. 그래프에서 이 간선들만 남기면 (i)와 같은 트리가 되는데, 이 트리를 깊이 우선 트리DFS 트리라 한다. [그림 13-12]의 예와 같이 작동하는 DFS 알고리즘을 기술하면 [알고리즘 13-2]와 같다.

알고리즘 13-2 DFS 알고리즘

```
DFS(G, v):
    v.visited ← YES
    for each x ∈ v.adj  ◀ v.adj: 정점 v의 인접 정점 집합
        if (x.visited = NO) DFS(G, x)
```

정점 v에 대해 DFS(v)가 호출되면 먼저 정점 v를 "방문하였다"(v.visited ← YES)로 표시하고 이와 인접한 정점 중 방문하지 않은 정점에 대해 각각 DFS를 호출한다. 만약 정점 v에 인접한 정점 중 방문하지 않은 정점 x, y, z가 있더라도 그중 하나인 x에 대해 DFS를 호출하면 DFS는 일단 깊이 들어갈 수 있는 데까지 들어간다. 이 과정에서 정점 y나 z가 정점 v가 아닌 다른 정점과의 인접성으로 인해 방문될 수도 있다. 실제로 이런 일이 아주 많이 발생한다. 즉, DFS(v)에서 x에 대해 DFS를 끝내고 돌아오면 방문하지 않은 상태였던 정점 y나 z가 방문된 상태가 되어 이들에 대해 DFS를 수행할 필요가 없게 되는 상황이 매우 흔하다. 궁극적으로 시작 정점으로부터 도달 가능한 모든 정점에 대해 DFS()가 한 번씩 호출된다.

DFS도 BFS처럼 그래프의 모든 정점을 방문하는 것을 목표로 한다.

[알고리즘 13-2]는 항상 그래프 G의 모든 정점을 방문하는 것은 아니고, 시작 정점 v로부터 간선을 타고 방문할 수 있는 모든 정점을 방문한다. 그래프 G가 2개 이상으로 끊겨 있으면 [알고리즘 13-1]과 마찬가지로 한 번의 DFS()로 끝나지 않는다. 그 경우에는 아직 방문되지 않은 정점 중 아무거나 골라 새 DFS()를 시작한다. 여러 개로 끊겨 있으면 덩어리의 개수만큼 DFS()를 시작한다.

DFS의 수행 시간은 $\Theta(V+E)$이다. DFS()를 여러 번 수행해야 할 경우까지 고려해서 이들을 모두 합한 시간이다.

04 최소 신장 트리

간선의 방향이 없는 그래프에서 모든 정점들 간에 간선을 따라 서로 다다를 수 있으면 이 그래프는 연결된 그래프Connected Graph 또는 연결 그래프라 한다. 대부분의 그래프는 연결 상태를 유지하는 데 필요한 최소한의 간선보다 더 많은 간선을 갖고 있다. 그래프 G = (V, E)에서 연결 상태를 유지하기 위해서는 |V|-1개의 간선이면 충분하다. [그림 13-13]은 연결된 그래프와 연결되지 않은 그래프의 예를 하나씩 보여준다. (a)는 모든 정점이 간선을 통해 서로 다다를 수 있고, (b)는 그렇지 않다. (b)는 2개의 연결된 그래프로 잘려 있다.

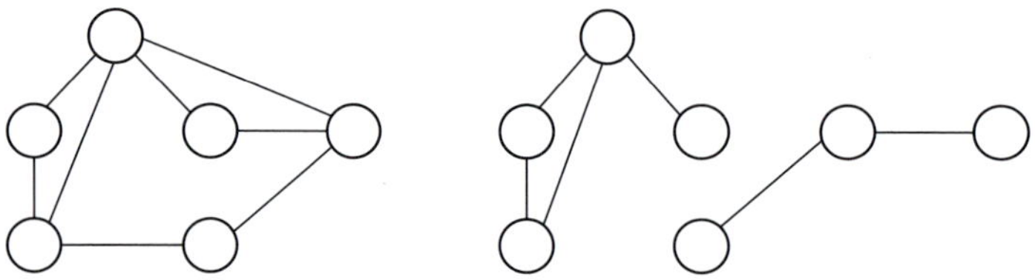

(a) 연결된 그래프　　(b) 연결되지 않은 그래프

그림 13-13 연결된 그래프와 연결되지 않은 그래프의 예

10장과 11장에서 배운 검색 트리는 루트로부터 간선을 통해 자식들로 연결된 형태였다. 일반적으로 그래프 이론에서 트리란 "싸이클이 없는 연결된 그래프"로 정의된다. [그림 13-14]에 2개의 트리가 있다. 이들은 [그림 13-13]의 그래프 (a)에서 |V|-1개의 간선만 남겨 트리가 되도록 한 것이다. 둘 다 연결된 그래프이면서 싸이클이 없다. 모든 트리는 |V|-1개의 간선으로 구성된다. 이런 성질을 감안하면 트리는 "최소한의 간선을 사용하면서 연결된 그래프"로 정의할 수도 있다.

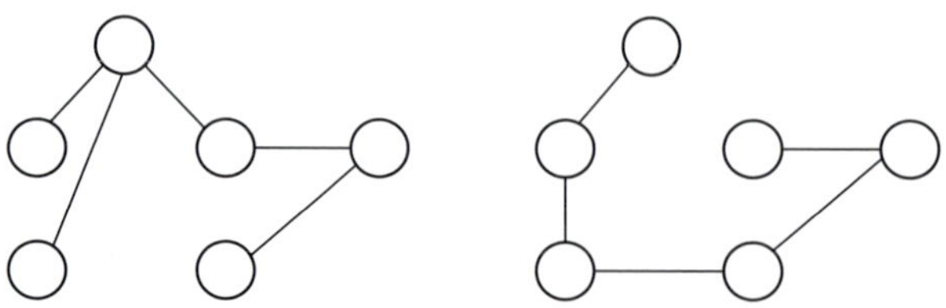

그림 13-14 [그림 13-13]의 그래프 (a)로부터 만든 신장 트리의 두 예

연결 그래프 G = (V, E)에서 정점 집합 V를 그대로 두고 간선을 |V|-1개만 남겨 트리가 되도록 만든 것을 G의 신장 트리Spanning Tree라 한다. 임의의 그래프로부터 이런 방식으로 만들어지는 트리는 하나만 있는 게 아니다. [그림 13-14]도 [그림 13-13]의 그래프 (a)로부터 만들어지는 많은 신장 트리 중 두 예일 뿐이다.

그래프의 간선에 가중치가 있다면 신장 트리를 구성하는 간선의 가중치를 다 더한 것을 그 신장 트리의 비용Cost이라 한다. 그리고 가중치가 있는 무향 그래프 G = (V, E)로부터 만들 수 있는 모든 신장 트리 중 비용이 가장 낮은 트리를 최소 신장 트리Minimum spanning Tree라 한다. 최소 신장 트리를 찾는 것이 이 절의 목표다.

1 프림 알고리즘

최소 신장 트리를 찾는다는 것은 궁극적으로 |V|-1개의 간선을 찾는 과정이란 사실을 염두에 두고 시작하자. 프림 알고리즘Prim Algorithm은 아무 간선도 없는 상태에서 간선을 하나씩 더하는 작업을 |V|-1번 한다. 이를 구현하는 수단으로 정점 집합 S를 운용한다. 집합 S는 처음에 시작 정점 r 하나로 시작해서 한 번에 정점을 하나씩 더해나간다. 정점을 하나 더할 때 대응되는 간선이 하나씩 더해진다. 결국 정점 |V|-1개를 더하면 모든 정점이 집합 S에 들어오게 되고 (S = V가 되고), 그 과정에서 간선 |V|-1개가 더해진다. 이 |V|-1개의 간선이 최소 신장 트리를 이룬다.

이 과정을 기술한 것이 [알고리즘 13-3]이다. 알고리즘에서 u.cost는 정점 u를 신장 트리에 포함시키는 데 드는 최소 비용을 저장한다. 궁극적으로 u.cost는 각 정점 u를 신장 트리에 연결하기 위해 드는 최소 비용을 갖게 되지만 알고리즘의 수행 과정에서는 충분히 큰 값부터 시작하여 이 최소 비용을 향해 계속 감소한다. 결국 u.cost가 의미하는 바는 '지금까지 알고리즘이 진행된 범위에서' 정점 u를 신장 트리에 연결하는 최소 비용이다. v.tree는 v와 인접한 정점 중 현재까지의 계산 결과 정점 v를 신장 트리에 연결시키는 비용이 가장 적게 드는 정점 u를 저장한다(즉, v와 u를 잇는 간선 (v-u)가 저장되는 셈이다). 알고리즘이 끝난 후 v.tree 정보를 이용해서 최소 신장 트리를 만들 수 있다. 시작 정점 r을 제외한 나머지 |V|-1개의 정점 각각에 대해 .tree를 이용해 |V|-1개의 간선을 특정할 수 있다.

알고리즘 13-3 프림 알고리즘

```
Prim(G, r):
◀ G = (V, E): 주어진 그래프, r: 시작 정점
      S ← {r}  ◀ S: 정점 집합
      r.cost ← 0
   ❶ for each u ∈ V-{r}
         u.cost ← w_ru
         u.tree ← r
   ❷ while (S≠V)                 ◀ n-1회 순환한다.
      ❸ u ← deleteMin(V-S)
         S ← S∪{u}
      ❹ for each v ∈ u.adj       ◀ u.adj: 정점 u에 인접한 정점 집합
         ❺ if (v ∈ V-S and w_uv < v.cost)
            ❻ v.cost ← w_uv
            ❼ v.tree ← u

deleteMin(Q):
    집합 Q에서 u.cost값이 가장 작은 정점 u를 삭제하면서 리턴한다
```

프림 알고리즘을 처음 접하는 독자라면 앞의 설명만으로 단번에 이해하기는 힘들 것이다. [그림 13-15]의 예를 보면서 단계를 밟아보자. 그림은 7개의 정점이 가중치를 가진 간선들로 연결되어 있는 그래프다.

(a) 주어진 그래프다.

(b) 먼저 정점 r을 집합 S의 첫 번째 원소로 포함시킨다. 집합 S는 회색의 음영으로 표시한다. 시작 노드인 r의 r.cost만 0으로 놓고, 나머지 모든 정점 u의 u.cost를 간선 (r-u)의 가중치로 초기화한다. 그 결과 r에 인접한 3개 정점의 .cost는 각각 8, 9, 11로 할당되었고, 나머지 정점들은 모두 ∞로 할당되었다. 이제 집합 S 바깥(V-S)의 정점들 중 .cost가 가장 작은 정점을 찾는다. .cost의 최솟값은 8이다.

(c) 집합 S에 연결하는 데 가장 최소 비용이 드는 정점을 새로이 집합 S에 포함시킨다. 8의 비용이 드는 정점을 집합 S에 포함시키고 나니 한 정점을 집합 S에 연결하는 비용(.cost)이 ∞에서 10으로 바뀌었다. 집합 S의 바깥에서 검은색으로 표시한 정점들은 이와 같이 방금 집합 S가 확장되면서 이에 연결하는 최소 비용이 바뀐 정점들을 나타낸다. 이 최소 비용의 변경은 [알고리즘 13-3]의 ❻에서 수행한다. 이제 집합 S 바깥의 정점들 중 연결 비용이 가장 낮은 것의 비용은 9다.

(d) 연결 비용이 9인 정점을 새로이 집합 S에 포함시킨다. 이로 인해 한 정점의 연결 비용이 ∞에서 12로 바뀌고, 한 정점은 연결 비용이 10에서 5로 바뀌었다. 정점의 연결 비용이 ∞에서 벗어나는 때는 이 정점이 최초로 집합 S에 연결할 수 있게 되었을 때다. 정점의 연결 비용이 ∞가 아닌 수에서 또 바뀌는 때는 이미 연결할 수 있는 상태가 되었지만 더 좋은 연결 방법이 발견되었을 때다. 이런 식으로 정점의 연결 비용은 여러 번 바뀔 수 있다. 이제 나머지 정점 중 연결 비용이 최소인 것은 비용이 5다.

(e) 이 정점을 새로이 집합 S에 포함시킨다. 이 경우 정점이 S에 추가되면서 다른 정점의 연결 비용에 미치는 영향은 없다.

(f) 연결 비용 11인 정점이 S에 추가된다. 이로 인해 한 정점의 연결 비용이 ∞에서 8로 바뀌었다.

(g) 연결 비용 8인 정점이 S에 추가된다. 이로 인해 한 정점의 연결 비용이 12에서 7로 바뀌었다. 이것은 연결 비용이 두 번째 바뀐 것이다.

(h) 마지막 남은 정점이 7의 비용으로 연결되면서 모든 정점이 집합 S에 포함되었다. 최소 신장 트리가 완성되었다.

(i) 각 정점을 집합 S에 포함시킬 때 사용된 간선을 모은 것이다. 이것이 앞에서 구한 최소 신장 트리다.

[그림 13-15]의 표기를 다시 정리해보자. 음영으로 표시된 영역이 집합 S를 나타낸다. 집합 S 안에서 굵게 표시된 간선은 정점을 집합 S로 추가할 때 사용된 간선들이다. 굵은 검은색으로 표시된 간선은 방금 집합 S로 들어간 정점과 관련하여 이완이 가능한지 살펴보는 간선들이다. 하나의 간선은 알고리즘을 통틀어 단 한 번만 살펴본다. 그림에서 한 번 살펴본 간선의 가중치는 더 이상 보이지 않도록 없앴다. 별색으로 표시된 정점은 방금 집합 S로 들어간 정점이다. 집합 S의 바깥에서 검은색으로 표시된 정점은 방금 집합 S로 들어간 정점과 관계되어 최소 연결 비용(.cost)에 변동이 생긴 정점이다.

방금 집합 S로 들어간 정점에 의해서 변동이 생기는 경우도 있고, (e)처럼 변동이 전혀 생기지 않는 경우도 있다. 어떤 정점은 변동이 여러 번 생기기도 한다. (c)에서 ∞→10으로 바뀐 정점은 (d)에서 다시 10→5로 바뀌었다. (d)에서 ∞→12로 바뀌었다가 (g)에서 다시 12→7로 바뀐 예도 볼 수 있다. 이렇게 값이 바뀌는 것을 이완Relaxation이라고 한다.

굵은 선으로 표시된 간선들이 최소 신장 트리를 구성하는 간선들이다. 정점이 S로 하나씩 들어갈 때마다 간선 하나가 같이 굵은 검은색으로 바뀌는 것을 볼 수 있다. [알고리즘 13-3]의 ❸에 대응된다. 즉, 해당 정점을 집합 S로 집어넣는 데 기여하고, 해당 정점의 연결 비용을 마지막으로 바꾼 간선이다. 또한 해당 정점에 대해 ❼의 작업을 마지막으로 행한 간선이며, 해당 정점을 최소 신장 트리에 연결시키는 간선이다.

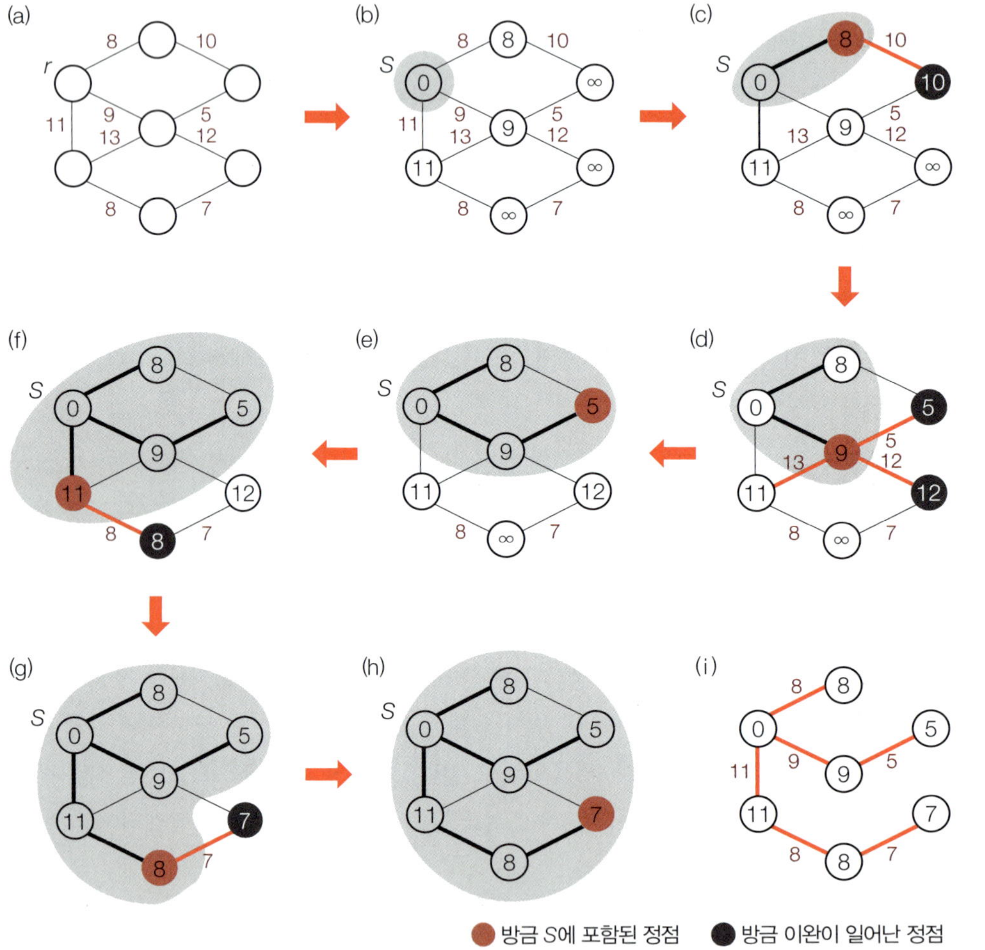

그림 13-15 프림 알고리즘의 작동 예

[알고리즘 13-3]의 프림 알고리즘의 수행 시간을 분석해보자. 우선 ❶의 `for` 루프는 정확히 n−1회 반복된다 (n=|V|, 혼동의 염려가 없으면 편의상 |V| 대신 V를 사용하기도 한다). 각각의 `for` 루프에서 단순 할당 작업을 하므로 상수 시간이 소모되어 ❶의 `for` 루프는 총 Θ(V)시간을 소요한다. 결과적으로 보면 프림 알고리즘이 Θ(V)보다 시간이 더 소요될 것이므로 이 `for`

루프는 점근적 시간에 영향을 미치지 않는다. ❷의 while 루프는 n-1회 반복된다. 이 while 루프에 ❹의 for 루프가 중첩되어 있다. 여기서 좀 주의를 기울여야 한다. 2개의 루프가 중첩되어 있지만 두 루프의 최대 반복 횟수를 단순히 곱하면 과다 계산된다. ❹의 for 루프는 u와 인접한 간선을 훑어보는데 어떻게 되든 한 간선은 알고리즘을 통틀어 두 번만 본다(임의의 간선 (u-v)는 알고리즘을 통틀어 ❺에서 단 두 번만 관심을 받는다). 그러므로 ❹의 for 루프는 while 루프를 통틀어 2|E|번 순환될 뿐이다. 프림 알고리즘의 수행 시간은 ❸의 deleteMin()이 ❷의 while 루프가 반복될 때마다 수행되는 시간과 ❺, ❻이 ❹의 for 루프 내에서 수행되는 시간 중 더 큰 쪽이 좌우한다. .cost들을 최소힙으로 구성하면 ❸의 deleteMin()은 O(logV)시간에 가능하다. ❷의 while 루프가 n-1회 반복되므로 이와 관계된 비용은 O(VlogV)이다. 그런데 ❻에서 .cost 값의 변동이 생기면 힙을 조정해주어야 한다. 힙에서 임의의 원소 값이 변해서 이를 반영하여 조정하는 데는 O(logV) 시간이 소요된다. 이러한 수정은 ❻에서 최악의 경우 |E|번 일어날 수 있으므로 이와 관련된 비용은 총 O(ElogV)가 된다. 8장에서 배웠듯이, 최초에 힙을 만드는 데는 O(V)이면 충분하므로 프림 알고리즘의 수행 시간은 O(ElogV)가 된다.

2 크루스칼 알고리즘

앞에서 소개한 프림 알고리즘과 여기서 소개하는 크루스칼 알고리즘은 둘 다 간선이 하나도 없는 상태에서 간선을 하나씩 더해나간다는 점에서 유사하다. 정점의 집합을 키워나가는 과정에서 간선의 집합도 커나간다는 점 또한 유사하다. 그러나 프림 알고리즘은 '하나의' 정점 집합(S)을 점점 키워나가는 방식으로 수행되는 반면, 크루스칼 알고리즘은 '여러' 정점 집합으로 시작해서 집합들을 합쳐나가는 방식으로 작동한다.

크루스칼 알고리즘Kruskal Algorithm은 여러 정점 집합들을 운영한다. 각 정점 집합은 싸이클이 없는 연결된 그래프로 하나의 트리에 해당한다. 이런 두 트리를 합쳐서 하나의 트리를 만들려면(즉, 두 정점 집합을 합쳐서 하나의 정점 집합을 만들려면) 양 끝점이 두 집합에 걸쳐 있는 간선이 필요하다. 이런 식으로 처음에 n개의 트리로 시작하여, 두 트리를 하나로 합치는 과정을 n-1번 수행하면 하나의 트리가 된다. 한 번 합칠 때마다 간선을 하나씩 사용하므로 n-1개의 간선이 사용되고, 이 n-1개의 간선이 신장 트리를 이룬다. 다시 말하면, 처음에 n개의 트리로 시작한다는 것은 각 트리가 정점 하나로만 이루어진 상태 즉, 간선이 하나도 없는 상태를 의미한다.

크루스칼 알고리즘의 핵심은 간선을 더하는 규칙에 있다. 중간의 한 시점을 귀납적으로 보면, 그 시점에 구축된 서로 다른 집합(트리)을 연결하는 모든 간선 중 최소 비용 간선을 선택한다. 한 번에 최소 비용 간선을 하나씩 더하는데, 기존에 확정해놓은 간선 집합과 싸이클을 만들지 않는 범위에서 더한다.

크루스칼 알고리즘은 먼저 모든 간선을 비용이 작은 순서로 정렬한다. 아울러 정점들을 n개의 집합으로 초기화한다. 이제 비용이 가장 작은 간선부터 차례로 한 번씩 살핀다. 해당 간선이 두 정점 집합을 하나로 합칠 수 있으면 간선은 선택되어 최소 신장 트리의 일부로 확정된다. 그렇지 않으면 그 간선은 버린다. 이런 식으로 n−1번의 성공적 집합 합치기가 이루어질 때까지 진행한다. 알고리즘이 끝나고 나면 n−1개의 간선이 확정되는데 이들이 최소 신장 트리를 이룬다. 이는 n개의 트리로 구성된 숲Forest에서 궁극적으로 하나의 트리로 변해가는 과정으로 표현할 수도 있다. [알고리즘 13−4]는 크루스칼 알고리즘을 기술한 것이다.

알고리즘 13-4 크루스칼 알고리즘

```
Kruskal(G):
        T ← Ø      ◀ T: 신장 트리
      ❶ 각각 단 하나의 정점만으로 이루어진 n개의 집합을 초기화한다
      ❷ 모든 간선을 가중치의 크기순으로 정렬하여 배열 A[0...|E|-1]에 저장한다
      ❸ while (T의 간선수 < n-1)
            ❹ A에서 최소 비용의 간선 (u-v)를 제거한다
            ❺ if (정점 u와 v가 다른 집합에 속함)
                  ❻ T ← T ∪ {(u-v)} ◀ 간선 (u-v)를 더함
                  ❼ 정점 u와 v가 속한 두 집합을 하나로 합친다
```

[그림 13−16]은 크루스칼 알고리즘의 작동 예다. 회색 음영으로 표시된 영역 하나가 집합 1개에 해당한다. (a)에서 각 정점만으로 이루어진 n개의 집합을 볼 수 있다. 여기서부터 시작해 한 번에 간선 하나씩을 통해 집합을 합쳐나간다. (b), (c), (d), (e), (g), (h)는 2개의 집합을 하나로 합치는 예이고, (f)는 합치려고 하지만 합칠 수 없어 간선을 버리는 예다. 궁극적으로 n−1번(여기서는 6번) 합치면 (h)처럼 하나의 집합이 된다. 이제 그림을 설명해보자.

(a) 주어진 그래프다. 7개의 집합으로 시작한다.

(b) (a)에서 가장 작은 간선은 5다. 이 간선을 택하고, 이로 인해 원소를 하나씩 가진 두 집합이 합쳐져 2개의 원소를 가진 집합이 되었다. 별색 음영으로 표시된 집합이 이에 해당한

다. 앞으로 이 간선은 다시 보지 않는다. 알고리즘에서 사실상 제거한다. 나머지 간선 중 가장 작은 것은 가중치가 7이다.

(c) 앞의 가중치 7인 간선으로 두 집합이 하나로 합쳐진다. 이 간선은 알고리즘에서 제거한다. 이제 남은 간선 중 가장 작은 것은 가중치가 8인데 3개가 있다. 이 중 하나를 임의로 선택한다.

(d) 앞의 가중치 8인 간선으로 두 집합이 하나로 합쳐진다. 이제 남은 간선 중 가장 작은 것은 가중치가 8인데 2개가 있다. 이 중 하나를 임의로 선택한다.

(e) 다시 두 집합이 하나로 합쳐진다. 이제 남은 간선 중 가장 작은 것은 가중치가 8이다.

(f) 이 간선의 경우 양 끝점이 같은 집합에 속한다. 즉, 이 간선을 집어넣으면 기존 집합에서 싸이클이 만들어진다. 신장 트리를 만들어가는 과정이므로 싸이클이 만들어지면 안 된다. 따라서 이 간선은 버린다.

(g) 다음으로 가중치 9를 가진 간선이 더해진다. 두 집합이 하나로 합쳐진다.

(h) 이 간선(가중치 10)은 양 끝점이 같은 집합에 속한다. 이 간선을 집어넣으면 싸이클이 만들어지므로 버린다.

(i) 마지막으로 가중치 11인 간선이 더해지면서 모든 정점이 하나의 집합으로 통합된다. 알고리즘이 끝났다.

(j) 두 집합을 합쳐 하나로 만들 때 사용된 간선을 모은 것이다. 이것이 앞에서 구한 최소 신장 트리다.

(i)에서 볼 수 있듯이 가중치 12, 13인 2개의 간선은 살펴보지 않고 알고리즘이 끝났다. 크루스칼 알고리즘이 간선을 차례로 보지만 작은 순서로 보므로 이렇게 일부 간선을 보지 않은 채 끝날 수 있다.

[그림 13-16]의 표기를 다시 한 번 정리해보자. 음영으로 표시된 영역은 각각 집합 1개를 나타낸다. 이 중 별색 음영으로 표기된 부분은 하나의 간선을 통해 방금 하나로 합쳐진 집합이다. 회색 음영은 이미 형성되어 있는 집합이다. 별색으로 굵게 표시된 간선은 방금 취급한 간선이다. 이로 인해 두 집합이 하나로 합쳐질 수도 있고(b, c, d, e, g, h), 싸이클을 만들므로 그냥 버려질 수도 있다(f). 이렇게 더하는 데 실패한 간선 위에는 ×표시가 되어 있다. 검은색으로 굵게 표시된 간선은 싸이클을 만들지 않고 성공적으로 더해진 간선들이다. 이 간선들이 궁극적으로 최소 신장 트리를 만든다. 그림에서는 이미 한 번 취급되어 더 이상 고려하지 않

는 간선들은 가중치 값을 보이지 않게 하고, 방금 취급된 간선과 앞으로 고려할 간선들의 가중치만 남겼다.

각 집합은 트리 1개에 해당한다. 따라서 두 집합이 하나로 합쳐지는 것은 두 트리가 하나로 합쳐지는 것이다. 프림 알고리즘이 하나의 트리(=집합)에 초점을 맞추어 키워나가는 데 비해 크루스칼 알고리즘은 여러 트리(=집합)들을 조각조각 만들고 합쳐간다.

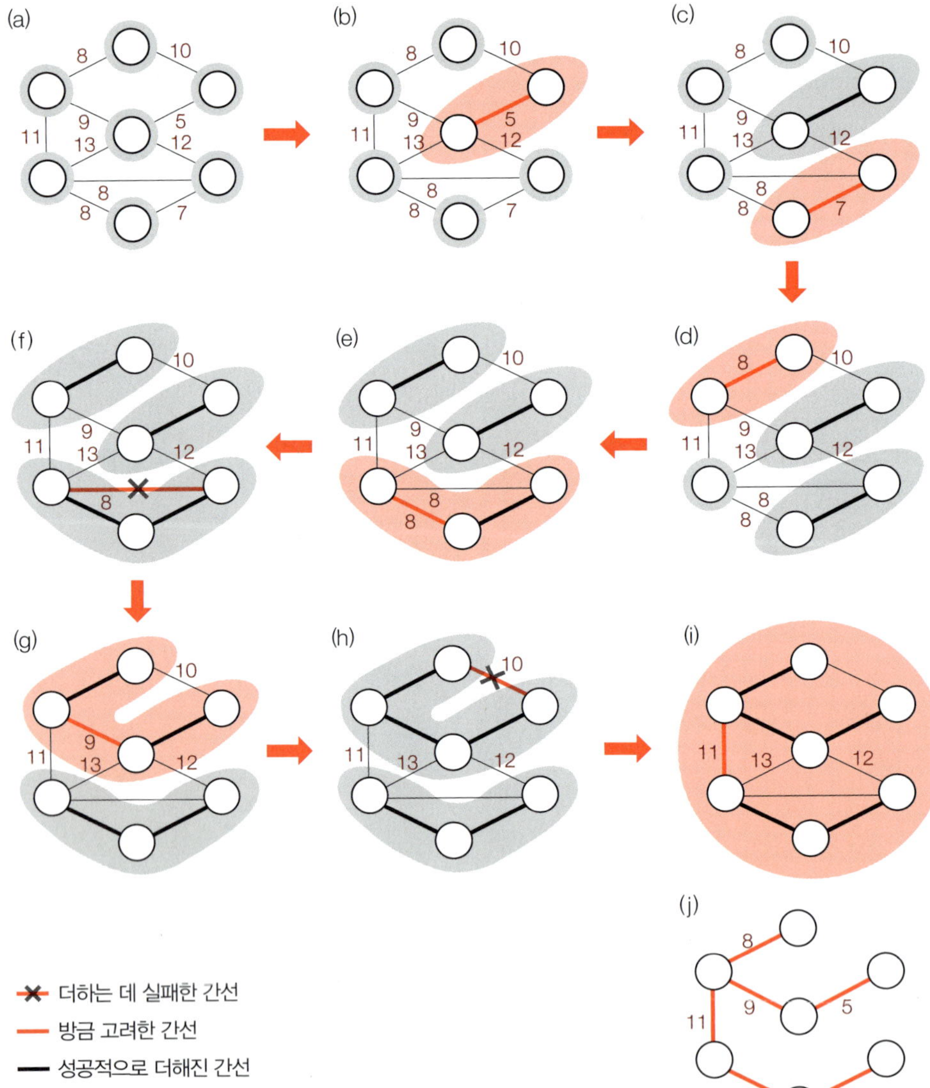

그림 13-16 크루스칼 알고리즘의 작동 예

[알고리즘 13-4]의 크루스칼 알고리즘의 수행 시간을 분석해보자. 우선 ❶에서 모든 간선을 정렬하는 데 O(ElogE)=O(ElogV) 시간이 소요된다. ❸의 while 루프는 최소 |V|-1회, 최대 |E|회 반복된다. while 루프 안을 들여다보자. ❹는 정렬된 배열에서 맨 앞부터 하나씩 제거해나가면 되므로 상수 시간이 든다. ❻은 간선 하나를 단순히 더하는 것이라 상수 시간이 든다. ❺와 ❼은 집합을 관리하는 작업들(두 정점이 다른 집합에 속하는지 확인하는 작업과 두 집합을 하나로 합치는 작업)로 여러 가지 구현 방법이 있다. 집합을 효율적으로 처리하는 방법들이 있는데, 단순하게 각 집합을 연결 리스트로만 운영해도 이 작업을 통틀어 O(E+VlogV) 시간에 처리할 수 있다. (집합의 처리 방법은 알고리즘에서 다루는 주제이므로 이 책에서는 다루지 않는다. 결과만 받아들이도록 하자.) 크루스칼 알고리즘의 시간을 좌우하는 것은 우습게도 ❷의 정렬 시간이다. 따라서 총 수행 시간은 O(ElogE)인데 이것은 O(ElogV) 시간과 동일하다.

3 안전성 정리

여기서는 앞서 소개한 두 알고리즘의 이론적 정당성을 제공한다. 따라서 두 알고리즘의 작동 방법만 알고 싶은 독자는 이 부분을 읽지 않고 넘어가도 좋지만 두 알고리즘의 정당성을 확신할 수 있는 이유를 알고 싶으면 읽어보기 바란다.

프림 알고리즘과 크루스칼 알고리즘은 사실 한 가지 원리를 바탕으로 한다. 프림 알고리즘은 하나의 집합 S를 키워나가면서 하나의 신장 트리를 만드는 방식이고, 크루스칼 알고리즘은 여러 집합을 합쳐가면서 최종적으로 하나의 신장 트리를 만드는 방식이다. 프림 알고리즘은 집합 S에 정점을 하나씩 더해나가지만 정점을 하나 더할 때마다 해당 정점을 트리에 연결하는 간선이 정해지므로 사실상 간선을 하나씩 더하는 것이다. 크루스칼 알고리즘은 2개의 집합을 합칠 때마다 두 집합을 연결하는 하나의 간선이 정해지므로 역시 간선을 하나씩 더하는 것이다. 따라서 두 알고리즘 모두 n-1개의 간선을 더해가는 순서를 나름대로 정해준다.

이제 정리를 하나 소개하려고 한다. [정리 13-1]은 이렇게 더해나가는 간선이 궁극적으로 최소 신장 트리에 이르는 길을 놓치지 않아 해당 간선을 일단 최소 신장 트리에 포함시키는 것이 안전하다는 것을 의미한다. 여기서 증명은 하지 않는다. 결과만 받아들이도록 하자. 간선이 가중치를 갖는 무방향 그래프 G=(V, E)의 정점들이 임의의 두 집합 S와 V-S로 나누어져 있다고 하자. 간선의 두 끝점이 한쪽은 S에, 한쪽은 V-S에 속한다면 이 간선은 S와 V-S 사이의 교차 간선이라 한다. S와 V−S 사이의 교차 간선들 중 가장 가벼운 간선(들)을 최소 교차 간선이라 하자.

정리 13-1

> 간선이 가중치를 갖는 무방향 그래프 G = (V, E)의 정점들이 임의의 두 집합 *S*와 V-S로 나누어져 있다고 하자. 간선 (u-v)가 *S*와 V-S 사이의 최소 교차 간선이면 (u-v)를 포함하는 그래프 G의 최소 신장 트리가 반드시 존재한다.

프림 알고리즘과 크루스칼 알고리즘의 무결성은 이 정리에 기반하고 있다. 두 알고리즘에서 간선을 더할 때 해당 간선이 [정리 13−1]의 최소 교차 간선에 해당한다.

05 위상 정렬

일상생활을 하다 보면 완수해야 할 여러 가지 일이 있고 이 일들 사이에는 상호 선후 관계가 존재한다. 한 사람이 라면을 끓인다고 할 때 어떤 순서로 일을 해야 하는가? [그림 13-17]은 라면을 맛있게 끓이기 위해 필요한 작업의 선후 관계를 나타낸 것이다. 두 작업 간에 방향 간선이 있으면 이들의 순서가 반드시 유지되어야 작업이 제대로 이루어진다. 예를 들면, 점화를 한 후에 라면을 넣어야 하고, 라면을 넣은 다음에 계란을 풀어야 한다. 또한 계란 풀기는 수프를 넣은 다음이어야 한다. 이 그림의 선후 관계가 실제로 맞는지 여부는 여기서 관심 사항이 아니니 맞다고 치자.

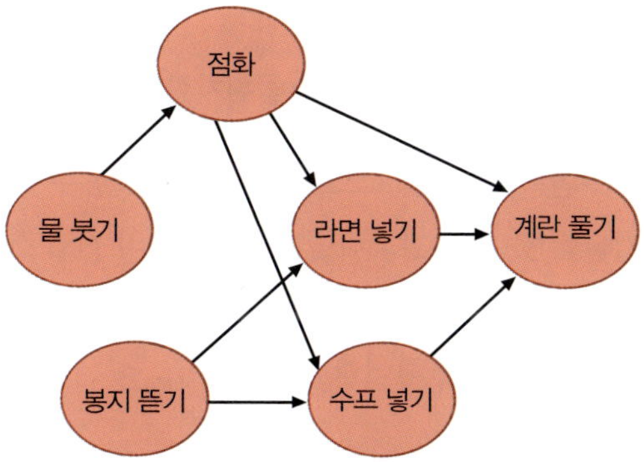

그림 13-17 라면 끓이기 작업의 선후 관계

[그림 13-18]의 [순서 1]은 [그림 13-17]에 근거해서 한 사람이 택할 수 있는 여러 가능한 순서 중 한 가지를 나타낸 것이다. 또한 물 붓기와 봉지 뜯기는 어느 것을 먼저 해도 상관없으므로 [순서 2]와 같이 해도 된다. 라면 넣기와 수프 넣기도 서로 선후 관계가 없기 때문에 [순서 3]도 무방하다.

순서 1
① 물 붓기
② 점화
③ 봉지 뜯기
④ 라면 넣기
⑤ 수프 넣기
⑥ 계란 풀기

순서 2
① 봉지 뜯기
② 물 붓기
③ 점화
④ 라면 넣기
⑤ 수프 넣기
⑥ 계란 풀기

순서 3
① 봉지 뜯기
② 물 붓기
③ 점화
④ 수프 넣기
⑤ 라면 넣기
⑥ 계란 풀기

그림 13-18 가능한 라면 끓이기 순서의 예

이 세 가지 방법의 공통점은 [그림 13-17]에서 작업 i와 작업 j 사이에 간선 (i→j)가 존재한다면 작업 i는 반드시 작업 j보다 먼저 수행된다는 사실이다. 그림의 모든 간선에 대해서 이 성질만 만족하면 어떤 순서라도 좋다. 이러한 성질을 만족하는 순서로 작업을 정렬하는 것을 위상 정렬Topological Sorting이라고 한다.

위상 정렬은 싸이클이 없는 방향 그래프 G = (V, E)에서 V의 모든 정점을 정렬하되 다음 성질을 만족해야 한다.

간선 (i→j)가 존재하면 정렬 결과에서 정점 i는 반드시 정점 j보다 앞에 위치한다.

만약 그래프에 싸이클이 있다면 위의 성질은 결코 만족될 수 없으므로 위상 정렬을 할 수 없다. [알고리즘 13-5]는 위상 정렬 알고리즘을 기술한 것이다. 알고리즘에서 정점 u의 진입 간선incoming edge이란 [그림 13-19]와 같이 u에 연결된 간선들 중 u로 향하는 간선을 말하고, 진출 간선outgoing edge이란 u에 연결된 간선들 중 u로부터 나가는 간선을 말한다.

알고리즘 13-5 위상 정렬 알고리즘

```
topologicalSort(G):
    for i ← 0 to n-1
        ❶ 진입 간선이 없는 정점 u를 선택한다
           A[i] ← u
        ❷ 정점 u와 u의 진출 간선들을 모두 제거한다
◀ 이 시점에 배열 A[0...n-1]에는 정점들이 위상 정렬된 상태다
```

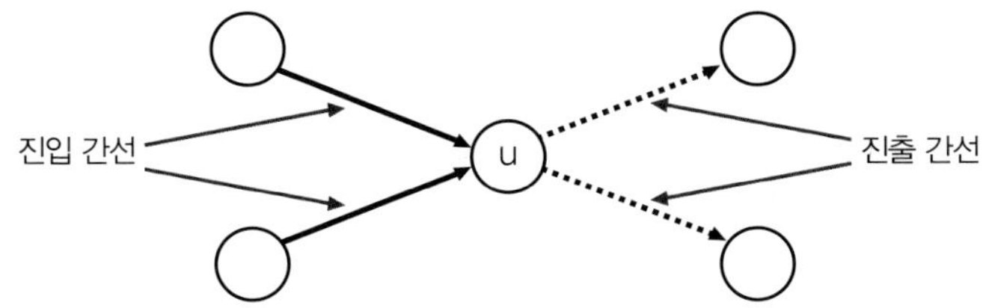

그림 13-19 정점 u의 진입 간선과 진출 간선

[그림 13-20]은 [그림 13-17]의 그래프를 입력으로 위상 정렬 알고리즘을 수행하는 예다. 각 과정을 차례로 살펴보자.

(a) 진입 간선이 없는 정점은 "물 붓기"와 "봉지 뜯기"다.

(b) 이 중 임의로 "물 붓기"를 택하고 이 정점과 진출 간선을 모두 제거한다. 제거한 흔적을 회색으로 남겼다. 이제는 "점화"와 "봉지 뜯기"에 진입 간선이 없다.

(c) 이 중 "점화"를 택하고 이 정점과 진출 간선을 모두 제거한다. 이제 진입 간선이 없는 정점은 "봉지 뜯기"뿐이다.

(d) "봉지 뜯기"를 선택하고 이 정점과 진출 간선을 모두 제거한다. 이제 진입 간선이 없는 정점은 "라면 넣기"와 "수프 넣기"다.

(e) (d)의 두 정점 중 "라면 넣기"를 선택하고 이 정점과 진출 간선을 모두 제거한다. 이제 진입 간선이 없는 정점은 "수프 넣기"뿐이다.

(f) "수프 넣기"를 선택하고 이 정점과 진출 간선을 제거한다. 이제 정점이 하나만 남았다. 당연히 진입 간선은 없다.

(g) 이 정점을 제거한다. 이 시점에 배열 `A[0…n-1]`에는 정점들이 위상 정렬되어 있다.

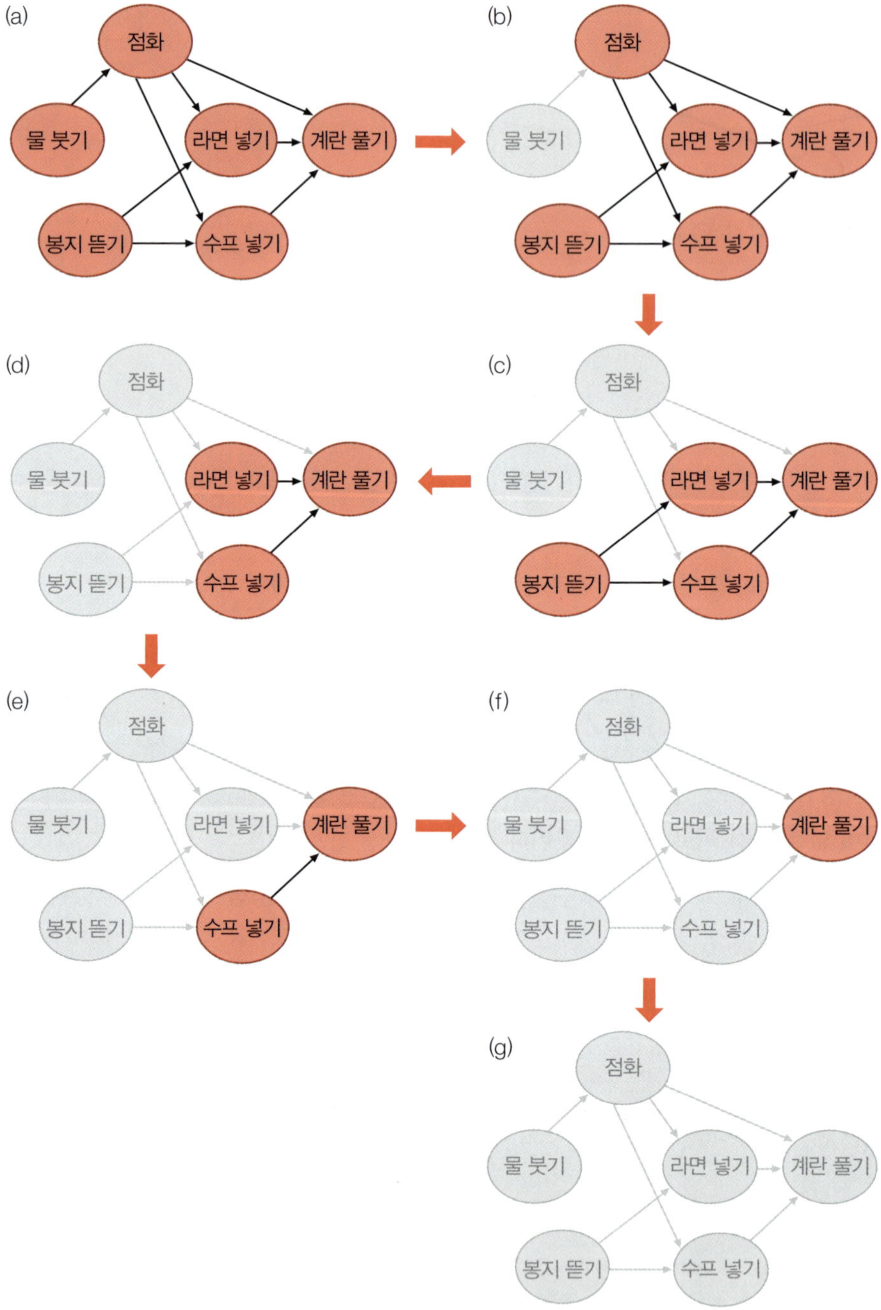

그림 13-20 위상 정렬 알고리즘의 작동 예

여기서 정점이 제거되는 순서가 하나의 위상 정렬을 이루고, 이는 [그림 13-18]에서 예를 든 세 가지 위상 정렬 중 [순서 1]에 해당한다.

위상 정렬은 기업이나 개인의 프로젝트 스케줄링에 유용할 뿐만 아니라 다른 문맥에서도 유용하게 쓰인다. 이 책에서는 다루지 않지만 가중치를 갖고 싸이클이 없는 방향 그래프의 최단 경로 찾기에도 쓰인다. 컴파일러에서도 작업을 순차적으로 처리하기 위해 사용된다.

위상 정렬 알고리즘의 수행 시간을 분석해보자. `for` 루프는 `n`번 반복된다. 반복할 때마다 1개의 정점이 선택되고 해당 정점에 연결된 진출 간선이 모두 제거된다. 그러므로 각 간선은 단 한 번씩만 취급된다. 그러므로 총 수행 시간은 $\Theta(V+E)$이다. 이를 달성하기 위해서는 자료구조와 관련한 약간의 기술이 필요한데 자세한 내용은 [NOTE]에서 설명한다.

NOTE 위상 정렬 알고리즘의 수행 시간 분석

위상 정렬을 위한 [알고리즘 13-5]의 수행 시간 $\Theta(V+E)$는 진입 간선이 없는 정점을 찾는 것이 상수 시간에 이루어진다고 해야 가능하다. 이것은 자명하지가 않다.

우선 그래프의 표현을 인접 행렬로 하면 행렬의 준비 과정에서 $\Theta(V^2)$시간이 소요되므로 $\Theta(V+E)$를 넘어버린다. 따라서 인접 리스트를 사용하기로 한다. 방향 그래프의 인접 리스트에서 간선 $(u \rightarrow v)$는 정점 u의 연결 리스트에만 포함시킨다. 즉, 인접 리스트에서 간선 $(u \rightarrow v)$는 정점 u의 진출 간선으로만 관리된다. 이 경우 진입 간선이 없는 정점을 찾기 위해서는 모든 정점의 진출 간선 리스트를 다 보아야 한다. 이것 하나를 찾는 데 최악의 경우 $\Theta(V+E)$ 시간이 들어 앞의 시간을 맞출 수 없다. 이 문제는 다음 방법으로 해결할 수 있다.

알고리즘을 시작할 때 배열 C[0...n-1]에 각 정점의 진입 간선 수를 기록한다. 인접 리스트를 한 번 훑으면서 간선 $(u \rightarrow v)$를 만나면 C[v]를 1 증가시키면 된다. 모두 훑고 나면 C[0...n-1]에는 각 정점의 진입 간선 수가 기록된다. C[0...n-1]을 한 번 훑어 0의 값을 가진 정점들을 리스트로 만들어둔다. ❷에서 정점 u의 진출 간선 $(u \rightarrow v)$를 지울 때 C[v]를 1 감소시킨다. 그러면 C[0...n-1]은 항상 현재의 진입 간선 수를 갖게 된다. 이 과정에서 정점 v의 C[v] 값이 0에 이르면 앞의 진입 간선 수가 0인 정점 리스트에 삽입한다. 이렇게 관리하면서 ❶에서 진입 간선이 없는 정점을 필요로 할 때마다 이 리스트에서 아무거나 하나씩 빼주면 된다.

따라서 진입 간선이 없는 정점을 찾는 것은 상수 시간에 이루어지고, 알고리즘 topologicalSort()는 $\Theta(V+E)$ 시간에 가능해진다.

06 최단 경로

내비게이션 시스템에 목적지를 입력하면 가장 효율적인 경로를 안내해준다. 전철에서 내려 복잡한 시내를 거쳐 어떤 목적지로 걸어간다면 가능한 여러 경로 중 최단 거리이거나 최단 시간이 소요되는 경로를 선택한다. 이번 절의 주제는 이와 같은 최단 경로Shortest Path 구하기다.

그래프 G = (V, E)가 있을 때 E는 가중치를 가진 방향 간선들의 집합이다. 임의의 경로는 연속된 간선들로 이루어진다. 즉, 간선들의 체인이다. 경로를 구성하는 간선들의 가중치 합을 해당 경로의 길이라고 한다. 이 절에서는 목적지에 이르는 모든 가능한 경로 중 최단 경로를 찾는 알고리즘으로 다익스트라 알고리즘과 벨만-포드 알고리즘을 소개한다.

최단 경로 문제에서 입력 그래프의 유형은 크게 두 가지다. 첫째는 모든 간선 가중치가 음이 아닌 일반적인 경우로, 현실 지도를 그래프로 표현하면 이에 해당하며, 다익스트라 알고리즘이 이 유형의 문제를 푼다. 다른 하나는 음의 가중치가 존재하는 경우로, 벨만-포드 알고리즘이 이 유형의 문제를 푼다. 이때 음의 가중치는 허용하지만 가중치 합이 음인 싸이클은 절대 허용하지 않는다. 음의 싸이클이 있으면 해당 싸이클을 몇 번이고 반복해서 돌아 경로의 가중치 합을 무한정 낮출 수 있기 때문에 최단 경로 문제 자체가 성립하지 않는다.

다익스트라 알고리즘과 벨만-포드 알고리즘은 하나의 시작 정점으로부터 다른 모든 정점에 이르는 최단 경로를 구한다. 이에 반해 모든 정점 쌍 간의 최단 경로를 구하는 알고리즘도 있다. 앞의 유형을 단일 시작점 최단 경로 문제라 하고, 뒤의 유형을 모든 쌍 최단 경로 문제라 한다. 이 장에서는 단일 시작점 최단 경로 문제로 범위를 제한한다.

임의의 두 정점 간에 경로가 존재하지 않으면 이 경로의 길이는 무한대(∞)로 정의한다. 또 두 정점 사이에 간선이 없으면 가중치가 ∞인 간선이 있다고 간주한다. 알고리즘의 편의상 이처럼 정의하는 것인데 매우 자연스러운 가정이다.

❶ 다익스트라 알고리즘(음의 가중치를 허용하지 않는 경우)

다익스트라 알고리즘은 입력 그래프 G = (V, E)에서 간선들의 가중치가 모두 0 이상인 경우의 최단 경로 알고리즘으로, 다익스트라Dijkstra가 고안하였다. [알고리즘 13-6]은 다익스트라 알고리즘을 기술한 것이다.

알고리즘 13-6 다익스트라 알고리즘

```
Dijkstra(G, r):
◀ G = (V, E): 주어진 그래프, r: 시작 정점
    S ← {r}      ◀ S: 정점 집합
    r.cost ← 0
 ❶ for each u ∈ V-{r}
        u.cost ← w_ru
        u.prev ← r
    while (S ≠ V)   ◀ n-1회 순환한다
        u ← deleteMin(V-S)
        S ← S ∪ {u}
        for each v ∈ u.adj      ◀ u.adj: 정점 u에 인접한 정점들의 집합
             if (v ∈ V-S and u.cost + w_uv < v.cost)
               ❶ v.cost ← u.cost + w_uv
                 v.prev ← u

deleteMin(Q):
    집합 Q에서 u.cost가 가장 작은 정점 u를 리턴한다
```

다익스트라 알고리즘은 최소 신장 트리를 위한 프림 알고리즘의 원리와 거의 같다. [알고리즘 13-6]을 보면 알고리즘의 골격이 프림 알고리즘과 거의 동일함을 알 수 있다. 다만 프림 알고리즘에서는 v.cost가 정점 v를 신장 트리에 연결하는 비용을 저장하는 반면, 다익스트라 알고리즘에서는 v.cost가 시작 정점 r에서 정점 v에 이르는 거리를 저장한다. 알고리즘 진행 중에 v.cost는 지금까지 진행된 범위 내에서 v에 이르는 최단 거리 값을 갖는다.

[그림 13-21]은 8개의 정점으로 만들어진 가중치 있는 방향 그래프로 다익스트라 알고리즘을 수행한 예다.

(a) 주어진 그래프다.

(b) 먼저 정점 r을 집합 S의 첫 번째 원소로 포함시킨다. 집합 S는 별색 음영으로 표시한다. 그림에서 한 단계 진행될 때마다 이 집합의 크기가 하나씩 커진다. 시작 노드인 r의 r.cost만 0으로 놓고, 나머지 모든 정점 u의 u.cost를 간선 (r → u)의 가중치로 초기화한다. 그 결과 r에 인접한 3개 정점의 .cost는 각각 8, 9, 11로 할당되었고, 나머지 정점들은 모두 ∞로 할당되었다. 이제 집합 S 바깥(V−S)의 정점들 중 .cost가 가장 작은 정점을 찾는다. .cost의 최솟값은 8이다.

(c) 계산된 최단 거리(.cost)가 가장 짧은 정점을 집합 S에 새로이 포함시킨다. 최단 거리가 8인 정점이다. 이 정점을 집합 S에 새로이 포함시키고 나니 한 정점의 최단 거리 값이 ∞에서 18로 바뀌었다. 정점의 최단 거리 값이 ∞에서 다른 수로 바뀌는 때는 최초로 시작 정점 r에서 이 정점에 이르는 경로가 발견되었을 때다. 그림에서 집합 S의 바깥에 검은색으로 표시한 정점들은 방금 집합 S가 확장되면서 최단 거리 값이 바뀐 정점들이다. 이제 집합 S 바깥의 정점들 중 최단 거리 값이 가장 낮은 것은 9다.

(d) 연결 비용이 9인 정점을 새로이 집합 S에 포함시킨다. 이로 인해 최단 거리가 18이던 정점의 최단 거리가 10으로 바뀌었다. 이처럼 정점의 최단 거리가 ∞가 아닌 수에서 다른 수로 또 바뀌는 때는 이미 경로가 발견되었지만 더 짧은 경로가 발견되었을 때다. 이런 식으로 정점의 최단 거리는 여러 번 바뀔 수 있다. 이 변경은 [알고리즘 13-6]의 ❶에서 이루어진다. 이제 나머지 정점들 중 최단 거리 값이 가장 낮은 것은 10이다.

(e) 최단 거리 10인 이 정점이 집합 S에 추가된다. 이로 인해 한 정점의 최단 거리 값이 ∞에서 12로 바뀌었다.

(f) 최단 거리 11인 정점이 S에 추가된다. 이로 인해 두 정점의 최단 거리 값이 ∞에서 19로 바뀌었다.

(g) 최단 거리 12인 정점이 S에 추가된다. 이로 인해 한 정점의 최단 거리 값이 19에서 16으로 바뀌었다. 이 정점도 최단 거리 값이 두 번째 바뀐 것이다.

(h) 최단 거리 16인 정점이 S에 추가된다. 이로 인해 최단 거리가 바뀌는 정점은 없다.

(i) 마지막 남은, 최단 거리 19인 정점이 S에 추가되면서 알고리즘은 끝난다.

(j) 각 정점의 최단 거리 값이 마지막으로 바뀔 때 사용된 간선을 모은 것이다. 모든 정점의 최단 경로는 이 간선들로만 이루어진다.

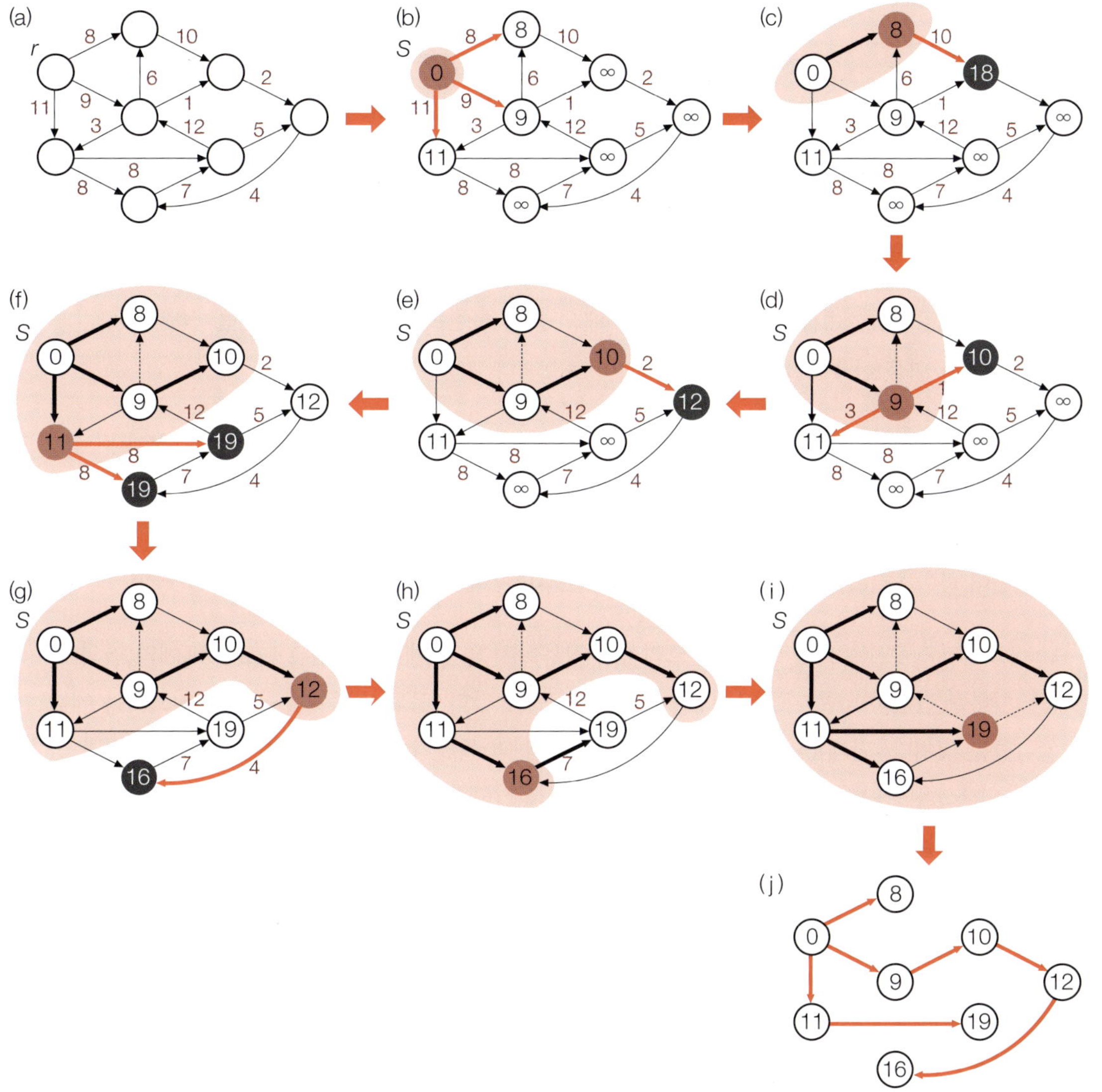

그림 13-21 다익스트라 알고리즘의 작동 과정을 보여주는 예

[그림 13-21]의 표기들을 다시 한 번 정리해보자. 음영으로 표시된 영역이 집합 S를 나타낸다. 집합 S 안에서 별색으로 표시된 것은 방금 집합 S로 들어간 정점이다. 굵은 별색 실선으로 표시된 간선은 방금 집합 S로 들어간 정점의 진출 간선으로, 이 간선에 연결되는 정점의 최단 거리(.cost)에 변동이 생기는지 보는 시점을 나타낸다. 집합 S의 바깥에 검은색으로 표시된 정점은 이로 인해서 최단 거리에 변동이 생긴 정점을 나타낸다. 점선으로 표시된 간선들은 이

미 집합 S로 들어간 정점끼리 연결된 간선으로, 볼 필요가 없다. (j)의 간선들은 각 정점에 이르는 최단 경로를 형성하는 간선들을 나타낸다. 각 정점이 마지막으로 검은색으로 표기되던 시점, 즉 해당 정점의 .cost가 마지막으로 변한(마지막 이완이 일어난) 시점에 사용된 간선들이다. 시작 정점에서 도달 가능한 모든 정점 v에 대해 적어도 한 번 이상 ❶의 변동(이완)이 일어나게 되는데 (j)에 별색으로 굵게 표시된 간선은 이 중 마지막으로 이완이 일어나게 한 간선 (u→v)와 일치한다.

다익스트라 알고리즘의 내용은 앞에서 배운 프림 알고리즘과 거의 같으므로 수행 시간도 동일하다. 힙을 이용하면 O(ElogV) 시간이 소요된다.

다익스트라 알고리즘은 간선의 가중치가 음이 되면 작동하지 않는다. 다익스트라 알고리즘에서는 임의의 정점을 집합 S에 더할 때 r에서 그 정점까지의 최단 거리는 계산이 끝났다는 확신을 가지고 더한다. 만약 음의 가중치가 존재한다면 이후에 더 짧은 경로가 존재할 가능성이 있어 다익스트라 알고리즘의 논리적 기반이 무너진다.

[그림 13-22]는 다익스트라 알고리즘이 작동하지 않는 예다. [그림 13-21]의 예와 거의 유사하나 간선 하나를 가중치 6에서 -15로 바꾸어놓았다. 음의 가중치가 문제를 일으키는 예를 만든 것이다. 단계 (a), (b), (c)는 [그림 13-21]과 똑같다. (d)에 이르면 -15의 가중치가 있는 간선을 만난다. 다익스트라 알고리즘은 방금 집합 S에 들어간 정점에서 S 바깥으로 연결되는 간선들만 고려하므로 (d1)처럼 처리하게 된다. 즉, [그림 13-21]과 똑같이 처리하고 넘어간다. 그러나 사실은 (d2)처럼 현재까지 최단 거리가 8로 계산되어 있는 정점이 최단 거리 -6으로 바뀌어야 한다. 다익스트라 알고리즘은 집합 S에 한 번 포함된 정점에 대해서는 최단 거리를 다시 계산하지 않으므로 이러한 예에 대해서는 제대로 작동하지 않는다.

다익스트라 알고리즘을 살짝 변경하여 이미 집합 S의 내부에 있는 정점에 대해서도 최단 거리를 바꿀 수 있도록 하면 제대로 작동할까? 답은 여전히 "안 된다"이다. 만일 그렇게 한다면 (d2)처럼 8을 -6으로 바꾸게 되는데 그러면 최단 거리 10으로 계산되어 있는 정점의 최단 거리도 4로 바뀌어야 한다. 그렇지만 -6에 해당하는 정점은 이미 집합 S에 포함되어 버렸으므로 다시는 이에 연결된 정점을 10에서 4로 바꿀 기회가 없다. 알고리즘의 골격을 유지한 채 조금 변경해서는 이러한 문제를 해결하기 힘들다. 다음에 소개하는 벨만-포드 알고리즘은 이러한 음의 가중치도 모두 허용한다. 물론 다익스트라 알고리즘보다 작업 시간이 많이 걸린다.

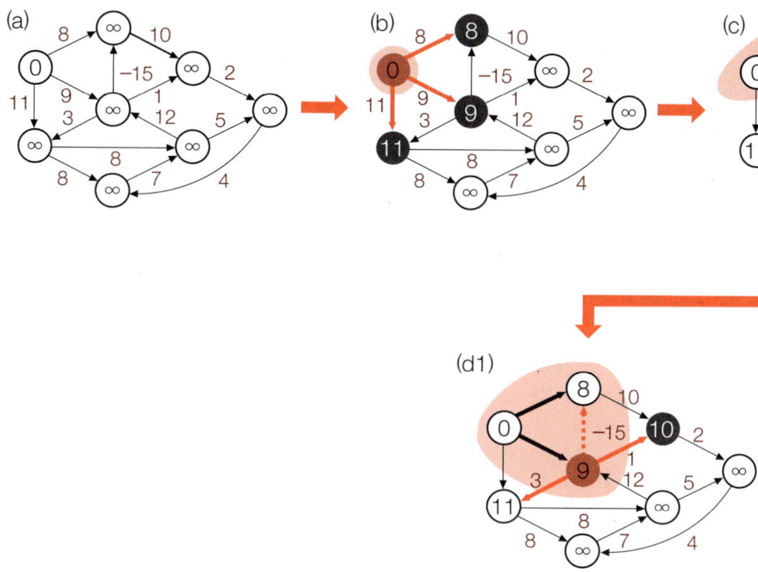

그림 13-22 다익스트라 알고리즘이 제대로 작동하지 않는 예

2 벨만-포드 알고리즘(음의 가중치를 허용하는 경우)

다익스트라 알고리즘은 음의 가중치가 있는 경우를 해결하지 못한다. 최단 경로를 구하는 데 음의 가중치를 고려할 필요가 있는지 의문이 들 수도 있다. 최단 경로를 구하기 위해 거쳐 가면 좋을 장소가 있다면 그 장소를 지나가는 도로는 보상을 줄 만하다. 이때 그 구간에 음의 가중치를 주어 지나가길 유도할 수 있다. 예를 들어, 인체 내에서 단백질 간 상호작용 경로를 파악하고자 하는데 어떤 두 단백질 간 상호작용은 너무나 요긴해서 반드시 포함시키고 싶을 수 있다. 그럴 때 포함시키고 싶은 정도에 따라 음의 가중치를 주면 두 단백질 간의 간선을 포함하는 생리학적 경로를 구하는 데 도움이 된다. 네트워크에서 데이터 패킷의 최단 경로를 계산할 때도 음의 가중치를 두면 좋은 경우가 있다.

지금부터 소개하는 벨만-포드 알고리즘은 이론적으로도 중요한 위치를 차지한다. 벨만-포드 Bellman-Ford 알고리즘은 '동적 프로그래밍'의 대표적인 예인데, 알고리즘의 핵심 주제 중 하나다. 동적 프로그래밍은 이 책의 범위를 벗어나는 주제이므로 그 메커니즘을 명시적으로 언급하지 않고 벨만-포드 알고리즘의 작동 원리 안에서 설명한다.

벨만-포드 알고리즘은 입력 그래프 G=(V, E)에서 각 간선의 가중치가 음의 값을 허용하는 임의의 실수인 경우의 최단 경로 알고리즘이다. 단, 음의 싸이클은 허용하지 않는다. 벨만-포드 알고리즘은 간선을 최대 1개 사용하는 최단 경로, 간선을 최대 2개 사용하는 최단 경로, …와 같은 식으로 간선을 최대 n-1개 사용하는 최단 경로까지 구해나간다. [알고리즘 13-7]은 벨만-포드 알고리즘을 기술한 것이다.

알고리즘 13-7 벨만-포드 알고리즘

```
BellmanFord(G, r):
◀ G=(V, E): 주어진 그래프, r: 시작 정점
      for each u∈V
            u.cost ← ∞
      r.cost ← 0
    ❶ for i ← 1 to n-1                    ◀ |V| = n: 정점의 총 수
         ❷ for each (u→v) ∈ E         ◀ (u→v): 방향 간선
              ❸ if (u.cost + w_uv < v.cost)
                   ❹ v.cost ← u.cost + w_uv
                   ❺ v.prev ← u
    ◀ 음의 싸이클 존재 여부 확인
    ❻ for each (u→v) ∈ E
            if (u.cost + w_uv < v.cost) output "해 없음: 음의 싸이클"
```

벨만-포드 알고리즘은 코드가 가장 간단한 알고리즘 중 하나다. 위 알고리즘에서 ❻의 for 루프는 음의 싸이클 존재 여부를 확인하는 부분이다. 즉, 문제가 성립하는지 확인하는 부분이니 최단 경로를 구하는 것과 상관없다. 직전 정점을 기록하는 ❺ 부분도 최단 경로 값 구하기에는 영향을 미치지 않고 경로를 구성하기 위해 사용된다. 이들을 제외한 ❶~❹가 핵심부다.

```
❶ for i ← 1 to n-1
     ❷ for each (u→v) ∈ E
          ❸~❹ v.cost ← min{v.cost, u.cost + w_uv }
```

i=k로 ❶의 for 루프를 수행한 직후 v.cost에는 최대 k개의 간선을 사용해서 v에 이르는 최단 경로가 계산된다. ❶의 for 루프를 모두 다 수행하고 나면(총 n-1번) 최대 n-1개의 간선을 사용하는 최단 경로가 계산된다. n-1개를 초과하는 경로는 의미가 없다. 간선 수가 n-1개인 경로에는 n개의 모든 정점이 다 포함된다. 간선 수가 n-1개를 초과하면 두 번 이상 포함되는 정

점이 생겨 싸이클이 만들어진다. 모든 싸이클은 0 또는 양수이므로 최단 경로에 넣었을 때 도움이 되지 않는다. 그러므로 최대 n-1개의 간선을 포함하는 최단 경로보다 짧은 경로는 존재할 수 없다.

❶의 for 루프를 시작하기 직전(i = 0인 셈이다)에는 간선을 하나도 사용하지 않고 이를 수 있는 최단 경로만 계산되어 있다. 경로를 하나도 사용하지 않고 이를 수 있는 정점은 시작 정점 r 자신밖에 없고 다른 정점들은 도달 불가능하므로 r의 최단 거리만 0이 되고 나머지는 모두 ∞로 초기화되었다. for 루프가 처음으로 한 번 돌고 나면(즉, i = 1인 상태에서 수행), 단 하나의 간선을 사용해서 r로부터 이를 수 있는 최단 경로가 계산된다. 즉, r로부터 직접 연결된 정점들의 최단 거리에 변동이 생긴다(물론 이것은 나중에 더 작게 갱신될 수 있다). 맨 마지막 반복, 즉 n-1번째 루프가 끝나면 최대 n-1개의 간선을 사용해서 이를 수 있는 최단 경로가 계산된다. '최대 n-1개'의 간선을 사용해서 이를 수 있는 최단 경로는 이 그래프의 최단 경로다.

[그림 13-23]은 벨만-포드 알고리즘의 작동 예로, 8개의 정점이 가중치가 있는 방향 간선들로 연결된 그래프다. 그림을 차례로 따라가보자.

(a) 주어진 그래프다. 시작 정점 r의 최단 거리만 0으로 세팅하고 나머지는 모두 ∞로 초기화한다.

(b) 모든 간선을 한 번씩 살피면서 해당 간선으로 인해 앞에서 설정한 최단 거리가 더 짧아질 수 있는지 본다. 여기서는 시작 정점에 연결된 세 정점에만 변동이 생긴다. 이들의 최단거리가 ∞에서 8, 9, 11로 각각 바뀌었다.

(c) 모든 간선을 다시 한 번씩 살피면서 해당 간선으로 인해 앞에서 설정된 최단 거리가 더 짧아질 수 있는지 본다. 앞에서 3개의 정점에 변동이 생겼으므로 이번에는 이들로부터 연결된 정점들에 변동이 생길 수 있다. 이들의 최단 거리가 8, ∞, ∞, ∞에서 -6, 10, 19, 19로 각각 바뀌었다. 이 중 -6으로 바뀐 정점은 바로 전 단계인 (b)에서도 바뀌었는데 최단 거리 9인 정점으로부터 연결되어 있어 다시 -6으로 바뀌었다.

이런 식으로 매 for 루프마다 모든 간선을 한 번씩 살피면서 해당 간선으로 인해 최단 거리의 변동이 생기는지를 본다.

마지막 for 루프(i = 7)인 (h)에서는 아무 변동이 일어나지 않았다. 이것은 시작 정점에서 7개의 간선을 사용하는 최단 경로는 없다는 뜻이다. 결과적으로 가장 많은 수의 간선을 사용하는 최단 경로는 (g)에서 계산된 최단 경로 3의 정점으로 6개의 간선을 사용한다.

[그림 13-23]의 표기들을 다시 한 번 정리해보자. 검은색으로 표시된 정점은 방금 최단 거리에 변동이 생긴 정점을 나타낸다. 굵은 별색으로 표시된 간선은 검은색으로 표시된 정점에 방금 변동이 생기게 한 간선이다. (i)에서 굵은 별색으로 표시된 간선은 각 정점에 이르는 최단 경로를 형성하는 간선을 나타낸다. 즉, 각 정점이 마지막으로 검은색으로 표시되던 시점에 사용된 간선들이다. 벨만-포드 알고리즘에서는 각 정점 v에 대해 적어도 한번 이상 ❸에서 값의 변동이 일어나게 되는데 (i)에서 굵은 별색으로 남긴 간선은 각 정점에 마지막으로 변동이 일어나게 한 간선들을 모아놓은 것이다. 그래프의 모든 최단 경로는 이 간선들로만 만들어진다.

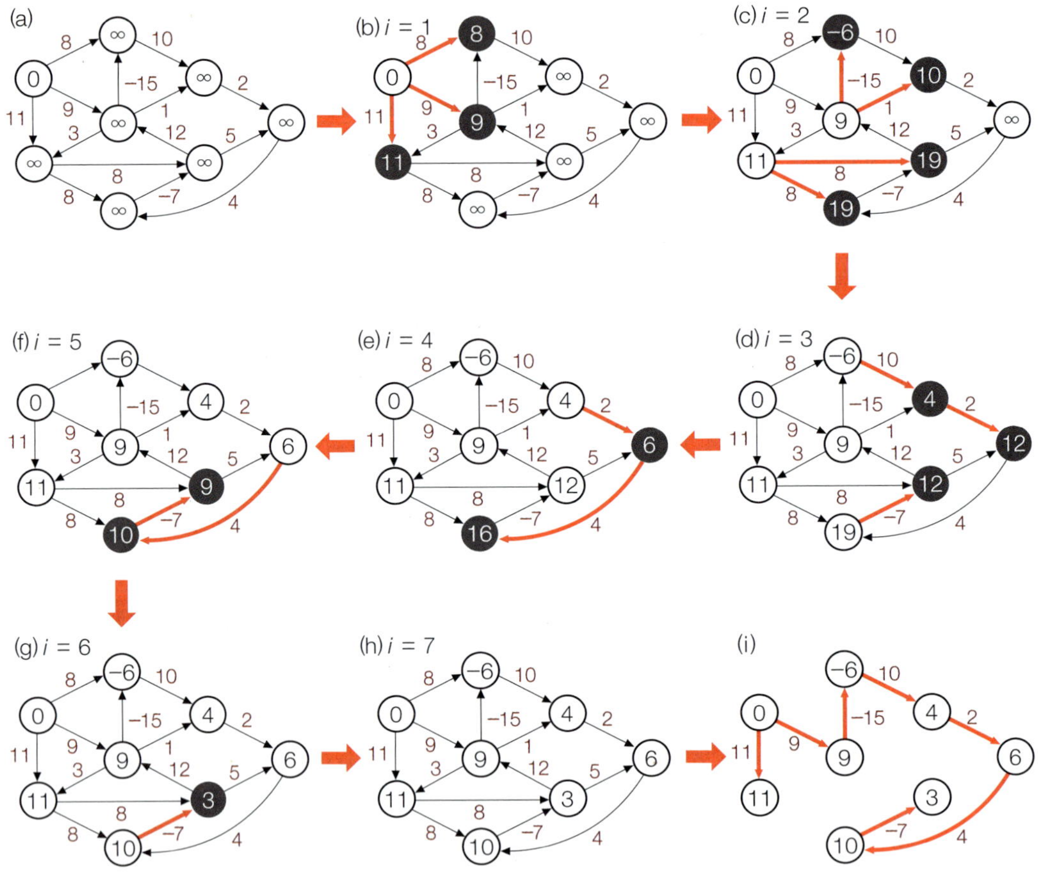

그림 13-23 벨만-포드 알고리즘의 작동 과정을 보여주는 예

앞에서 음의 싸이클이 존재하면 문제 자체가 성립하지 않는다고 했다. 벨만-포드 알고리즘에 음의 싸이클이 존재하는 그래프가 입력으로 들어오면 어떻게 될까? [알고리즘 13-7]에서 ❺

의 for 루프는 이런 음의 싸이클이 존재하는지 체크하는 작업을 한다. 음의 싸이클이 존재하는 예를 가지고 벨만-포드 알고리즘을 한번 수행해보자. [그림 13-24]는 음의 싸이클이 존재하는 입력 그래프로 벨만-포드 알고리즘을 수행한 예다. [그림 13-23]과 같은 방식의 색과 굵기를 사용했다. (h)는 마지막 루프가 종료된 상황을 나타낸다. (i)를 보자. 이 그림은 각 정점의 최단 거리가 마지막으로 갱신된 간선을 별색으로 굵게 표시하였다. 이 간선들이 싸이클을 이루고 있는데, 재미있게도 이 그래프가 갖고 있는 음의 싸이클이다. 이 싸이클에 있는 상당수 정점들이 ❺의 for 루프의 체크를 통과하지 못하는 상태임을 볼 수 있다. 예를 들어 최단 거리가 3으로 되어 있는 정점은 "7 - 7 = 0 < 3"이므로 문제가 생긴다. 정상적인 그래프라면 별색 간선들은 정점 r을 루트로 하는 방향 트리를 만들지만 음의 싸이클이 있는 경우에는 이들이 싸이클을 만들어버린다. .prev를 사용해서 최단 경로를 만들 수도 없다.

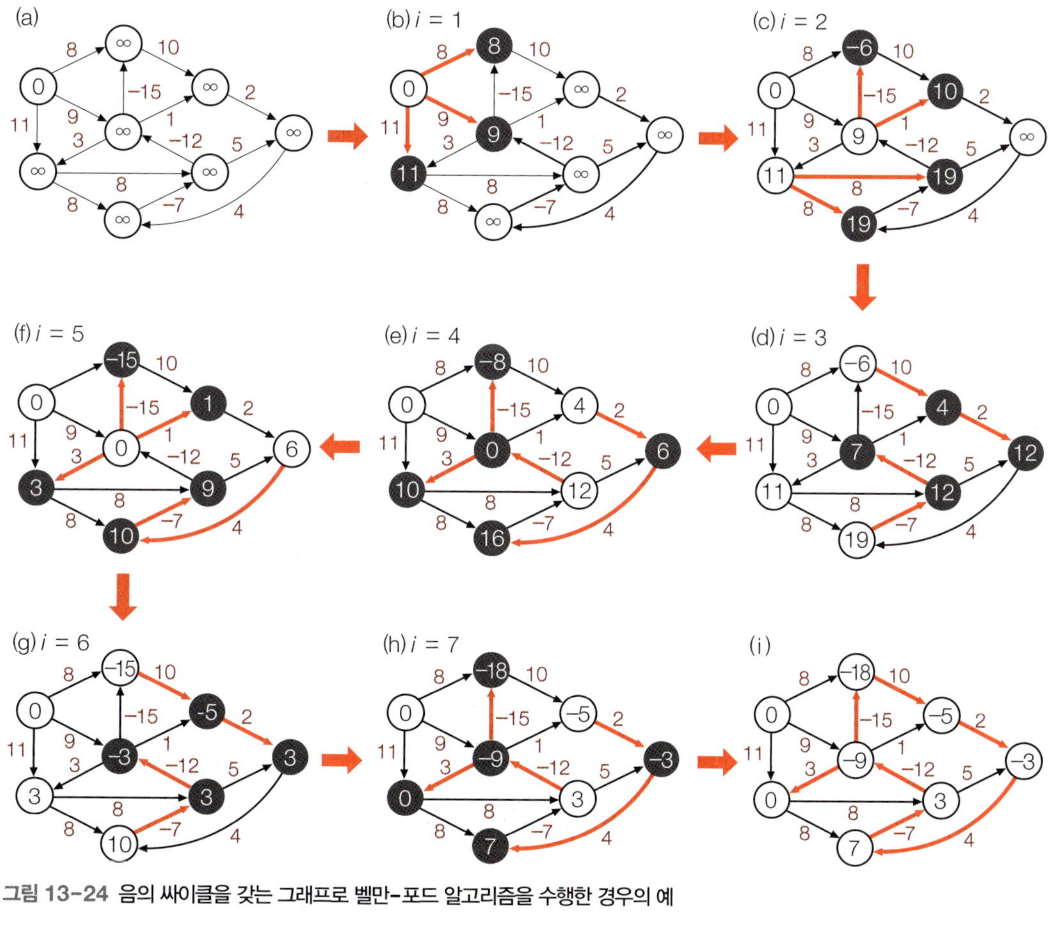

그림 13-24 음의 싸이클을 갖는 그래프로 벨만-포드 알고리즘을 수행한 경우의 예

벨만-포드 알고리즘을 사용해야 하는 곳에 다익스트라 알고리즘을 사용하면 제대로 해를 구하지 못한다. 반면, 다익스트라 알고리즘을 사용해 해를 구할 수 있는 경우에는 항상 벨만-포드 알고리즘을 써도 된다. 그러나 벨만-포드 알고리즘은 O(ElogV)시간이 소요되는 다익스트라 알고리즘에 비해 시간이 많이 걸리므로 좋은 선택이 아니다.

[알고리즘 13-7]의 벨만-포드 알고리즘 수행 시간을 분석해보자. 아주 간단하다. ❶의 for 루프는 Θ(V)회 반복된다. ❷의 for 루프는 Θ(E)회 반복된다. ❷의 for 루프 안에 있는 ❸~❺ 작업은 상수 시간이 든다. 따라서 이 두 for 루프가 겹쳐져 총 Θ(VE) 시간이 소요된다. ❻의 for 루프는 상수 시간이 소요되는 일이 Θ(E)회 반복되므로 Θ(E) 시간이 든다. 그러므로 벨만-포드 알고리즘의 수행 시간은 Θ(VE)이다.

이 시간은 단축할 수 있다. ❷의 for 루프에서 모든 간선 (u→v)를 한 번씩 살피도록 해놓아 시간이 불가피하게 Θ(VE)가 되었다. 사실은 바로 앞 단계에서 u.cost에 변동이 생긴 정점 u들에 대해서만 u의 진출 간선을 살피면 된다. [그림 13-24]의 경우, 간선이 총 14개이고 for 루프를 7번 순환하므로 [알고리즘 13-7]은 간선을 총 98회 체크하게 된다. 그림에서 이완이 일어난 정점에 대해서만 ❷의 for 루프를 수행하면 간선을 총 25회만 체크하면 된다. 이완이 일어난 정점을 관리하는 것도 어렵지 않다. 이런 성질을 이용해서 [알고리즘 13-7]의 벨만-포드 알고리즘을 평균적으로 좀 더 효율이 높아지도록 수정하면 수행 시간은 O(VE)라 말할 수 있다.

01 그래프의 표현법 중 인접 행렬을 사용할 때 필요한 공간의 크기와 두 정점의 인접 여부를 알기 위해 소요되는 점근적 시간을 밝히시오.

02 그래프의 표현법 중 인접 리스트를 사용할 때 필요한 공간의 크기와 두 정점의 인접 여부를 알기 위해 소요되는 점근적 시간을 밝히시오.

03 **01**, **02**번 문제의 인접 행렬과 인접 리스트는 각각 공간 소모량과 인접성 확인에 드는 시간 면에서 장단점이 있다. 공간은 인접 리스트와 같은 점근적 수준이지만 두 정점의 인접 여부를 알기 위해 정점의 차수 k에 대해 O(logk)의 시간이 드는 방법을 말하시오.

04 공간은 인접 리스트와 같은 점근적 수준이지만 두 정점의 인접 여부를 알기 위해 정점의 차수 k와 상관없이 평균 Θ(1)의 시간이면 충분한 방법을 말하시오. (**03**번 문제의 후속 문제임)

05 모든 정점 사이에 간선이 존재하는 그래프가 있다. 여러분이라면 인접 행렬 표현과 인접 리스트 표현 중 어느 것을 사용하겠는가? 그리고 그렇게 선택한 이유는 무엇인가? 2절에서 소개한 네 가지 표현 중에서는 어느 것을 사용하겠는가?

06 정점들 사이에 아주 드물게 간선이 존재하는 그래프가 있다. 이런 그래프를 희소 그래프Sparse Graph라 한다. 인접 행렬 표현과 인접 리스트 표현 중 하나를 사용해야 한다면 여러분은 어느 것을 사용하겠는가? 그리고 그렇게 선택한 이유는 무엇인가?

07 다음 그래프에서 정점 r로부터 시작하여 다음 질문에 답하시오.

① 너비 우선 탐색을 하는 과정을 하나 그리시오.

② 깊이 우선 탐색을 하는 과정을 하나 그리시오.

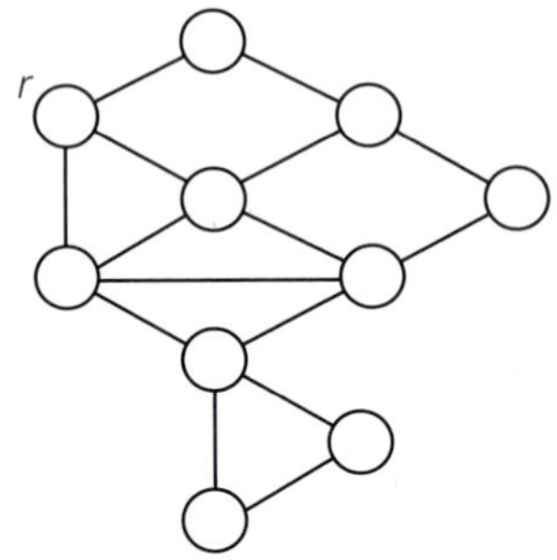

08 다음 그래프의 정점 1을 시작으로 DFS(1)을 수행할 때 'v가 정점 1인 상태'에서 ❶의 DFS(x)는 몇 번 호출되는가? (DFS(x)가 호출되는 시점의 모함수(DFS(v))에서 v=1인 경우만 센다.)

```
DFS(v):
    v.visited ← YES
    for each x ∈ v.adj ◀ v.adj : 정점 v에 인접한 정점 집합
        if (x.visited = NO)
            ❶ DFS(x)
```

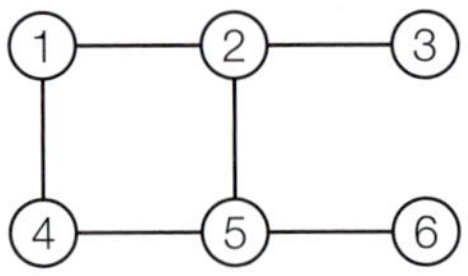

09 08번 문제와 관련하여, 다음 그래프에 대해 답하시오.

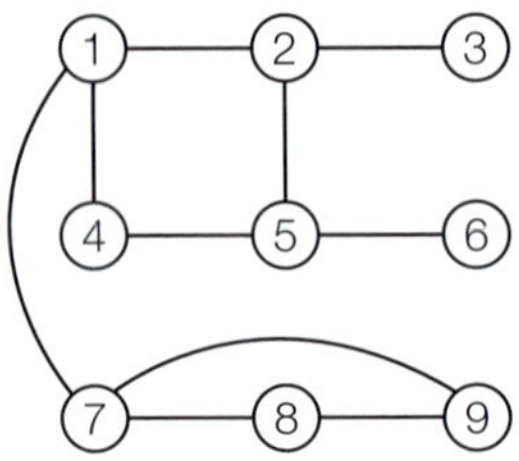

① DFS(1)을 수행하면 v가 정점 1인 상태에서 ❶의 DFS(x)는 몇 번 호출되는가? (v=1인 경우만 센다.)

② DFS(1)을 수행하면 DFS(1)이 끝나지 않은 상태에서 DFS()가 최대 몇 개까지 수행 중일 수 있는가(깊이를 말하며 DFS(1)도 하나로 셈)? 여러 정점 중 하나를 선택해야 할 경우에는 아무거나 먼저 선택한다(즉, random tie-breaking).

10 그래프 G=(V, E)에서 V의 부분집합 S가 있다. 그래프 G에서 깊이 우선 탐색을 수행하면서 방문 순서대로 번호를 매겼을 때, S의 정점에 할당된 번호들 중 가장 큰 번호에서 가장 작은 번호를 뺀 것을 집합 S의 DFS span이라고 한다. 다음 그래프에서 정점 v에서 시작하여 깊이 우선 탐색을 실시할 때 방문 순서는 여러 가지다. 이 순서들에 대응되는 집합 S의 DFS span들 중 최댓값과 최솟값은 각각 얼마인가?

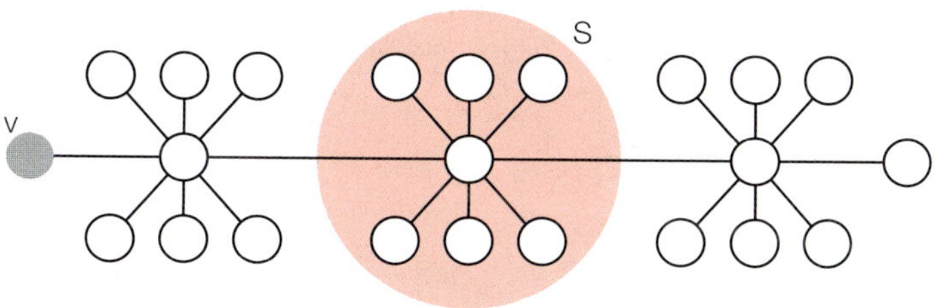

11 모든 정점들 사이에 간선이 존재하는 그래프를 완전그래프라 한다. n개의 정점으로 구성된 임의의 완전그래프에서 만들어지는 DFS 트리와 BFS 트리에서 시작점(루트)에서부터 임의의 다른 정점에 이르는 거리는 그 경로에 포함된 간선 수를 말한다.

① DFS 트리에서 시작점에서부터 다른 임의의 정점에 이르는 최대 거리는 얼마인가?

② BFS 트리에서 시작점에서부터 다른 임의의 정점에 이르는 최대 거리는 얼마인가?

12 다음 그래프에 대한 질문에 답하시오.

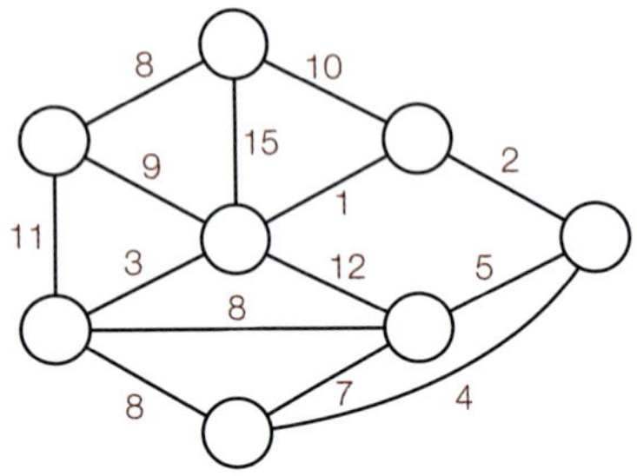

① 프림 알고리즘으로 최소 신장 트리를 구하는 과정을 보이시오.

② 크루스칼 알고리즘으로 최소 신장 트리를 구하는 과정을 보이시오.

13 n개의 정점을 가진 무향 그래프에서 모든 간선의 가중치가 {1, 2, …, n}에 속할 때 여러분이라면 프림 알고리즘과 크루스칼 알고리즘 중 어느 것을 사용하겠는가? 그렇게 답한 이유를 설명하시오.

14 다음 그래프에 대해서 최소 신장 트리를 찾으려고 한다. 알고리즘에서 간선의 가중치가 같아 그 중 하나를 선택해야 할 경우에는 아무거나 먼저 선택한다(즉, random tie-breaking).

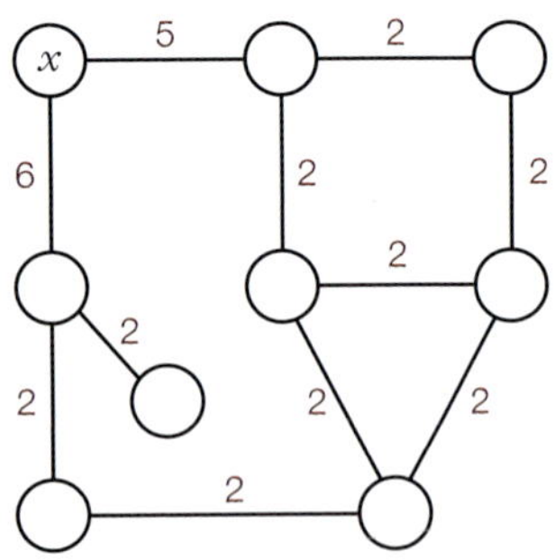

이 그래프에 대해 정점 x에서 시작하여 프림 알고리즘을 수행할 때 만들 수 있는 서로 다른 최소 신장 트리의 개수는 총 몇 개인가? 단, 과정이 달라도 결과가 같으면 같은 트리로 간주한다.

15 프림 알고리즘에 대한 다음 질문에 답하시오.

```
Prim(G, r):
◀ G=(V, E): 주어진 그래프,  r: 시작 정점
    S ← {r}      ◀ S: 정점 집합
    r.cost ← 0
    for each u ∈ V-{r}
        u.cost ← w_ru
    while (S ≠ V)
        u ← deleteMin(V-S)
        S ← S ∪ {u}
        for each v ∈ u.adj  ◀ u.adj: 정점 u에 인접한 정점 집합
            if (v ∈ V-S and w_uv < v.cost)
                ❶ v.cost ← w_uv
                  v.tree ← u

deleteMin(Q):
    집합 Q에서 u.cost값이 가장 작은 정점 u를 삭제하면서 리턴한다
```

① 일반적인 그래프 G=(V, E)에서 ❶의 이완은 최대 몇 번 일어날 수 있는가?

② 오른쪽의 주어진 그래프에서 모든 간선은 서로 다르고, 1부터 6까지의 정수로 구성된다. 이완이 가장 많이 일어나도록, 주어진 그래프의 간선 가중치를 채워 보시오.

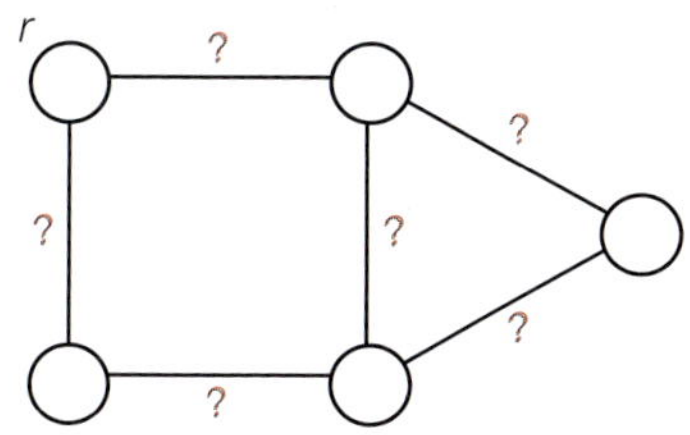

③ ❶의 .cost 값을 관리하기 위해 최소 힙을 사용하면 프림 알고리즘의 수행 시간은 O(ElogV)가 된다. 이를 위해 ❶에서 .cost 값이 변하면 이를 힙에서 반영하는 방법을 설명하고 그것이 왜 건당 O(logV)인지를 설명하시오.

16 다음 그래프에서 위상 정렬을 하면 가능한 위상 정렬 순서는 모두 몇 가지인가?

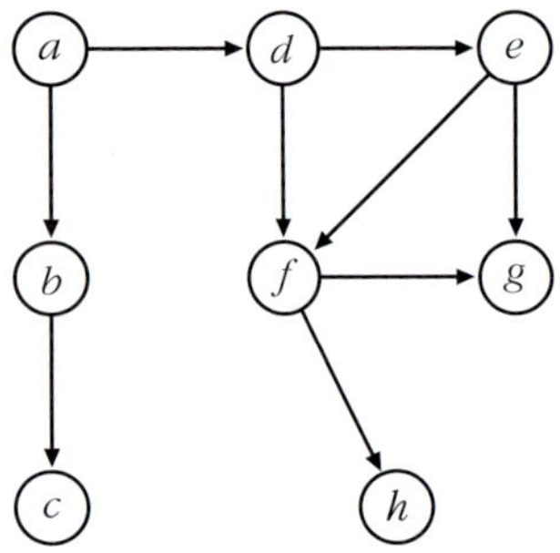

17 다음 그래프에서 정점 s에서 시작하여 다른 정점들에 이르는 최단 거리를 다익스트라 알고리즘으로 구하는 과정을 보이시오.

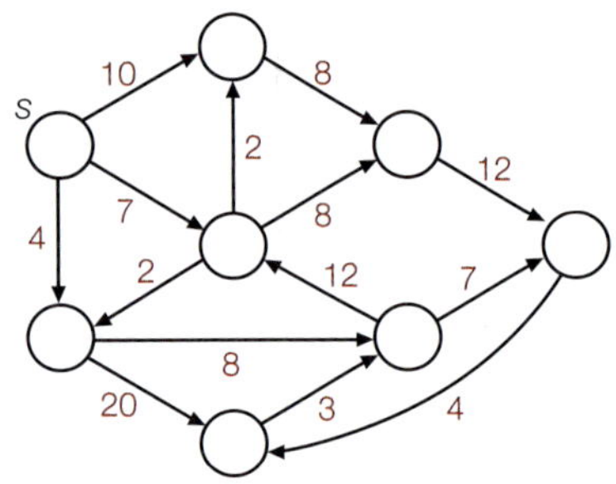

18 음의 가중치가 있는 그래프에서 다익스트라 알고리즘이 작동하지 않는 예를 들되, 단 3개의 정점을 갖는 그래프를 예로 보이시오.

19 다익스트라 알고리즘은 음의 간선이 있는 경우 최단 경로가 보장되지 않는다. 어떤 학생이 다음과 같은 아이디어를 제시했다.

"음의 간선이 있는 그래프에서 모든 간선에 같은 크기의 충분히 큰 상수를 더해 모든 간선을 양수로 만든 다음 다익스트라 알고리즘으로 푼다. 그 결과로 나오는 경로 길이에 포함된(더해진) 상수의 합만큼 빼주면 되지 않겠는가?"

이렇게 하면 최단 경로가 보장되는가? 그렇게 대답한 이유를 설명하시오.

20 다익스트라 알고리즘은 모든 간선의 가중치가 음이 아닐 때만 사용 가능하다. 음의 가중치를 가진 간선이 있으면 벨만-포드 알고리즘을 사용할 수밖에 없다. 다익스트라 알고리즘의 복잡도는 일반적으로 O(ElogV)이고 벨만-포드 알고리즘(단순 버전)의 복잡도는 Θ(VE)라 큰 차이가 있다. 어떤 그래프에서 단 하나의 간선 가중치만 음수이고, 나머지는 다 양수인 경우 벨만-포드 알고리즘을 쓰기에는 좀 아깝다. 이 사실과 해당 음의 간선을 알고 있는 경우 다익스트라 알고리즘을 두 번 사용해서 작업을 끝낼 수 있다. 첫 번째와 두 번째 다익스트라 알고리즘에 어떤 변화를 주면 되겠는가? (아이디어를 묻는 문제이니, 알고리즘을 쓰지 말고 간단히 설명할 것.)

문제 환경

- 가중치가 음수인 간선을 (x, y)로 하라. 물론, 이 음의 간선으로 인해 음의 싸이클이 만들어지지는 않는다.
- 편의상 최단 경로의 길이만 구하고 경로 자체를 구할 수 없어도 상관없다.

21 모든 간선의 길이가 1인 유향 그래프에서 지정된 어떤 정점을 시작점으로 하여 모든 다른 정점에 이르는 최단 경로를 구하려고 한다. 알려진 대로 다익스트라 알고리즘을 쓰면 일단 최단 경로의 길이를 찾긴 하지만 이 경우에는 좀 더 빠르게 찾는 방법이 있다. 더 빠른 방법을 제안하고 수행 시간이 얼마인지 설명하시오.

22 벨만-포드 알고리즘은 메인 루프를 k번째 수행하고 나면 각 정점 v에 대해 최대 k개의 간선을 사용하는 최단 경로를 확보한다. 그렇지만 실제로는 k개보다 더 많은 간선을 사용하는 최단 경로까지 포함될 수도 있다.

① 왜 지켜지지 않는 것인가?

② 그럼에도 불구하고 이것이 벨만-포드 알고리즘이 최단 경로를 구하는 데 문제를 일으키지 않는 이유는 무엇인가?

찾아보기

M N

O

P

Q

R

S

ㅇ

ㅈ

찾아보기